*Knowledge and
the Wealth of Nations*
A Story of Economic Discovery

当 代 世 界 学 术 名 著

知识与国家财富
经济学说探索的历程

戴维·沃尔什（David Warsh）／著
曹蓓 段颀 李飞 童英 雍家胜／译
李飞 冯丽君／校

中国人民大学出版社
·北京·

"当代世界学术名著"
出版说明

  中华民族历来有海纳百川的宽阔胸怀，她在创造灿烂文明的同时，不断吸纳整个人类文明的精华，滋养、壮大和发展自己。当前，全球化使得人类文明之间的相互交流和影响进一步加强，互动效应更为明显。以世界眼光和开放的视野，引介世界各国的优秀哲学社会科学的前沿成果，服务于我国的社会主义现代化建设，服务于我国的科教兴国战略，是新中国出版工作的优良传统，也是中国当代出版工作者的重要使命。

  中国人民大学出版社历来注重对国外哲学社会科学成果的译介工作，所出版的"经济科学译丛"、"工商管理经典译丛"等系列译丛受到社会广泛欢迎。这些译丛侧重于西方经典性教材；同时，我们又推出了这套"当代世界学术名著"系列，旨在迻译国外当代学术名著。所谓"当代"，一般指近几十年发表的著作；所谓"名著"，是指这些著作在该领域产生巨大影响并被各类文献反复引用，成为研究者的必读著作。我们希望经过不断的筛选和积累，使这套丛书成为当代的"汉译世界学术名著丛书"，成为读书人的精神殿堂。

  由于本套丛书所选著作距今时日较短，未经历史的充分淘洗，加之判断标准见仁见智，以及选择视野的局限，这项工作肯定难以尽如人意。我们期待着海内外学界积极参与推荐，并对我们的工作提出宝贵的意见和建议。我们深信，经过学界同仁和出版者的共同努力，这套丛书必将日臻完善。

中国人民大学出版社

建构模型或理论,主要是从大量复杂的现实中寻找一些简单的现象,它们的关键点易于被掌握。然后以一种聪明的方式,把它们放在一起,就变成了现实的替代。
——伊夫塞·多马《经济增长理论论文》

真相更容易从错误中获得,而不是从迷惑中获得。
——弗兰西斯·培根《新工具》

前　言

本书故事中的主角是一篇发表于1990年的经济学专业论文。所有那些有关它的前因后果，也都是本书关注的对象。另外，本书也想顺带说明，今天的人们是如何在大学中研究经济学的。因为最重要的（经济学）著作都是在大学里完成的，而不是在中央银行、政府部门或是华尔街这样的地方。

从1979年到1994年，经济学家们通过大量晦涩的技术性文献，针对经济增长领域的问题，进行了一场颇具影响的讨论：什么是经济增长，它的源泉是什么，我们如何分配它带来的收益，如何去测量它，我们付出的成本是什么，为什么经济增长是值得的。这些都是从这场讨论中得出的新发现，这些"新发现"很快就成为我们今天所说的"新增长理论"。许多人对这一领域做出了贡献,新一代的学者成长起来并主导了该领域。然而,这些问题本身以及问题的解决方法对广大的读者来说,仍然是陌生的。

我是一名从事新闻工作许多年的经济记者,并不是一名经济学家或是有着经济学思想的历史学家。我没有很好的数学知识,但英语很好。我有着怀疑精神,通过在该领域多年的工作,我拥有广泛的经济学背景知识。这本书是从一个欣赏经济学但没有完全丧失其怀疑精神的局外人的角度来写的,换句话说,我是一个信仰平民统治的公民。

在过去的三十年里,经济学有了飞速的发展,不但经济学研究的范围有所扩大,而且其普遍性也有所增加,有许多关于经济学的故事可以讲述。为什么关注新增长这一领域的研究呢?它吸引我注意的原因在于我对专业化分工和知识的增长非常感兴趣,这种兴趣是源于另外一个有代表性的故事,它讲述了数学如何成为现代经济学的工作语言,以及为什么研究者认为他们的规范化模型是如此的成功。

新增长的故事告诉我们经济学新发现是如何通过大学中研究小组之间的智力竞赛而产生的。这些竞争的结果改变了我们对世界的理解,同时也反映了几代经济学家积累的研究成果,以及研究伙伴之间或是研究者个人的跨学科研究历程。这些改变就像丢进池塘的卵石会慢慢荡起一圈圈涟漪一样,渐渐引起人们的注意,并最终被大众所接受。

直到今天,多数经济学家还没有意识到20世纪80年代至90年代初,在经济增长和发展领域里所发生的变化。毕竟,为了避免争论,专家们总是会选择保持沉默,没有人愿意在争论中认输。一些读者可能会忽略本书中所讲的背景故事,直接阅读大量日新月异的学习指导和教科书①,匆忙中错过了这样一个好故事(同时,也是重要的一课)。

故事中涉及更多的公共事件,经常发生在那些沉闷的酒店房间里和会议的谈话中,它们的确是一种奇怪的新闻。回想起我是如何吃力地理解这些重要的发现,并且花了很长时间才将它们写成文字,实在是令人惭愧万分!不过,如果这些发现是显而易见的话,它们也就不能被称为新闻。

---

① E. 赫尔普曼(Elhanan Helpman)的《经济增长的神话》是一部入门级的综述;查尔斯·琼斯(Charles I. Jones)的《经济增长导论》是一部非常好的教材。戴维·兰德斯(David Landes)的《国富国穷》是一部睿智而又充满趣味的非理论著作。

我同许多人谈及这些问题，他们中的大多数人以不同程度的坦率给了回应，我非常感谢他们。经济学家是一群好人，他们也像其他人一样喜欢故事。直到最后我才意识到他们对保守秘密是多么的感兴趣，他们也有自己的癖好。

简 介

一个最古老的故事告诉我们：授人以鱼，只给了他一天的食物；授人以渔，则让他终身受益。对于现在这个故事，我们必须补充的是：可以通过发明一种更好的捕鱼的方法，或者养鱼，卖鱼，改变鱼的品种（通过基因工程），或者禁止海里的过度捕捞，你可以给更多的人提供食物，因为这些方法基本上可以不计成本地被复制，并在全世界传播。当然，根据情况的不同，你的发明可能同时也会让你变得富有。无论对于个人的财富，或大或小，还是对于国家的财富（即经济增长），创造财富的关键主要是新的想法（idea），而不是储蓄、投资，甚至教育。换言之，新想法能够带来不计其数的好处。（这一切的背景则是被我们统称为法律规则

简 介

和政治的复杂游戏规则。）

直到 1990 年 10 月,当一位叫做保罗·罗默(Paul Romer)的 36 岁的芝加哥大学经济学家在主流期刊上发表了一个经济增长的数学模型后,知识经济学终于结束了自己长达两个多世纪的、非正规的、尴尬的存在,变得突出起来。这篇文章的标题看似极为简单却十分令人震撼:内生技术变迁(Endogenous Technological Change)。

这篇发表在《政治经济学杂志》(Journal of Political Economy)上 32 页的文章遵循了所有科学文献的一般惯例:被动语态、数学分析、谦虚的主张。文章中小心地引用了早期的一些风格相同的文献,特别是那篇它试图取代并在其基础上进行扩建的文章——罗伯特·索洛在 1956 年发表的《对经济增长理论的一个贡献》(A Contribution to the Theory of Economics)。

文章的第一段包含了一句更加令人困惑的话:"技术作为投入的一个显著特征就是,它既不是一种传统产品,又不是一种公共品,它是一种非竞争性的、部分排他性的产品……"

于是,一个故事展开了。这句特别的话,一句写于十五年前但至今仍未被广泛理解的话,引起了经济学领域内一场影响深远的概念重构。它引起这场重构,是因为它引入了两对彼此对立的概念,从而加强了我们对于所熟知的"公共品"(由政府提供)和"私人品"(由市场参与者提供)以及"竞争性"产品(因为客观形体的存在使得对它们的完全占有和有限共享变得可能的产品(一个冰淇淋甜筒、一栋房子、一份工作、一张国债券))和"非竞争性"产品(即那些精髓可以被写下来并用一串比特储存在电脑中,实际上没有限制地可以被许多人同时共享的产品(一本圣经、一门语言、微积分学、自行车的设计原理))的划分。毫无疑问,大部分产品都至少包含了这两者中的一些特征,在这两个极端之间充满了无数有趣的可能。

一件设计师的服装、一个个人电脑里的操作系统、一场爵士音乐会、一张甲壳虫乐队的唱片、一个新的电脑芯片的设计、一串来自通讯卫星的编码信号、一张人类基因组图、一种新药的分子结构以及它起作用的机理、一种基因变异的种子以及生产它的一系列程序、一张毕加索的画像(不光包括画布本身上的绘画技巧和颜料的层次,还包括神奇的复制品)、一张贴在车窗上的"车内有婴儿"的标志、你当前正在阅读的书的内容、第 24 页上的方程式，所有这些都是非竞争性产品，因为它们可以同时被许多人复制、分享和使用。它们中的大部分有部分排他性，这意味着，至少在理论上，对它们的使用在某种程度上是可以被控制的。竞争性产品是实物，而非竞争性产品是想法——借用电脑中比较易记的词组，就是类似"原子"和"比特"的关系，想法就是用一串二进位的比特表示的；或者用更精确的数学语言表示，就是"凸性"和"非凸性"。

对于经济学而言，非竞争性这个概念本身并不是全新的。在超过1个世纪的时间里，公共财政领域里的专家已经使用了一系列经常容易混淆的术语来描述并解释市场失灵的原因，比如说国防、街道照明、一座新的桥梁或者是灯塔提供的照明的根本共同性。非竞争性这一概念在20世纪60年代的时候替代了它们。通过将非竞争性和排他性结合起来，并将这一区别运用于之前没有被应用的领域，罗默为新想法（idea）在生活的经济学中所扮演的模糊角色赋予了新的意义。这些角色包括：商业秘密、配方、商标、运算法则、机制、专利、科学法律、设计、示意图、处方、程序、商业模式、版权、盗版书，总而言之，就是知识经济学。他指出了在鼓励生产新想法的激励系统和维持现有知识的有效传播及使用的激励系统之间存在着不可避免的冲突，正是这种社会选择导致了我们所谓的知识产权的产生。

和财政政策、货币政策一样，促进知识增长的同时又保证它的益处能被最广泛地共享也是政府的一项同样重要的职责。如果促进新知识生产的复杂激励系统发展不足的话，整个社会（最主要是穷人）将因全面缺乏进步而遭受损失，同样的情况在激励过度或管制太严时也会发生。

抓住这一点，你就抓住了这本书要讲的故事的关键，有可能你已经从直观上很充分地理解了它。

但是随着"内生技术变迁"的出版，罗默从某种程度上赢得了一场竞赛，这场竞赛发生在立足于大学的研究型经济学家之间，其目的是为了在20世纪末搞清楚经济全球化进程的意义，以及为促进那些经济落后地区的经济发展提出一些新的、可行的建议。只有对于那些提出竞争性解释的相对少数的人而言，这场竞赛才是显然存在的。但是，是否存在解开经济增长之谜的正确答案，甚至这个谜团本身是否存在，很多人对此持否定和怀疑态度。

然而在短短几年的时间里，伴随着二战后国家财富的增长，这些关键性问题已经被解决，而且，即使没有被解决，至少可以用技术经济学的正规语言再构架出来，它使得基本的选择比以往任何时候都要清晰。知识增长对国家财富的贡献在某种程度上已经被认可。一个新的重点被放在了制度的作用上，并且最终赋予了（至少是在经济学课堂里）那些长期被忽视的角色——企业家，一个不可忽视的地位。

《罗默90》（对引用文章的缩写）并不适合我们对经典的定义，不能与那些世界上伟大的哲人的作品相提并论。但显而易见的是，它相对容易解释。

请考虑一下经济学理论最基础的构建材料——我们所熟悉的"生产要素"，几乎所有基础经济学教材的第一章都会对它进行阐述。在3个世纪的时间里，经济学最基本的分析范畴是土地、劳动和资本。土地是对地球自身生产能力的记录，涵盖了草原、森林、河流、海洋和矿产。劳动涉及男性和女性多层次的努力、天赋和工作动力。而资本则是对人们所使用的设备、工作及生活结构的一种抽象，不仅包括产品本身，还包括代表产品和劳动服务控制权的各种金融资产。这些概念范畴在17世纪经济全球扩张、催生现代资本主义的时代就已经产生了。它们听起来非常熟悉，非常平常，好像没有任何遗漏。它们使经济学家们能够讨论谁应该为谁生产什么产品，讨论工作关系，讨论人口规模的决定性因素，以及哪些职责应该由政府承担而哪些应该由市场来承担。

从一开始，人类社会的某些因素就被简单地认为是给定的，知识领域就是其中之一，被概括为品位和偏好的人类本性自身则是另一个。它们是给定的，不加思考地被认为是不变的，但是由非经济力量决定，这是一个在技术经济学中常见的习惯性简化，其历史至少可以追溯到19世纪和约翰·斯图尔特·穆勒（John Stuart Mill）。这些背景条件，在现代术语中，被当作经济系统的外生条件来处理。它们由模型以外的因素决定，是一个内部运作细节被刻意忽略的"黑匣子"。所谓外生的，就类似当服务生说"这不是我服务的餐桌"时所表达的含义。

这样划分世界的结果自然导致了一些无法解决的问题，特别是一系列被统称为"规模报酬递增"的著名问题。递减的边际投资回报是经济学中一个常见的问题，毕竟，即使是最丰富的矿脉也有开采尽的那一天。第一桶化肥能给一片土地带来很明显的增产，但是第十桶化肥只能烧毁庄稼。简单地说，递减的或者减少的回报意味着你先从果树上离地最近的果实开始采摘，随着时间推移，你付出同样努力能采摘到的果实会越来越少，意味着你的成本是慢慢上升的。

而递增的回报恰好是相反的。当同样数量的工作生产出递增数量的产品，或者，直接从定义出发，当平均成本下降并随之生产出的件数持续减少的时候，递增的回报就出现了。在亚当·斯密（Adam Smith）那篇著名的关于专业化利得的文章发表后，别针就成了经常被提及的例子。但是斯密的成本下降的故事似乎只是关于任务再细分后带来的收益，很显然这种收益也是有限度的。

贯穿整个19世纪，递增回报被认为主要和机器（如印刷机、机械纺织机和蒸汽机）的产出有关，但渐渐人们意识到，在增加一个消费者进入某种网络而额外成本不增加或只是增加很少的情况下递增回报都会发生，例如，铁路、电力和电信行业。递增回报（递减成本）对这些以及其他一些行业的一般竞争力量具有如此大的摧毁性，以至于不久之后，它们不光被称为垄断，而且被称为"自然垄断"。自然垄断指那些由于某些基本性质导致没有近似替代品的产品只有单一生产商的市场，在这种竞争力量缺失的情况下，厂商的行为必然要受到政府的监控。

亚当·斯密之后的经济学家一直都对回报递增、成本递减的现象感到如芒在背，它违背了他们最基本的直觉——稀缺性是最基本的问题，人类最后会耗尽某些东西，无论是土地、食物、煤炭或者清新空气。成本递减违背了他们的这种直觉，而且与成本递增相比，成本递减与他们用来分析和描述竞争作用的数学工具的结果格格不入。垄断被认为是这种规则的一个例外。生产者可以随意定价而不受市场竞争力约束的情况是"市场失灵"的一个特例，这种情况一般只出现在教科书的脚注里，忽略掉所有争论，经济学家只关注竞争。

所以很长一段时间内回报递增的问题被搁置在了一边，经济学家试图引入一些概念来弥补这一问题，淡化矛盾。例如，简单地假设规模的总回报从总体上看可能既不是递增的也不是递减的，而是不变的，投入和产出始终只能以相同比例增加，标准化在将这个假设变为潜意识的思维习惯的过程中扮演了主要角色。

随着新技术手段的增加，从文字经济学到18世纪的演绎法，从演绎法到19世纪的微积分学，从微积分学到20世纪的集合论和拓扑学，递增回报的问题变得越来越突出和难以解决。尤其是在20世纪50年代，当标准经济模型作为整体获得了成功之后，这个问题更加凸显了。

简 介

在20世纪70年代末和80年代初,情况开始转变。本书所关注的关于增长理论的探讨开始在剑桥大学、麻省理工学院和芝加哥大学出现,这些探讨可以追溯到关于"供给经济学"的争论。在那些日子里,这些探讨占据了纽约和华盛顿各大报纸的头版头条。有几个来自芝加哥、麻省理工、哈佛和普林斯顿的研究生发现,曾经很微小的经济学分析框架和词汇中的盲点,随着时间的推移(和不断抽象)已经变得巨大起来,他们决心要建立起能解释规模递增现象的标准模型,并且在一段相对短的时间内,他们成功了。

这些问题一度只不过是年轻经济学家和他们的老师、配偶、朋友以及竞争者之间的谈论,并不具有轰动性。但是,兴奋渐渐扩散到整个学科,关于学科创新性、多样性和市场控制力之类的新观点被添加到经济学思想中。起初是在产业组织这一分支里,然后是贸易增长领域,最后又回到产业组织。新的模型被应用于各种政策中,包括人口、教育、科技、企业家、贸易、反垄断和城市,更不用说人们熟悉的宏观经济学所关注的财政政策和货币政策。它们迅速地渗透到不断改变的政治和经济制度中,因为这些制度安排本身就是一种知识。在20世纪初的短短几年内,几乎经济学界的每一个人都对有关递增回报的新观点提出一些自己的看法。

如果没有这些发展,问题还将是相当模糊不清的,它们甚至胜过了一场深刻的人间戏剧,在剧中当今的英雄在某种程度上给数代的现代经济学赋予了人性:罗伯特·索洛(Robert Solow)生于1924年,罗伯特·卢卡斯(Robert Lucas)生于1937年,保罗·罗默生于1955年。至于在这么久的时间内知识是如何被遗忘在经济学之外,以及为什么在某些地方它仍然很不情愿地被接受,这本身就是一个不错的传奇。

随着"内生技术变迁"这篇文章的核心公式渗透到了日常生活中,它的重要性越来越明显。罗默在1990年发表的文章给经济学和早先的经济学划分了界限。传统"生产要素"的重新定义,对于那些参与到知识革新的人而言只不过是一夜之间的事情,而对于我们中的大部分旁观者而言则是一个缓慢的过程。经济学分析的基本范畴不再像过去200年里那样只包括劳动、土地和资本,这个最基本的范畴被人、创意和事物所替代。

人、创意和事物,这些短语至今还没有出现在教科书里,在文献中也不多见,但是一旦知识经济学被认为与传统的关于人(人类和他们全部的知识、技术和能力)和事物(传统形式的资本,从自然资源到股票和债券)

的经济学有本质的差别时（非竞争性、部分排他性的产品），这个问题就解决了。研究的领域已经改变，人们所熟悉的稀缺原理已经被重要的充裕原理所强化。

　　套用一句经济学领域的专业词汇，技术改变和知识增长已经内生化了，其结果是一些变革出现了。但是为了了解它，你需要知道应该从哪里开始入手。

目 录

第一部分

- 第1章 金科玉律 …………… (3)
- 第2章 "它告诉你如何庖丁解牛" …………… (8)
- 第3章 模型是什么,它如何发挥作用? …………… (23)
- 第4章 看不见的手和别针工厂 … (31)
- 第5章 "沉闷的科学",名之由来 …………… (39)
- 第6章 地下伏河 …………… (49)
- 第7章 溢出效应及其他调节方式 …………… (58)
- 第8章 凯恩斯革命与现代运动 … (70)
- 第9章 数学是一种语言 ………… (85)

第 10 章　当经济学成为高科技 …………………………… (101)
第 11 章　索洛剩余及其批判 …………………………… (111)
第 12 章　无限维向量空间数据表 ……………………… (123)
第 13 章　经济学家转向尖端科学，"模型"成为动词 …… (129)

第二部分

第 14 章　新征程 ………………………………………… (139)
第 15 章　"真愚蠢！" ……………………………………… (150)
第 16 章　从海德公园出发 ……………………………… (156)
第 17 章　一百八十度转变 ……………………………… (164)
第 18 章　键盘、城市和世界 …………………………… (173)
第 19 章　重新组合 ……………………………………… (188)
第 20 章　疯狂的解释 …………………………………… (197)
第 21 章　从滑雪缆车发现经济运作的方式 …………… (209)
第 22 章　"内生技术变迁" ……………………………… (220)
第 23 章　推测与反驳 …………………………………… (235)
第 24 章　照明成本的简史 ……………………………… (255)
第 25 章　终极的别针工厂 ……………………………… (267)
第 26 章　看不见的革命 ………………………………… (287)
第 27 章　经济学的传授 ………………………………… (296)

结论 ………………………………………………………… (310)
索引 ………………………………………………………… (317)

第一部分

第1章 金科玉律

联合社会科学协会的年会被发起者简称为"那个会议"(the meetings)。其会议日程通常是由美国经济学会(AEA)制定,每年的会议地点也在各个传统城市之间不断轮换。每年元旦后的第一个周末,AEA的经济学家会员们和一些追随者聚集在酒店中,宣讲、学习新的观点,听取最新的学术讨论并面试求职者(或者要么为自己寻找工作机会,要么与同行闲聊一番)。与会者大约有8 000人,视城市的大小而定;大约有12 000名AEA的会员待在家中,满足于为下一次会议积累知识财富(他们不用担心错过年会上那些最好的论文,因为这些论文的缩减版将在 5 月发表①)。另外,大约有 18 000 位专业的经济学家并没有加入到协会中。这项会议是经济学信徒的朝圣仪式,也是一个具有法治传统的思想共和国(republic of idea)的首都。

这一活动的内容守则将成为一本 400 页的书。尽管每个人似乎知道该做什么,年复一年,同样的话题仍在不同的城市延续着。大量的幕后作业都经过事先规划,然后向外界宣布。发起者对等级和特权心知肚明,很少有破例,除非是偶尔的闲谈,这里总是有很多的局外人。每一年都有一些记者出席会议,所有的问题都是无定论的、前景可观的,似乎所有的话题都不会终结。经过两天半的集中讨论后,与会者就将离开。

美国经济学会即使不是经济学家们的最高级组织,至少也是他们参加的最重要的论坛。其成员有的获得过诺贝尔奖,有的出版过教科书,有的创造出该领域的专业词汇,有的做过总统经济顾问委员会成员、银行家或华尔街顾问,有的为大众讨论的热点问题提供过答案。最重要的是,这些成员都在大学或学院里任教。实际上,协会大约 18 000 名成员中,绝大多数都是教授。除了 4 名来自布鲁金斯学会的学者——3 名已经成为校长的前经济学家和 1 名来自普林斯顿高等研究院的经济学家,AEA 从它成立的 1885 年起,就从未被大学教授以外的人所领导过。(保罗·道格拉斯,芝加哥大学教授,曾在当选为美国参议员的前一年担任了 AEA 的主席。)除了 3 位出生在加拿大的成员以外,AEA 也几乎未被非美国公民所领导过。

除了研究者或者教师,经济学家还可以通过许多方式留下更加深远的影响,例如,经营公司,领导大学,赚大钱,管理基金,成为中央银行的工作人员,成为政策专家、经济评论家、强有力的顾问,甚至是政客。至少到现在为止,甚至将来,那些在金融市场上谋生的人对经济学家和久经市场磨炼的人还是区别对待的,后者经受了更多实际考验而不是研究或教学的历练。因此,像保罗·沃尔克(Paul Volcker)这样的重要人物,仍然蔑视书本上得来的经济学知识,即使(或许是因为)他早在 20 世纪 50 年代就获得了哈佛的硕士学位。他的继任者——艾伦·格林斯潘,在纽约大学完成了博士课程,却在离开学校的 27 年之后,第一次担任总统经济顾问委员会的主席。美国企业经济学家学会在每年的秋天召开会议,更多的是迎合对金融和工业企业的实际分析;管理研究会每个夏天召开会议,主要是

---

① 参见每年五月份的《美国经济评论》(*American Economic Review*)。

为了那些商学院的教授和咨询顾问。当然大多数市场参与者,包括执行官、基金经理、商人、会计、律师以及各种从业者,根本不是经济学家。

近些年来,一些非常优秀的经济学家开始在华尔街任职。不过,还有一些志在金钱而非学术者仍然活跃在美国经济学年会上。但是,会议的重要性在于,在其最高层面上,经济学像天文学、化学、物理和分子生物学一样,其学科本身受到教授委员会的操控和监督,其重要性自亚当·斯密(Adam Smith)——第一个立足于大学(格拉斯哥大学)的经济学家——之后已经大大增加了。这个组织规范的团体,已经是技术经济学世界中的最主要的组织。

会议活动一直以"美国"冠名,但在过去的半个世纪里,会议也为一些世界组织服务,因为美国的经济学讨论最为透明和深入,就像美国的金融市场一样。美国社会科学学会本身就是19世纪改革家、宗教领袖、历史学家和经济学家之间争论的遗产,就是这一争论导致了美国经济学会的成立。在美国社会科学学会保护伞下,存在一系列组织结构松散、较不专业的经济学学会,大约有50个,其中最重要的就是美国经济学会。比较专业的学会是按照地理和功能组织建立的:西部、东部、南部、中西部学会,金融学会,公共选择学会,激进政治经济学家联盟,等等。诸如此类,都是非规范化运作的,那些在研究原因方面较为成功并被学会认可的参与者也希望能够在下一个更高级的会议中展示他们的文章,这样他们可以知道自己的研究成果是否被所有人接受或是反对。

杰出的计量经济学协会比AEA更加受到国际上的欢迎,它成立于20世纪30年代,是全球范围的,有一半的成员居住在美国以外的国家,其在不同的地区选择主席。计量经济学会一般是一年或两年在每个洲召开一次会议,并且每5年举办一次世界性的会议。它的成员分为两类,任何人都可以自由加入,但是学会的特别成员需要现任的会员提名,偶尔有人会在35岁之前就得到提名。之后是特别成员的投票,并且有将近2/3的提名会在第一次被否决,造成这种结果是因为这一国际学会拥有技术经济学的最精英人物。(580名特别成员中,141名是"不活跃"的,即大多数都是年老者,2004年底有4 910名成员。)他们谨慎行事,尽量不引起公众的注意。尽管它的知识水平和地位更高,但实际上计量经济学会在公众承认度方面是在AEA之下的,因为AEA的自我目标就是成为一个大的场所,一个论坛,在这个论坛中,各种重要的探讨最终都将被解释、被比较并发生冲突,在公布于众之前,数学被翻译成口头公式。专业领域的割据现象始终是一个威胁,近些年来,欧洲经济学会已经大大提高了它的声望。但即使如此,AEA 的和谐并没有遇到严重的挑战。

为什么美国在这些学会中占有优势?因为迄今为止,它为经济学提供了世界上最广泛、最深化的研究市场。不论是用于前沿研究还是日常应用,不论是涉及机制设计、战略分析还是预测,金融市场为经济学家提供了上千份的工作。大银行和华尔街公司成为研究的源头。通过国家科学基金,美国政府每年投入上亿美元培养经济学家,资助经济学研究,使得研究更加专业和深入,这种机会在研究性大学中最多(虽然学院里也有很多活跃的学者)。

如果看到过去几年中 AEA 主席的名单,一幅混合的图画就会浮现在我们面前。与一位智利女性结婚的阿诺德·哈伯格(Arnold Harberger),其婚姻预示了智利专家治国理论与芝加哥大学之间强烈、持久的联系,这一联系包含了无数的个人传奇,最终改变了世界的发展经济学惯例。来自孟加拉小镇的阿马蒂亚·森(Amartya Sen),针对财富和贫穷的本质提出了深刻的问题,成为了剑桥大学圣三一学院的院长。维克托·富克斯(Victor Fuchs),从研究皮毛零售贸易的经济学开始,最终成为研究健康经济学的最优秀的学者。兹维·格里利谢斯(Zvi Griliches),一名立陶宛的大屠杀幸存者,关注杂交玉米的重要性以及合作研发。威廉·维克里(William Vickrey),一位杰出的加拿大怪才,超前于他所在的时代,一直被人们所忘记,直到他先前的学生们为其竞选协会主席进行游说并使他最终获得诺贝尔奖(获奖后三天他便去世了)。托马斯·谢林(Thomas Schelling),一位策略学的先驱,利用博弈论研究现实生活中的经济学 30 余年。吉拉德·德布鲁(Gerard Debreu),一个严肃的法国人,将数理经济学标准化,却被伯克里的"自由演说"活动拒之门外。实际上,如果回顾得更远,你会发现约翰·肯尼斯·加尔布雷思(John Kenneth Galbraith)在他一系列的著作中批判了协会,并且在前任主席卸任后很快就成功担任了美国经济学协会的主席,而米尔顿·弗里德曼(Milton Friedman)则对提名委员会(他本身也是成员之一)所宣称的加尔布雷思"根本就不是经济学家"的论断感到愤怒。

此外,这些对经济学具有深远影响的学者,其中大多数从未参加过经济学年会。即使参加过,也是在他们获得广泛的认可之后。像其他科学一样,经济学将其最高的荣誉留给那些在基础领域中能够改变观念的学者。

因此，一小部分受到赞誉的外国成员（限于 40 名）联合提供了一种认可其他领域中最杰出思想家的方式——14 名来自英国，6 名来自法国，4 名分别来自以色列、德国和日本，并各有 1 名来自澳大利亚、比利时、匈牙利、西班牙、瑞典和瑞士——作为 2004 年的成员。那些作出突出贡献、资历较老但不大可能成为主席的成员们，通常被评为协会的杰出成员，并以两年一次的频率获得一项安慰奖。处于协会顶峰位置（至少对外行来说是极具声望的），则是那些被授予诺贝尔奖的学者。

诺贝尔经济学奖是近些年才开始颁发的，授予那些在经济学领域中做出突出贡献、带来翻天覆地变化的学者们。这些思想家通常不是从那些俱乐部似的协会主席中选择出来的（学术外交带来最好的主席），当然也有巧合的情况：保罗·萨缪尔森与米尔顿·弗里德曼都同时是诺贝尔奖得主和优秀的协会主席。但也有一些诺贝尔奖得主是独立进行工作和研究的，只与其他一些专家进行密切的交流，不然就是远离公共事务。还有一些经济学家直到被授予荣誉才前来参加会议，而有一些经济学家则从不参加。这些思想家的共同之处在于深刻理解那些学术讨论的规则和观念，他们把这些学术讨论看作是各种思想观念的求同存异之道。这些学者，无论用何种方法，都改变了经济学家所能够看到的世界。

第 2 章 "它告诉你如何庖丁解牛"

长达 400 页的会议计划是令人目不暇接的，这并不是因为讨论话题（从货币银行到健康环境经济学）的范围广泛，而是因为在讨论中所使用的一系列令人困惑的数学和计量经济学工具——动态规划和矩阵代数、马尔科夫过程和欧拉方程、对时空随机领域的非参协方差估计。即使经济学家在讨论大家所熟悉的话题时（如自信，或者说一致性），他们的讨论很可能是用双曲线贴现率和随机性来进行概率性解释的。数百场会议，数十个话题，无数种观点，有时看起来似乎没有一个经济学家能全部理解，甚至跟上节奏。

但是在这一切之下，会议的社会结构仍然是标准科学的情形。一大群人忙于填补细节，

第2章 "它告诉你如何庖丁解牛"

阐明谜团，解决问题，创造工具并且展示应用成果。对于参会者而言，这些内容令人兴奋，因为这正是他们的职业得以建立的源泉。而对于局外者而言，大部分会议是枯燥乏味的。

当大事件发生，信仰体系受到冲击时，你会观察到人们自动选择自己的阵营。有时候，这一行动也许并不一定是公开的。为了发现是通过什么运作使技术上的经济学一年一年发生变化，必须走到幕后，走到集会中大部分真实交易发生的社会场所。尽管在400页计划的前面和后面都有列表，但是这些场合的存在还是很容易被遗漏的。最容易发现它们的地方是展览厅，这里才是真正赚钱的地方，因为这里有我们最关心的东西——（待售的）教科书。

出版是经济学的运营手段。许多书在展览厅都有所陈列，但是谈论主要集中在"采用"上，即哪一本教科书在来年会被学院、大专或大学作为指定教材，以每本超过130美金的价格售出（教辅材料要另加至少25美金，包括习题、学习指南、测试套题以及其他在许多学校里使用的东西）。经济学教材，至少是那些成功的教材，是最有利可图的一种出版投资，所以每年看到经济学家将教材做很小的更改就重新出版也不足为奇。

每当一位著名的经济学家踱入大厅并且引人注目时，你就可以看到，在经济学集会中和在其他任何领域的集会中，人们对名人的反应并没有什么差别，出版物展点的管理者和旁观者都会停止交谈并自觉转向这位明星。如果你停下来去思考在这些大人物们出现在展览大厅或者讲台前的几小时里他们都在做什么时，你就会发现，他们当时正待在地下室里或者酒店的套房里，面试那些进入职场的年轻经济学家，对于他们中的很多人而言，这是他们第一次进入职场。在这个过程中，这一代最出色的人物正在寻找下一代最出色的人物。

职场，是一系列紧张过程的终点，这一过程开始于每年春天的一天，在那一天，全世界研究生院的新申请者们会发现他们是否被录取。有多少人申请呢？每年大约有1万人申请400多个项目，这些项目涵盖了哈佛大学、芝加哥大学、特拉维夫大学、莫斯科普列汉诺夫国立经济学院以及德里经济学院。有多少人能被录取？不超过申请人数的四分之一。有多少人能完成学业？并不是大多数人都能毕业的，该系统会产生出很多准硕士和准博士（那些完成了所有课程学习但是没有通过学位论文的学生）。在过去的几年里，每年大约有850名新经济学博士从美国的大学中毕业，这可能与世界上其他地区所有大学的毕业生总人数相当。相比之下，美国每年大约培养出15 000名医生，大约4 400名牙医，超过6 600名博士工程师，接近40 000名律师和大概120 000名MBA。

然而，最优秀的年轻经济学家对教师职位和政府职位的竞争，在很多方面，最终会和出色的医生和律师的竞争情况很相似。甚至有时候，除了货币收入上有相当大的差距外，会有更高的回报。少数年轻经济学家的年薪在大学中能达到20万美元以上，在某些商学院中，年薪更能达到此数的三倍之多。额外的收入也有很多：自己拥有版权的软件程序、咨询关系、董事会资格、专家论证费，当然还有金融市场中永远存在的机会。

就像在篮球运动中一样，经济学界相对比较容易分辨出谁有成为强队的潜力。的确，默默无闻的天才有时是会出现。与其他领域不同，每年都有一些有潜质的人会在最后时刻选择经济学。但是从总体上讲，对大部分最优秀的候选人的选拔是通过他们所就读的本科学校和他们从低年级起就开始学习的课程来进行的，通常这些课程更多的是关于数学而不是经济学，因为数学是开展经济学研究的最基础的语言，应该在早期就对它有熟练的掌握，所以研究生项目之间会相互竞争来吸引这些优秀的学生。

教员承诺给予学生最个人化的关注、最好的教学、最大程度的支持、最快的提升及最少干预晋升的途径。最好的学生，根据他们GRE的数学成绩和推荐信，被授予每年最高达5万美金的国家科学基金和奖学金来支付他们的学费和生活费。

一个学生怎样才能被认为是优秀的？仅仅学好数学是不够的。了解了之前论证的复杂性并不代表自己就有想法。同样，对专业背景知识的掌握也与优秀无绝对关系。聪明的学生拥有各种不同的背景，近年来一位很出色的年轻经济学家在16岁前住在苏联。科学的态度是一个加分项（"渴求知识，坚持质疑，乐于深究，不轻易断言，愿意重新思考，细心处理和井井有条"是弗朗西斯·培根（Francis Bacon）在很久之前对它的描述），但是那些能产生影响力的人，其最重要的共同点是"从经济学角度思考"的能力，他们可以将遇到的所有问题转化成能用经济学标准工具来处理的问题，并能根据需要设计出新的工具。

入学的第一年一般被称为新军训练营，在这期间，新生们会接受严格的训练，以便掌握他们职业生涯中所必需的技术和工具。即使这一职业只是暂时的，这种训练也是必要的。最好的学校甚至不需要使用课本，相反，

第2章 "它告诉你如何庖丁解牛"

它们提供讲座和布置阅读，同时布置无休止的问题来让你解决。学生们经常将这一过程比作学习流利地讲一门新语言。需要通过写论文和参加考试以确立自己在更广阔领域里的竞争力，当然还有学生之间无止境的交流。两年的课程足够掌握经济学的基本工具和某一具体领域的最新进展，接着的第三年就是研讨课程和专题课程，他们强调在掌握了经济学精髓之后必须学会自我思考，最后就是论文了。一共需要花费五年或者六年时间，对少数人而言可能只需要四年。当论文接近完成时，新出炉的博士毕业生就进入了职场，这有点类似于职业运动员的选秀。在选秀中，每年的新进入者都会提前针对潜在的雇主很好地包装自己。每一年，一些必然成功的新星会加入联赛，还有许多熟练工、配角和黑马。一些人会进入政府或企业工作，永远不会教书。每个毕业班仅有一小部分人能最终在研究领域里取得名望，但是几乎所有人都会有一个全职。

会议中的第三种机制你很有可能自己发现不了，这就是晚上由不同大学的学院为它们的校友和朋友举办的鸡尾酒会。原则上讲，即使没有邀请函，你也是可以参加的，但是你可能会感觉有些不自在。如果说走廊的设计有些简洁的话，鸡尾酒会上的谈话就更加简洁。大部分东西都被省去了，因为大家已经彼此心知肚明。毕竟，这些人曾经在同一个新军训练营接受训练。他们在不同领域进入了职场，前进，改变信条——或者改变职业的努力没有成功。令人惊讶的事时有发生，曾经一帆风顺的人现在进退维谷，而曾经沉默的人成长得谈吐优雅。记忆中完全陌生的脸孔最后发现竟然是昔日同窗，或者更有可能是某位已经在研究领域里树立了稳定地位的人。人们聚集在一起，短暂地回顾一下曾经岁月的荣耀，然后以完全不同的组合前去用餐。

最好的学院（哈佛、麻省理工、芝加哥、普林斯顿、伯克利、斯坦福）仍然年复一年地排在最前面。当然改变永远都在进行着。学院就像那些体育联赛中的队伍一样，不但雇佣刚入行的经济学家，同样也向其他学院里的著名经济学家提出就职邀请（有时是很多邀请）并且不需要经过经纪人。总之，最顶尖的人物总是有人去争夺。例如，财力充足的普林斯顿大学已经向全世界最顶尖的二十多个人发出了就职邀请。如果所有人突然同时接受了，那么普林斯顿可能突然会被认为是世界上最好的学院。当然它所面临的竞争也是很有力的，那些被偷袭了的学院会以牙还牙，以眼还眼。

排名表上接下来的五个位次的竞争者大概有十几家：耶鲁、剑桥、牛津、伦敦政治经济学院、西北大学、波士顿大学、纽约大学、宾夕法尼亚大学、米歇根大学等。在第二梯队之后是那些有能力开展高水平研究的重点大学的学院。良性循环是一个规则：最好的大学可以得到最好的学生；最好的学生反过来又吸引了最好的老师或研究者；然后又是一个循环。但是有足够多的好学生，完全可以支撑美国本土的一百多个博士项目，其中有四五十个被认为是相当不错的。

14 只有当鸡尾酒会结束，参会的人走入城市夜色下的各家餐馆，我们仍徘徊在走廊上时，才能发现我们旅程的终点，这甚至在很多方面是最重要的一点。整个宾馆的公共空间已经被小型晚宴占据了，都是不同期刊、杂志的编辑（或审稿人）的晚宴，作为我们机制里最不易被发现和最排外的一种现象，想偷偷混进这些晚宴是没有可能的。正是在这些晚宴上，不同学院的支持者象征性地出现了分化，经济学成为真正思想王国的宏图远志替代了狭隘的关注和对机构的忠诚。

就像在其他值得一提的科学领域内一样，期刊上发表的文章是在经济学职场里穿行的基本交通工具。正如某人说过的那样，期刊就是被创造出来（在17世纪末）发表碎片的，这种观点是：为了把主张仅仅限制在那些可被完全肯定的范围内，把它们小心地绘入已知的图画中，用有限的引文来论证之前的工作并指出新的材料的契合点。期刊可能被用来发表新发现，评论或者批评其他人的发现及试图去建造对已知事情的统一认识。这些形式有着许多微妙之处。但最重要的是，其中每个贡献必须是诚实的和原创的，这些标准通过传统的审稿人机制得以实施。

虽然规则要更细致一些，但经济学科（或者其他科学）中的审稿人与体育中的裁判没有太大差别。经济学科的审稿人不穿条纹衬衣，工作经常是坐着进行的，而且没有人把审稿作为一种全职工作。其中最主要的差别是：科学中的评审是匿名的，就像科学历史学家约翰·齐曼（John Ziman）所讲的："一个不争的事实是，一个作者即使是一个博士，甚至是一个有名的教授，也不能代表他不会有偏见，不会闹笑话，不会犯错，甚至轻度精神错乱。"所以，期刊编辑依靠朋友般的专家小组来审阅新提交的论文，提出他们接受抑或拒绝的建议。需要审阅的手稿以匿名的方式发送到审稿人的邮箱中，审稿人审阅后写出评语并加以解释，再发给编辑，这一切也都

15 是在匿名的情况下进行的。当然，审稿人可能一下子就能辨认出某位同事的独特风格，就像作者经常能够知道审稿人的身份。这就是分散在世界各

第 2 章 "它告诉你如何庖丁解牛"

地的、以专家构成的实际群体的特性。正是通过这些团体，那些最尖端的研究才得以开展。早在 350 年前，罗伯特·博伊尔（Robert Boyle）先生就把这一现象命名为"看不见的学院"——每个专门学科分支里的人都彼此了解。但是，公平的表象被保持了下来，然后编辑决定接受或者拒绝，并希望发表的论文不会被批判，或者更糟糕的是，被忽视。

这种机制保证了被发表的研究成果符合合理性和诚实性的群体标准，允许经济学家使用科学词汇中最强有力的词语"同行们认为……"，一个很有用的定义概括了这一点"经济学就是经济学家所做的事情"。但是这主要为了让外行受益，经济学家们试图去做的是将事情说明并获得一致认同。依照诺曼·坎贝尔（Norman Campbell）对科学目的的著名论述，经济学就是"对'关于某个具体现象的'看法哪一种能够得到广泛的认同"，这些看法首先来自于审稿人，最后来源于我们自己。

请注意某些有趣的事情，它们最终可能变得很重要。在审稿人系统中，不涉及钱的问题，但是大部分经济学家会花费很大一部分时间在这项任务上。期刊的编辑会建立起一个研究者的网络，这些研究者在他们各自的领域内享有"最聪明或最公正的"美誉，当然最理想的是两者兼顾。这些审稿人同意阅览所有新提交的文章并推荐或反对发表，通常他们建议进行修改，或坚决要求修改。编辑通过审稿人的审阅时间、审稿人与作者的建设性沟通的程度及其智慧来判断审稿人。因为审稿人也是科学家，所以他们的表现将得到保证，他们自己的论文也要提交给其他审稿人审阅。和其他科学领域一样，这种精心设计的努力是为了保证经济学领域的成功，与财富、声望和关系无关。但这些努力并不总是有效的，也发生了很多互相利用的交易。由同行来进行选择的精英领导制是专业经济学与商业、产业界等社会体系最明显的不同之处，在商业、产业界体系中，自上而下的命令是规则，而且赚钱是它们的主要目的。

确实，做裁判可能是展现个人良好品性和评价他人品质的最有效的途径。期刊编辑是从最成功的审稿人中选拔出来的，类似 AEA 这类专业协会的管理者也是这样选拔出来的。仅有很少的审稿人被发现是明显不诚实的，他们可能会给送稿人施加压力，要求他们不恰当地引用自己的文章，或者参与到"领跑竞争"中，即试图将他们从审阅的文章中收集到的最新最深刻的见解迅速吸收到自己的文章中。即使最优秀的审稿人能够审查出最值得倾听的观点，但在实际中，最常犯的错误是过度重视所收到的意见。大部分开创性的贡献（大部分而不是许多）在它们找到归宿前都被拒绝了很多次。

　　这就是为什么不仅仅存在一家经济学期刊，而是存在着很多有着重叠课题范围的期刊的原因。出版的文章涵盖了最广泛的话题范围的"四大"主流期刊是《政治经济学杂志》（Journal of Political Economy）、《经济学季刊》（Quarterly Journal of Economics）、《美国经济评论》（the American Economic Review）和《计量经济学》（Econometrica）。曾经在超过一个世纪的时间里，充当经济学旗舰的英国的《经济学杂志》（Economic Journal）在经济学领域占有重要位置，但是现在它已经被认为是落伍了。接下来是第二梯队、第三梯队和第四梯队。新出现的一些期刊，如《经济学理论杂志》（Journal of Economic Theory），在科学文献的出版领域中占据了重要地位，它一度因为在学说争议中支持了获胜的一方，并最终促使其他期刊仿效和跟随而大放光彩。但是在学院和期刊中，等级制度总是存在的。

　　现在让我们参加一次特别的会议，1996年1月在旧金山召开的美国经济学会会议。记住，我们现在感兴趣的是1990年发表的那篇特殊的论文"内生技术创新"是如何突然导致了一些变化的，首先是在经济学的语言中，然后在一个更广泛的世界里。对于我们所说的故事，在旧金山召开的会议是特别令人感兴趣的，正是在那里，新的观点第一次被呈现给了广大的听众。

　　每年参加会议的人都会参加一项精心编排的复杂的例行仪式，尽管仪式有着自己的瑕疵。仪式是为了调查、总结并给予那些在过去一年或三到五年时间里由专业会员完成的、被认为是最好的一部分正式文章以社会认同。我说三到五年是因为程序的某种延续性，不可能在每年的程序中包含所有东西，而且三到五年刚好是一项新贡献被全面检验和思考，可以被展示出来所需要的时间。我说正式的是因为会议上提交的论文只不过是技术经济学的一部分，最辛苦的工作、真实的经济学是在其他地方独自或与别人合作完成的。在会议上提交的文章几乎都有一个很长的、作为私人研究计划一部分的故事。

　　被报告的贡献开始时可能只是一时灵感的闪现，但是在它们被提交到会议之前，最初的提交稿可以提交给美国经济研究局（National Bureau of Economic Research）或者社会科学研究网（Social Science Research Network）等初稿出版处，在被宣布为"工作论文"（working paper）之前，必

第 2 章 "它告诉你如何庖丁解牛"

须很仔细地解释模型,组织论证,撰写草稿,在计算机前花费很长时间;然后论文被展示出来,起初在内部,之后是在其他研究机构;按照一般程序,论文被提交给期刊。并不是所有的文章都发表在它们初次提交的期刊上,也不是所有的文章都能被发表。那些提交给重要期刊的文章一般都需要经过一系列非正式的评价和讨论的洗礼,这些评价和讨论在无止境的电子邮件中、餐厅里的谈论中、电话和讲座、会议、项目论证会和夏令营中进行。只有当与那些已经发表的研究成果相比,文章的重要性在某种程度上获得了认同时,才能认为它有资格获得会议的认可,然后就开始等待邀请。

会议主席的任务就是把会议按照最能体现热门领域的方式组织起来。没有人可以对 AEA 所划分的约十八个经济学分支都了如指掌,所以迄今为止,主席会因此而提名一个项目委员会,大部分的受邀会议是由项目委员会的成员组织的,主席自己选择三到四个专家小组。会议项目被动的和不受个人影响的特点只不过是表面文章,项目毫无疑问地承载了很强的个人因素。

例如,1996 年的旧金山会议是由一位名叫安妮·克鲁格(Anne Krueger)的斯坦福大学经济学家组织的,和每一位主席一样,她也有自己的故事。在 20 世纪 70 年代担任土耳其政府顾问之时,她在严谨分析的基础上力推恢复市场自由主义,而在当时,经济生活许多方面的严格管制被大部分经济学家认为是理所应当的。有许多人对 20 世纪 80 年代初出现的新政治经济学做出了突出贡献,他们中的很多人已经非常出名了,即使是列举他们中最著名的几个也要冒着很大的风险。① 到 20 世纪 90 年代初期,改革的呼声已经很普遍了,也是开始授予荣誉的时候。克鲁格在一个直到不久前还

---

① 那么不妨看一看,在这份关于改革主要推动者的小名单上,有多少人是你所认识的呢? MIT 的鲁迪格·多恩布什,乔斯科·保罗,理查德·斯马兰西,以及杰格迪什·巴格沃蒂(后前往哥伦比亚大学);芝加哥大学的米尔顿·弗里德曼,乔治·斯蒂格勒,罗纳德·科斯,萨姆·佩尔兹曼,盖尔·约翰逊和阿诺德·哈伯格;哈佛大学的约翰·迈尔和马丁·费尔德斯坦;斯德哥尔摩大学的阿萨尔·林德贝克和世界银行的霍利斯·钱纳里;麦基尔大学的鲁文·勃伦纳;伦敦经济学院的皮特·鲍尔;马里兰大学的曼可·奥尔森和朱利安·西蒙;还有弗吉尼亚理工学院的詹姆斯·布坎南和戈登·塔洛克;更不用说政策建议者如保罗·克莱格·罗伯茨,阿兰·瓦尔特斯,多明戈·卡瓦罗,瓦克拉夫·克劳斯,格利高里·雅夫林斯基。在这份令人印象深刻的名单中,斯蒂格勒,钱纳里,奥尔森和西蒙都已经在 20 世纪 90 年代去世,多恩布什也已在 2002 年与世长辞,但剩下的这些人中的大部分,要么是已经做过总统的助手,要么也是完全可以胜任这一工作的。他们都曾对世界性的市场化做出过重要贡献,而这样的人还有许多许多。

几乎被男人完全占领的世界里获得了巨大成功,从新政治经济学领域内推选出一个人作为主席就理所当然了,而那一年,这个人就是克鲁格。

新任主席面临着一个空白议程,有一系列的常规功能需要被安排。在1996年的旧金山会议上,将为前一年的诺贝尔奖得主纳什(Nash)举办一个午宴,这位数学天才因为精神分裂已经被限制在场外三十年了,在旧金山的聚光灯下,他笑得非常害羞。另外一场午宴是为耶鲁大学的斯蒂芬·罗斯(Stephen Ross)准备的,他推广了资本资产定价模型。必须有一位学者被邀请发表会议最重要的演讲(伊利演讲)。克鲁格选中了马丁·费尔德斯坦(Martin Feldstein),而他将利用这一时机呼吁美国社会保障系统的私有化,宣告专家们的看法正在彻底改变的证据。离任的主席需要被介绍。卫生经济学家维克托·富克斯(Victor Fuchs)将发表一个愉快的演讲。协会的一名出色的成员将被提名和介绍。罗彻斯特大学的沃尔特·爱(Walter Oi)几乎完美地展示了经济学作为一门纯理论学科与对计算机或科学仪器具有相同价值的学科魅力,这位在芝加哥接受训练的人在过去的30年里已经对若干个领域做出了贡献,他就职期间最重要的贡献是帮助建立了全志愿者制的美国陆军——尽管他本人已经完全失明了。

旧金山会议最大的吸引点最后被证明是一位名为麦克洛斯基(McCloskey)的45岁的经济学家,他是一位保守的芝加哥大学前教授,经济社会协会的主席和AEA执行委员会的成员。在当年秋天他改变了自己的性别,唐纳德(Donald)变为了迪尔德丽(Deirdre)。(许多这些事件进入了公众的视野,麦克洛斯基根据自己的变性经历撰写了一部书,这就是于1999年出版的引人注目的《雌雄变》(Crossing)。)另外一出戏剧则是在幕后展开的。格莱谢拉·齐齐尔尼斯基(Graciela Chichilnisky)正在起诉一位同事,她声称同事滥用了自己的观点。格拉谢拉仍然保留了70年代登上《时尚》杂志(Vogue)时的魅力,当时她是一位非常引人注目的取得了伯克利数学和经济学双博士的年轻的阿根廷天才。大厅里充满了关于她案子的闲言碎语,在数周的时间里,格拉谢拉的案子因为有迹象表明她捏造了证据而被尴尬地撤销。会议中最出乎意料的事件是戴维·卡德(David Card)被伏击。卡德已经被授予了约翰·贝茨·克拉克奖(John Bates Clark Medal),该奖项每两年一次,颁发给那些被一组同行认为在40岁之前做出了最伟大贡献的美国经济学家。卡德英俊、富有并且迷人。但是他与别人合写了一本关于最低工资法经历的颇具争议的书,这本书激怒了他的那些比较保守的劳动

第 2 章 "它告诉你如何庖丁解牛"

经济学家同行。就在颁奖前的一个会议里,台上的一群芝加哥人对他的统计方法进行了严厉的批判。于是,在这个本应是他一生中最开心的下午,卡特一时被问得哑口无言,当时没有再进一步说什么,但是这个事件将被长久地记住。

有这么多有意思的人参与到这个多样的活动中,很容易令人忽视旧金山会议上本应立即在学科中引起最巨大反响的事件。这些可以比较明显地在一个以"关注经济增长——它的理论和历史"为主题的会议上感受到。就像其他大部分讨论一样,53号分会是在一个没有窗户的屋子里举行的。

1996年1月5号,周五,下午两点半,集中在旧金山希尔顿酒店B号大厅的人群足够装满这个狭长拥挤的房间,后排挤满站立的听众,但是人还没有多到足以扩散到外面的大厅里。"新增长理论和经济史,匹配还是不匹配"的讲座在有两百多位听众的情况下按计划开始了。有二十多位记者参加,他们知道发生了什么。通常有些刚进入这个领域的年轻人有很高的期望值。

正如我们所看到的,观察一个分会的途径有很多。这场分会将两派通常情况下彼此没有太多共同语言的人组织到了一起:历史经济学家和主要的经济增长理论家。这个场合有一个特点,在十几年前,即1984年的达拉斯会议上,历史学家们也组织了一个类似的分会来讨论存在于理论和历史交叉点上的"完全黑暗"(的确是这样子的)。在1984年,经济增长理论家是位于守势的。历史经济学家们有说服力地论证了经济增长理论家只是选择了那些容易被解答的问题,从而导致了一种文雅的但是内容贫乏的形式主义的形成。这种形式主义认为一系列令人困扰的问题是存在于经济学之外的,即模型外生的因素。

但是1984年的会议只是发生在变革的前夕,仅在一年后,芝加哥大学的教授罗伯特·卢卡斯(Robert Lucas)向他的同行们提出了一个不严密的被称为"递增回报问题"的谜团,并且在一个著名演讲中将它列为20世纪80年代最重要的政策问题的中心。一场巨大的争论随之发生,大部分新生代的宏观经济学家都参与其中,不同派系举起了竞争性的(令人困惑的)旗帜,如新熊彼特经济学、新非完美竞争经济学、新技术变迁经济学、递增回报革命、新增长理论,或者用最简单也是最模糊的说法,内生增长。

无论怎样,这一特殊的交叉点不再黑暗了。在十年的时间里,理论与历史相遇的地方就好像唇枪舌剑的战场,旧金山会议在记忆中也绝不是一团和气的。

　　历史经济学家和新增长理论学家的对话目的是相反的。乔尔·默克尔（Joel Mokry），《财富杠杆：科技创新与经济进步》的作者，担当了主席的角色，他是新生代历史经济学家中致力于解决技术进步问题的最重要的人物，他对于辨别出经济增长中的最重要的因素有着强烈的兴趣，而且他组织了一个座谈小组来允许听众接触某些最新的工作。历史经济学家尼古拉斯·克拉夫茨（Nicholas Crafts）在伦敦发表了一篇名为《第一次工业革命：增长经济学家的定向旅程》的文章，他被历史经济学家称为英国工业革命中"克拉夫茨-哈利"观点的所有者。该观点认为并不存在什么工业革命，保持18世纪经济增长的"起飞"的观点被认为是幻觉。而且"奇迹年代"（用一句很著名的话说）也应被看作是一些误导性的指标数据。克拉夫茨给最近的新增长理论，即保罗·罗默的相关工作泼了一盆凉水。他对待新主张的态度是谨慎、质疑的，甚至不愿去正面面对。他认为对市场规模的新关注好像放错了位置，从历史得来的证据"还不够有说服力"。如果存在一场理论上的革命的话，也很难从历史学家的反应和新增长理论的角度加以区分。

　　现在是该保罗·罗默出场的时候了，他是记者们在此想见到的人之一。他被认为是新生代中数学最好的经济学家，也被视为芝加哥大学新争论风格的最年轻的旗手，这一风格是由一系列最新的高科技体现出来的：有限期规划模型、动态规划、化最大化问题为单一代表性消费的竞争性均衡、理性预期以及其他。但是保罗比其他人更进一步地将关于增长、知识和市场力量的新观点提到了讨论中。他1983年的论文以非常复杂的数学为特征，1986年他从其中截取的论文《递增报酬和长期增长》依然晦涩难懂，1990年的版本"内生技术变迁"包含的数学比较简单。这主要归功于卢卡斯，也归功于罗默对于问题的一种全新的阐述，这种新的阐述至少在增长理论家的小圈子里导致了一场轩然大波，以至于它不仅将罗默置于他的老师卢卡斯的对立面，也使整个芝加哥学派将完全竞争作为他们最基本假设的传统置于卢卡斯的对立面。

　　罗默一直坚信数学方法的力量。他坚称，数学方法与其他任何方法相比，能更清楚地表述问题，更清晰、更有说服力地解决问题，后者包括到工厂的实地考察，或者筛选大量的数据，罗默描述了这一过程。理论家必须先从感觉的证据出发，然后用语言描述使其理论化，再用不断增加的一

第 2 章　"它告诉你如何庖丁解牛"

般性的正式数学语言描述，最后再从高度抽象回到语言描述和真实世界的证据。他认为最后一步检验了数学，也是整个过程中唯一一步不需要我们接受理论家语言的部分（当然，尽管现在许多其他理论家已经被涉及了）。但是当时，罗默经常指出，逻辑和证据"有超出它们的使用者的希望、信念和偏好的能量。当你开始抽象时，你并不能准确地知道你将回到什么地方"。他发现在自己的方程式中的发现已经改变了他的政策建议，他从大学一年级时米尔顿·弗里德曼的助手（指信仰自由主义，反对政府干预——译者注）转变为一个支持政府干预的教授。

自罗默首次发表他那篇最重要的论文起，六年时间已经过去了，文章已经被增长理论学家的小圈子充分地检验了。现在在旧金山，他试图去完结这项任务，即用一种简单的方法描述他的模型，将它和其他解释作比较，并把他最主要的方程式转换成英语语言，他的文章题目是《为什么是在美国？现代经济增长的理论，历史和起源》。

他用为正式方法辩护的方式开场。他说每次一种新的数学形式被引入时，都会引起同样的反对。一些人抱怨说"这些方程式是如此简单而世界是如此复杂"，其他人则声称那些方程"没有告诉我们任何新东西"。例如，他说，至少从亚当·斯密开始，经济学家已经理解了总产出——Y，作为经济学家在方程中使用的缩写——依赖于所花费的实物资本和劳动的数量，但是当 20 世纪 50 年代麻省理工学院的一群经济学家用总生产函数的形式表达这种关系时，却遭到一群英国经济学家的强烈反对。然而，生产函数的概念（对于投入和产出关系的数学表述）作为测度生产力水平的一种无价的捷径，很快就被全世界接受了。

几年后，当芝加哥大学的经济学家引入一系列被他们称为 H 的旨在描述个人经验和教育积累的变量行为的新方程式时，麻省理工（和其他）的经济学家们又站出来反对了，然而"人力资本"已经成为衡量个人生产能力的标准工具。在 20 世纪 90 年代，罗默说经济学家正在讨论知识是经济的一个重要产出，知识的生产与投入间存在系统性的关系，知识的增长依赖于科学家生产新知识的数量和质量以及它之前的存量本身这样一个并不令人吃惊的命题。但是当用数学表述成：$dA/dt = G(H, A)$ 后，新理论又一次遭受到了预料之中的反对，这一次反对同时来自芝加哥和麻省理工（英国的剑桥已经被超越了很久了）！

然而，罗默认为这些反对并没有说到问题的重点上。的确，数学语言的引入似乎经常导致对重要问题的忽视，模型建立者更关注那些容易正规化的问题，而把那些更难的问题推到以后，即使它们被认为是相当重要的。历史说明，随着数学的积累，它的范围扩展了，并且那些重要的问题也没有丢失。合理的方法并不是停止所有正规理论的发展，而是容纳另一种自然语言和正规语言并存的分支，每个阵营的专家处理那些他们具有比较优势的问题，并定期交换意见。

新变量的出现往往反映了对经济作为一个整体的理解的更新。一个好的理论会先判断整个系统，然后确定某些具体的点，这些点可以被分解成一系列以一种有意义的方式相互作用的子系统的自然集合，它告诉我们如何"庖丁解牛"。为了举例说明，罗默借用了人们所熟知的蒸汽机的例子。一个19世纪中期的工程师的著名拙劣解释将机车的运动归因于一种"力量机车"（类似于亚里士多德将石头的下落归因于他们的内在性质）。罗默说，为了解释蒸汽机整体的工作原理，一种更令人满意的解释是把蒸汽机分解成各个组成部分：锅炉火室、锅炉、蒸汽控制器之类的。他说，"理论家为我们所做的就是，掌握所有我们知道的关于世界的复杂信息，并用一种等级化的结构将它们组织起来。"通过去掉模糊性和强调的逻辑一致性，数学更容易达到清晰明了。

接着罗默描述了当今经济学中的争论。他说，与罗伯特·索洛（Robert Solow）相联系的"老的"增长理论通过两种要素的作用来解释经济增长，有传统的经济投入品，有"外生的"技术，它的改进发生在系统外的均衡点。在更深一层次的分解中，传统的经济投入品被划分为实物资本、劳动和人力资本，但是技术仍被认为是一种单独的力量。直到现在为止，罗默说，"因为技术的确与其他投入品不同，"不同之处在于技术可以同时被任何数量的人使用。但是，为了方便起见，老的增长理论直接用传统的区分广泛可得的公共品和完全私有品的二分法来描述技术和传统投入品的区别。为了分析的目的，技术被认为本质上是一种公共品，任何想拥有的人都免费可得，政府通过大学来提供它。在一个非常著名的类比中，技术被认为类似于无线电广播，对于任何想收听它的人都是免费可得的；在另一类比中，它被比作"天上掉的馅饼"。在老的增长理论中不能再进行进一步的区分，用它的术语解释"知识产权"就像一个人试图描述私有公共品一样是一种自相矛盾，解决这个矛盾就是罗默工作目的的全部所在。

按照罗默的说法，新增长理论依据不同的方式来划分世界，分为"说明书"（instructions）和"物质"（materials）。在他的旧金山演讲和几个月之后的印刷版出现的短暂间隔中，他的用词有微小的改变："说明书"被改为"创意"（idea），而"物质"变为"实物"（things）。罗默解释说，物质可以被认为是有质量或能量（例如电）的东西，说明书是可以被一系列电脑代码储存的东西：软件、内容、数据库之类的东西。原子和比特之间最明显的区别是通过演讲和杂志文章等其他途径来体现，而不是数学论文。

这一天罗默举了一个更家常的例子。当我们准备晚餐的时候，他说，我们所用的物质是"我们的罐和平底锅（我们的资本）、我们的人力资本（我们的大脑）和我们的原材料（配料）……作为文本存在的菜谱是我们的说明书。"最重要的区别不再是公共的与私有的之间的区别，而是竞争性和非竞争性之间的区别，即能被一个人消费一次的种类和那些能被许多人同时使用的种类之间的区别。在许多产业中，最重要的资产（如电脑软件、制药业、音乐唱片）更类似于菜谱或说明而不是其他任何东西。

在新增长理论中，罗默说，"技术进步"不再是经济学的"力量机车"。"依赖物质和说明书，你可以给出一个展示经济增长是如何运作的简单答案。人类同时利用非竞争性说明和竞争性产品（如罐、平底锅或者机械工具）来改造其他竞争性产品，将它们重新组合成比旧有构造更有价值的新构造。我们将钢棒重新组合为滚珠轴承，或者将钢板重新组合为制造滚珠轴承的磨床。"通常人们可以在一定时间内排除其他人使用某一套特殊的潜在非竞争性说明书，他们可以保守这个秘密或者这个专利，这种可能性是被老的增长理论的公共物品方法排除在外的，完全排除其他人拷贝和改进新想法的不可能性足以保证一个稳定的增长趋势。

罗默说，这些想法如亚当·斯密一样久远，已经被忽视了，但是它们对经济学而言毫无疑问是重要的。因为创意可以被拷贝和不停地使用，它的价值随着它能改造的竞争性物质的数量而同比递增：市场越大，新想法的回报就越高。在大城市比小城镇能卖出更多的装饰品，在大的国家也能比在小的国家卖的多。事实上，美国很久之前在收入增长上超过英国的原因也就在于此。罗默说，"规模效应不应该再像增长核算学家，如[爱德华]丹尼森（[Edward] Denison）所说的那样被当作一种与工厂规模相关的事后思考来对待，""它们应该像亚当·斯密所做的那样被对待，作为必须从一开始就解决的经济世界的基本方面之一。"

听众们感到有些不安，人们之前从未听说过这种观点。一般情况下，读者们被告诫应该回过头去，他们认为权威是约翰·梅纳德·凯恩斯，而不是亚当·斯密。

　　接下来的发言者是哈佛大学的马丁·韦茨曼（Martin Weitsman）。罗默是一个冷静的、四十岁左右、悠闲的加州人；而韦茨曼是一个热情的、五十岁左右、兴奋的布鲁克林人。如果说罗默一下子很难令人完全理解的话，韦茨曼几乎就是令人无法理解的。他是第一批预见到关于递增回报的讨论将变得如何广泛的人之一，在1982年，他引用递增回报来解释为什么失业者自己不能简单地创业，现在他试图在旧的和新的增长理论之间作一个调停：他的话题是一种混合体，被作为知识增长的一个恰当比喻。知识将会持续增长，只要有不同种类的知识来混合。他之前曾经在美国国家经济研究局经济波动组的夏季会议上发表过这个演讲。事实上，因为这一领域内的持续工作，项目已经被改名为"波动和增长"。但是韦茨曼的数学方法很生僻（组合而不是规划），而且关于生物进化的讨论使那些充满热情的年轻人冷却了下来，迎接这位经济学家的是不理解的眼神，但这并没有熄灭他的热情。"我的天哪，马丁，"他的讨论者罗伯特·索洛事后说，"你在那里真像个萨沃纳罗拉（Savonarola）。"韦茨曼回应说："这就像是一场革命！"但是却没有给年轻人留下同样深刻的印象，究竟谁是萨沃纳罗拉呢？

　　这里没有伏击，没有回击，没有争论，没有辩论，会议以平淡的调子收场。经济学家们涌出酒店，离开旧金山，飞入暴风雪中，来年再聚集在新奥尔良。记者们并没有为电话而竞赛。新观点尚未找到合适的途径去被更广泛地理解，对它们的自然抗拒很强大。风险很高，对亚当·斯密名字的诅咒就是警示。

第 3 章 模型是什么，它如何发挥作用？

在今天，很少有经济学博士会去阅读亚当·斯密的书（就像很少有现代物理学家会从伊萨克·牛顿（Isaac Newton）那里学习物理学一样）。相反，研究生们依赖于从教科书中去了解，从斯密 1776 年撰写《国富论》开始所有被研究过的课题。这并没有什么值得惊讶的，因为这就是科学理所应当的方式。像阿尔弗雷德·诺思·怀特黑德（Alfred North Whitehead）说的那样，一门墨守前人思想的科学早已迷失了科学的本性。

然而，很多时候科学家们发现，从教科书上学到的理论不能发挥其应有的解释力，这让他们自己也感到迷茫，并让他们（至少是他们之中最优秀的科学家们）饱尝"危机"之苦。

这可能是因为他们标准的研究方式限制了他们的脚步，只有退回到最基本的假设去寻求问题的答案。

这也正是罗默在 1986 年 12 月第一次尝试模型化创意（idea）之后所做的事情。他回到经典著作中，试图寻找早期的经济学家是如何系统化处理知识增长这个明显的现象的。之后他把前人关于他的模型的研究成果总结在一篇工作论文之中，在他自己所在的系里非正式地发表了。

由于未公开发表，许多人也做了同样的工作，但是没有人比诺贝尔奖得主詹姆斯·布坎南（James Buchanan）更加清楚。当布坎南认识到关于贸易与增长理论的新文章的重要意义以后，他综合了近两个世纪的文献，汇编了一部反映争论历史的"读本"（其中包括两篇他自己的文章），这就是 1994 年出版的《收益递增的收益》。

但是布坎南的读本是面向研究生的。而罗默最终的评论没有使用技术化的会议文献方式，并且已经出版的关于经济增长理论的新教科书也直奔新创意的主题，并没有试图向一般的读者揭示新想法从哪里来，为什么它们是重要的。

如果我们重新回顾一下经典文献，就很容易了解为什么一系列简单的捷径需要经历如此长的时间，才在今天忽然间变得重要起来，像经济学中的大多数问题一样，我们的故事也应该从《国富论》开始讲起。

亚当·斯密在经济学方面的造诣之所以与众不同，主要在于他惊人的心无旁骛，所以也就有很多关于他对生活中的琐事心不在焉的故事。他如何穿着睡衣外出，走了十五英里还不停下。他如何将一片面包和黄油塞入茶壶中并加入开水冲泡，并在饮用后抱怨茶叶的质量。他的朋友亚历山大·卡莱尔（Alexander Carlyle）说，"他（亚当·斯密）是我所见过的最心不在焉的人，他坐在一大群人之中，会经常自言自语地甚至傻乎乎地自己微笑起来。如果你把他从幻想中叫醒，让他参与大家的话题，他又立刻开始极具哲学性地长篇大论起来，直到把他就此话题所知道的全部知识都说完。"大体说来，他安静的时候一定是正在思考一长串因果问题。

1723 年，斯密生于一个交友广泛、家资殷实的苏格兰家庭。其家乡科肯卡迪（Kirkcaldy）是一个小镇，横跨一条源自爱丁堡的峡谷。他出生之前父亲就去世了，由母亲带大。母亲的娘家家势显赫，斯密的外祖父是一位富裕的地主兼国会成员。斯密幼时曾被吉普赛人绑架，并被留在邻城的路上。据说，他差点成为一个穷困的吉普赛人。

第3章 模型是什么，它如何发挥作用？

斯密自幼时就接受良好的教育。14 岁时，他被送往格拉斯哥巫（Glasgow）大学这所颇具示范性传统的学府攻读学位，那时，亚里士多德的物理学已风光不再，新兴的机械化哲学方兴未艾，仅仅把石头落地或者火花闪耀解释为它的某种"本性"已经不能令人完全满意了，人们需要了解的还包括其发生作用的机理以及原因。此时的斯密已经对空气泵、气压计和其他与新气体力学有关的实验仪器有所了解，他还了解伊萨克·牛顿的令人惊奇的"物体定律"（doctrine of bodies）（就像后来物理学所称的那样）。斯密 17 岁的时候赢得了牛津大学的奖学金，开始了他为期 6 年的牛津求学生涯。

斯密痛恨牛津。在《国富论》中，他曾花费大量彩页篇幅去攻击终身教授制度，认为它使教授丧失学习、教授课程乃至与学生交流的动力。牛津那些娇纵的执行管理委员会成员完全被隔离于教学问题之外。斯密写道："（他们）长期在避难所中。在这里，崩溃的体系和腐朽的偏见为他们提供保护，尽管他们早已被世界的任何角落所抛弃。"

当斯密写到"崩溃的体系和腐朽的偏见"这些词句时，他的头脑中很可能在影射亚里士多德式的物理学，这些课程在斯密的时代（1740 年）仍然属于牛津大学的授课内容，尽管那时距牛顿出版其著作《原理》已经 1 个半世纪之久了。后来，斯密只能转而关注血液循环的新发现，但该学科在牛津的境遇也不容乐观，发展仍然十分缓慢。

在这里，我们不妨稍微偏离一下主题。试想一下，一个令人满意的解释以及其作用机制需要什么来组成呢？这也构成了一本讨论思想体系如何变迁更替的书的主旨。所以，让我们回顾一下第一个真正有解释力的数学模型的简短历史吧。那么，它是什么模型呢？它是如何发挥作用的呢？

威廉·哈维（William Harvey）出生于 1578 年，大约是莎士比亚（Shakespeare）的同代人（1564）。他决意成为一名物理学家，于是在剑桥毕业后，他作为一个医学专业的学生奔赴帕多瓦（Padua），在 Fabricius ab Aquapendente 的指导下学习。这位当时最著名的解剖学家技艺超群，曾赢得传奇般的赞誉。对于学习和研究生理学来说，最好的途径就是仔细观察和描述。

当时的内科医师和解剖学家遵循内科医师加伦（Galen，公元前 1 世纪）时代的传统，正在对心脏进行深入研究。他们把心脏当作一个火炉甚至太阳，并且认为，作为身体最主要器官的肝脏是促使食物转变为血液并将血液导入心、肺的场所,而心脏由于其温暖的特性,将把血液引入心室并加热,然后再如清晨露珠般将其浓缩并导入肺中。在这个过程中它会与空气的某种关键成分结合。

作为一个肯特郡(Kent)的人,哈维是了解一些关于水泵的知识的。由于刚刚发现看不见的"空气海洋"的机械原理,使得对其操作程序的关注热情蔓延到当时整个的采矿业。所以哈维在某种程度上得出这样一个结论,心脏的热度只是第二要素,是心脏的肌肉组织扮演着水泵的角色,而不是作为一个暖炉或是灯的角色存在,因此血液才能在身体里循环流动。

在他的《心脏与血液的运动》(*On the Motion of the Heart and the Blood*)一书中,他开始试图证明自己的观点。首先,哈维测量了一个普通人心脏的容积,心室差不多能容纳两盎司的血液。他让他的读者们假设其中的一半,甚至五分之四的血液,通过一次收缩到达肺部。他还指出在30分钟内心脏跳动1 000次。根据我们现在的常识,我们知道这些统计数据的值都非常低。那是因为哈维的方法以保守为核心。即使在这种最不大胆的假设的基础上,他的实验还是显示出在半个小时内心脏收缩压出超过整个身体包含的血液到动脉中——超过两加仑。那么那些血液除了在身体里循环还能去哪呢?科学历史学家查尔斯·库尔斯顿·吉利斯皮(Charles Coulston Gillispie)称之为"一个真正漂亮的辩论","完全正确的事实通过完美的艺术安排展现,对他的证明不给予赞同的话就如同不赞同一个几何定理一样困难。"

然而哈维的推算是否使得当时所有思想敏锐的观察者都信服呢?其实基本没什么人相信!原因是那时没能发现那种能够让血液回到心脏的途径。自加伦坚固地建立起心脏暖炉模式学说的1 500年里,那些细心的观察者指出血管系统就如同树的枝干,或是沿海沼泽地的支流。哈维自以为是地假定存在一些不能被观察到的微小的管子连接着动脉与静脉,这个假定基本不能使人信服,至少对那些年长资深的生理学家是这样的。事实上,他们还由于哈维通过一些简单设想得到的模式而勃然大怒,因为这些设想使得他们苦苦理解的一切变得毫无意义。

直到30多年后显微镜的发明,才证实了毛细血管的确实存在,正如哈维预言的那样。即使这样,那些老学派的成员还是很难接受这种新观点,但是那些从未接受先前观点熏陶的人一下子完全被说服了。逐渐地,新生代取代了老一派。(在20世纪,物理学家马克斯·普朗克(Max Planck)

第 3 章 模型是什么，它如何发挥作用？

总结了与之相同的进程：科学是踏着一座座坟墓进步的。）

哈维的推算属于历史上最早的数学模式之一，也可能是第一个在英语国家取得广泛成功的。尽管它的"如果—那么"的陈述仅仅包含了一点乘法，可直到今天它仍然极具权威，它为我们朝正规推理的迈进做了巨大的贡献。显然，亚当·斯密并没有在他那些多样的公共演讲中讲过这个故事，但他不可能不知道这件事。直到 1906 年，在伦敦的一个非常有名的演讲上，威廉·奥斯勒（William Osler）爵士勉强地把哈维的发现作为演讲的主题，称之为"由血液循环的发现所证实的真理的成长"，才使其成为科学领域的警世性传奇。

除此之外，在牛津的时候，亚当·斯密还准备了一个关于他自己的带有警世性的故事。

当从牛津回到爱丁堡后，斯密被邀请作一系列的公共演讲——首先是关于修辞，然后是关于哲学的历史，最后是关于法学。多亏了这些演讲，才使我们有机会了解到斯密是如何看待那些构成完美阐述的因素的。尤其是从"天文学的历史"这个演说中，我们可以获悉那个很谦逊的斯密是怎么做的。直到今天他对天文学的评价读起来还是很有意思的：如同男孩子般激动地对从无知到理解的过程中知识成长的叙述。

斯密从希腊人开始讲起。他写道，根据 18 世纪的标准，希腊人对宇宙的理解并不完善，可尽管如此，与亚里士多德（Aristotle）和托勒密（Ptolemy）之前那些迷信思想相比，他们的物理学还是为那些学者提供了更多的思考宇宙现象的连贯性。斯密从我们现在熟悉的顺序开始叙述——科普尼克斯（Copernicus）、第谷（Tycho）、布莱赫（Brahe）、伽利略、开普勒、伊萨克·牛顿，描述了现代天体力学是如何通过对多种重要的疑惑（行星在运动过程中的衰退，行驶的船上从船桅掉出的物品的移动方向等等）做出更令人信服的解释的方法，取代古老的亚里士多德式的研究，一直到牛顿最卓越的发现："把那些最重要的真理联系在一起的巨大的链条就是那个我们每天都能经历的事实：地心引力。"

斯密说，我们期待从一个解释中得到的是一个能把表面无关现象联系在一起的"关联定律"。科学就是要探求那些不能够被轻易发现但却能够把不相关事物联系在一起的链条，并且要像物理机械装置那样准确，因为"在很多方面科学的系统就如同机器一样"。因此，做出解释的技巧就是建立一个头脑中的模型，一个具有强大力量并且可以被广泛适用的"假想的机器"，直到追寻的原因和结果都得到解释，奥秘被消除。"只有那些被允许参观舞台后台的人才会好奇剧院的那些装置是怎么运行的"。尽管如此，对于在牛津和英国其他闭塞的地方，学生仍然被教授那些古老的亚里士多德式的知识系统的状况，他还是充满了讽刺。

斯密陈述道，一个精彩的理论的敌人其实是混乱的类比，就是那些思想家绞尽脑汁用一个东西解释另一个的工作。例如，毕达哥拉斯学派用数的属性解释所有的事物；医生也永不停止地用生理学知识和"身体系统"做过分的对比〔例如，威廉·配第（William Petty）写道，"金钱就如同身上的脂肪，如果过多就会妨碍身体的灵活性，而太少又会影响到身体健康……"〕。斯密认为，真正精彩的解释在各个方面都必须是没有漏洞的，"是应该没有间歇、没有停顿、没有断裂、没有空缺的，"想象是"应该根据它们自身的一致性逐步展现的"。

此外，一个成功的解释不仅仅要能够使其他的研究者信服，更重要的是使普通的大众都能够相信。否则的话，那些专业人士就有太多的理由来假装知道那些他们其实并不知道的事物。斯密解释道，化学就是一个最好的例子，还处于其自食恶果的费解状态。值得注意的是，斯密是在18世纪50年代写下这些话的，当时化学家用一些难以理解的物质燃素解释所有的易燃物质的燃烧现象。那些化学家互相称为"博士"，但是对于那些外行人士来说，他们的解释缺少真理的支持者。"氯化钠、硫磺、水银、酸和碱，只是那些生活在熔炉中的人的原理。"换言之，如果它不能够用通俗易懂的语言解释，那么它就很可能是不正确的。

这一系列的三个演讲获得了巨大的成功，在随后的1751年，斯密应邀到格拉斯哥大学，被推选为逻辑学教授，这使他成为了历史上第一位学术性的经济学家。同时，也是从这里开始，他建立了这个领域的模式。8年后，他的第一本著作《道德情操论》（*The Theory of the Moral Sentiments*）出版，这是一部对人类禀性沉思的著作，今天我们却更加愿意视其为一部心理学入门著作。（开头的第一句话给了我们一个了解作者的好机会："无论人们被视为多么自私，在他们的禀性中总有一些东西能够使他们对别人的幸福产生兴趣，并且对他们来说那些人的幸福是非常必要的，尽管他们除了很高兴看到这一切以外并不能得到其他的。"随后他在书中补充道，"人们最主要的幸福是来自被关爱的意识"。）然而，即使是在格拉斯哥，讲课也只是强化那些他在牛津所学到的老学究式的见地，所以当布可伦克

第3章 模型是什么，它如何发挥作用？

(Buccleuch)公爵支付双倍工资邀请斯密做他的家庭教师并到法国生活的时候，斯密同意了。1764年，在图卢兹（Toulouse），"为了消磨时间"，他开始创作第二本著作。

这是一本多么伟大的著作啊！至今《国富论》仍是一部为数不多的读起来生动有趣的经济学经典。当你鉴于它的那些华丽的辞藻的时候，它如同一部宏伟的史诗，包含了950个事件，读起来更像是今天的商业杂志或是18世纪的政治经济领域的协定。它由一篇关于劳动力分工优势的议论开始，随之是货币的历史，紧接着是对我们熟悉的经济学分类的解释：价格、工资、利润、利息、地租，然后是很长篇幅的分论，是关于白银的价格或是今天我们称之为通货膨胀一段的历史，在第二卷里有关于国家收入统计的讨论和资本积累的理论。（在这里其实暗含了一种早期的模式，它逐渐发展成为经济学家所谓的循环流动，在不同的"生产因素"之间——地主、农民、制造商。它包含两方面的循环，一方面是货币的循环，另一方面是商品和服务的循环。理查德·坎蒂隆（Richard Cantillon），一位传奇的爱尔兰冒险家，也是那个估算出第一笔国家真正收入数目的人，早在18世纪初期就解释过这个概念。法国宫廷医生弗兰柯斯·魁奈（Francois Quesnay）通过tableau economique使这种循环至少在理论上是可以被测量的，他设计了有关这个波动曲线的图表，作为测量法国经济中各种部门收入流动的蓝图，他的设计轰动一时，以至于18世纪60年代巴黎所有的谈话内容都围绕于此。现在，斯密毫不费力地把国家收入报告这个概念引入到他的方案里，今天，在任何一本经济学入门教科书的第一章我们都会发现有关循环流动的内容。）

《国富论》的第三卷讲述了罗马帝国灭亡后的欧洲的历史。第四卷长篇幅抨击了政府企图通过管制自由贸易来达到一定的目标，也就是我们知道的"重商主义"。斯密极其反对这种信条，他用自由贸易在各个方面与其争辩，随处可见的是他赞同竞争主义的信念就如同反对"政治家的智慧"一样强烈。最后，第五卷成为一部关于公共财政的手册。全部的内容都是用散文式的语言表达，精心整齐的安排就如同一块好表的机械装置，再加上一览无遗的敏锐洞察力和随处可见的珠玑妙语，这部著作在世界范围内得到了认同和赞许。

然而这部书并不仅仅是一本畅销的著作。如果是那样的话，它就会和爱德华·吉本（Edward Gibbon）的《罗马帝国的兴亡史》（*Decline and*

知识与国家财富

Fall of the Roman Empire）一样，这部书也是由威廉·斯特拉恩（William Strahan）于 1776 年秋天出版的，并一时在销量上远远超过《国富论》。至今《罗马帝国的兴亡史》还是会被阅读（尽管更多只是阅读它的注解而不是全部内容），它是一种文化的标志，但与今天同领域的成就相比，它对罗马帝国历史学术性研究的影响甚微。

从另一方面看，《国富论》一直以来都并没有被学生广泛阅读。在它出版的 50 年之内一系列最早的关于经济学原理的教科书就取代了它，50 年之后有关如何统一意见的方法的文章开始出现在学术期刊上。尽管如此，《国富论》对我们日常生活的影响就如同它被编入法律条文一样。事实上，它与法律的地位一致，因为人们一致认为是它的基本结构构成了对市场进行分析的基础。

这意味着，《国富论》包含了那些自 1962 年托马斯·库恩（Thomas Kuhn）的《科学革命的结构》（The Structure of Scientific Revolutions）出版后被广泛了解的属性，《国富论》作为一个模范，代表着在一个理论形成之前我们所了解的东西。也就是说，《国富论》为我们提供了"一系列的问题、一个工具箱以及一系列要解决的现象的权威性顺序。"这本书中没有出现任何示意图或图解，只有一些非常有限的数字，但它强有力的推理却产生了一门科学。就像亚里士多德的《物理学》（Physica）、托勒密的《天体运行论》（Almagest）、牛顿的《原理》（Principia）和《光学》（Opticks）、哈维的《运动》（Motion）、富兰克林的《电学》（Electricity）、拉瓦锡（Lavoisier）的《化学》（Chemistry）、赖尔（Lyell）的《地理学》（Geology）和达尔文（Darwin）的《物种的起源》（Origin of Species），斯密的《国富论》留给人类的最宝贵财富是为经济学这门学科奠定了坚实的基础——通过某一特定的方式来分析市场的运营情况。

通过两种截然不同的观察方法，它实现了。

第4章 看不见的手和别针工厂

如果你问一位经济学家,《国富论》是一本关于什么内容的书？他的答案十有八九将是"竞争"。如果再进一步深究，他会告诉你这本书的出版标志着"看不见的手"这一概念的出现。"看不见的手"也就是我们今天所谓的价格机制——用于调节大量相互依赖的价格和产量。但是,《国富论》还有一个更加深刻的主题，是关于规模与分工之间的关系。后者是个经常被忽略的主题，却是我们这个故事的关键。

一部久负盛名的著作包含两个强有力的命题并不是一件出乎人们意料的事情，而令人惊奇的是第二个命题的重要性长期以来都湮没在人们的视野之外，尤其是斯密十分重视这个命题，并把它置于卷首。究其原因，在于该命题

知识与国家财富

看起来有些自相矛盾。看不见的手和别针工厂是亚当·斯密的双重焦点。

斯密创作《国富论》主要是为了揭示英国在全球范围内的异军突起。他试图从各种不同的政策中区分哪些政策可以促进国家繁荣,哪些政策将会阻碍民族富强。比他早一百年的威廉·配第(William Petty)曾经沉迷于低地国家,像荷兰和尼德兰(当时它们是两个不同的国家)这些当时远胜于英格兰的国度所经历的经济奇迹。在斯密出生的1723年,将英国与荷兰进行比较仍然被认为是十分合理的。但到了1776年,英国已经将竞争对手远远抛在后面,并成为了最富裕且增长最快速的欧洲国家。

英国工人的餐桌上已经不仅仅有面包,甚至有了肉类;不仅有餐叉,甚至还有调羹。这个岛国已被置于世界第一的消费狂潮之中,而荷兰共和国已经变得更加富裕、更加多样化。在别针制造、茶叶、印花布、餐具、羊毛制品和皮鞋等方面,英国的平民百姓已成为世界上最富有的人民。一位俄国旅行者于18世纪80年代写道,"所有商品都十分丰富,从多佛(Dover)到伦敦,到处充满富裕升平的景象"。

斯密写道,不论在土地肥沃的程度还是版图的大小上面,此时都并非是英国的全盛时期,这并不是浮夸之词,每一个英国公民都是高效率的劳动力,因为在穷国每个人都必须工作,而在富国(尤其是英国)许多人根本不需要工作。斯密在他的著作的卷首开宗明义地指出:"在劳动生产率方面最伟大的进步,以及在技术、灵巧程度和判断方面的……看似都来自于劳动分工。"

在专业化带来财富这一点上,没有人比斯密更加清楚了,或者说正是他告诉了人们这一想法。

劳动分工在英国十分普遍,但这个现象却并不总是如此显而易见。在许多大企业中,制成最终产品的不同生产要素来自全世界的各个角落,所以斯密在他的著作的卷首举了一个历史上十分著名的例子:参观一个现代别针厂的经历。生产一个针头需要很多步骤,工艺十分复杂。一个没上过学的别针制造工人,如果幸运的话,可能每日徒手生产一个别针。

但是在一个现代化的工厂中,斯密记录道:

> 一个人抽铁线,一个人拉直,一个人截切,一个人削尖线的一端,一个人磨另一端,以便装上圆头,要做圆头就需要两三种不同的操作。装圆头、涂白色,乃至包装,都是专门的职业。这样,别针的制造分

第 4 章 看不见的手和别针工厂

为 18 种操作。有些工厂，18 种操作分别由 18 个专门工人担当。当然，有时一人也兼任两三种。

斯密计算出，如果使用这种方式生产，10 到 15 个人一天可以生产 20 磅的别针，每磅由 4 000 个别针组成，因此十个人可以每天制造 48 000 个别针，换句话说平均每人生产将近 5 000 个。每隔两周时间，就可以生产出 1 000 000 个别针了。

免得世界很快被海量的别针所覆盖，斯密在第二章引入了一个新的主题：正是这个命题提出了一个关于如何调节劳动分工的机制，这就是自发的买卖。斯密写道，"没有人看到一条狗与另一条狗公平地交换骨头，"但是人类却一直这样做着。改善我们生活境况的愿望是如此普遍，简直就是"与生俱来，而且伴随我们一生的，"这以自利为目的的"以物易物乃至交换"构成了驱动经济体正常运转的力量。"我们能吃到可口的晚餐，并不是出于黄油制造商、酿酒商、面包师的仁慈，而是他们自身利益的驱动。"我们告诉自己，这些不是由于他们的人道，而是由于他们的自利，我们只谈论他们的优势，却从不谈论自己的需要。

那么，如何卖掉一百万件别针呢？斯密在第三章中简练地表述了他的答案——"劳动分工将会受到市场规模的限制"。这就意味着人们专业化的程度依赖于有多少产品可以被出售，依赖于商业规模。因为人们必须补偿自己付出的成本（不论以什么形式）并且至少留存一点点剩余利润才行。

对于斯密来说，规模（或者说市场的范围）主要与运输成本有关。他特别着眼于人们在土地上的分布。在苏格兰丘陵地带，村庄稀少且相距甚远，"每一个农民必须是同时兼任自己家庭的屠夫、面包师和酿酒师"。一个人在他能谋生以前可能必须去城市承担一些如搬运工之类的工作以糊口。没有小村庄可以供养一座别针工厂，而且只有在非常大的城市里才能存在一类新兴市民阶层，"他们不从事生产，只进行观察；因为这个缘故，他们通常能够把最相异和最不同的物品的能量结合在一起"。换句话而言，他们就是发明家。所以专业化受限于地理因素：在有河流和港口的地方，城市就会出现。在没有海洋世界的遥远地域之间就不会有，或只有很少量的商贸。毕竟，有"哪一种商品可以承受伦敦和加尔各答之间陆路运输的成本"？

本书前三章和这本书的方案提出了今天被我们称为增长理论的全部精髓。许多年间，大部分关注放在了对别针工厂描述的重要性上，但事实上，斯密从未参观过哪怕一家别针工厂，显然他的说明建立于百科全书上的一篇文章。虽然斯密游历很广并且在每个到过的地方都观察敏锐，但是他在这个事情上没有亲历亲为，所以偶尔会被用来质疑他的可信度。但是我们会看到，这种挑剔完全弄错了重点。

亚当·斯密听起来可能很像亚里士多德，几乎像新闻记者一样流畅的描述，极少提供数据，更少提供数学公式，但是正是这样我们记住了他，因为他如此强烈地反对亚里士多德派将现象仅仅按照有利于机械哲学（对于在一个系统中各种元素是怎样和为什么相互作用的描述）的方法分类的传统。在优美的散文笔触下，他不断地从那些复杂的细节中抽象、建立和精炼他的模型。劳动的分工受市场范围的制约，财富依赖于专业化，而专业化依赖于规模。拥有更发达的运输网络的更大的国家更容易实现专业化，因而它们比那些缺乏河流和道路的国家富裕，而那些靠海的国家表现得最好。这是《国富论》前三章传达的可以实际得到的信息，这个论点并不像150年前威廉·哈维对血液循环的展示那样严密，但是同样有启发性。

而更值得关注的"想象的机器"将在下面呈现给大家。

接下来在《国富论》中出现了一些辅助性的细节。在第四章斯密描述了货币的作用，并讲述了它的一些历史和重要性，他说贝壳、鳕鱼、烟草和糖都曾在一段时间里充当过这个角色；在一个苏格兰村庄里人们依然使用铁钉作为货币，但是硬币逐渐偏好于其他可能的替代品，当然在一些地方人们也开始使用纸币。在第五章，他描述了一个庞大的相对价格体系的存在（类似于一张海狸皮换两头鹿），然后提出了实际价格和相对价格之间的差别。（"每件物品的真实价格……是获得它所付出的辛苦和麻烦。"）在第六章，他列举了之前被坎蒂隆（Cantillon）整理过的"商品价格的组成部分"：即租金、工资和利润，这些是人们所熟知的生产三要素：土地、劳动和资本（斯密有时还会将后者称为"存货"）的回报。[①]

只有在名为"商品的自然价格和市场价格"的第七章中，亚当·斯密第一次描绘了所有这一切是如何联系在一起的。对于大部分人而言，这也正是大家所熟悉的。他说，在所有东西的所有市场中，存在一个工资、地租

[①] 因为它对于理解下面的话是如此关键，所以我们引用了部分关键段落："每个国家每年的土地和劳动产出，所有的价格，自然地将它们自身分为三部分：地租、工资和利润，并成为三种人的收入，他们分别依赖于地租、工资和利润生活。在文明的社会中，这三种人彼此依赖。"

和利润的"自然率",它被卖者和买者用不同比率交换不同东西的意愿所控制。从"自然"价格出发,市场价格有时候会出现背离:可能会出现饥荒,或者封锁,或者橘子的突然丰收。他写道:"一个公共的葬礼会提高黑色布料的价格。"但是,由于导致混乱的原因是暂时的或者由于一系列复杂的变化将会发生,价格会迅速回落,比如,如果橘子的价格太高,消费者就会转为消费苹果或者不吃,船长就会进口更多的柑橘,塞维利亚的橘子种植者将种植更多的橘子树——并且价格迟早会回落到它的自然水平。

使这一系统运转的力量当然是竞争,使竞争顺利运转的必要条件是每个人都应该能自由地进入和退出市场,并且能交易他想要的数量,这被斯密称之为"完美的自由"。理性的利己主义会处理剩下的事情。斯密写道(在书的稍后部分),在自由竞争的地方,"那些努力把其他人挤出去的竞争,迫使每个人都努力使他的工作达到一定的精确性"。人们试图以市场能承受的最高价卖出任何他们能卖的东西,以最低的价格买入,并且在一段时间里以某种方式使所有的价格达到均衡。

这就是后来被称为"像经济学家一样思考"的思考方式最早的展现:它将世界看作是由许多相互依赖并本质上可以自我调节的市场组成的庞大系统,在这些市场上,价格构成了一种竞争中协调资源分配的自动回馈机制,这些资源包括土地、劳动和资本。关于买者和卖者之间是如何平衡竞争的描述几乎是一种想象。"供给"和"需求"这两个词基本没有出现过。尽管"平衡"和"相互制衡"出现得足够频繁,但在整本书中斯密仅使用过一次"均衡"这个词。当然均衡这个概念对科学家和实践家而言都是很熟悉的。水往低处流,如果支点两边的重量相等的话杠杆会达到平衡,牛顿已经展示了宇宙间的均衡力量。

在斯密对竞争的所有讨论中,没有任何像描述别针工厂一样密集的修辞工具,别针工厂所传达出的信息是如此简洁以至于它可以作为一章的标题,就好像它是一个已经被证明了的理论似的。相反,这里有的是他用长篇大论描绘的一个由消极回馈和"一只看不见的手"所调节的庞大系统。"一只看不见的手"这个语句仅在书中出现了一次,随后几乎就被当作一种直指核心的思想。

一些人总结说,相互制衡的均衡与牛顿的地心引力有很大关系——也就是说它只不过是一个机械原理在人类事务上的应用。的确,斯密自己有时候也将利己主义的力量和重力的原理等同起来。在今天经济学家用来描述斯密的"静止与持续的中心"的方程中,有一些最初是由威廉·罗恩·汉密尔顿(William Rowan Hamilton)写于1843年,用来描述太阳、星球和月亮是如何以一种使太阳系成为稳定的和被人充分理解的整体的形式相互施加作用的。然而相互制衡和消极回馈的观点的确独立于描述它的背景。天体比喻的其余部分很久以前就被超越了。斯密文字性的图画引发了一个令人惊奇的普遍性的思想模型。

斯密的许多观点仍然需要其他人来解决:比如我们今天称之为一般均衡的理论中,所有价格和数量的独立性;客观价值和"边际"替代的重要性(人们偏好苹果胜于橘子的决策点);重要的机会成本的概念并没有被讲清楚——"这样或那样,你不能两样都做";各种假设被确认并加以详细阐述。每个人都被假设成为一个苏格兰人(就像沃尔特·巴格霍特(Walter Bagehot),伦敦《经济学家》杂志的一名著名编辑,之后所说的那样),并且让均衡势力发挥它们的作用。但是所有这些概念在第七章都是暗含的。学者们说许多相似的元素可以在詹姆斯·斯图亚特(James Steuart)的作品中找到,他在《国富论》发表前9年就发表了一篇很长的论文,但是现在谁记得詹姆斯·斯图亚特呢?正是由于描述了相关的消极回馈的概念使得亚当·斯密出了名。即使他根本没有使用数学,但亚当·斯密的确将经济学引导到了抽象和建模的轨道上。

斯密承认,在竞争过程中可能存在许多不完美的地方,他直接提了出来。为了让系统正常运转,商人们必须能够按照他们的喜好自由改变他们的生意,但是通常情况下他们不能。保守秘密可以使价格保持在一个人为的高价上,生产中的秘密可以比贸易中的秘密维持更长的时间。某些特定的地理优势(例如那些拥有波尔多葡萄酒庄园的地方)可以长达数个世纪把价格维持在自然价格之上。官方垄断、许可证要求、贸易同盟、各种管制也人为地提高了价格,并且至少在一段时间内保持在高价上。斯密说,基本没有商品可以在很长时间内都以低于自然价格的水平供应。对常规价格的各种有趣的背离都可能存在,但是对于整体的独立性来说它们只是次要的。自然价格是指"所有商品的价格最终会回落到中心价格,无论哪种障碍阻碍它们落入静止和持续的中心,它们总是趋向于它"。

斯密的"自然自由系统"有很深远的政治意义。从此,大部分市场被人们理解为是自我调节的,因此产生了"不干预"学说,也就是自由主义。专业化将稳步增长,但"并不是任何预见和向往财富的人类才智造成的结

第4章 看不见的手和别针工厂

果",而是无数相互竞争的利己的投资者、冒险家和企业家的小举动导致的。因此有这样一个最伟大的比喻说法:"因此,当每个个体都尽力使用他的资本的时候,他的生产可能达到最大值。一般而言,他既不为了提升公共利益,也不知道他正在多大程度上提升它。他只是着眼于他自己,由看不见的手引导着,他通过这个达到了并不是他意图中的事情。通过追求他自己的利益,他频繁地推进了社会利益,并且比他刻意要推进时更加有效。"

与商人相比,斯密并不是一个笨蛋。他比大多数人都更明白对市场的自由运行将会有不断地干预。"同种交易的人很少聚集在一起,除非是为了保护不利于公众利益的共谋,或者某种形式的提价。"合谋有时候可以导致这种结果。在这些情况下,政府有一定责任去采取行动。

但是苏格兰哲人对政府用人为替代市场的习惯性做法表示强烈蔑视。斯密与政治家、贵族和那些牛津教授长期相处的经验使他对所谓的好意图产生了永恒的怀疑。他在《道德情操论》中写道,"在人类社会的大棋盘上,每个单一价格都有自己的运动原则,而法律选择强加给它的往往与之不同。"通常经济(斯密把它描述成一个年轻人)高速成长所需要的是"和平、低税收和宽容的司法部"。尽管有人可能把斯密当作是消费者的最终支持者——警惕地监督着那些按惯例预期可能会合谋(有时候可能会成功)来损害公共利益的商人和官僚。《国富论》这本书出版于1776年,与美国的《独立宣言》发表年份相同,这是一个伟大的胜利,无怪乎像吉本(Gibbon)这样的人物也把斯密描述成一位"为了自己的荣誉和人类的福利,无论在任何时代或任何国家发表都算得上是关于用贸易和收入最深刻、最系统的论文点亮了世界"的人。

斯密在随后的年份里大部分时候都很愉快。他被指派为一个海关的关长,很类似于伊萨克·牛顿曾经被任命为铸币厂厂长一样。他和他年迈的母亲住在爱丁堡,见朋友,修订他的伟大作品,并对美国殖民地对英国君权的抗争投入了极大的兴趣。在《国富论》的接近结尾处,他写道:"阻止人们充分利用他们自身生产的每一部分,或者阻止他们用自认为对自己而言最有利的方式使用他们的资本和工厂是对人类最神圣权利的明显侵犯。"

那么问题是什么呢?这里有一个,尽管第一眼看起来它是无伤大雅的,但是它最终造成了对斯密之后的经济学家的巨大挑战。让我们回归到那个别针制造商,那个分工受市场范围约束的别针制造商。

假设别针制造商进入市场比较早,扩张并且通过对新设备和别针制造研发（R&D）的投资专业化于别针制造。他发明了更好的钢材、更有吸引力的包装和更有效的分销渠道。他的市场越大，他越能承受这种形式的专业化。专业化程度越高，他的生产就越有效率，他能承受的别针销售价格就越低。价格越低，他卖出的别针就越多，而他卖得越多，他的利润就越高，同样努力获得的回报也就更高，因此规模报酬递增。别针工厂的经济学看起来似乎是这样的，由于递减成本的优势，第一个进入市场的人将把其他人驱逐出别针制造业。这是否意味着大产业的形成是自然的，垄断是不可避免的，甚至是人们希望的？如果规模经济如此重要，那么那些小企业究竟是如何维持生存的？这些紧迫问题在《国富论》里并没有解释。

问题在于，亚当·斯密的两个最基本的原理分别指向了差别很大，并且最终自我矛盾的两个方向。别针工厂是关于递减成本和递增回报的，"看不见的手"是关于递增成本和递减回报的。哪一个是更重要的原理呢？当保罗·罗默回头去读文献的时候，他发现他的一位老师在年轻时已经将这个难题看得非常透彻。在1951年，乔治·斯蒂格勒已经写道："或者由于某些特征性的原因，劳动分工被市场范围所限制，产业被垄断；或者，由于特征性的原因，产业是竞争性的，因此'看不见的手'是错的或者意义很小。"按照斯蒂格勒的说法，两者不能同时为真。

这些是亚当·斯密的双重焦点。通过一个镜头，专业化（就像别针工厂一样）导致被我们称为垄断的趋势。富裕的人变得更富裕，赢家获得一切。世界得到了别针，虽然可能无法满足它对别针的需要。通过另一个镜头，被我们描述为"完全竞争"的情况出现了，"看不见的手"掌管着别针制造商（以及所有其他人）之间的情况。没有一个生产商能占据优势，一旦某一家提升自己的价格，其他人就会抢他的生意，价格将回归到它的"自然"水平，市场上别针的数量将刚好等于人们愿意购买的数量。

当时没有人发现这个矛盾，但后来被证实这不仅仅是别针产业的问题。

第 5 章 "沉闷的科学"，名之由来

《国富论》发表在 1776 年，正值工业革命发生的前夕。亚当·斯密在其中描写了很多不安定因素，并预言这些因素将由美国独立战争推向顶峰。但是关于那一系列将改变英国人生活的发明，他却只字未提。

水力织布机在《国富论》中并没有出现，蒸汽机，煤气照明也没有出现，甚至连乔赛亚·韦奇伍德（Josiah Wedgwood）所设计的餐具的大规模生产和继而引起的市场变革也没有被提到，尽管韦奇伍德是斯密的好朋友。许多经济史学家因此得出结论，除了对别针厂的关注外，亚当·斯密并不了解工业化的前因后果。

但是，到了 1815 年，变革的迹象已经随处可见了。18 世纪 90 年代建造运河的狂潮来了又

走,收费公路可以连接英国的每个城市,棉花在城市的工厂里被纺成纱。对棉花的需求是如此巨大,以至于广袤的土地被圈围起来,而土地上的佃农则被驱赶出农场来为绵羊让路。喷射着火焰的铁炉和焦炭炉一天到晚运转着,工厂系统的雏形已经出现,就像英国历史学家 T.S. 阿什顿(T. S. Ashton)在后来写的那样,"在林立的烟囱面前,古老的高层尖顶建筑都相形见绌"。

因此,当后代的经济学家修正斯密的错误时,就不能忽视许多新技术的影响——特别是考虑到斯密对别针厂的分析为他们所开的先河。

你大概预料到,接下来发生的将是整个故事的核心。

18世纪90年代对于乐观者们而言是一个危险的年代。斯密死于1790年,他死前依然认为巴士底狱的陷落是一个充满希望的象征。但是紧接着法国革命蔓延开来,触发了一场持续四分之一个世纪的英法斗争,这场战争波及了地球最偏远的角落。在英国,对政治经济学的热情衰退了,在统治阶层看来,亚当·斯密的观点是对现有秩序的完全颠覆。

战争带来了私有制,而私有制带来了不安定。英国与法国的战争开始于1792年,并且几乎毫无间断地持续到拿破仑掌权的1799年。拿破仑自己制造了一场革命,至少是一场对欧洲其他国家的革命。战争的威胁已经从埃及和叙利亚延伸到了瑞士、意大利和荷兰。继而,拿破仑企图扩大这场革命,1803年,他试图带领10万名法国士兵入侵英国,在被英国的海军阻挡后,他渐渐地把目标转向了俄国。

英国的人口已经开始奇迹般地增长。在长达大约两个世纪的相对稳定后,1780年到1800年的20年间英国人口翻倍增长到1 000万,从而引发了新的危机。一个一直自给自足的国家成为谷物的进口国,面包的价格上涨到了前所未闻的水平。接着,为了将价格维持在必要的高水平以吸引英国农民将更多的土地用于耕种,谷物的进口被禁止了。贫困急剧增长,特别是在人口拥挤的城市。兵变、暴动以及对革命的召唤出现了,军事危机盖过了经济恐慌,或者更确切地说,一系列恐慌。

自从斯密停笔之后到1800年的25年间,再也没有经济学方面的重要著作出现,但是,英吉利海峡两岸(的社会上)涌现出了大量对斯密观点的评论。今天我们应该称他们为政治哲学家、学者和观点推广者,他们之中既包括如本杰明·富兰克林(Benjamin Franklin)和埃德蒙·伯克(Edmund Burke)这样的实践者,又有类似威廉·戈德温(William Godwin)

第 5 章 "沉闷的科学",名之由来

这样的改革家,后者关于邪恶政府和人类完美性的文章在英国吸引了一大批追随者。但是没有人比马奎斯·孔多塞(Marquis de Condorcet)更加乐观的了,孔多塞是法国卓越的数学家和哲学家,他参与政治并且在法国大革命的早期担任了立法委员会主席。

孔多塞是一个严肃的评论家,但是,随着革命到达了一个令人恐怖的阶段,他的观点就显得过时了。他的观点表达在匆忙构思的《略论人类进步的历史》中,他很清楚英国和法国的人口正在迅速增长,但是他对此并不非常担心,他强调科学的变革性力量,他写道,"不光同样数量的土地可以养活更多的人","而且每一个人都将会用更少的工作,生产更多的产品,欲望得到更多的满足"。人们的预期寿命甚至会增加,不久之后他声称人口增长将随财富的增长而下降。

但是,对发展趋势如此乐观的主张逐渐被人们所忽视,它并没有起到任何帮助作用,在发表其科学进步赞歌后不久,孔多塞就被法国革命分子在监狱里用毒药谋杀了,甚至亚当·斯密自己当时都被攻击了。当1815年拿破仑在滑铁卢彻底被击败时,居住在英国和欧洲的近乎一半的人口从来不知道什么是和平,他们大部分人只知道饥荒和疾病。

正是在这样的背景下,大卫·李嘉图(David Ricardo)和 T. R. 马尔萨斯(T. R. Malthus)成名了,他们对于变革情形的严肃评论与当时历史背景下的悲观潮流有关。

马尔萨斯讲了一个更简单的故事,至少在开始时是这样,而且他是第一个开始的人。马尔萨斯出生于1766年,当《国富论》出版时他刚刚10岁。他的父亲信仰乐观主义,他与他富裕的父亲经常在早餐时进行关于戈德温和孔多塞的乐观主义的争论,正是在这些争论中,他形成了自己的观点。早在1798年,在他首次出版的作品《人口论——因为它影响社会的未来进程,以及对于戈德温和孔多塞先生以及其他作者推测的评论》中就奠定了他的观点的基础。

这些观点出版的那一年正值英国的一次近乎于恐慌的动荡,乡村里对私有土地的圈地运动正在加速进行,农民被迫离开自己的土地给羊让路。在莎士比亚年代只有20万人口的伦敦市,在1800年已经有了90万人口,大部分新居民都十分贫穷。

无怪乎当时马尔萨斯极度蔑视那些传播与亚当·斯密相关的教条的各种大众作家。马尔萨斯的论文与简单的新闻有着显著的差别(他若干年前

以数学优等学位从剑桥大学毕业),论文其余部分所依赖的中心论点被设定在一张关于比较几何和算术增长率的表格上。

为了保证著作的逻辑严谨,马尔萨斯提出两个很严格的假设。他写道:首先,"两性间的激情是必须的";其次,生育率"将保持现在的水平",无论其他方面是否改变(孔多塞和其他许多斯密的弟子都预测生育率会随财富增加而减少)。

年份	1	25	50	75	100	125	150	175	200	225
人口	1	2	4	8	16	32	64	128	256	512
食品供给	1	2	3	4	5	6	7	8	9	10

这就是马尔萨斯的基本模型,它的含义和威廉·哈维(William Harvey)对于一小时内血液输送量的基本计算一样有力。根据他的逻辑,"人口的力量"将很快超过"地球生产人类口粮的力量"。没有如果或者但是,仅此而已。他固执地坚信改革无用,认为即使还有一个世纪的时间,也"没有任何幻想中的平等,也没有任何能最广泛地保护农民利益的规则"能阻止这一冲突的发生,孔多塞关于社会中所有人都有足够的食物和时间的美好想象在逻辑上是不可能的。马尔萨斯在几年之后的第二版论文中加入了很多细微的区分,但是对于生物可承载力的强调保留了下来,他也因为人口马尔萨斯而闻名,被称为人口学之父。

虽然在随后的时间里,马尔萨斯的观点在某种程度上缓和了,但他从未丢掉对那些相信社会情况会得到改善的人的鄙视。"一个作家可能会告诉我他认为人类最终会变成鸵鸟,"他写道,"但是在他期待能说服有理智的人相信他的观点之前,他应该展示证据表明人类的脖子正在逐渐拉长,嘴唇长得更加的硬和突出,腿和脚每天都在改变形状,而且头发也开始变为粗短的羽毛"。

大卫·李嘉图几乎是在同一时间开始讨论这个问题,但是是从另外一个角度:银行政策和战争经费。他的祖先赛法迪犹太人,在15世纪末被驱逐出了西班牙,最初他们迁到了意大利,然后又到了尼德兰,最终在1772年他出生后不久的18世纪中叶到达了英格兰。子承父业,李嘉图以股票交易为生,随后是政府债券交易员。在1798年,也就是马尔萨斯发表他的著作的那一年,为了从丧子之痛中恢复过来,李嘉图把妻子和孩子带到了巴思(Bath),在那里的一个图书馆里他偶然找到了一本《国富论》。当他带着

第 5 章 "沉闷的科学",名之由来

不断增加的兴奋通读完后,他也开始确信斯密的乐观最终将被证明是错误的。

马尔萨斯主要专注于研究人口爆炸,李嘉图却瞄准了另一个不同的冲突点。看着农田蔓延上山丘,李嘉图认定真正的问题来自斯密所划分的三种经济阶层(土地、劳动和资本)的现行冲突。农民并没有变得富裕,因为越来越差的土地被投入了耕种,他们要把所有的利润以工资的形式支付给工人,而工人接着又将把挣到的所有钱花费在食物上,只有地主会变得富有,社会最终将会陷于停滞。

在此后不久,李嘉图向报纸投稿,从此开始了他一系列文章的写作,这些稿件是关于战争时期通货膨胀的起因,詹姆斯·穆勒(James Mill)把他介绍给了马尔萨斯,两人加入了伦敦一个定期讨论经济问题的群体。

李嘉图和马尔萨斯已经发现了边际递减规律,即在某一点后,每增加一个单位的努力将会有更少的产出。第一桶肥料有很大功效,但是第十桶只会烧毁庄稼。对于种子、灌溉和花在除草上的时间而言这一结论同样成立。必然存在某一点,在该点多增加一个小时工作,多增加一个工人,或者另外一把种子、一件工具、一份肥料将不会增加产出。

请记住,农业和采矿业在当时是经济的支柱。这个发现非常伟大,使其广泛应用的冲力也很强烈,这个观点有着很强的吸引力,这两个人相信人类最终会到达自己的极限。在马尔萨斯看来是没有足够的食物,而对李嘉图而言是没有土地来种植食物,无论哪一种,人类历史的最终趋势是陷入到一种不可避免的绝大多数人处于贫困的境地。

李嘉图也意识到了一个正在崛起的工业资本家阶层的存在,他承认他们正在与地主和工人争夺地位,但是他渐渐确认工业化只不过是一个短命的现象。制造业的利润一定会跟随农业的利润;新生的工业产品变革将会被扼杀,因为没有人会愿意投资一种没有市场的商品;累积会停止。在这种情况下,农业生产达到顶峰,经济演化停止,达到稳定状态。在李嘉图看来,这个结果只能被推迟,却不能被避免。

到 1813 年,马尔萨斯和李嘉图之间的通信往来已经频繁了。他们开始讨论为保护英国农民利益和维护英伦三岛的自给自足而对进口谷物征收高额关税的影响。马尔萨斯相信保护是必要的,为了保护英国的制度它甚至是人们所期望的。李嘉图则支持自由贸易,因为他相信它可以将那个不可避免的结果推迟一段时间——也许是足够长的一段时间,可以让他的孙子

知识与国家财富

活在世界陷落之前。两位思想家成为了朋友、对手,对彼此的作品进行评价。当战争结束时,他们对于政治经济发表了抗衡性的论文——李嘉图在 1817 年,马尔萨斯在 4 年后。

从第一句话开始,《政治经济学及赋税原理》就与《国富论》不同。在《国富论》中斯密试着解释财富的增长,李嘉图则声称经济学家的职责应该是解释财富在社会三大阶层(工人、资本家和地主)中的分配问题。类似于"政治经济科学"和"政治经济法则"的语句出现在了他的作品中,但是在斯密的书中没有出现过。

但是,李嘉图作品的结构和《国富论》非常相似。正如智慧的历史学家丹尼斯·P·奥布赖恩(Denis P. O'Brien)所说的,李嘉图是除了斯密以外使用了极少的原始材料的人,批判是他的自然风格。为简单起见,斯密关于别针厂的讨论被压缩成为讨论工资的那一章里的一句话。李嘉图写道,的确,工业制造品的价格有下降的趋势,因为知识在增长。① 随后他转回来讨论说这个问题并不要紧,因为食品和劳动的价格在上涨。

李嘉图方法的核心是将整个经济想象成一个巨大的农场,以劳动和土地为投入,只生产单一产品——"玉米"(它可以意味着任何一种农产品),其他所有东西,包括别针厂,都被假设不存在,这么做是为了研究少数几个经济总体之间的关系,并且从中思考得出广泛的结论。例如,

因此,将之前的非常不完美的基础作为我计算的前提,可能会出现当玉米每 0.25 磅卖 £20 时,国家的所有净收入将属于地主,因为那时原本可以生产 45 磅玉米的劳动必须用来生产 9 磅玉米,因此 £20:£4=45:9。生产 45 磅玉米的农民(如果出现新旧资本被使用在同一块土地上,那么它们是充分混合的,完全无法区分),将出售

45 磅,以每 0.25 磅 £20 的价格,或者   £3600

价值 36 磅 { 给地主的租金   2880
      { 9 磅和 45 磅之间的差额

9 磅   720

---

① 在财富和人口增长的过程中,除了原材料和劳动以外,所有商品的自然价格都有下降的趋势。一方面,由于制造它们所需要的原材料价格的上升,它们的实际价值将被提高;但另一方面,随着机械化的进步,更合理地分配劳动力,以及科学和文艺的进步,这种提高将会被彻底地抵消掉。

第 5 章 "沉闷的科学",名之由来

价值 9 磅给 10 个劳动者 720
没有留下任何利润。

如果是这样,那么,李嘉图简洁的推论今天可以被认为是一个早期的经济学模型,经济学家此后将其称为"谷物模型"。李嘉图写道,"我的目标是将研究问题简化"。他的推论法在专业圈子里被证明比马尔萨斯的"人口原理"更有说服力,虽然他的朋友马尔萨斯在英国公众心目中享有更高的声誉。"谷物模型"很容易计算,因此不可避免地备受争议——它是斯密的"想象中的机器"的一大进步,在这个模型里,它们的大小可以度量,并且可以通过现实世界的实际情况来检验。它们似乎包括所有的相关变量,并且它们被设计出来是为了明确地预测未来的事件,而不是仅仅展现特定的趋势。

李嘉图和马尔萨斯(或者至少是他们最热情的追随者)觉得牛顿定律好像已经出现了。李嘉图给朋友写道:"我承认,这些真理对我而言和几何定理一样是可以论证的,而且我很吃惊,因为我竟然这么久才发现了这一点。"马尔萨斯写道,微积分将被证明是不可或缺的工具,因为在经济问题里总有一个"某种特定影响达到极大值的点,而在这一点的任何一边该影响都逐渐递减",这正是微积分学被发明的目的。

新模型产生的洞见并不是很直观,最引人注意的是国际贸易理论。比较优势原理认为,通过专业化和贸易,国家可以从对地理和气候禀赋的最大利用中获利。关于酒和羊毛有着无止尽的讨论,经济学家总是获胜的。

这种对精确和确定性的追求与19世纪时期的趋势一致,这种确定性与斯密的雄心无关,使《国富论》成为杰作的一个重要因素就是它容忍一定程度的不明确性——例如看不见的手和别针工厂之间的冲突,或者由于科学,增长没有确定的逻辑上的极限。但是李嘉图有一些在苏格兰研究地质和在巴黎研究化学的朋友,马尔萨斯学习过数学,他们并没有见到文献。李嘉图曾经给一位朋友写道,

你可能认为政治经济学是对于财富的性质和原因的探求,但我认为它应该被称为那些赞成工业形成的阶层对生产分配的规律的探究。仅有具体的数量尚不能得出一个规律,但是考虑到比例,却可以得出一个可以接受的结论。每天我都更确信之前的探究是徒劳的和迷惑性

的，而只有后者才是科学的真正目标。

的确，只有通过足够多的抽象才能触及足够真实的现实，但是关于他们所确认的递减回报的力量，早期的经济学家付出了高昂的代价。

局外人抱怨李嘉图和他的追随者似乎并不认为需要对他们的假设进行证明，对他们而言，内在一致性就足够了，麻烦的事实被简单地忽略了。无论数据是怎么说的，他们认为，从那些似是而非的前提推论出的逻辑结论是正确的。之后这种过早确定的趋势被称为"李嘉图恶习"。但是即使这些批判被证明是对的，他们经常错过最重要的一点——从内部一致性得到的强烈喜悦，他们感觉到使用这些正规方法将是未来的趋势。

专业学会在那些日子里也如雨后春笋般成立。植物学家学会在 1788 年成立，外科医生学会在 1800 年成立，地质学家学会于 1820 年成立，天文学家学会于 1820 年成立，统计学家学会于 1834 年成立。公众对新经济学者的支持率很高。带着成为一个科学性学会的宏图远志，一个政治经济学俱乐部 1821 年在伦敦成立。① 到 1825 年，第一个经济学教授职位在牛津大学出现。

接着出现了众多书籍、小册子和杂志文章，热情扩散到了上流社会。玛丽亚·埃奇沃思（Maria Edgeworth），一个流行的小说家，写信告诉她姐姐，"现在在忧郁的女士中间讨论政治经济学已经成为了一种时尚"。在战争结束时，李嘉图已经积累了相当多的财富，在 1819 年他以"科学代言人"的身份进入了政界。

几乎作为一种结果，1823 年李嘉图在《政治经济学》第三版中加入了关于国家机器的一章，这一章晦涩而繁杂。他写道，科技和农业的进步将阻止利润趋近于零的趋势，但是无论怎样，由此造成的成本下降是有限的。新的发明只会导致更多的人口，普通人生活水平的任何提高只是暂时的。"劳动阶层一直怀有一个想法，那就是国家机器的建立损害了他们的利益，这个观点并不是建立在偏见或者错误上，对于正确的政治经济学原理而言它是正确的……"

一位议会的朋友纳闷李嘉图到底是来自哪个星球的人。

他们的新工具的逻辑是如此有力，（李嘉图的"谷物模型"，马尔萨斯

---

① 从第一次会议开始，马尔萨斯就被认为是错误的。当时他所宣讲的论文名为"商品的普遍性过剩可能出现吗？"而他的回答——是——被当作是不正确的而遭到了否定。

第 5 章 "沉闷的科学",名之由来

的比较几何和算数增长率的表格)以至于经济学家们对其他抗衡性的观点失去了兴趣。一些问题无法从容地应用那些类似几何的证明方法而解释,就被他们有意地忽略了。换句话说,他们认为这些问题都是"外生的"。尽管在 19 世纪初,他们并没有选择这个词来描述现在日益缩小的研究问题。

奇怪的是,在李嘉图和马尔萨斯进入后,专业化的话题就从经济学中悄然消失了,虽然斯密是用它为自己的书开头的。"劳动分工"这个词在李嘉图的《政治经济学原理》中仅出现过三次,然后它的重要性就让位给了书中的论点,而在马尔萨斯论文的第一版中它仅出现过一次(在相应的第六版中出现了七次)。

经济学家保罗·克鲁格曼(Paul Krugman)若干年前设计了一个简单的寓言来解释当科学家首次采用正规方法时可能会发生的"挖空"效应。他的故事和在 18 世纪的一些重要年代中绘制的地图有关,在这些地图上非洲的某些特征消失了。

地图本身则是一个更古老的故事,克鲁格曼在一本叫做《发展、地理和经济理论》的书中描述了它。阿拉伯贸易商从 12 世纪起就开始记录地中海的海岸线。自从 15 世纪葡萄牙人率先向西航行时开始,非洲的地图大致已经完成。他们不光展示了海岸线,并且合理、全面地展示了大陆内部的主要细节——如廷巴克图(Timbuktu)的相对位置,或者在贝宁湾海岸北部数百英里处存在一条由西流向东的大河。

麻烦的是古代的地图并不是完全可靠的,距离被夸大或者缩小了。所描述的大陆内部的特征并不全都正确。有时候尼罗河被显示发源于一个大湖,同时,也会涌现一些诸如独眼人部落占据的领地,或者嘴长在胃里的民族这类描述。

随后,在 18 世纪早期,新版的地图开始出现。绘制地图的新的科学方法开始采用测量纬度的方法,随后是测量经度的方法。在这个分水岭前,地图绘制者很乐意询问到达大陆内部的旅行者,并把他们描述的特征加入地图中,现在他们把标准提高到了所谓的可信证据。"只有由配备六分仪和罗盘针的可靠信息员提供的曾被到达的陆地的特征才是合格的,"克鲁格曼写道。因此,详细的古代地图曾有一段时间被"最黑暗的非洲"的概念所替代。

这一段插曲并没有持续很久。到 19 世纪初,正规的测试方法将允许用一种确定和精确的方法填补细节,而这一方法是不可替代的。(绘制尼罗河

的源头正是传教士、物理学家戴维·利文斯通（David Livingstone）在1866年的旅程中失踪的部分原因，最后他被纽约《先驱报》的记者亨利·斯坦利（Henry Stanley）找到了。）但是，的确在数十年里存在着"进步的科技实际上导致了一些知识的丧失"① 的情况。

依照克鲁格曼所说的，这种事情偶尔也会发生在经济学上。他观察到，"经济学可以明白地，并且毫无疑问地沿着数学阻力最小的方向前进"——类似于从海岸线开始第一次描绘一块大陆。因为普遍的递减回报不但直觉上很有吸引力，而且数学上很容易表达，所以经济学家将侧重点放在它的应用上，他们忽视了非常不容易描述的抗衡性力量。

因此，专注于紧缺，并通过功能强大的原始方法的指引，李嘉图和马尔萨斯将经济学主流引导到了一条漫长的迂回道路上。故事的下一个部分（整个第七章）都与经济学家是如何在这段长长的旅途上前进有关，包括他们沿途发明的各种技巧，以及他们最终在20世纪70年代末如何重新获得新的方向。

---

① 关于这些故事的证据可以参见 *Afrika auf Karten des 12. bis 18. Jahrhunderts*，从柏林的斯塔特斯比布里奥塞克（Staatsbibliothek）收藏中收集了了77个古老地图，由艾贡·克兰普（Egong Klamp）编辑，在1968年出版于雷普齐格（Leipzig）。

第 6 章 地下伏河

在 19 世纪早期很长的一段时间里,除了政治经济学俱乐部这个小圈子里的成员,很少有人相信人类永远无法摆脱短缺的诅咒。而即便是俱乐部中这一小撮人,也很快习惯了对资源的耗竭这个人类必须面对的问题避而不谈,取而代之的是对未来各种展望的又一次大规模探讨。在这期间,小说家查尔斯·狄更斯(Charles Dickens)以及评论家拉弗·瓦尔多·爱默生(Ralph Waldo Emerson)很快成为英语世界里比大卫·李嘉图和 T. R. 马尔萨斯更有名望的经济学普及者。

诚然,1815 年拿破仑被彻底击败后,英格兰在改革的边缘上艰难地徘徊了几年。但随之而来的便是一段广泛而持续的和平时期,英国进入了一个日益繁荣的复兴时期，修铁路、挖运河、造轮船、埋电缆等等……到1830年英格兰的经济就已恢复了自给自足。

此时，仍有不少著名的经济学家继续从事传统的"别针工厂"经济的研究，他们不再是像孔多塞和戈德温这样的乐观理想主义者，而是一些有实际经验、带有历史倾向的学者。其中包括查尔斯·巴比奇（Charles Babbage），就是那个在《机械与制造工业经济学》（Economy of Machinery and Manufactures）（1833）一书中认为工业化——而非竞争——才是新世纪最突出的特征的人；还有在19世纪30年代就开创了用数理方法分析微观经济学问题的法国工程师奥古斯丁·古诺（Augustine Cournot）和朱尔斯·杜皮特（Jules Dupuit），他俩在一起独立完成了对垄断、道路和桥梁的经济学研究；而苏格兰经济学家J.R.麦卡洛克（J. R. McCulloch）对李嘉图及其信徒的观点的质疑则最为清晰："他（李嘉图）将'在农业技术不变的假定下，土地新雇用一单位劳动的回报将越来越小'这一命题当成了一个一般性原则，或者说根本就把它当作了公理，然而即使这一命题没有问题，农业技术却也同样毋庸置疑地无时无刻不在变化……"麦卡洛克写道，在他那个年代，最差土地的产出也比两百年前最好土地的产出要多。

然而这些不同的声音却没能成功地将专业化和知识增长树立为经济学的中心问题，反而是主流经济学——"看不见的手"——的声望逐步扩大，尽管其可怕的预测并没有实现，这无疑成了历史上又一个认知失调的有趣例子。李嘉图和马尔萨斯的方法是"科学的"，值得提倡；亚当·斯密的方法是"文学的"，不提倡。

这样一来，政治经济学俱乐部在伦敦就非常流行；银行评论其为今天的经济学期刊的先驱；英国科学促进协会（British Association for the Advancement of Science）也为经济学和统计学专门成立了部门；普及者们拥有很多听众——包括伦敦的《经济学家》（Economist）（1843年创刊，旨在宣扬自由贸易的新教义）。而像巴比奇和麦卡洛克这样的异端经济学家则被边缘化。到1840年，工业化的好处以及伴随的日渐降低的成本——经济学家们所描述的"回报率越来越高"的情况——都一直是较为禁忌的话题，就像很多年后肯尼斯·阿罗所描述的："'别针工厂'经济就像一条地下河，几十年才喷出地面一次"。

也就在此时，一本激进的刊物将一个名叫卡尔·马克思（Karl Marx）的哲学经济学家推上了历史舞台，这位异端经济学家给学术界带来了无法

第 6 章 地下伏河

忽略的影响。

那段时间,马克思做了大量的工作,对其历史角色的一个比较合理的定位应该是武装斗争的宗教领袖。他与马里·贝克·埃迪(Mary Baker Eddy)差不多大,比布里格姆·扬(Brigham Young)小 15 岁,1818 年出生于德国特里尔的一个宗教色彩浓郁的家庭,双亲世代皆为犹太教士。然而其父有生之年却放弃了犹太教,成了伏尔泰和卢梭的忠实信徒,马克思更是一生都反对犹太主义。他的著作极具预言性,就像给马克思作传记的历史学家弗兰克·曼纽尔(Frank Manuel)所说的:"使上百万人瞬间就改变了自己的精神信仰。"

刚出道的马克思是一个经济学家。在波恩和柏林大学的学习很自然地将马克思塑造成了一个学者——直到 1843 年他来到巴黎,遇到了立即就成了自己最好朋友的弗里德里希·恩格斯(Friedrich Engels)(他是一个富有的纺织品商人的儿子)。他俩的合著《共产党宣言》(The Communist Manifesto)标志着马克思政治领袖生涯的开始。在他写了一部两卷的著作《政治经济学批判》后,他被逐出法国,来到了布鲁塞尔,1849 年又举家迁往伦敦。在那儿,他日复一日地坐在大英博物馆,读了很多传统经济学家(包括亚当·斯密在内)的著作。要理解作为经济学家的马克思,就要理解作为大卫·李嘉图的好学生的马克思。马克思欣赏李嘉图准确、清晰的推理及其对科学的追求和渴望,然而他自己的目标一开始便是要不断发展和超越,而非被动接受,除此之外,完全可以说他是李嘉图的忠实学徒。

此外,马克思还完全接受了李嘉图为获取权利而进行的三项斗争(three-way struggle for supremacy)的思想,接受了李嘉图对贫穷的理解——虽然不完全相同。他将熟悉的"生产要素"以"阶级"来重新刻画。因而,"土地"这一要素对应的是土地所有者和封建秩序;"资本"对应的是资产阶级。马克思认为,这一新兴阶层将在资产阶级革命中(他认为这一革命早在两三个世纪前就已悄然发生)取代贵族,而"劳动力"则被不幸地对应于"无产阶级"。

对于这一思想,马克思在《共产党宣言》中已经给出了当时最为简洁的概括。

资产阶级在短短一百多年的统治中已然创造出了巨大的生产力,超过了前人创造的所有财富之总和。人类对自然力量的征服——机器、化学工业、农业、蒸汽灌溉、铁路以及电报机，改变了整个欧洲大陆的耕作、运河开凿和对土地产能的期望——而就在世纪早期，又有谁能预见到沉睡在社会劳动力中的这一强大生产力？

技术的发展是资产阶级兴起的特征。资产阶级会极尽可能地从目前可行的生产安排中挤榨利润，这是他们的本性。最终资产阶级——而非地主们——会赢得所有筹码。这个时候，无产阶级会奋起反抗，通过政治革命将"所有生产工具"都夺过来，让各方满意而归。

正是这一观点让人们的狂热止于理性的思考。革命后人们的生活将会怎样？后来，马克思补充了一段非常有名的话——劳动分工会消失，一个人可能早上在捕鱼，下午去打猎，而晚上则在饲养牲畜或者"评论晚餐"，——只要他愿意就可以去做，"而不用成为猎手、渔翁、牧人或者美食评论家"。如果这听起来像是在描述目前工业民主时期的中层阶级退休后的生活，那一定只是个偶然。

接下来的35年里，马克思连续发表了一系列的报纸文章、小册子、短文，当然还有三卷《资本论》。他与英国经济学家之间的主要分歧开始变得越来越模糊，如果说他们之间还有交集，那么就是李嘉图认为的"物质的缺乏会导致增长的停滞"，而马克思却坚信知识的增长会带来经济的持续增长。

我们无法在此深入分析马克思的所有贡献。以今天的标准来看，他在《共产党宣言》中宣称的政治改革听起来并非不可思议：像公立学校、中央银行、累进所得税及核心工业的国有化都一一实现。而其他一些观点则比较可怕：比方说放弃土地私有和遗产权。他于19世纪60年代创造的"资本主义"一词至今仍在使用。此外，我认为将"革命"一词寓以劳动分工变化的含义也是源自马克思，在他卷帙浩繁的著作中随处可见其深刻的见解。

马克思最明确的目的是希望以"技术的重大事件"来重新定义经济学——可惜这一观点只出现在《资本论》的注脚中，但如果没了这一点，其中的语言便是晦涩的，甚至是荒谬的。他的很多观点都是"那些生活在水深火热中的人们可以用来改变自己境况"（正如斯密一百年前所写道的）的理论武器。然而经济增长这个问题却出现在马克思著作的每一页中，这一从李嘉图那里继承下来的问题，分散在对阶级的长篇大论中，因此不得不处于次要位置。

第 6 章 地下伏河

因而,马克思的形象就像其养子保罗·拉法格(Paul Lafargue)所描述的那样——马克思就像他非常喜欢的一则巴尔扎克的故事《不知所云的杰作》(The Unkown Masterpiece)中的那位画家:"一位非常有才能的画家试了一遍又一遍将早已形成于自己脑中的一幅图画描绘出来;一次又一次地不断地触摸画布,但最终却只画出一团无形的色彩;用他已然偏颇的眼光看来,这无论如何也不能算作是他脑中景象的完美反映。"

直到 1848 年,古典经济学迎来了迟到的改革。其权威的动摇并不仅仅来自外界诸如马克思的挑战,也不仅仅是因为巴黎及其他欧洲国家首府街道上的闹事群众,而是因为其内部的矛盾已经积累到了古典经济学家们自己都忍受不了的程度,此时已不可能再拿大卫·李嘉图对制造业终极命运的预言来自欺欺人了。

此时,应运而生了一位名叫约翰·斯图尔特·穆勒(John Start Mill)的英国经济学家开始着手在李嘉图提到的各种"科学进步"的情况下重新阐述《国富论》中早已被人们所接受的观点。穆勒的爸爸詹姆斯曾是李嘉图的挚友,穆勒的工作就是要将工业革命的显见结果与规模报酬递减这一直观逻辑联系起来。

和斯密、马克思一样,穆勒在《政治经济学原理》(Principles of Political Economy)(1848)中也以增长为出发点。穆勒声称,李嘉图毋庸置疑是不列颠"最伟大的政治经济学家",而且他本人的"纯理论"也属于李嘉图学派。他写道,"生产的真正约束"来自"土地及其生产力的有限性",但同时他也发现了"规模报酬递增",认为在某些产业中,成本会随着规模的扩大而降低,从而提高企业利润。① 他将这种趋势看作是农业生产中递减规模报酬这一"一般法则"的反例。但马上他就将两者区分开来,穆勒在第十二章中写道,规模报酬递减仍然是经济学中"最重要的原理",但到第十三章,穆勒却说,可预见的增长能够"通过任何使人战胜自然的能力增强的力量"来推迟或得到暂时控制。

因而,总的来说,穆勒并没有忽略技术进步,但他却没有试图对其做

---

① 亚当·斯密在"偏谈过去的四个世纪白银价值的变化"中曾畅谈过类似的递增规模报酬与递减规模报酬的显著区别。李嘉图也在讨论工资的那章中给知识增长的作用作了个不起眼的注解,他写道,对于多数商品,原料的稀缺会"抵消机器的改进、劳动分工分配的优化、工人技术和技巧的增强所带来的好处"。但到了第二十章"价值和财富"一章中,李嘉图又说知识可能会增加财富,但绝不会给工人带来任何的好处——因为价值仅仅取决于劳动力。

出解释——哪怕是用非经济学术语。他只是简单地假定技术进步至少还会持续一段时间或者干脆不提这事。关键的一段话是在《政治经济学原理》的"序言"部分："虽然国家的经济情况取决于物理知识，但物理知识是物理学及工程物理所研究的，政治经济学只关心增长的心理因素和制度因素。"

这是经济学家们的传统——开篇就界定外生的增长不属于自己的研究范围。劳动分工就这样差一点被忽略，后来发展成为一个独立的方向，被作者称为"一个更为基本的原理"——"合作"的原理，工人们工作时的相互帮助，不论难易，都是合作。因此，这个原理也许有些过于普遍了，从而失去了解释力。专业化被穆勒称为"盈利"的黑盒（就是我们今天说的"生产力"），他声称，只要盈利能力在增加，我们就能正常生活，技术知识的增长是经济发展的动力，但盈利能力的增长却是个外生变量，不归经济学家研究。

穆勒还发展了亚当·斯密的另一个思想——"稳定状态"的思想，即当一个国家最终达到了"其自然资源和制度允许下所能创造的最大财富"，状态便达到了稳定状态，荷兰一直以来就被认为是这样一个国家。只要"消耗的一点点"正好等于"产出的一点点"，那么经济就不增不减，国家不会变富或变穷，而是每年都处于同样的位置。李嘉图又照例用更精准的语言表达了这个概念：只要利润刚好能弥补资本继续积累的成本，那么经济便达到了平稳状态（他没用这个词）；如果资本的租金高于这一临界值了，那么衰退必将发生——这点让人沮丧。然而，穆勒却希望，而不是惧怕达到这个临界值，因为那时人人都会有足够的钱，都可以放松地去享受自然与艺术的美。

这种社会的"成年期"概念很容易被19世纪中叶的理论家们所接受。S曲线的发展形态似乎理所当然。缓慢的孕育让路给了青年时期的快速改变，之后是一段长期持续不变的成年期，最后走向衰落并最终灭亡，几乎成了所有生灵的生命轨迹。穆勒的经济学思想暗含着生产力的增长终有一天会停止的观点。一个多世纪以来，"稳定状态"的概念在模型中反复出现，被认为是所有形态和规模的民族经济都会很快达到的成熟态。

《政治经济学原理》一书很受经济学家们的欢迎，被认为是对《共产党宣言》的一个及时的反驳。它通俗地解释了为什么工业革命并不能证明李嘉图错了——而不过是"规模报酬递增"暂时占上风罢了，最终"递减规模报酬"还是会成为主导，特别是它还让人看到了人口问题与低保工资的光明面。这本著作的英文书写清晰、感染力强,很好地描述了相应的李嘉图思想体系的数学模型,并且做出了一点扩展。

穆勒写道,"非常高兴关于价值法则,当前以及未来的作者都没有什么可进行进一步解释的了,这方面的理论已经很完整了。"毫无疑问,这时候的穆勒已经对这一问题失去了兴趣,他成为了维多利亚自由主义的捍卫者、女权主义者、环境保护主义者以及社会民主主义者——他的觉悟先于那个时代数百年。之后他只在1852年对其文章做了一次修改(在其有生之年,其他人对此书的修订共达七次),他认为该做的都已经做完了。

恰巧,此时的经济学正处于理论抽象和数学表达第二次飞跃的边缘(李嘉图、马尔萨斯显然代表了第一次飞跃)。早在19世纪30年代,法国的工程师们就已开始对数学推理的清晰性产生了兴趣,到19世纪40年代,这一兴趣扩大到了德国,等到了19世纪60年代,整个欧洲都沉浸在了其中。虽然直到19世纪80年代抑或更晚,《政治经济学原理》都一直是大英帝国国民们的信仰圣经,但在数理经济破晓而出的那一刻,穆勒作为一位纯理论经济学家就变得过时了。

新经济学源自对事物价格主观化的认识,即商品的价格由它满足人们需求的情况来决定。自斯密以来,经济学家一直认为价值内涵于商品本身,似乎只与制造和销售所消耗的劳动力有关,但这种观点却带来了无法解决的矛盾。为什么呢?比方说,为什么钻石那么贵,而水却那么便宜呢?用这种新的心理学观点来看,人们将钻石从地下挖出并不是它昂贵的原因,而是因为人们知道钻石可以卖个好价钱,所以才会选择去挖它。

这一观点的关键点就是:商品的数量并不重要,重要的是商品的附加值,这一方法就是我们待会会提到的边际主义。经济学家们逐步将难以捉摸的满意程度定义为"效用",效用满足"规模报酬递减"这一原理,只差一小步我们就能假设所有的商品都能有多种用途,所有一致的需求都能通过多种竞争商品来获得满足。

是再来一支雪糕还是香烟?是抽支烟还是将钱攒起来买件新衬衫?或是在链子上再加颗珍珠?消费者会衡量花在某件商品上的最后一美元所带来的效用是否等于花在其他商品上的最后一美元所带来的效用,正是这种对最后一单位消费支出的调整力量才让总效用达到最大,也就将问题转化成了一个最大化问题——和天文学家、建筑学家以及工程师们所惯于解决的"静态问题"(物理学中将均衡情况下研究的力量与质量问题称之为"静态问题")同属一类——从而将微积分应用到了每天的经济生活中。威廉·斯坦利·杰文斯（William Stanley Jevons）1871年曾做过这样的解释："就像静态理论基于对无限小单位的能量进行比较一样，只有比较了无限小的快乐和痛苦时，才能够理解财富和价值的本性。"这一观点几乎受到整个欧洲思想家的同时抨击——像德国的赫尔曼·海因里希·高森（Hermann Heinrich Gossen）、维也纳的卡尔·门格（Carl Menger）、洛桑的利昂·瓦尔拉斯（Léon Walras）。

任何一个通过了高中代数考试的小孩都一定能感受到用缜密的思维将语言说不清的问题转化成一套清晰简明的数学式子来表达时的快乐，这种用微积分来描述受约束的优化问题的新方法很快就令用文字描述的"谷物模型"过时了。然而，纯理论经济学家们显然不愿被边缘化。例如，穆勒就写道："杰文斯这人虽然有些能耐，但我觉得在这件事上他脑子进水了……这种表示方法所带来的过于高度的精确性是问题本身所不需要的。"但最终杰文斯凭着下面这段话大获全胜："任何两种商品之间的交换比率应该等于交易后这两种商品的最后一单位所带来的最后（边际）的效用之比的倒数。"

对于边际主义的可能性，被称作"微分学领域的李嘉图"的法国经济学家瓦尔拉斯给出的陈述最具说服力。瓦尔拉斯生于1834年，为了进入巴黎综合理工大学，他读了迪斯卡特斯、牛顿、拉格朗日和古诺的著作。虽然两次与法国的顶尖学校失之交臂，但他十几年如一日地在床头放一本路易斯·波恩索特（Louis Poinsot）的《静力学原理》(Eléments de Statique)进行研读。1858年某日，瓦尔拉斯在与其父亲（他父亲是个业余经济学家）散步时突然醍醐灌顶，回来时便决定将已经被无数物理学家们用以解决各种复杂物理系统的方法用在经济学上，即建立起一个各变量相互决定的一般均衡经济模型。

包括杰文斯在内的英国经济学家们都仅仅满足于讨论只有两件商品的市场，但瓦尔拉斯却希望一次性地讨论所有问题。他描述的"交换系统"间相互决定的方法至少理论上可以处理无穷维的联立方程组——只要方程个数与未知数个数相等。一个商品价格的改变，或是一方的预算约束、效用函数发生了改变，那么整个系统都会受到影响——正如魁奈（Quesnay）在他的《经济表》(Tableau Économique)（而且正因为此，马克思为计算"超额价值"付出了大量的努力）中所希望的。这一决定价格和数量的"一般"模型被英国的很多经济学家认为是没有实用价值的——对当前的情况来说太雄心勃勃了。然而,瓦尔拉斯反驳道:"如果一个人希望尽快丰收,那么他必须同时种植胡萝卜和沙拉蔬菜。如果一个人有栽种橡树的雄心,那么他就一定会有意识地告诉自己:'我的孙子们会因为我的劳动而有凉可乘。'"

边际学家们觉得自己离李嘉图是越来越远了——某种意义上来说也确实如此。他们不再需要李嘉图缺乏说服力的劳动价值论,区分价值和财富也没了意义,他们现在用的是主观效用的概念。然而从更深层次的意义上来说,他们比以往更加离不开李嘉图了,因为收益递减成了他们的模型的关键假定。更基本的是,个人优化模型描述了完全竞争下的"看不见的手"——仍旧被比作为经济学中的万有引力定律。有时"桌面模型"会被拿来说明均衡的概念:只要桌面不平整,水就会一直从高处流向低处,而收益递增无疑是说水会往高处流,这显然是不合情理的。

应该说,经济学家们对其模型的政策含义还是秉持非常谨慎的态度的。短缺从来没像当时那样威胁着所有的经济增长。由于解释了为什么英国煤矿开采力的临近衰竭会带来财富与权利增长的停滞,杰文斯于19世纪60年代在英国享有盛誉。(然而四年后,在宾夕法尼亚发现了石油。)在杰文斯逝世后的1882年,人们发现他的研究手稿中从头到尾都塞满层层叠叠的便笺,这么说英格兰的纸资源也马上要耗尽了,而他似乎不愿意进入短缺时代。

第 7 章　溢出效应及其他调节方式

到了 1890 年，英格兰已完全没了 75 年前和拿破仑一战后一样举步维艰的样子。李嘉图和马尔萨斯的悲观情绪也一消而散。马克思和穆勒的言论也没有颓然。这个岛上王国已比老对手法国繁荣的多，虽然与此同时，德国也日趋强大，美国更是生机勃勃。

到处都有大型工厂：这里不是指印染作坊、钢铁厂、肉类加工制造厂，而是全新的铁路系统、轮船制造系统、电话以及电灯制造厂。所有的新工业都呈现迅速垄断之势，工厂的老板比以往更加富裕。最大的惊喜莫过于庞大的新兴中产阶级。诚然，伦敦的整条街上仍然住着贫穷的人，但已不是一个世纪前的那种贫困——他们有栖身之所、有热、有光、有食物

第 7 章　溢出效应及其他调节方式

还有衣裳——显然这要感谢新工业的诞生。

这就是我们现在所描述的"经济增长"的现象，然而在 1890 年这一术语还在出现，如今经济学家们讨论的是全民净所得的增长。李嘉图的忠实信徒认为这些增长不过是暂时现象，很快就会消失，而其他人则认为不期而遇的工业革命所带来的收获是永久的。优秀的经济学家们唯一清楚的是：穆勒"事不关己"的做法对解释现实来说是不够的，经济增长必须得有个合理的解释。

因而，在 1890 年，一位大师级经济学家再次试图解释 18 世纪的工业化是如何发生的。这次不再是实业家来面对挑战，而是剑桥大学的政治经济学教授阿尔弗雷德·马歇尔（Alfred Marshall）。令人惊讶的是，他成功了！为了解释专业化和竞争为什么同时存在于现代社会，马歇尔重新巧妙地定义了亚当·斯密的这两个矛盾体，使它们之间的区别变得模糊。

所需要的仅仅是一双巧手。看不到递增的"外部"回报——马歇尔的发现很快就被取名为"外部性"——就无法解释 20 世纪的经济。

马歇尔的《经济学原理》一书最为明显的创新是对供给和需求的定义以及相应的图形工具。也许你会奇怪为什么这么熟悉的经济学概念也需要引入，但穆勒就几乎没有提到它们，最早的边际主义者也过于忙于挖掘效用的含义而没有思考如何将他们的观点以某种一致的方式表达出来，直到马歇尔，这两种对立的力量才被统一到了同一个框架下来回答各种或大或小的问题。

那么价格取决于生产成本吗？或者取决于买方对商品的渴望程度？马歇尔说两者皆为价格的决定因素。供给与需求、生产与消费、产品的效用及成本——各自都在不同时期发挥着作用，要说清哪个更重要就和要说清切割时到底是刀片的哪部分起了作用一样困难。简洁的供给曲线与需求曲线的相交图让两者之间的关系一目了然，胜过任何语言的描述和数学符号的表达。马歇尔写道："文中的各种观点完全不取决于这两条线，"而且，如果需要，可以完全拿掉它们。"但经验告诉我们，有了它们，我们便能更好地抓住很多重要的原理，而且纯理论有很多问题，没有人在快速熟悉了图解法后还愿意用其他的方法。"

马歇尔的权威部分地来自其卓越的经济直觉，部分地来自其文章的通俗易懂、简洁优美。（其书以"政治经济学和经济学研究的是人们的日常生活"开篇。）但他决定用文字、图表，而非数学公式的方式却是一个重要的智慧取舍。马歇尔讨论的经济不像瓦尔拉斯考虑的那样是一个宏伟的"一般"均衡：茶叶的价格几乎取决于太阳下的其他一切东西——中国的工资、阿萨姆邦的农业规模、新加坡的煤炭及巴西咖啡的价格，还有伯明翰的需求。马歇尔的选择是一个折中策略，他自己取名为"部分"均衡——一次仅考虑几个问题。马歇尔给小小的供给需求图作了这样的注释：它只能解释"特定"市场的相互决定，比方说茶叶与咖啡，或者茶叶与柠檬。简化的关键在于假定世界上其他市场的商品几乎是同质的。马歇尔说，用拉丁语说就是假定其他情况均相同（ceteris paribus）。

他称自己的巨著为"曲线之书"，这虽然仅仅表达了一半，但也强调了其书较以前的著作更具分析性。他称自己做的是经济学而非政治经济学的研究。因为在图表后面，马歇尔用的是代数而非几何来表达他的"原理"，他非常清楚自己的图解不能给雄心勃勃的经济学家们以全数学的解决方法。当伟大的数学家拉格朗日用自己的《分析力学》代替牛顿的《自然哲学之数学原理》中的几何证明时，他骄傲地在序言中写道，"这部作品中找不到一个图形，有的只是代数算子。沿着拉格朗日的足迹，瓦尔拉斯也梦想着能用一个以方程体系表达的全经济模型替代魁奈的复杂图表（《经济表》）。马歇尔非常清楚严格的数学方法的优越性，因此在数学附录中的注解21中，他建立了一套方程来描述一个相互作用的全球经济模型——他认为这个方法将会提供一个鸟瞰整个经济全貌的视角。他在给朋友的信中写道，"我的毕生都在持续地尽可能地为注解21提供一个可以操作的形式。"但在《经济学原理》一书中他仍然用文字论述其论点，并以几何图形予以支持，代数部分仍集中留在附录中。

除了马歇尔以及很多当时其他的作者外没有人会这样做。数学似乎解释了经济学家们由来已久的困惑，自从李嘉图否认了它的存在——系统地解释了在竞争的经济环境下人们为什么会劳有所得。是什么决定了机器的所有者有钱购买丝质大礼帽？为什么耕地的租金那么高，而城市用地的租金更高，沙漠的租金却几乎为零？为什么列车长的工资比物理学家的工资还要高？"看不见的手"是怎样在生产者之间分配产品的？

这个问题的答案显然取决于一方对其他一方生产的"边际"贡献。对于与马歇尔同时代的新教徒、美国的经济学家约翰·贝茨·克拉克（John Bates Clark）来说，边际主义的观点就暗含了"工资的科学原理"。市场就是一个庞大的计算器，严格准确地分配着资本和劳动的份额（双方的份额

第7章 溢出效应及其他调节方式

都相互影响着对方的效率），托拉斯和工会的出现都只会增强这种效果。"资本掠夺劳动力的同时，劳动力也以同样的方式掠夺着资本，都只因为每一方的回报都是以同样的方式确定的。"而且，随着微积分已越来越成为描述最大化问题中各因素相对增长情况的全球通用的语言，这一推理链条用数学表达变得更为清晰（文字表达确实不够清晰）。瑞典经济学家克努特·维克塞尔（Knut Wicksell）在1890年也提出了同样的观点："如果总产出是合作各方的实（连续）函数……那么只有当各要素达到边际减少一点点所导致的产出减少正好等于这一点点要素的成本（用产出来衡量）这一临界水平时，生产才是最有效率的。"

对投入和产出关系的数学描述（一种描述给定原料（"合作各方"）数量下的产出的迷人方式，就像处方一样）被人们称作生产函数。很多隐藏在数学背后的假定在生产函数逐渐成为经济学的中心概念这一过程中逐步被发掘出来。对于我们的故事来说，没有什么比将所有投入品的数量扩大同等倍数会使产出同等倍数递增这一猜想更为有趣的了，这一直接的关系早在150年前就被瑞士数学家雷奥哈德·欧拉（Leonhard Euler）用非常普遍的"线性"或者"零次齐次"的形式描述了出来。如今，欧拉定理已经成为经济学家们用以巧妙地解决递增规模报酬和递减规模报酬问题的标准工具，投入扩大一倍产出也扩大一倍意味着假定存在"常数"规模报酬，这样巧妙的理论学说被称为边际生产力理论。

如今，介绍竞争市场中的企业成本依然是任何入门经济学教科书的核心。读者正是从这里了解到竞争性企业里的每一生产要素的边际产出应该等于其市场价格。只要企业认为多雇佣一个工人或多购买一吨钢铁所带来的收益能够弥补这么做的成本，那么它就会这么做。完全竞争环境下，每一要素的价格都等于其边际产出，从而一切都完美运转：最后不会有剩余。一个对新形式主义非常感兴趣的维多利亚时代的著名经济学家（《数学心理学》的作者弗朗西斯·伊西德罗·埃奇沃思（Francis Ysidro Edgeworth））曾抱怨边际生产力理论没有给企业留下任何选择空间。

关于其作品逻辑的严密性，马歇尔矛盾了很多年。一方面，他始终希望用新的数学方法，（他给他的朋友穆勒写信道，"我和你一样也认为他的文字论证有很多错误，但我认为他和李嘉图抓住了真理的核心。"）但他又同时惧怕抽象的推理会误导读者。"数学方法的局限性很容易被忽略，"他写道，"特别是那些从抽象观点入手的人，因为将抽象转变为具体的形式无疑非常危险"。1901年3月，他将自己的看法通过信件方式陈述给了自己的朋友、以前的学生阿瑟·鲍利（Arthur Bowley）：

（1）将数学当作简化的工具，而非思考的源动力；
（2）研究完成之前不能丢掉数学；
（3）翻译成英语；
（4）举例说明其现实意义的重要性；
（5）去掉数学部分；
（6）如果你不能做到（4）那么也请你放弃（3）。
我就经常这么干。

像法国数学家奥古斯丁·古诺这样优秀的思想家都被其代数部分所误导，这样，对第（4）条规则的违反让马歇尔非常恼火。古诺早在1838年就首次提出递减成本/递增回报可能会导致垄断，但他却没有尝试继续考虑是什么力量阻止了垄断的出现。马歇尔在注脚中抱怨："那些囫囵吞枣地接受他们数学公式的人，没有注意到他们的前提假设意味着一旦企业表现出色就会在当地的本行业中处于垄断地位。"

这是与"别针工厂"相矛盾的地方，地下伏河已经喷发到了地面上，那些"外部性"马上就要融入进来了。

递减成本对马歇尔来说比对穆勒重要得多。大半个世纪以来，人们的生活水平都在不断提高，包括穷人在内——这很难与规模报酬递减的烙印似的逻辑扯上关系。幸亏边际主义者清晰准确地陈述了如此复杂的问题。只要每件投入品的边际成本（每一颗钉的成本）低于所有钉的平均成本，那么生产就是规模报酬递增的。马歇尔系统对应的精致方程组告诉我们，所有东西的生产成本都会越来越高，而不是更低，如果不这样，最低生产成本的企业就会占领整个市场，比方说制钉市场。那么会发生什么事呢？

为了解决递增成本的问题，马歇尔认为应该找出两个成本降低的源泉、两个成本增加的原因，它们都与生产规模相关——市场的大小。"内部经济"，正如马歇尔一开始给它起的名字，就是人们熟知的制钉厂。它们"取决于参与其中的每个个体家庭的大小、组织形式及管理的效率。"第二种"内部经济"取决于"工业发展的整体形式"。内部经济对于马歇尔的读者来说并不陌生，但外部经济，或称"外部性"（这一称谓很快就普及了），

第7章 溢出效应及其他调节方式

便是经济学上的一个开创性"发现"。这也许是使马歇尔的工作区别于穆勒的唯一最重要的特征——因为，我们马上会看到，它们才是马歇尔经济体系中的"生产力"的核心。

当马歇尔描述只存在于每个企业内的内部经济时，他用了这样一段散文似的描述：

> 一个能干的人，再加上好运不断，他便能在市场上稳固地立足；他工作努力、生活节俭，资产不断增加，信誉（让他能借到更多的资源）提高得更快；身边是一群极富工作热情和工作能力的志士们；当他的事业蒸蒸日上时，他们也得到了提高；他们彼此信任，每个人都将自己的全部才能发挥到恰当的岗位上，不存在浪费人才在简单的工作上的情况，或是将高难度的工作指派给低能力的人。随着工人技能的稳步提高，他的经营呈现了与专业化机器大生产和多元化类似的经济效应；每种改进的生产过程都很快被采用，并为将来的改进打下了良好的基础；成功带来了信誉，而信誉又促进了成功；信誉和成功帮助留下了老顾客，同时又吸引了新客户；业务的增长让企业在原料的采购上很具优势；它的产品相互宣传，降低了宣传费；其业务规模的膨胀很快让他相对于竞争对手们处于优势地位，并且降低了销售成本。

我们现在将这些降低成本的途径总结成了"规模经济"一词，包括将管理成本、固定资本成本分摊到更大的产出中去，从而导致规模报酬递增。马歇尔对商业大腕的描述就像是在讲述同时代的洛克菲勒、卡耐基，或者吉列、诺贝尔的故事，或者是如今的比尔·盖茨。他的那些自动化趋势章节（"机器迟早会替代制造业中的所有重复性劳动"）本可以在昨天写的。那么很多经济学家就只能再等25年才能将"大规模生产"脱口而出；而"R&D"的流行也得推迟25年；相应的管理技术（例如，沃尔玛就是内部经济的典型素材）的出现也会延迟。然而这些都已成为现实，隐含在马歇尔对"专业机器"和"流程改进"的叙述中了。

那么为什么有幸拥有递增规模报酬的商家（比如一家别针工厂）没能完全占有整个市场呢？马歇尔认为，这样的情况也许会出现一时，但最终很可能是两三个同行业的竞争对手一起共同瓜分整个市场。

此外，一些现代工业的技术本身就为垄断创造了条件。铁路就是这种

知识与国家财富

"自然垄断"的一个极好例子,因为进入该行业需要庞大的初期投资,一个铁路公司为整个市场提供服务比两到三个铁路公司提供服务的成本会更低。(铁路工人们付出了惨痛代价——重复建设的平行铁轨中必然有一个很快被淘汰——才得到这个教训。)马歇尔写道,事实上,现代交通运输工业中"几乎无一例外的都是规模报酬递增",这种缺乏竞争的行业需要政府管制来规范其行为。显然在以往的制钉企业中不需要这种每天的监管,毕竟那是"无形之手"的地盘。

马歇尔写道,一般的竞争性行业——意味着在很多行业中,都存在着抵消规模报酬递增效应的力量。人才的离开就是一个。制钉厂的缔造者会退休,如果没有一个强有力的接班人来管理,那么原先让企业辉煌的力量将会让它走向死亡。

但为了以防万一,为了保证竞争在自身体系中的其他地方仍然存在,马歇尔将那些所有人都可以免费得到的好处包括了进来——他管它们叫"外部"递增规模报酬,这一报酬来自行业的"规模",有时候它们也被形容为"邻里效应"。这第二个降低成本的源泉被简称为"外部性",并很快又被不失其义地翻译为"溢出效应"。外部经济指的是不需要付钱就能得到的好处(或需要付出的成本),这些自我们早上一起床就会经历。

此时,这个平静的维多利亚人继续朴实地写道:

> 一旦某个行业选定了自己的位置,它在空间上就具有一定的稳定性;而此时拥有同样技术的人成为邻里,彼此学习,相互受益。生意上的秘密变得不再神秘,就像存在于空气中一样,让孩子们无意识地学习、吸收。优秀的工作被肯定,机器的发明与改进、流程与商业组织形式的优化很快被讨论、评价。如果哪位有了新点子,其他人会相继提出自己的意见与看法,使其很快便成为更多新思想的源泉。当前,相邻企业间辅助业务发展迅速,相互提供工具与材料,组织运输,并为经济输送原料。

马歇尔并没有深究为什么这种溢出过程会瓦解垄断的控制力——虽然极富实践经验的他肯定有自己的想法。也许,要知道对手的秘密,必须购买他的产品,再回来将之分解研究,或者雇用他的助手,或者参观他的工厂并暗自记下其平面图;还可以投资于竞争对手创造的但却还没意识到的

第7章 溢出效应及其他调节方式

投资机会；或刻意寻找其商业计划的弱点；聪明人就会选择投资其替代品——用钉书钉来和图钉竞争，用铁路来与航运竞争等等；此外还有阅读报纸和商业杂志等途径。马歇尔坚信好的想法会不可避免地被别人知道并作为他人新思想的基础，因为"方式方法的重大改进很少在进入实践领域很久之后还不为外人所知"。相对于空间的邻近，这种"邻里"作用的发挥更多地依赖于企业规模。它们不取决于企业本身，而取决于"一个行业的发展概况"。这个虚拟的邻里关系越广阔，所有成员就都会有越多免费的外部经济。一个人写的也许是自己在棉花行业的经历，但他也许实际上是在描述钢铁行业或造船行业、银行业甚至是硅谷。

外部性的概念很快获得了极大成功，因为伴随经济活动的免费效应无处不在，有的可能是正面效应，有的也可能是负面的。难以保守的秘密很难成为秘密。不论农民是否出钱，水坝都会消除洪水，这是正的外部性。然而水坝也会影响到渔夫的收成：这就成了负的外部性——"外部不经济。"农民租来一些蜜蜂为自己的果园授粉，但这些蜜蜂同时也会为隔壁的树授粉。镇上的酿酒厂希望雇佣更多的警察。卖香烟的人给不吸烟的人带来危害，但必然也会为本地的医院创收。教拉丁语的学校也同时对工人进行了技能培训。如果能找到一个合适的词语将所有这些无法定价的利益与成本包括进来，那该有多么方便。

第二次世界大战之后的年月里，无法定价的成本问题十分严重。资源耗竭、污染以及交通堵塞被认为是"公共问题"。当有价值的资源属于任何人时，比方说牧场，那么每个人都会尽可能地放牧，不会有人为了让它将来能长出更多的草而去耕作——因为那只是为别人的牛马提供了食物。那时严重忽略的问题正是马歇尔发现的正外部效应在起作用——那些免费的"好处"保证了最后一定有人愿意出来干番事业，多谢空气中的"某些东西"。

需要强调的一点是：外溢效应指的是经济活动中无须付费的副作用，没法定价。无须将它们写入边际生产率的需求微分条件中，同时也确实写不出来。它们不是投入品，无须补给，在价格的几何体系中不起作用，因而不需要刻画出它们。马歇尔分析的这点简便性读者不易了解，但数学家自己是清楚的。溢出效应成就了马歇尔的体系完整。在非常聪明地调和了递增回报与竞争市场的那只"看不见的手"的同时，其数学部分也让人无可挑剔。

马歇尔清楚自己的分析在结尾部分有些松散。一次他回应穆勒道:"知识是我们生产的强大动力,它让我们征服自然并让自然提供我们之所需。"还有一次他写道,"知识和组织的公有与私有之区别越来越重要,某种意义上来说比实物的公有和私有之区别更为重要,正是由于这一点,有时将组织机构看作是一种特殊的生产单位更为合理。"他期望能在"更久以后的探索中"完整地研究这个问题,但更多可能引起争论的思想火花都隐藏在马歇尔著作的注脚与侧记中。

在《经济学原理》一书中讨论生产要素章节的总结里,马歇尔又用了一个有力的类比总结了递增报酬与递减报酬之间、"看不见的手"与制钉工厂之间的矛盾。他写道,这样的企业就像森林里的大树,"岁月迟早会背叛它们"。

> 这里我们也许可以读到森林里的小树们在年长于他们的竞争对手的树阴下努力向上生长时的教训。很多树半途就夭折了,还有一些勉强存活。那些少数日益高大的树得到越来越多的阳光与空气,最终它们超过了旁边的树木,这时似乎已没有什么能够阻挡其生长,看起来它们会一直强大下去,但事情并非如此。鼎盛状态持续时间较长的树会长的超过其他的对手,但岁月迟早会背叛它们。虽然它们得到了更多的阳光雨露与新鲜空气,但它们却逐渐失去了活力,相继退位,让位给了那些物质条件虽然较差却朝气蓬勃的年轻一代。

外部性的概念顺利地被文献大量使用。经济学的领头人们又一次认为理论几乎已经完善了。边际分析体系的严密逻辑性使得它常被拿来与古典天文学的大成就或是化学中原子量表的发现相提并论。1908年马歇尔退下教授之职。他没能完成第二卷的写作,也再没回到"知识是一种生产要素"的命题上来,虽然他理清了对数学的态度:"又过了一代人,数学在经济学中的有限但重要的地位也许不会再有争议。"但他从未放弃过对边际生产力理论的质疑。他于1924年与世长辞。

两年后,当经济学家们在芝加哥大学济济一堂来纪念《国富论》公开发行150周年时,他们含蓄地庆祝了由马歇尔阐明的对价值和分配的边际分析理论。对于他关于全国财富在资本、劳动力和土地间分配的观点,一位芝加哥大学崭露头角的教授保罗·道格拉斯(Paul Douglas)在会上说,为

第 7 章　溢出效应及其他调节方式

了突出像劳动分工这样的问题,他们最好以"谨慎的沉默"将其忽略,"马歇尔对现实与生俱来的敏感让他处理起这样的问题来更有优势"。

在一片自我庆贺声中,20 世纪 20 年代的几个年轻经济学家认识到马歇尔体系中的某些东西并不是很正确——特别是他对递增规模报酬的处理。一方面,"外部经济"这一像礼物一样的概念掩盖着严重的问题。马歇尔亲手挑选的继任者、剑桥大学的庇古(A. C. Pigou)教授认为外部性非常普遍与重要,政府应该补贴那些成本下降的行业(制造业)并向成本递增的行业征税(农业和采矿业)——这是对政府干预经济活动的一次公开邀请。然而,这就是亚当·斯密的主张么?似乎哪儿有点不对劲。

所以,20 世纪 20 年代后半期,大西洋两岸的经济学杂志上都在热火朝天地争论"报酬定律"。剑桥大学历史系教授约翰·克拉彭(John Clapham)开玩笑地抱怨说理论上比他厉害得多的同僚也没能提供一个具体的规模报酬递增的例子。没有看得见摸得着的实际效果,那不就纯粹只是个"经济空盒"么?芝加哥大学的经济学家弗兰克·奈特(Frank Knight)断言,按照逻辑的一致性来说,一个人得到的溢出必然来自于其他人的内部经济。还有活跃的、来自纳粹意大利的避难者皮埃尔·斯拉法(Piero Sraffa)(他之前曾去剑桥拜约翰·梅纳德·凯恩斯(John Maynard Keynes)为师)发现几乎所有消费品的制造成本都是递减的。这难道就是溢出效应的所有结果么?斯拉法写道,事实上,递增报酬是"搅乱整体和谐的污点"。

一个有着强烈好奇心和求知欲的名叫阿林·扬(Allyn Young)的人曾经几乎就要解决这个问题。这个来自俄亥俄州的经济学家如今已很少被人提起,但在 20 世纪 20 年代他被认为是世界顶尖经济学家之一。生于 1876 年,比约翰·梅纳德·凯恩斯和约瑟夫·熊彼特小七岁的扬在经济学大潮中发现了边际主义这朵浪花并乘着它一路通向了成功,即便此间他不断抱怨新方法的局限性。在新世纪的第一年,他就像个巡回教授一样,去了一所又一所的学校,去任何他想去的地方教授新经济学。在斯坦福,扬雇了一个从芝加哥大学过来的不修边幅的叛逆青年索尔斯坦·凡勃伦(Thorstein Veblen)。在康奈尔,他教弗兰克·奈特;在密歇根大学,他又成为爱德华·钱伯林(Edward Chamberlin)的老师——之后这后两位在竞争的性质这一长期备受争议的问题上的意见南辕北辙。

1920 年扬接到哈佛大学的邀请。他照例从剑桥到曼哈顿给纽约州联邦储备银行的负责人本·斯特朗(Ben Strong)(那时是由纽约州州长负责管理联邦储备银行的）出谋划策。而且当 1926 年伦敦经济学院邀请他离开哈佛前去任职时，他成了第一位被反聘到英国教书的美国人，而且他还成了英国工资最高的经济学教授。他一到英国就被推选为英国经济学和统计学会的主席。并在爱丁堡发表了题为《递增报酬与经济发展》的就职演说，那是 1928 年。

扬马上就告诉他的听众，他不会对剑桥大学众多经济学家们所热衷的"迷人但却复杂的"争论发表任何看法，即使是边际生产力理论的几何或代数表达。他想研究的是劳动分工，一个亚当·斯密提出的老问题——特别是，斯密还有句老话，专业化程度受制于市场。"我总在想，这个理论是最具启发性、最为成功的总结，所有经济学著作都无处没有它的影子。"然而正是这么好的一个理论，就快被人忘却了。

为什么呢？扬大胆揣测，斯密在将别针工厂的专业分工描述为由完全相同的任务组成时遗漏了些什么。否则，劳动分工不是应该主要取决于不同工作所需要的各种不同的知识结构吗？也许制造别针的工人发现了产品的新用途，也许他们发明了不仅适用于别针，也可用于其他制造业的新工具和新模具。扬说，你没有必要为了生产一颗别针而去制造一把锤子。但也许只要你用这种工具生产过很多别针，就会有人愿意将其买走拿做他用。而其他制造业也可能为制钉工人提供新的机器。这样一来，工业本身就会呈现差异化发展，"各部门的发展及行业的专业化是递增报酬实现的基本过程"，规模将成为重要因素。

20 世纪 20 年代的三个重要例子印证了扬的观点。他认为自己的听众应该可以从报纸上了解到这三个例子。一个是以迪尔伯恩的洛夫河边的新修大厂房为代表的亨利·福特所成就的汽车王国。另一个是列宁将苏联落后的经济扭转成了现代经济的大胆尝试，史称"新经济政策"。第三个是美国经济的迅速崛起大大出乎大不列颠的意料。扬说，每一例成败都是规模化与专业化共同作用的结果。

由于潜在市场巨大，亨利·福特可以一门心思地追求大规模生产。另一方面，列宁想要对苏联工业进行"阿拉丁似的"改革将会历经磨难——不是因为缺乏市场（俄国疆域辽阔），而是因为他没有充分考虑创造附属工业和培养新习惯的成本。而美国经济的日益强大则是因为其强大的内部市场。英联邦内的庞大交易量并不比美国制造业在地理上的邻近、交通网络的便捷以及人口的众多上更占优势。

第 7 章　溢出效应及其他调节方式

然而令人痛惜的是，扬所能做的最多也不过是将其思想付诸于文字。比方说，他用奥地利俗语"绕圈子"——意为机器带来的专业化——来形容越来越细的劳动分工。他谈论定性变化、失调、复杂化、"累积的诱因"——都是用来形容人们还无法完全了解的一些过程的名词。

一时间，"递增报酬和经济发展"成了经济学界竞相追捧的热门话题，成为当时的一股生机勃勃的反叛力量。不少青年经济学者们开始重新思考他们曾经坚信不疑的东西，其中包括扬在伦敦的助教、年轻的匈牙利移民尼古拉斯·卡尔多（Nicholas Kaldor）。此外别无影响。还有肯尼斯·阿罗（Kenneth Arrow）提出的"地下伏河"理论也爆发了出来，但在引起了短暂的巨大反响后也悄无声息地消失了。并不是说扬错了，只是他的观点仅限于书本，他的话语适时地出现在了经济向更高的抽象度和一般性转型的全新时期。

爱丁堡的就任演说是扬最后一次影响业内观念的机会。在他决定回到哈佛后，不幸在海上航行的途中感染了流感（1929 年的全球大流感）并就此身亡，享年 53 岁。当年十月，股市崩盘，结束了 20 世纪 20 年代的大繁荣。

第 8 章　凯恩斯革命与现代运动

回顾 20 世纪的技术经济，其分水岭清晰可见。1930 年，英国仍处于保持了 150 年之久的世界经济的中心地位。欧洲人大量涌向伦敦，期待着对大萧条进行讨论。在那儿他们遇到了马歇尔传统守旧势力的不理解。其带头人多是深陷于递增与递减报酬矛盾中的牛津大学教授。政治家们也多受传统自由贸易及其政策的影响。虽然当时英国及其他工业民主国家的失业率已攀升至 25%，政府也没有采取进一步的行动。

到了 1945 年，以美国为首的世界经济开始复苏，到处一片乐观、丰富多彩、生机盎然。在此分水岭之前，经济学家很少用数字说话，多限于用文字描述自己的理论。在此之后，他们用数字说话，用概率思考，希望对一切都有个衡量，不仅提出自己的理论，更会建立自己的模型。

究竟发生了什么？世界会有如此大的改变？显然，答案是大萧条，还有约翰·梅纳德·凯恩斯。就像我们经常听到的故事，1935年左右出现了一场"凯恩斯主义革命"，及时地解开了造成有史以来最严重的全球萧条的谜团，从而避免了工业资本主义走向中央集权的命运。

人们都认为，凯恩斯发现了"宏观经济学"，这个视角下的世界很奇怪：供给不一定等于需求，储蓄不一定好，借贷也不一定坏，与我们每天所过的"微观经济"世界非常不同，与爱因斯坦所说的那个牛顿让大家认识到的世界也完全不同。

与此同时，以艾伯特·爱因斯坦为代表的一代科学新秀被纳粹赶出了欧洲。这些人大多都来到了美国，致使许多学科的重心也移向了这个新的世界，包括经济学。在那儿，凯恩斯规划出的蓝图成了战后世界经济繁荣的基础，也最终让西方的发展超过了那些选择共产主义发展道路的国家。

历史上也有类似的事情发生。20世纪20年代到20世纪30年代早期，一股新科学观的浪潮席卷了技术经济学，给予了他们新式武器，燃起了经济学家们的勃勃雄心。我们称之为"现代化转变"——用更加严密的方法来替代模糊不清的语言论证的共同决心。这些革命奠基人都是19世纪末20世纪初出生的，对标志着那个时代的科学的伟大力量有着与生俱来的乐观精神。

一些人希望能用统计方法来研究现实的经济数据，另一些人则热衷于实际操作中的经济计划。当然还有人一心要在一系列的基本公理上构造出个关于人与人之间相互交往的纯数学模型来，也有人构想了一门战略行为科学。所有这些的共同特点是对数学方法和形式逻辑的偏好：与经济学文学传统相对出现的现代运动。1945年后，经济学的兴奋点大多是关于如何为这些研究工作，或者更熟悉地说为"凯恩斯主义经济学"提供研究工具。

只有一点共识是在所有严谨的现代主义者间比较缓慢地达成的，那就是凯恩斯引发的将经济学划分为微观和宏观两大领域的讨论。不论一开始看来这有多实用，时间长了或许就会变得不可接受。换句话说，科学的方法要求首先能用微观经济中对个体行为的解释建立起理解宏观经济现象（比方说价格调整的滞后）的基础，只有自下而上建立起一套对经济行为的一致解释的经济学才能令人信服。

除了博学的约翰·冯·诺伊曼（John von Neumann）（他在博弈论、量子力学、机械计算等诸多方面做出的贡献到如今都一直令人津津乐道），经济学现代化转变的先驱者已很少被现在的经济学界提起。而除了20世纪20年代于英国剑桥脱颖而出的天才弗兰克·拉姆齐（Frank，全名Francis Plumpton Ramsey），没有谁更能代表这种新的经济学研究风格。

那个年代的剑桥，年轻一代的热情可以从1923年20岁的拉姆齐写给好友维特根斯坦（Wittgenstein）的一封信中窥见一斑（由拉姆齐的学生彼得·纽曼（Peter Newman）收集并提供）：

> 这段时间我在重建数学模型上没做很多工作，部分原因是我杂乱地读了些东西：一点点相对论、一点点康德、还有一点点弗雷格（Frege）……但我感觉自己非常懒惰，不想做事，一月份以来我一直因为自己心仪的对象与他人结了婚而心烦意乱，情绪低落，差点儿去看心理医生，如果不是两星期前我突然好转，就会在圣诞节时去维也纳待九个月进行治疗。心情开朗一些后，我做了不少工作。我认为自己已经解决了有限可积的问题，就差将之与有效公理联系起来，但也许我完全做错了也没准。

拉姆齐生于1903年，与冯·诺伊曼同岁，比他的导师兼好友约翰·梅纳德·凯恩斯小了20岁。从经济学在20世纪20年代早期所面临的挑战来看，拉姆齐显然比其导师更具数学优势。他发表的三篇经济学论文篇篇都举足轻重，其中与我们的故事关系非常密切的是他1928年发表在《经济学期刊》（Economic Journal）上的一篇，而前一篇就是阿林·扬的就任演说"递增报酬与经济发展"。

也许主流贡献与传统基础从来都没有过这么大的区别。在扬完全避免使用数学的同时，拉姆齐却使用了研究者们很少用的且面目不太友善的变分法来计算能实现长期效用最大满足的国民收入储蓄率。模型中劳动力和资本共同生产出产品（用其朋友梅纳德·凯恩斯常用的话说就是"果酱"），一部分用于今天消耗（"今天的果酱"），一部分留作明天消耗（"明天的果酱"），以达到"极乐"的平衡状态。拉姆齐用了一个有点复杂但在数学上却十分精准的描述：一个明智的计划者会将果酱的消耗量与利率挂钩——利率下降时消耗多点，利率上升时就给明天留存多点。

虽然直到20世纪50年代，在罗伯特·索洛（Robert Solow）（他是英国的拉姆齐，而非美国的阿林·扬）的帮助下，"关于储蓄的数学理论"才重新被重视。但若不是由于黄疸并发症要了拉姆齐年仅26岁（1930年，只比扬被流感夺取生命晚了一年）的生命，他也许早已成为20世纪最伟大的经济学家之一了。

经济学的现代化变革不可能在经济正处于大滑坡的20世纪30年代停下来。那时，一位富裕的辛辛那提股票经纪人阿尔弗雷德·考尔斯（Alfred Cowles）非常吃惊于预言家们为什么没能预测到1929年10月的股市崩盘，更别说接踵而来的史无前例（规模和持续的时间都超过以往的任何一次萧条）的大萧条。考尔斯认为一定在某个地方存在着某个人能够准确地预测这一切：他决定去找下一代中的佼佼者。他找到了自己在耶鲁大学时的指导老师：欧文·费雪（Irving Fisher）教授。

阿尔弗雷德·考尔斯对经济学的主要贡献是标志性的，这是由他本身的身份地位所决定：这是一个果断地向专家求助的富有的开创者，他的祖父是芝加哥的民众领袖，他因为投资麦考密克（McCormick）发明的收割机赚了不少钱，且热衷于投资自己看好的项目，他是让很多商界精英开始逐渐认识到20世纪的经济已越来越难以用熟悉的直观方法和业余的调查手段来把握的代表。考尔斯与众不同的原因在于他没有去询问20世纪30年代早期的各种业余人士，而是去向大学里研究经济的专家们请教。

费雪让考尔斯接触了很多欧洲和美国的思想家，他们那时正致力于为经济学理论在统计和数学方面的发展建立起一个新的国际组织——将被取名为计量经济学协会。后来"计量经济学"一词专指混合了经济理论、度量及统计方法的经济学实证方法。这一新组织主要有两类成员——相对较多的一般成员和小部分由经济学家们推荐进来的经济学家们。一时间，协会成了严谨而热情洋溢的精英组织。

第一期的29名会员中主要包括了发起协会的知名人士——美国的费雪、韦斯利·克莱尔·米切尔（Wesley Clair Mitchell）和哈罗德·霍特林（Harold Hotelling），挪威的罗格纳·弗雷斯（Ragnar Frisch），荷兰的简·廷伯根（Jan Tinbergen），奥地利的约瑟夫·熊彼特（Joseph Schumpeter），英国人约翰·梅纳德·凯恩斯，法国人雅克·鲁夫斯（Jacques Rueff），还有不知道那时是否还在世的俄国人尼古拉·康多拉提夫（Nikolai Kondaratieff）（六年后他死在了苏联的劳改所）。虽然那时匈牙利的冯·诺伊曼已经开始严肃地思考经济学问题，但人们仍然以为他只是物理学家，所以29名成员中遗憾地没有包括他。而下一届，也就是第一次真正的选举中，也遗漏了几位即将在未来经济学界名噪一时的人物——约翰·希克斯（John Hicks）、皮埃尔·斯拉法（Piero Sraffa）、弗里德里克·冯·哈耶克（Friedrich von Hayek）、奥斯卡·摩根斯顿（Oskar Morgenstern）以及瓦西里·里昂惕夫（Wassily Leontief）。其中，斯拉法还不满地要求恢复他应有的会员身份。

考尔斯答应出资赞助该协会的新刊物《计量经济学》①。此外，他还组织了一个名为Cowles委员会的组织来鼓励这种新研究风格的发展。为了管理该机构，他聘用了在国家发现委员会（National Discovery Administration）研究部主任一职上不怎么得志的康奈尔大学教授查尔斯·鲁斯（Charles Roos），把他安置在离自己的休闲庄园不远的科罗拉多学院。在未来几年中的夏季，考尔斯委员会都会从世界各地请来顶尖的数理经济学家来学院的暑期班讲学。因此，规范的现代经济学研究风格自20世纪30年代起便开始清晰地在派克笔尖的阴影下表达。

好几年都是这样，世界顶尖的思想家源源不断地聚集到剑桥或纽约，然后一起前往科罗拉多参加知识分子的夏令营。在那儿的著名大学的讨论会上或者餐厅中，人们津津乐道地讨论未来几年经济学的发展方向。经济学家们是非常活跃的一群人，他们讨论经济政策，兴奋不已地谈到数学和物理学在欧洲的发展情况，还有各自然科学间的关系，以及什么才是创造一个真正科学的经济学所必需的条件。不论他们在那儿饭后都讨论些什么，他们都得偶尔停下来当当听众——和20世纪30年代的任何其他人一样，考尔斯委员会的经济学家们也听收音机：给他们带来混乱欧洲的新闻以及纽约的音乐。至少在考尔斯，事实上每个人都知道收音机中的故事证实了公理方法在配送商品上的巨大力量。

要理解为什么现代运动中的经济学家们对电学感兴趣，或者说为什么电学能够吸引进行现代运动的经济学家们，你只需记住电磁学几乎和经济学同时诞生。当18世纪亚当·斯密写《国富论》的时候，电磁现象还完全是个谜，电与磁的关系还没有被发现，与史密斯几乎是同代人的本杰明·

---

① 第二种强调规范经济学方法的新刊物是由一帮英国和美国的年轻经济学家在伦敦发起并于1933年首次发行的《经济研究评论》（*the Review of Economics Studies*）。经济学现代运动开始在各地生根、发芽。

第 8 章 凯恩斯革命与现代运动

富兰克林（Benjamin Franklin）还正在雷雨天中放飞挂着莱顿瓶的风筝。

之后富兰克林将其试验的结果写成了一系列的论文，后收集于 1751 年出版的《电学试验与观察》一书中。此书中引入的一系列概念——电池、导体、电容器、电荷、电击、电学家等等成为了该领域至今仍常用的术语。对电学的研究很快就变得目标清晰，一个有着独立研究团队的学科诞生了。而且自 1820 年起，由于有一代奋战在实验室长凳上的实验科学家们，人们对电磁学现象的认识突飞猛进。

在伦敦，汉弗莱·戴维（Humphrey Davy）规划了一个电子化学实验场，其学生迈克尔·法拉第（Michael Faraday）建起了一个将机械能转化为电能的简单发电机——他叫它磁发电机。短短几十年里便出现了一批实业发明家，他们带来了更为复杂的发电机、灯塔上的弧光灯、白炽灯、发电站、传输线等等。同时理论物理学家对电子的行为进行了各方面的描述，其中有关于电力和磁力的库仑定律、安培法则、法拉第定律、欧姆电阻定律——每个都源自不同的独立实验。同时，发明家仍是实验的领军人物。

1864 年，苏格兰物理学家詹姆斯·克拉克·麦克斯韦（James Clerk Maxwell）发表了科学史上最具洞察力的见解。三年前他公布了自己命名为电磁场的机械模型的设计思路：将一系列纺车和空转轮固定在一个木板上用来模拟外力。现在他撇开自己设计的模型，用一些描述光、电和磁之间基本关系的简单方程来检验自己的理解。麦克斯韦的方程组不仅仅将之前所有独立的法则、定律整合到了一起，更预测了全部的能谱，其中的很多还未被当时的人类所认识。接下来的几年里，物理学家们便忙于讨论这些辐射是否真实存在，不少人对公理的方法及建立在其基础上的新的神奇数学非常怀疑。

直到麦克斯韦的发现被人们所证实，对这一方法的讨论才终止。1888 年，沉浸于麦克斯韦理论的年轻的德国研究生海因里希·赫兹（Heinrich Hertz）想出了一个天才的检验方法。在房间的一端，他架起一对铜球，每个铜球都接在一个感应圈上，铜球相邻不相靠，以便两球上的火花能够跳跃——他叫它"电子振动器"（electrical oscillator）。在房间的另一端，他放置了一个天线"探测环"，两端也是彼此相邻不相靠的两个类似金属球。当振动器（发射器）上跳跃的火花以麦克斯韦方程组计算出来的速度（光速）划过整间屋子引起感应器（接收器）上的火光闪耀时，赫兹便（以他所有的知识）证明了麦克斯韦所预见的电磁波的存在。它们和热还有光都是类似的物质，只不过我们用肉眼无法观测到罢了。正如史学家吉利斯皮（C. C. Gillispie）所说的，一旦测试出了它们的波长，赫兹便取得了"科学史上有试验支持的决定性成功"。神秘的无线电能领域就这么被一位勇于用数学代替缠满金属圈的木板的物理学家开发了出来，而且结论还能被满足其理论逻辑的实验所支持。

麦克斯韦方程组在很多方面都居于领先地位，在相对论、量子力学等方面都有丰富的应用。无线电报以及之后的收音机都因此而产生，X射线也很快被发现，量子理论孕育而生，还有核裂变、晶体管以及半导体的发明。麦克斯韦、赫兹还有其他物理学家理所当然地成了严重依赖于科学基础知识的发明家和工业科学家。

在科学的崇高抽象概念转化为实践应用这一过程中，人们没有料想到数学能有如此巨大的贡献。例如，20世纪20年代初数学的前沿是求解无限维方程，研究函数"空间"理论——包括无限维的情况——纯粹是为了抽象而抽象。然而，1927年，年轻的约翰·冯·诺伊曼向大家证明了这样一种公式主义，为什么恰好能解决量子力学中新发现的两个看似矛盾的实验理论之间的冲突——施罗丁格（Schrödinger）的波方程和海森伯格（Heisenberg）的矩阵力学，冯·诺伊曼称之为希尔伯特空间（Hilbert Space）（取自他的老师、伟大的德国数学家戴维·希尔伯特（David Hilbert））。在希尔伯特于20世纪初所做的数不清的贡献中，其中之一就是他利用了早在17世纪迪斯卡特斯刚开始将方程图形化的时候，人们就已经发现了的几何与代数间的奇怪联系而发展出了一套概念，不久之后这些概念就为经济学家们证实非常实用。

到20世纪20年代，全世界的工程学校都在增加科学与数学系的教员，教授们已开始定期向工业咨询。这无疑是个自上而下的严格线性过程，在这个过程中，发明自上而下生产出来。托马斯·爱迪生及其他类似的一些人用的都是"打包好的科学"（packed down science）的理解方式来得到卓越的成果，但麦克斯韦的贡献却让理论走到了实践的前头——感谢公理方法！

让人略感惊讶的是，20世纪二三十年代绘出现代化变革蓝图的年轻经济学家们希望用同样的研究方法。引领弗兰克·拉姆齐读相对论、心理分析和整数理论的动力也同样鼓励着与他同时代的优秀人才采纳公理方法。溯本追源，还得感谢伟大的欧几里得为人类贡献的几何原理。从一些简单明了、不证自明的假定入手，加上一些定义，人们便可以逻辑推导出一些

第 8 章 凯恩斯革命与现代运动

结论,在这些已经证明过的正确的结论上又可以演绎出新的定理。就这样,模型的结论被反复检验是否与事实相符,直到该领域的所有重要事实都经过了逻辑公理体系的检验。此时,新的发现开始产生,就像威廉·哈维和詹姆斯·克拉克·麦克斯韦一样。1892 年欧文·费雪仅用泵、浮球、导管、轮子就做成了一个液压机来说明经济学中的一般均衡概念——各要素间的相互依赖。在 20 世纪 20 年代末期,这个东西对人们来说还是古里古怪的。① 经济学——至少其前沿——已经开始完全用数学来书写了,经济学家也丢开了木板。

考尔斯的夏令营不过是个阵地。在欧洲,能明显感觉到时间的流逝。知识分子正以史无前例的规模迁移到美国。一开始,20 世纪 20 年代的移民主要来自苏维埃俄国,接着便是 20 世纪 30 年代的纳粹德国及其占领地。一部分对社会科学感兴趣的欧洲避难者去了像坐落于曼哈顿的洛克菲勒研究所(现在的洛克菲勒大学)、爱因斯坦与冯·诺伊曼待过的普林斯顿大学的高级研究所等研究机构。在这些地方,各国的学术巨人们得以隔绝尘世纷争来安心进行自己的教研工作。大部分的移居者去了大学里的经济系,(由一批 1919 年从哥伦比亚大学出来的教授们在纽约新建立的社会研究学校成了很多人的家。)经济学从此开始走向专业化,经济学家们的文章开始越来越多地写给圈内人看,刊登在专业的杂志上,现代化运动初见端倪。

当数学还没有成为经济学的通用语言时,一个英国的经济学家通常会用无可比拟的居高临下的口吻写上一段散文作为书或文章的最后一个章节。

即使在今天,约翰·梅纳德·凯恩斯的贡献仍是重大的,说他是 20 世纪最著名的经济学家应该没什么争议。但在 1929 年,他还只是芸芸众生中的一个,没有深刻的思想,也没有什么很大的成就,他负责管理一个城市(以金融区闻名的伦敦)的通货。行政事务让他的政治观点备受关注,但在剑桥一带,他对学校的经费开支的管理远比他的教学工作出名。

不是因为凯恩斯太不起眼——从来都不是这样。首先,他是剑桥教授的爱子(和他的朋友弗兰克·拉姆齐一样):凯恩斯的父亲是经济系教授阿尔弗雷德·马歇尔的同事,他的慈母是位知名牧师的女儿。在伊顿公学学习了数学和一些经典著作后,年轻的梅纳德成了马歇尔的得意门生。但和当时剑桥的很多大学生一样,他为哲学家穆尔(G. E. Moore)的魅力所吸

---

① 为了展示的需要,1925 年费雪经过改进做出了第二个模型。

引，加入了秘密社团传道者组织（Apostles），在同性恋上花了大量精力。凯恩斯从来没取得过经济学学位，而是参加了政府的公务员考试。

第一次世界大战期间，他在印度办事处为财政部工作，并且加入了1919年出使巴黎和会的英国使团。一篇强烈谴责和约条件的文章《和平的经济后果》（*The Economic Consequences of the Peace*）让36岁的他在接下来的15年里成了英文媒体的中心。他开始出入名叫"布鲁姆斯伯里派集合"（Bloomsbury set）的知识圈，写了一篇有关概率论的专题论文，并于1925年和俄国芭蕾舞演员莉迪娅·卢普科娃（Lydia Lopokova）在一个集体婚礼上定下了一生的幸福。他是个天生的投机者，赚了一大笔钱，很快失掉了，但很快又赚了一笔。他给财政部做顾问，喜欢带着一顶高高的、工艺十分考究的帽子，到哪儿都给人留下深刻的印象。

虽然如此，当年近半百时，凯恩斯却落在了同时代的思想家后面。他在1930年出版的《货币论》（*Treatise on Money*）收效甚微。比他高六届的阿瑟·塞西尔·庇古当时已经是剑桥的"教授"——英国教育体制下唯一承认的"教授"。年轻一点的同僚，像丹尼斯·罗伯逊（Dennis Robertson）和休伯特·亨德森（Hubert Henderson）也已非常知名。耀眼的奥地利人约瑟夫·熊彼特正在伦敦教书。另外，年轻点的弗里德里克·冯·哈耶克也正在经济学界崭露头角。20世纪30年代初的凯恩斯还仅仅只是一个经济学家，但十年之后，他就因为解决了经济周期之谜而闻名于世。

至少从1837年以来，资本主义就一直受到银行周期性恐慌的困扰，而1929年10月份的那个黑色星期二所发生的则是空前的大灾难。财富流失，破产频频，更恐怖的是资源耗竭的传言；失业人口几乎占了美国和欧洲劳动力人口总数的25%；20世纪30年代的产出下降了三分之一；币值缩水一半；所有新投资都突然停止。这一轮衰退更是波及了全世界，评论家埃德蒙·威尔逊（Edmund Wilson）将之比做一场地震。经济学成了众矢之的。这难道就是马克思所预言的资本主义的崩塌么？

这场灾难加速了凯恩斯的脱颖而出。起先他还只是有一些感性的想法，他说自己的脑子里"有一团伟大的模糊"——与在本科所受的教育刚好相反的一种信念。随着《就业、利息与货币通论》（*The General Theory of Employment, Interest and Money*）的写就，这些思想才开始慢慢变得明晰。他先是向剑桥自称"马戏团"的一帮助手们逐章逐节地阐述自己的观点，然后在剑桥和伦敦间的一次师生参与的热情洋溢的讨论会上也作了讲

第8章 凯恩斯革命与现代运动

解。《就业、利息与货币通论》想表达的中心思想就是普遍的过剩——消费者不愿购买生产出的产品，这样可能会引起持久的经济衰退，直到采取一些措施。换句话说，"看不见的手"对供需失衡的纠正可能失效。

实际上，这正是马尔萨斯早在120年前政治经济俱乐部的首次聚会上就警告过的可能发生的灾难，但当时那些相信供给能够自动引导需求的李嘉图的追随者们却置若罔闻。凯恩斯写道，最终事实证明马尔萨斯对了，李嘉图错了。经济学家们的自鸣得意错了。现代工业经济让高失业率能够持续很久。总需求的不足、总供给的过度积累是个严重威胁。

诊断带来了一种新的解决方法：政府能够通过借款消费来填补总需求的空缺。如果政府能够采取措施控制事态发展，将经济调整到充分就业的水平，那么再加上经济的自我调节能力，很快一切就会回到正轨。（不然的话，凯恩斯说："打个比方，如果汽车的发动机出了问题，那它又怎能启动呢？"）但就在这质朴的类比下，人们依旧不停地争论，经济学家们也已经流行用一堆复杂的新词汇来讨论这场灾难的原因以及它所导致的随处可见的萧条。

公开对市场可能失效的认识在当时是相当具有颠覆性的，这样会引起"多重均衡"，除了"看不见的手"导致的唯一的、全局的、收敛的最好供需均衡外，高失业的均衡也同样可能存在。经济可能在离充分就业均衡很远的地方就"陷入了困境"。出现这种情况的一个可能原因（当时新发现的）是工资刚性，或工资"粘性"，就是员工和雇主都不愿调整工资。心理的原因也受到重视——称为"流动偏好"和"消费意愿"，这点被重新考虑作为"消费函数"。在《就业、利息与货币通论》闪耀的文字中，取代图表的是分散在各处的一些方程、等式，让读者们了解到了一种新的论述风格。但该书还有很多前后矛盾的论述，而且虽然有少量的方程，但更多的还是文字的叙述。

因为这本巨著，凯恩斯被认为是宏观经济学的开创者，被认为是开启了将经济作为一个整体来研究其运行的秘密，特别是从系统的角度来诊断失业、不充分就业甚至是经济周期本身的大门的人。此时，欧洲的同仁们也正沿着同样的思路在进行研究：像波兰的经济学家迈克尔·卡拉奇（Michal Kalecki）、挪威的弗雷斯和荷兰的丁伯根。但凯恩斯的名气最大，他的主要竞争对手庇古教授也最终承认："就我所知，（在他）之前，还没有谁将所有相关因素——实际经济与货币——统一在一个规范的框架下来研究它们之间的关系。"

此外，凯恩斯绝对是自己思想的绝佳宣传者。这点从他自命不凡地给自己的书名冠以"通论"便可看出，也许是为了让读者们想起几十年前引起了物理学界革命的艾伯特·爱因斯坦的《相对论》(The General Theory of Relativity)。（更别说凯恩斯喜欢收集伊萨克·牛顿的手稿和初版这一爱好了！）还有他写给乔治·伯纳德·肖（George Bernard Shaw）的著名信件："我认为自己正在写的这本书将会给经济学理论造成革命性影响——也许不会太快，但将会在接下来的十年里改变世界对经济问题的思考方式。"

凯恩斯在《就业、利息与货币通论》中没有讨论，甚至一句都没有提到几十年前剑桥大学里充斥的对递增和递减报酬的争论以及前人对经济增长理论的贡献。没有提到外部性，也没有讨论递增报酬是否会继续占主导地位。对于凯恩斯来说，萧条和李嘉图担心的资源耗竭没有一点关系。他一点也不关心递减报酬是否已经到来。萧条反映出的不是生产能力不够，而是正好相反。问题不在经济增长，而在于控制经济周期。

事实上，凯恩斯在几年前的一次名为"我们子孙后代的经济可能"的演说中就表达了他的观点。这篇演说稿的内容基本上都是其学生及好友弗兰克·拉姆齐的最优储蓄模型的文字表达。他大胆预测，人们还需要一百多年的时间来让经济达到稳定状态，但他担忧在此之前经济就偏离轨道，陷入困境。

因为那是个让人绝望的时代。1936年，英国的失业率达到25个百分点，苏联的大清洗也开始了。在大萧条带来的一片混乱中，凯恩斯知道人们需要行动。凯恩斯主义的一个最早追随者、写了第一本凯恩斯主义教科书的加拿大经济学家洛里·塔希斯（Lorie Tarshis）这样形容道："凯恩斯给人们带来了希望：无须集中营、屠杀和惨无人道的审讯便可回归并维持繁荣的希望。那些年里我们中的很多人都认为只要跟着凯恩斯……我们都能成为这个世界的医生。"

《就业、利息与货币通论》出现后，前沿经济学家们立刻分为两大阵营。一些成为国家经济政策出谋划策的凯恩斯主义者，另一些则成为或者依旧为现代运动主义者。当然，只有极少数经济学家纯粹只持有一种观点，几乎所有人都是几种观点的某种混合体。重要的区别不在于不同的政见，不在于是自由还是保守，就像问题本身和各种可能性都会有不同的出发点一样。首要的区别在于不同的性情、期望和抱负决定的不同的研究

第 8 章 凯恩斯革命与现代运动

策略。

在《巴斯德象限：基础科学和技术革新》（*Pasteur's Quadrant: Basic Science and Technological Innovation*）一书中，政治科学家唐纳德·斯托克斯（Donald Stokes）区分了研究者们进行科学研究的两种迥异动机：实用性和求知性。然后他画了这样一个矩阵：左上角是丹麦物理学家尼尔斯·博尔（Niels Bohr），他说其早先的原子结构模型是个"纯粹的发现之旅"，完全没有考虑应用；右下角是伟大的美国发明家托马斯·爱迪生——"其研究完全以实用为宗旨，不以解释科学现象为目的"。斯托克斯写道，左下象限并不一定是空的。他属于对特殊现象极其感兴趣的细心观察者——将对鸟类的出现、发展及迁徙的观察以《北美洲东部鸟类指南》的形式贡献出来的鸟类观察者们和为约翰尼斯·开普勒（Johannes Kepler）推算出行星轨迹为椭圆形提供记录数据的传记天文学家第谷·布莱赫（Tycho Brahe）都属于这一类人。

	为了求知解惑？	
是否考虑实用性？	否	是
是	纯基础理论（Bohr）	从实用出发的基础研究（Pasteur）
否		纯应用（Edison）

对于斯托克斯来说，社会投资科学的最高收益来自于第四个象限，也就是被他称之为"从实用出发的基础研究"的右上角，将前沿知识与当前最紧迫的现实问题结合起来的工作。在这格象限中他填上了发展出丰富公共卫生基本技术的微生物理论之开山鼻祖路易斯·帕斯特尔（Louis Pasteur）。但斯托克斯马上又补充道，该过程并不是完全线性的。纯理论的基础研究有时很快便能得到非常实用的结论，反之亦然。而且每种科学混合的元素都比交响乐的声音和声调更为复杂，除了听从科学家们自己的声音，没有严格"正确的"方法。

对于斯托克斯来说，约翰·梅纳德·凯恩斯（至少拿他的"主要"贡献来说）是属于巴斯德象限的。但就我们写作的目的来说，保罗·萨缪尔森（Paul Samuelson）（下一章中我们将谈及他）的工作也许更代表了以实用为指导的基础研究，而凯恩斯（还有之后的米尔顿·弗里德曼（Milton Friedman））可能更代表了传统经济学意义上的应用研究。比起经济学的普及来说，凯恩斯更关心的是理论是否在实践中起了作用。

凯恩斯主义传统首先吸引的是决心将经济推回正轨的一帮实用主义者。他们通常（但并不总是）有着强烈的政治情怀，认为自己是理所当然的经济学研究者。虽然他们的主要动机是为了像很多以科学为基础的工程师（如果他们是美国人）那样能解开、利用、驯化和疏导经济周期的力量以为人类所用，或像医生（如果他们是英国人）那样能够诊治社会疾病。也就是说，秉承凯恩斯主义传统的经济学家们持有的是一种以实用性、诊断性和操作性为导向的研究哲学，他们自始至终认为经济学是一门实用学科。

另一方的现代主义者私底下更愿意将自己的事业与新量子力学或是新出现的分子生物学相提并论。他们将对世界的经济学理解看作是学科的终极任务——有时（特别当他们是数理经济学家时）只是单纯地为了创造出"美感"（数学里的常用词），而完全不管理论的实用性。他们强调精准而不仅是相关，并不是因为他们对世界上的问题不感兴趣，而是他们坚信：知识的发展如果没有了坚实深刻的基础，那么就不会可靠。20世纪30年代至50年代里，他们与考尔斯委员会和兰德公司（RAND Corporation）的联系比和像布鲁金斯协会（Brookings Institution）或国家经济研究局（National Bureau of Economic Research）等机构的联系要紧密得多。

很久以前，政策导向的美国经济学家（工程师/医生型）分为两派：凯恩斯主义者和反凯恩斯主义者。英国的剑桥还有第三派（但它逐渐被历史所忽略）：激进凯恩斯主义者——马克思日渐成为这一派的中心人物。）其中，美国的凯恩斯主义者占据着主要阵地，人数略少于一半。凯恩斯主义者偏好有政府参与的经济政策，而货币主义者一般偏好自由放任的经济政策并想方设法地阻止政府插手。然而不论他们对具体的措施有多大分歧，凯恩斯主义者们和货币主义者们都有相同的责任感和使命感，这一点是研究更为深奥的现代主义者们所不具备的。最终，现代运动中纯粹以科学为出发点的经济学家们在政策意见上也经历了类似的分化，分成了咸水学派和淡水学派（以两派的主要研究地点命名）。所以这么说，所有的矛盾都来自凯恩斯，这个发现了储蓄利弊的人挑起了一个争论了75年的话题。

约翰·梅纳德·凯恩斯是一个优秀的"临床医生"。他理解市场、政治，还懂哲学。作为一个经济侦探，可能除了大侦探夏洛克·福尔摩斯（Sherlock Holms）外，没人能和他比肩；作为一个科学经济学家，他有点

第8章 凯恩斯革命与现代运动

太夸夸其谈了;他更像哈利街上(医药界)凭直觉开药方①的医生,而不是要做出不偏不倚的正确分析的严谨理论家——他是个忙碌的人,比起解决经济学家们的疑虑来说他更关心如何能说服政治家们采纳自己的建议。为了赢得更多的听众,凯恩斯将马歇尔的正统思想树立成自己的攻击对象。一方面宣称自己反对"古典",一方面大力强调自己工作的原创性。他切断了与其他所有学科的联系,(比方说,他的整本书中只有一个马歇尔的图。)而这些联系现在看来却非常有必要重建。

1937年凯恩斯找到了一个满意的解释者——约翰·希克斯,这位现代运动的领袖愿意也能够将凯恩斯的观点翻译成古典经济学家们和现代经济学家们都能听得懂的术语。他和凯恩斯的性情完全相反:他为人低调(至少表面上看来如此)、毕业于牛津、来自伦敦、有良好的数学功底,最重要的是他年轻。凯恩斯那时已经53岁,和他的对手约瑟夫·熊彼特一样,是爱德华七世时代的人;而希克斯只有33岁,出生在新的世纪里(1904年出生的希克斯和冯·诺伊曼、拉姆齐一道赶上了现代运动的末班车),他是伦敦经济学院的教授、《价值和资本》(书中希克斯为1939年出现的解决了所有问题的一般均衡模型做了开创性的数学处理,是马歇尔曾梦想、瓦尔拉斯曾描述过的经济全景图的一个最令人信服的版本。)一书的作者,而且他与凯恩斯几乎是不谋而合地同时得出了市场可能会"陷入困境"的结论。

希克斯写过一篇名为《凯恩斯先生和古典经济学》的文章,很大程度上是一种反省。用一对马歇尔的图和几个代数等式,希克斯将凯恩斯冗长的文字阐述改成了关于收入、利率、储蓄和投资的简单模型——货币衡量的产品的"总供给"和"总需求"。这篇文章就像一盏电灯泡,瞬间照亮了整个经济学。(在同届计量经济学协会上,罗伊·哈罗德(Roy Harrod)和詹姆斯·米德(James Meade)也展示了类似的模型,但与希克斯的模型比较起来就立刻相形见绌。)用熟悉的术语和可以衡量、转化甚至模拟的变量表达后,凯恩斯的思想便向野火一样在年轻一代中散播开来。"经济学家们因此更容易理解凯恩斯学术散文背后的思想了",保罗·萨缪尔森之后写道:"确实,在数学模型出来以前,我们怀疑凯恩斯自己都不理解自己的

---

① 凯恩斯有一次难得的伪谦虚,就是他在《就业、利息与货币通论》的最后写道,"如果经济学家们能够像牙医那样谦卑又不乏智慧地思考,那便好极了。"事实上,凯恩斯的宏观经济学也许更像弗洛伊德(Sigmund Freud)的精神分析——一幅神秘的带准备的极具启发性、经久耐用的思维地图。

所以，是希克斯在两大阵营（古典经济学和英国新兴的激进凯恩斯主义）间架起了一座桥梁。1935年他离开伦敦，来到剑桥企图调解两大阵营间的矛盾，但却以失败告终。自诩为革命者的年轻人和坚持马歇尔传统的老一辈人之间的矛盾太大，而且在这个历史悠久且高傲的大学里，所有派系中没有一个对希克斯所代表的现代运动中的分析模型的研究风格感兴趣。这样，希克斯只好于1937年收拾行囊，从剑桥来到了曼彻斯特。在那儿，他给本科生们上课以打发第二次世界大战的时间——而此时美国的研究生们却一直都在仔细研读他的著作。

同年，凯恩斯犯了一次严重的心脏病，身体虚弱让他有了些时间休息。尽管直到1946年去世，凯恩斯一直都是国际金融和经济政策的顶级顾问，但科学领导者的地位却已经让给了下一代。德国、意大利及其他地方的人才大量流失的现象由来已久。经济学的昨天属于英国，但未来却属于美国——尽管希克斯（战后回到了牛津）因为其思维的条理性和态度的执著顽强仍具有一定的影响力。

有一点希克斯十分肯定，那就是作为新兴的一次解决所有问题的分析方法的开拓者，他认为该方法不适用于报酬递增的情况，至少从当前的情况看来是如此。比方说，一般均衡就不能用来分析制钉厂。希克斯说："论文《价值与资本》的基础是完全竞争这一假设，放弃该假设，一般均衡理论的核心部分就会岌岌可危。"

第 *9* 章　数学是一种语言

从 20 世纪 30 年代早期开始，技术经济学（technical economics）的世界中心就开始了它从英国向美国的转移之旅。虽然装满英国经济学教科书的船舶没有在美国登录，也没有诉诸媒体的公开宣言，但是无数的欧洲避难者却顺路给新大陆带来了一场关于经济学前沿的争论。这场争论起源于伦敦、维也纳、柏林这些凯恩斯革命的故乡，而现在又在马萨诸塞州的剑桥落地生根。在那里人们普遍了解现代规划理论，（虽然粗浅，但其象征意义却是非凡的。）在接下来的十年中，两种经济学传统——经济学工程化和经济学科学化（economic engineering and economic science）开始相互融合，直到难分彼此。

没有哪一位经济学家能像保罗·萨缪尔森（Pual Samuelson）那样将凯恩斯革命和现代经济学运动（the Modern Movement）融会贯通，如有神助般在二者之间架起一道桥梁。1935年秋，年仅20岁的萨缪尔森成为一名哈佛大学的研究生。而在这之前，他就读于芝加哥大学，并刚刚对经济学有所了解。

在接下来的二十年中，萨缪尔森将一些新兴的经济学公理性方法编撰成一本数学手册，名为《经济分析基础》（Foundations of Economics Analysis）。同时他编写了一本具有巨大影响的教科书《经济学》（Economics），将这些新方法引入大学本科的课堂。在这本影响深远的教科书中，萨缪尔森强调了凯恩斯主义在区分微观经济学（microeconomics）和宏观经济学（macroeconomics）上的贡献。前者的读者主要是经济学家，而后者则面对其他人群。通过这种对读者的分级处理，萨缪尔森的教科书很快取代了阿尔弗雷德·马歇尔的《经济学原理》成为技术经济学最标准的权威读本。不久以后，人们将萨缪尔森的经济学体系称为"新经济学"（the new economics）。无论如何，可以肯定的是，其进步意义不容置疑。

但是，对于本书故事的主题而言，接下来发生的一切却是教训多于收获。由于经济学现代化过程和凯恩斯革命让经济学家们认识到他们面对的首要问题已经改变，于是另一个方向的探索便逐渐开始了。萨缪尔森来到麻省和数理经济学或凯恩斯宏观经济学并没有什么关系。这一切早已发生了。尽管处于大萧条时期，但20世纪30年代初美国经济学家们仍然对报酬递增抱有兴趣。

吸引萨缪尔森去哈佛的是爱德华·钱伯林（Edward Chamberlin），他的垄断竞争理论似乎对处理经济增长问题极具潜力。在英国，与之类似的理论也已经被一位年轻女士——琼·罗宾逊（Joan Robinson）所创立，她将其称之为不完全竞争理论。但是，对于美国20世纪20年代繁荣的特征——层出不穷的新产品和新工艺，爱德华·钱伯林似乎更有发言权。毕竟，他身处其境，每日被那些新产品商标耳濡目染：雪佛兰（Chevrolet）汽车［通用汽车（General Motors）融资］、凯尔文内特（Kelvinator）电冰箱、美国无线电公司节目（RCA radio programs）、美孚石油（Standard Oil）、夸克（Quaker）麦片、吉列（Gillette）剃须刀，他更加容易真正感受到这种特征。在一个报酬递减的完全竞争世界中，如此多的新事物何用之有呢？

但是，说到钱伯林之前，我们必须先介绍一位叫阿林·扬（Allyn

第9章 数学是一种语言

Young）的巡回讲座教授（itinerant professor），这位教授我们之前提到过，他曾经在爱丁堡（Edinburgh）做过关于规模递增的演讲，而关于垄断竞争的学说也要追溯到他。早在1908年，扬（Young）就已经开始集中研究现代社会商品的商标化、品牌化潮流和广告等问题。他在一本教科书中写道，"一台灵敏的设备如果具有卓越的性能，并附加广告，将会有非常高的价值。比如当消费者购买带有独特商标的牡蛎时，许多人感觉好像不仅得到了牡蛎，而且还得到了其他东西。换句话说，消费者不仅得到了和其他人卖的一样的牡蛎，还得到了其他牡蛎所不能提供的好处，这个附加的好处就是垄断。"商标控制了品牌的所有权，对于销售者来说无疑是一笔财富，因为除了他自己，再没有人能使用它。

这是现代知识产权思想在早期经济学文献中的一个异常明确的记录，但也有人认为马歇尔的作品早已涵盖了相同的内容。（在索尔斯坦·凡勃伦（Thorstein Veblen）的一本书——《休闲阶层、工程师和价格体系的理论》（*The Theory of the Leisure Class*, *The Engineers and the Price System*）中也发现了与此相似的关于知识产权思想的不准确表述。索尔斯坦·凡勃伦是一个具有传奇色彩的经济学评论家，出生于1857年，卒于1929年，通过约翰·肯尼斯·加尔布雷思（John Kenneth Galbraith）作品的宣传，他的许多观点广为流传。）但在扬的那本著作的再版中，扬集中研究了"销售支出"（selling expenses），这些成本通常被记为："从普遍意义上来说，这些成本并不产生在生产人们所需的产品的过程中，而是产生在诱导人们对企业所售的某个特定的东西产生特殊的需求的过程中。"

对于大部分企业来说，销售支出并不是一个问题，除非企业产量巨大，或者产品市场被充分隔离从而阻止替代品的竞争，以至于企业可以对它的产品随意定价、随意选择销售地点。以别针工厂为例，在一个完全竞争的别针市场上，没有哪家企业能够影响市场价格。每一家企业都按照市场价格出售自己生产的产品，不可能超出市场价格，哪怕是仅仅高出一美分。因为一旦有一家企业企图提高价格，它的竞争者将会抢走它的生意。所以，当市场这只无形的手真正起作用的时候，企业就不会获得额外的收益，自然也就不会有"销售成本"存在。

但是，如果假定别针工厂面对的不是一个完全竞争的市场价格时，又将会如何？为了讨论这个问题，在这儿让我们先记住经济学家们对成本已经作出的明确分类，这正是一些基本经济学教科书中，"生产（production）

理论"这一核心章节的基本内容。首先,别针的生产需要投入固定成本（fixed costs）。它主要包括建立工厂要花费的时间,在销售第一个别针之前必须购买的机器设备和原材料等。换句话说,就是企业所有者为了启动生产所付出的最小开支。机会成本（opportunity costs）指的是为了做某些特定的事情,所必须放弃的做其他事情所能带来的潜在收益。可变成本（variable costs）指的是随着生产的别针数量而逐渐增加的劳务和原材料成本。平均成本（average costs）则正如其名字所说的那样,是用总成本（固定成本和可变成本之和）除以所生产的别针总量而得到的。边际成本（marginal cost）就是指每生产一个新别针所额外需要花费的成本。

首先,一个制造商按照消费者愿意支付的价格尽可能多地销售它生产的别针。然后,其他制造商开始进入市场。这时,第一个别针制造商已经有了一个很好的开始,只是他仍然不能掌控别针行业的市场价格。所以,他将目光转向了企业的内部经济（internal economies）。他开始以尽可能低的价格大量购买金属丝,投资新的别针制造设备,雇用技术人员去开发更加先进、更有效率的别针制造方法,开始打广告,雇用销售人员,参加各种大奖赛（比如巴黎别针博览会的大奖赛）,贿赂当局官员（以保证他生产的别针达到官方标准）,和零售商签订合约以便他的别针能摆上柜台。最后,经过一系列的竞争后,他将大部分别针制造商赶出了市场。

令人感兴趣的问题是,接下来会发生什么？

钱伯林生长于艾奥瓦州的艾奥瓦市（Iowa City）,因此他对铁路的了解要甚于别针。事实后来证明,这部分成长经历对于钱伯林来说无疑是一种优势。因为在我们上面所举的关于报酬递增的例子中,当大量经济学家开始向美国移民的时候,铁路正在快速地取代别针工厂。在亚当·斯密时代,河流和港口对潜在市场规模的大小至关重要。而到了19世纪早期的时候,铁路的出现开始改变这种状况,它将沿着水道兴起的市场和成长中的新兴市场连为一体。谁先抢占了铁路运输市场,谁就将获得决定性的优势。即使竞争存在,当有一条和水道平行的铁路存在时,相比较于水路运输,铁路运输的优势足以使得企业完全可以将产品价格制定在它想要的水平。别针制造商千方百计想获得报酬递增,但这一切对于铁路运输商来说,却是那样的唾手可得。

换句话说,铁路就是一个自然垄断的市场。一个垄断者在市场上不会面临近似的替代品竞争,他以收入最大化为目标,制定价格,选择销售地

第9章 数学是一种语言

点,而不是在市场上被动地作为一个价格接受者。至少,他可以暂时地摆脱市场"看不见的手"的制约。即使他的价格有可能会下降——想一下别针的例子,垄断者一般只会提供少于消费者需要的产量,并且将价格制定在一个高于自由进入时的水平。垄断者将会在星期三(而不是周末)就回家,去度一个长假。正如人们所说的,垄断的主要贡献就是一个安逸的生活。

为了从一条铁路线上获得更高的利润,垄断者决定要对不同的消费者群体制定不同的价格——应用价格歧视。今天,我们把价格歧视视为理所当然的事,比如飞机票价格,一个坐在我们旁边的乘客可能付得比我们更多,或者更少。然而,在当时,这无疑是一个令人耳目一新的想法。试想:假设火车只制定统一的平均价格,那些意愿支付低于平均价格的潜在旅客将会选择待在家里,而那些铁路运营商也会从意愿支付高于平均价格的旅客那里失去潜在的利润。一个常见的例子是铜和煤的运输:铜比煤更贵,体积却更小,但铜的托运人通常愿意支付更多的费用。

钱伯林所意识到的就是,一个垄断者可以无视边际成本定价的原则,而后任意制定一个销量和售价的组合,从而最大化自己的收益。如果消费者对某一个产品偏爱有加,那他们就愿意支付更高的价格。仅仅把垄断定价的应用从铁路运输推广到另外一些商品,比如牙膏、烟草、汽车,这类产品的不同品牌之间并不存在本质差异,其差异大部分都是由于制造商为了谋求最大利润而故意制造的,成功的差异化(通过特征化,通过商标,通过广告,通过地理位置)是市场战略成功的本质。

钱伯林开始相信一些垄断因素实际上总是存在的,因为企业要么独占市场,要么通过与市场上少数的几个竞争对手合谋来共同霸占市场。通常来说,这种合谋往往可以成功地瓜分市场,并维持相当长一段时间。别针工厂的厂主相比之下更像铁路运营商,因为平均成本的下降就直接意味着报酬递增。

钱伯林将他的发现命名为垄断竞争,许多反对者认为他所用的两个词是有问题的。垄断与竞争放在一起,难道不是一种自相矛盾吗?但是钱伯林认为:没有一方可以排除另一方的存在,而且也没有一方可以单独地将市场价格解释清楚。对于成功实现了差异化的产品,唯一的"额外东西"(与众不同的地方——译者注)就是垄断,这"额外东西"的美妙之处就在于企业可以对商品进行自主定价。在英国,琼·罗宾逊(Joan Robinson)

在她的《不完全竞争经济学》（*The Economics of Imperfect Competition*）一书中也提出了相似的分析。但二者分析的理论部分有着明显的差异。琼在分析的过程中试图尽量保留马歇尔经济学原理中的成分，而钱伯林感兴趣的是将产品本身作为一个变量来加以操控。他甚至宣称，如果企业在经营中存在固定成本，那么一定程度上的垄断是必要的，否则，市场竞争中的无形的手将磨平生产成本和销售价格之间的差异（利润）。

这样一个新的理论框架所面临的阻力是非常大的。在1929年，钱伯林试图在《经济学季刊》（*Quarterly Journal of Economics*）上发表了一篇用垄断竞争框架分析寡头市场（一个行业中仅有较少的竞争者）的文章。时任编辑（哈佛大学的弗兰克·陶西格（Frank Taussig））不希望他使用（寡头）这一词汇，并批评说经济学理论早已证明了一个行业中不可能只存在少许的企业。弗兰克·奈特（Frank Knight），阿林·扬的另一个伟大学生，设计了一个精致的分析框架来解释为什么牡蛎销售商之间或者别克（Buick）经销商之间总是存在完美竞争，他曾在芝加哥大学详细阐述了完全竞争的含义。尼古拉斯·卡尔多（Nicholas Kaldor）是阿林·扬在伦敦经济学院的最后一个助教，他建议从不可分割性（indivisibility）的角度处理有关报酬递增/规模经济的问题，从而回避这个难题。

那不可分割性的准确含义是什么呢？它是一种属性，意味着无法再对物体进行更细的分类：就像一种商品不可能被无限地分割；一座桥要连接的是河的两岸；两根铁轨形成的铁路必须从一座城市通向另一座；如果一个人要买点糖块，那么就必须要走一段去商店的路；企业家的能力是一个企业经营成功必不可少的因素。简而言之，它是任何一种能产生垄断的东西，哪怕只是短时间的垄断。完全竞争的一个极为关键的假设是，对于每一种可交易的商品，市场上有无数个买方和卖方，市场上没有任何一个交易者可以控制或者影响商品的价格。没有让人头痛的边际报酬递增，企业也没有必要去组织生产，取而代之的是市场的力量，它游刃有余地指挥着企业的行动。到20世纪50年代中期，这些讨论进一步催生了关于人类劳动力可分性的讨论。100个一半的人能等价于50个完整的人吗？100个百分之一的人又能等价于一个人吗？毫无疑问，关于不可分性的讨论最终停止了，但是我们将再次遇到这个令人费解的概念。

不幸的是，对于钱伯林来说，他关于垄断竞争的著作可能是在最不适宜的时间出版的。那时，新代数方法正在席卷学院派经济学，他却提出了几何方法。在 1935 年秋，当美国的失业率达到了 25% 时，他却在极力诠释广告行为。正如琼·罗宾逊所说的，那时没有人关心茶叶价格是如何决定的。罗宾逊至少还用凯恩斯主义来包装一下自己，但钱伯林却对大萧条的问题只字不言。

地下伏河已经浮出了地表，虽然这一次是在一个平原上，但是 1933 年的环境太极端了，以至于这条伏河无人问津。

当保罗·萨缪尔森进入哈佛时，对他产生重大影响的并不是钱伯林，而是一名来自俄国的难民（躲避十月革命——译者注）——瓦西里·里昂惕夫（Wassily Leontief）和一个数理物理学家（mathematical physicist）——埃德温·彼德威尔·威尔逊（Edwin Bidwell Wilson）。瓦西里·里昂惕夫（出生于 1906 年）仅仅比萨缪尔森大 9 岁，但是他在圣彼得堡长大，而后到柏林学习。在那里，他写了一篇名为《俄国经济的平衡》(the balance of the Russian Economy) 的文章，构建了当时最易操作的产品和服务循环流程模型，并将这个循环流程命名为投入产出表（input-output table）。他也常常因为数学方法的更新，量子力学的新发现，以及求解多变量方程新工具的出现而乐不可支。

威尔逊更是一个令人印象深刻的人物，他是耶鲁大学伟大的热力学家威拉德·吉布斯（Willard Gibbs）的徒弟，在 56 岁的时候将科学分析引入经济学家的视野，对于他来说，这一切就是将描述经济现象的数学语言进一步精确化。和其他现代经济学家一样，他认为数学能让经济解释保持前后一致性，让解释的各个环节更加紧凑，让理论家更清晰地思考问题。在 20 世纪 20 年代晚期，威尔逊试着游说美国科学进步学会让经济学进入到科学的行列中，在当时，其他领域的科学家都赞成为经济学"提供一个更合理的位置"。

1915 年，作为一个药剂师的儿子，保罗·萨缪尔森生于印第安纳州的小镇盖瑞（Gary）。他从小在芝加哥长大，并于 1935 年从芝加哥大学毕业，获得了在校期间可能获得的所有奖励和荣誉。毕业后，他从刚刚成立的社会科学研究委员会（Social Science Research Council）获得了一份奖学金，然后婉拒了哥伦比亚的邀请，在哈佛开始了他的研究生生涯。当他抵达剑桥时，本以为会看见点缀于绿色村庄中的白色教堂，结果发现的却是一个分布在查尔斯河两岸的脏兮兮的工业小镇，不过上游的波士顿却是北美的中心城市。

剑桥是个有趣的地方。自从 1630 年阿贝拉（Arbella）抵达并建立马萨诸塞湾殖民地，成立了波士顿和其他三个定居点后，清教徒（非英国国教徒——译者注）社区集中的查尔斯河畔就成为了世界上受教育人口密度最高的地区，他们当中的大多数毕业于英国的剑桥大学。1634 年，这群人在当地建立了哈佛学院（Harvard College，哈佛大学的前身——译者注），两年后当地居民将定居地的名字由新镇（Newtowne）改为剑桥。在剑桥以北 16 英里的普利茅斯（Plymouth），当地的清教徒却没有这样的举措。新剑桥和老剑桥（美国的是新剑桥，英国的是老剑桥——译者注）之间在情感上和学术上的密切而平等的交流一直维持着。萨缪尔森到达哈佛时，哈佛即将迎来她的 300 岁生日。

1935 年秋，热力学家威尔逊开设了一个关于数理经济学的研讨班并亲自授课，授课的内容完全基于他多年的潜心研究以及这一领域的深度改革。当时只有四个学生报了名——艾布拉姆·伯格森（Abram Bergson）、西德尼·亚历山大（Sidney Alexandar）、约瑟夫·熊彼特（Joseph Schumpeter）和萨缪尔森。于是，萨缪尔森开始将自己在芝加哥大学的所学与这里的经济学进行了比较。萨缪尔森后来回忆说："相比较于事物的本质，只研究一门学科的学生更不大可能认识到什么才是真正的逻辑（what belonged to logic）。我一生中最快乐的时刻之一就是在由埃德温·彼德威尔·威尔逊所主办的吉布斯恩（Gibbsian）热力学展览会的引导下得出了一个永恒不变的真理。而这个真理无论对于物理现象还是经济现象都是成立的。"

那么这个真理是什么呢？萨缪尔森认为，可以去听一个经济学家或者工程师利用经济学和物理的类比来得出一些结论，但没有什么能比这更加无聊了。可事实上，从著名的勒·夏特里定理（Le Chatelier's principle）开始，简单来说，就是指"挤压一个气球，它的体积将会缩小"，这可能启发人们使用一个数学公式来描述企业利润最大化的行为——企业决策要投入多少的成本就像需要多大体积的气球一样。"压力和体积，或者相关的绝对温度和熵（在封闭的热力体系中不能做功的一定数量的热能计量单位——译者注）都必然具有一一对应的关系，这就像工资率和劳动供给，或地租和土地供应量。"更重要的是，由于数学的普遍性，不论是去描述一个需要九十九个方程式的复杂问题，还是描述一个仅仅需要两个方程式的简单问题，其原理都是殊途同归的。（勒·夏特里定理被证实在经济学上有着巨大的应用，包括所有的最大化公式——被戏称为数学上的"巫术"，可以给出复杂问题的精确解。

就这样,在很短的时间内,在广阔的经济学前沿问题研究中,萨缪尔森应用微积分获得了一个又一个最大化或最小化问题的解,包括企业的生产决策、消费者行为、国际贸易、公共财政和收入分析等等。在此基础上,他开始寻找着这些问题形式化背后的共性,就像五十年前马歇尔在一个一般化的个人最优化框架下统一了利润、利息和租金理论(various theories of profit, interest and rent)。"我就像一个在加拿大没有人曾去过的溪流中捕猎鲑鱼的渔夫,"萨缪尔森在回忆那段时间时说,"你只能抛出鱼线,让鱼上钩。"他投寄论文给编辑时,他们总是将其论文退回,并标注"请简化并少用点数学"。他开玩笑说,达到这两个要求是不可能的,也是不适合的。他后来写道,编辑所不能接受的论文的质量为:"如果非要说和其他论文有区别的话,那么就是比其他所有论文都好"。

在这样的环境中,凯恩斯的《就业、利息与货币通论》的重要意义才开始被萨缪尔森所慢慢理解。其实,在1936年《就业、利息与货币通论》第一版出版时,并没有引起他太多的关注。

> 在心神不安地意识到自己根本就没有理解《就业、利息与货币通论》之前,我对它完全是不屑一顾的。而且,就我个人的了解,我可以坦然而严肃地说,在剑桥,在马萨诸塞州,在《就业、利息与货币通论》出版后的12周或18周,还没有人知道这本书讲的是什么。之后,当面对巨大压力而首次出现数理模型时,人们才开始真正理解和认识到凯恩斯的有效需求概念——加总的购买力,而不是意愿的需要——不是一个短暂的时尚名词,而是部分示意了未来的发展方向。

阿尔文·汉森(Alvin Hansen)成功地完成了阐述凯恩斯理论这项艰巨的工作,他在哈佛成立的财政政策研讨班成为美国新宏观经济学的温床。正如萨缪尔森所回忆的那样,这位50岁的南达科他州人并不像是一个可以颠覆传统的人。但是,当剑桥银行只能从贷款中获得0.375%(3/8 of a percent)的利息时,像萨缪尔森这样的一介书生是无法劝说他们更多地劳心于存款业务的。虽然联邦储备局已经放松了银根,但当时美国的情况是一个典型的陷入流动性的例子,汉森的学生认识到用政策去"推动曲线"(意指运用扩张性货币政策,在IS—LM模型中表现为推动LM曲线——译者注）是无用的。

随即，第二次世界大战爆发了，萨缪尔森于是利用这段时间开始将自己的论文统一在同一个主题之内。他的计划就是要证明现代方法和凯恩斯主义理论之间存在潜在的一致性，换句话说，他要建立"普遍意义上的通论"（general theory of general theories），正如他45年之后所描述的那样。当时，他已经知道他和欧洲的同行们都在进行着同样的工作。他和希克斯有着相同的目标：建立一个完全动态化的一般均衡模型来解释纷繁复杂的各种经济现象。从1940年的六七月份开始到1941年的1月，正当第二次世界大战全面爆发之时，萨缪尔森满怀激情地写下了《分析经济学基础》（*Foundations of Analytical Economics*）一书。从这本书的命名就可以明显地看出现代经济学的痕迹：古典经济学的书名一般用的是"原理"（*Principle*），而现代经济学更多用的是"基础"（*Foundations*）。七年后，这本书正式更名为《经济分析基础》（*Foundations of Economic Analysis*）。

不难看出，《经济分析基础》具有承前启后的意义。"数学是一种语言"，书的首页中引用了威拉德·吉布斯的这句话。（据悉，这句箴言是这位物理学家最长的演讲中的一句话）。马歇尔仅仅将数学限定在附录中，但萨缪尔森现在却是一页一页地写下数学公式。（"马歇尔认为，'毫无疑问，每一个人都没必要花时间去把他自己想出的经济学思想徒劳地翻译成数学'但我的看法却恰恰相反。"萨缪尔森在引言中写道。）马歇尔放弃一般均衡的框架，提出了假定其他（市场）情况不变，如何考虑一个局部（市场）问题的统一理论，而萨缪尔森则开始（各个市场）考虑交互影响的问题（至少是在思考方向上如此）。

解决了以前瓦尔拉斯所意识到的在数学等式上存在的无组织性、无序性，可能还有无法求解（unstructured, unnumbered, and perhaps insoluble）等一系列问题，萨缪尔森建立了一个受新宏观经济学影响很大的崭新理论体系。和凯恩斯一样，他识别出几个重要的（宏观经济）变量——储蓄、投资、消费、政府开支——并且清楚地描述了它们之间的关系。类似一切变量都普遍地相互关联这类说法已经丧失意义了，现在必须要做的是将整个经济划分成几个不同的子系统，并要证实这些部门之间的巨额开支是如何相互影响的。

在回顾这段历史时可以明显看出，萨缪尔森本人既不完全属于现代规划派（modern program），也不完全属于凯恩斯革命派，他在两个学派中都

第 9 章 数学是一种语言

有涉足，而两个学派之间的冲突也从未因他而有所缓解。正因为如此，萨缪尔森直到 1994 年才被选为计量经济学协会（Econometric Society）的会员，虽然当时他早已经处于经济学发展的最前沿。① 他一生中一直坚持着中间路线，扮演着一个衔接新老经济学、协调经济学科学化和工程化目标的角色。萨缪尔森肯定已有进步的持久意义，对风尚持怀疑态度。更重要的是，他是一个极富感染力的人。

早在 1947 年《经济分析基础》正式出版之前，它就已经促使新一代的经济学家们开始大量应用数学语言进行研究，经济学的研究有了新的风格。因此萨缪尔森对新一代经济学家的影响并没有因为这本书的正式出版而增加多少。罗伯特·卢卡斯多年后写道："正是一个二十多岁的研究生将其所知的经济学编辑成书（只有四五章内容），呈现在人们的面前，使马歇尔、希克斯、弗里德曼以及其他所有的经济学家都成为他所在时代的配角"，这形象地描述了这本书在当时的地位，以及给人们带来的兴奋。卢卡斯通过这样一个隐喻，非常准确地表达了《经济分析基础》及其作者萨缪尔森对二战后全世界经济学学生的影响力："萨缪尔森是经济学的朱利亚·蔡尔德（Julia Child），在某种意义上他教会你最基本的经济学知识，并同时指引你熟悉纷繁复杂的经济学世界"。再也不用去学什么法国式的"严禁表达"了（French cooking），经济学家现在要学的是如何用数学工具表达自己的思想。

1941 年，在完成博士论文后，萨缪尔森来到查尔斯和下游的麻省理工学院（MIT 或 Tech）任教。当时，哈佛并不情愿更快地提升他。这与其说是因为他的反犹太主义（在美国参战前夕这种思想在美国高校中非常流行），不如说是对他的数学倾向有更多专业上的不满。MIT 为他提供了更优厚的条件，是哈佛所能比的。在此后的二战期间，他一直在 MIT 的国防研究机构——林肯实验室（Lincoln Labs）工作，负责汇编弹道表，和考尔斯小组基本上没有任何关系。在二战即将结束时，他被调到科学委员会秘书处撰写稿件，和其他同事一起为万尼瓦尔·布什（Vannevar Bush）写出了著名的演讲稿——《科学无国界》（Science, the Endless Frontier）。他的字里行间都体现了"他的最大心愿：国家能拥有一个正式的科学机构（包

---

① 除了统计和经验（statistical and empirical tool-building program），也就是以后的计量经济学研究外，他几乎在每一个经济学研究领域都能称为领袖。

括社会科学）和一个健全的健康医疗机构体系，而不是仅仅按人数派发研究补贴"。

之后，萨缪尔森取得各种各样的成功：在他主持下完成了经济学范式的统一，他编写的大学教科书发行到第十八版，他成为约翰·肯尼迪（John Kennedy）总统的非正式顾问和新边疆①方案的支持者（New Frontier），并于1970年获得了诺贝尔经济学奖，他对金融市场的运行极有兴趣，其中影响最大的是在商品公司（Commodities Corporation）所获得的巨大成功。该公司由他的学生建立，而他作为发起者之一，也是该公司的长期投资者。

哈佛爆发了一连串针对萨缪尔森的学术攻击，使这所历史悠久的大学在经济学研究上的领导地位消耗殆尽。反数学化的潮流仍在继续。虽然哈佛大学出版社因为事先签订的合同而被迫出版了经济分析基础（这是因为萨缪尔森的博士论文获得了经济系优秀博士论文奖），但是，在印刷了1 500本之后，系主任哈罗德·伯班克（Harold Burbank）下令将手工排版出来的繁杂的图版毁掉（有上千个数学等式），这意味着在那以后的35年里这本书将有可能没有修订本。之后，还有一群哈佛校友成立了维利茨联盟（Veritas Society），致力于反对凯恩斯主义的影响，并发动了政治迫害，这种哈佛式的自满使该校元气大伤。

在哈佛下一个被打击的对象是爱德华·钱伯林（Edward Chamberlin），他受到了两个对立学派的双重抨击——有人攻击他没有对其研究进行数学解释，也有人攻击他脱离了完全竞争的框架。他所提出的问题或者被归到产业组织课程中，或者只在商学院被教授，因为只有进入壁垒和退出壁垒以及策略差异才是这里活跃的讨论课题。但是，有意思的是，钱伯林和罗宾逊没有联合起来，相反，他们一直保持着对立。就像木偶剧《庞奇和朱蒂》（Punch and Judy）中的两个主角一样，自从事经济学研究以来，一直相互批判。钱伯林和罗宾逊于1967年和1983年相继去世。至死，两人谁也没有做出让步，至少在现代经济学运动中没有过。

在20世纪30年代和40年代还有一个不得不提到的人物，他就是约瑟夫·熊彼特（Joseph Schumpeter）。当时，这个名字成为各种非数学化经济

---

① 美国第35届总统肯尼迪提出的施政方针，要求美国人民探索和解决"新边疆"以外面临的各种问题——译者注。

第9章 数学是一种语言

理论的代名词,包括边际报酬递增理论、新产品的垄断理论、经济增长等等,比爱德华·钱伯林所提倡的要多得多。出自熊彼特的词汇非常多,其中最著名的"创造性毁灭"(creative destruction)成为仅次于"看不见的手"(the Invisible Hand)的第二大经济学词汇。作为一个维也纳青年,熊彼特毅然成为经济学现代化进程中的先锋人物。他的第一篇论文《理论经济学的数学方法》(1906)就非常有效地用数学公式概括了利昂·瓦尔拉斯的一般均衡理论。

在熊彼特29岁的时候,即1912年,其所著的《经济增长理论》(Theory of Economic Development)在德国出版了,这是他早期成名的关键性著作。尽管如此,他还是将主要精力用来研究经济增长的必要条件——技术进步,以及经济增长的主要源泉——企业家。"通常情况下,正是生产者推动着经济发展,生产者还会向消费者提供必要的培训和教育,消费者在生产者的推动下接受新产品,产生对新产品的需求。"毕竟熊彼特所处的是一个麦克考密克(McCormick)[①]的年代,是一个拥有洛克菲勒(Rockefeller)、拜尔(Bayer)、爱迪生(Edison)、斯威夫特(Swift)、卡耐基(Carnegie)、杜克(Duke)和阿尔弗雷德·诺贝尔(Alfred Nobel)的时代。许多年以后,经济史学家们依然在不断地发掘研究着熊彼特的主要思想,其中熊彼特关于铁路兴起的解释成为经久不衰的经典。

19世纪,铁路代替了人造运河,成为当时工业化国家主要的交通系统。这不仅仅因为铁路在技术上是先进的(尽管的确是这样),而且更重要的是运河的所有者使自己更加便利。经营水上运输的商人们常常会合谋在一起,提高运输价格,这样反而为铁路运输商提供了绝好的机会。相比之下,铁路不仅建造和运营成本比运河要低,而且也不会像运河那样在冬天结冰。所以铁路运输商备受欢迎,他们像解放者一样从傲慢的运河所有者手中解放了需要运输货物的商人。铁路运输商又反过来为蒸汽机行业和冶金行业提供资金支持,这又进一步产生了更多的优势。煤矿、铁轨制造商以及蒸汽机制造商都将从中获利,而牧马人和运输船的船员们则因此被挤出该行业。这就是后来熊彼特所说的名言——创造性毁灭的实质含义。熊彼特认

[①] 全名安妮·伊丽莎白·奥黑尔·麦克考密克(Anne Elizabeth O'Hare McCormick):(1882—1954)英裔美国新闻作者。作为《纽约时报》(1922—1954年)的驻外记者,她是第一个获得普利策新闻奖的女性(1937年)——译者注。

为，在一个特定行业中，生产相似产品的企业之间的竞争总是敌意的。在这个例子里，就是运输业的旧技术和毁灭性的新技术之间的竞争。

但是熊彼特根本就没有尝试过将他的思想数学化。很少有关于报酬递增的明确分析，特别是促使报酬随时间递增的背后机制。尽管和马克思的理论一样，这个促使报酬随时间变迁的机制正是他理论的最大特征（也就是动态化，强调变量随时间的变化，而不是静态的，强调均衡）。虽然有溢出和邻近效应（spillovers and neighborhood effects），但是熊彼特的理论中仍然有和阿尔弗雷德·马歇尔一样的地方，不过这些相同之处对解释他所提出的问题没有起到任何作用。和凯恩斯、钱伯林一样，熊彼特也同样非常不走运，在一个不应该的时代出生了——他和凯恩斯都出生在1883年。熊彼特非常推崇数学，学过一些，也想将其应用到经济学中，但是正如艾布拉姆·伯格森（Abram Bergson）所说，他并没有真正掌握足够多的数学知识，也没有做出任何创新（虽然作为计量经济学协会的创始人之一，担任过早期的协会会长，但是他并没有做过任何和计量有关的学术）。他曾经向一个朋友抱怨说："我似乎体会到摩西曾体会到的感受，当摩西（Moses）发现乐土就在眼前但又被禁止进入的时候，他当时的心情和我现在的很相似。"

1932年，熊彼特去了马萨诸塞州的剑桥授课。同一年，人们的注意力一下子却都转移到他的竞争对手凯恩斯身上，这是个令他非常气愤的转折性事件。他公开宣称，大萧条仅仅是科学技术以五十年为单位周期性发展的一个结果，因此，经济将会很快复苏。这样的预言使公众失去了对熊彼特的信任。1935年，他的同事里昂惕夫替代了他，成为数理经济学课程方面的教授。1939年，当熊彼特关于商业周期研究的两卷本出版时，几乎无人问津，和当时非常抢眼的凯恩斯理论形成鲜明的对比。经济系的学生们把"熊彼特"这几个字看成是没有出路的过时的代名词——"有这么一个人，除了会用17种语言说着'边际效用'这样的话外"，什么都不知道。更糟的是，他甚至被怀疑是庇护前德国的支持者。

熊彼特在剑桥度过了他的二战时光，没有和其他任何研究中心有过交流联系，他在数学化运动像雨后春笋般发展的时代成了孤儿，所得到的只有被边缘化、失望和气愤。但是，他依然鼓足勇气写出了关于卡尔·马克思所关心的问题的沉重反思录，其中最重要的是《资本主义、社会主义和民主》（Capitalism, Socialism, and Democracy），这是一本读起来非常艰

第9章 数学是一种语言

难的书,语句冗长,让人不耐烦,还夹杂了大量的欧洲社会主义运动史。资本主义能幸存下去吗?"不会,我认为它不会","企业家和资本家——实际上是所有接受资产阶级生活方式的社会阶层——最终都将走向灭亡。"

但是,"创造性毁灭"这一章仍然是地下伏河传统的经典表述。在1912年的书中,熊彼特反复讨论了这个主题,用文字语言说明了许多促进经济增长的背后机制:新产品的出现、新市场的开拓、交通工具和产品工艺技术的创新、产业组织形式的革新,它们通常是以迅雷不及掩耳之势大规模地出现,打断相对宁静的社会,使生活标准得到明显的提高。如果忽视了经济上的这些变化,那正如他所写道的,就像演"哈姆雷特没有了丹麦王子一样",但是讲述边际主义原理的教科书几乎完全忽略了知识的增长。过去人们非常担忧人类的发展在不久的将来将会受到食物和自然资源的限制,现在熊彼特认为是战时的短缺,他写道,"在可预见的将来,最可靠的预言是,如果让全社会的总产出自由膨胀下去,我们将会因为食物和原材料如此丰富而烦恼"。

在用文学方式包装起来的增长理论的书中,杂乱而又堂皇的语句使熊彼特几乎注定将不会被年轻一代的经济学家们所重视,因为他们都被应用导向的《就业、利息与货币通论》以及经济学现代化运动中的方法所吸引。《资本主义、社会主义和民主》在商务人士、政策制定者以及知识分子中赢得了谦恭的读者,部分理论经济学家也开始重新信奉熊彼特的理论。但是,当他在社会民众中的声誉与日俱增的时候,熊彼特在经济学界的影响却越来越小。他出版了一本关于经济学和统计学的基础数学的小册子(他的学生开玩笑说这个册子是"从慢爬到蠕动"(from creeping to crawling))。他在哈佛成立了企业研究中心,自此开创了经济学思想史的一个新的广阔的篇章。之后,在1950年,熊彼特去世了,和钱伯林与罗宾逊一样,熊彼特成了另一位走出人们视线的理论经济学家。

多年以后,萨缪尔森受到了同时代的每一个人的尊敬,几乎没有比这更好的方式来向他表示庆祝了。但他的崇拜者们却想到了更好的方式:让他一雪前耻。哈佛大学出版社为了庆祝这一盛事,在《经济分析基础》出版后的第35年的纪念日出版了第二版,以补偿在数学规划刚兴起的时代毁掉了《经济分析基础》的图版对萨缪尔森所造成的侮辱。它的数学公式现在已经录入电脑,图版也已经被激光复印过了。这使萨缪尔森有机会回顾自1947年经济学数理化至今的进一步发展。

萨缪尔森注意到在《经济分析基础》出版后出现的空洞化现象,考尔斯小组已经在这个方向上走得很远了。他写道:"过犹不及(more can be less)。20世纪50年代,大量的数学化经济学比钱伯林无聊过时的文字理论要高雅得多了。但是,有时候精美华丽的外衣仅仅适合于没有肩膀和腿的身体。"又一轮数学技术的发展为经济学分析提供了显著的方便,但是这也诱使经济学家忽略了规模和技术报酬递增的经济现象,这是分析寡头问题和现实世界中的许多择优分配问题的核心。

这就是享誉世界的萨缪尔森:正直、不多愁善感、胸有城府("战胜科学上的错误对手并不值得夸耀"),并且尽可能的承担起自己应负的责任。钱伯林所说的理论或许是正确的,但是他选择了错误的方式来表达他的思想。无论是谁,要想搞清楚"垄断竞争"的意思就必须用正规的数学方法。

第10章 当经济学成为高科技

随着美国于1941年卷入第二次世界大战,技术经济学开始倾向于为战争服务并发生了改天换地的变化。在这个国家中的很多学术中心,经济学家都卷起袖子投入到工作中。

在马萨诸塞州的剑桥,保罗·萨缪尔森为麻省理工的实验室研究雷达和数学射击控制,闲暇时间修改他即将发表的论文。在华盛顿,西蒙·库兹涅茨(Simon Kuznets)和罗伯特·内森(Robert Nathan)提出了国民收入账户概念。在纽约的哥伦比亚大学,统计研究小组研究概率数学,研究出了找出炸弹和炮弹中的哑弹的更好方法。普林斯顿对算术计算机前沿技术的进一步探索促进了大型计算机的出现。

但是芝加哥大学才是战时经济学的中心舞

台。1949年考尔斯委员会从遥远的科罗拉多州的斯普林市（Colorade Springs）转移到了芝加哥，并重组为一个基金会，与芝加哥大学经济系在同一地点办公。随着战争的爆发，该委员会接到了政府的新任务：建立一个关于美国经济的有效的计量模型。

在随后的十年中，经济学的未来形态在考尔斯委员会中成形。就是在这里，经济学内部开始出现了分化：凯恩斯宏观、计量经济学、数理经济学和博弈论。在某种意义上，当时大多数眼睛都关注着马萨诸塞州的剑桥的凯恩斯学派的经济学家们会怎么看待战时的财政问题。好消息是，考尔斯委员会中的那些唯科学派对"看不见的手"的逻辑展开了比以往任何时候都深入的研究。

坏消息是，"别针工厂"再一次受到了忽视，报酬递增的意义变得更加模糊。

聚集在芝加哥的"十二金刚"很像战时的同名电影，当然，雅各布·马沙克（Jacob Marschak）的这些新成员们是专攻于统计学、经济学、哲学、数学，而不是像电影中的人物们那样精于恶意伤人的战略。他们不在敌后活动，而是原地不动。雅舍（Jascha）是现代运动的另一位创始人，他是俄国革命中孟什维克的流亡者（《法兰克福汇报》的前财经记者），战前与冯·诺伊曼（Von Neumann）一起在柏林。在考尔斯委员会工作前，他曾在纽约新学校教过社会研究。换句话说，他视野开阔，同时他还利用贫瘠的学术市场组织了一支出色的队伍。

统计学家特里格维·哈维尔默（Trygve Haavelmo）由于战争而受困，被从挪威大使馆借调来；波兰的数学家兼律师利奥·赫维奇（Leo Hurwicz）；年轻有为的测度经济学家（measurement economist）劳伦斯·克莱因（Lawrence Klein）——萨缪尔森最聪明的学生，被吸引到芝加哥，尽管他的老师希望他去纽约的联邦储备银行；荷兰物理学家，如今是经济学家的加林·科普曼斯（Tjalling Koopmans）。心理学家赫伯特·西蒙（Herbert Simon）和货币理论家唐·帕廷金（Don Patinkin）经常来做访问学者。冯·诺伊曼在从普林斯顿去洛斯阿拉莫斯研究原子弹的路上，时常利用转车的时间前来造访。经济学家西蒙·库兹涅茨来到这里描述他正在建立的社会解释框架。奥斯卡·兰格（Oscar Lange）在芝加哥教数学，后来的几年里一直销声匿迹，只在会见斯大林时出现在头版。晚上，小组成员们就凑在一起闲谈、讲故事。在那条街的南头，恩里克·费米（Enrico Fermi）

领导下的物理学家在足球看台下面的狭窄场地里建立了一个原子堆。两个小组的成员到彼此的午餐房间里造访并对照笔记。

与芝加哥考尔斯委员会有关的、最不同凡响的创新或许是数学模型观念本身以及它为凯恩斯宏观经济学事业的迅速招募。当时，提到联立方程，人们就会觉得是考尔斯委员会的方法。人们不再用高中代数解决语言问题，也不再用"如果那么"的推理或最边缘的数学。大学微积分似乎提供了一个澄清假设直至完全不自相矛盾、用清楚的术语取代情绪化的词汇的途径。克莱因回忆，"我们把世界看为方程组的解，我们的目标是建立一个有效的模型。我们设想掌握着经济的良好发展。"（以及战争的胜利。）虽然区分原因和结果的问题难度超乎考尔斯经济学家的想象，但"模型"这个词不久后几乎完全取代了"假说"，除了少数边缘研究。如果你没有一个模型，你就没有资格参与讨论。

之后便是计量经济学，它的理念是把数学和经济学结合起来。统计学方法的出现成为自微积分以来最有用的数学进步。考尔斯中的经济学家认识到，生活的大部分都是概率，也就是说，存在随机误差。任何一个描述均衡的方程体系都存在与纯粹经济学假设矛盾的随机事件（"随机冲击"），可能阻止变量按照理论设想的路径发展。在如此复杂的世界中如何界定原因和结果呢？回归分析中的一些工具在统计学中作为一个分清原因和结果、描述变量之间相关性的手段已经有了很长的历史，从天体力学到人类遗传学，经济学家使用这个工具来研究他们关心的问题。

数理经济学是源于考尔斯的第三个重要的进步。的确，它带来了考尔斯小组的第一个具体的成就——发现了解决"航运问题"的技术，即如何在许多目的地中找到最佳的路线，给定可使用的船、船员、货物、码头设施等等。（在和平时期，这是旅途中的推销员的问题。）这只是个行程安排的问题，但是在更深层次它与经济学中的其他问题没有区别，理念是分配稀缺资源，使得能够在最短的时间内传送最多的物品。从物理学家转为经济学家的科普曼斯在1942年想出了一个实用的用来作出这种决定的数学系统，不久他发现他可以使一百多个变量最优化，多年之后美国人知道了利奥尼德·康托罗维奇（Leonid Kantorovich）1939年在列宁格勒为苏联的胶合板信托研究木材制造时有同样的发现。1947年，数学家乔治·丹齐格（George Dantzig）为美国空军工作时，提出了用最小成本获得最大产出，以及计算各种交易的最好方法，他把自己的技术称为最简单的方法，并把它形容为"爬支竿"。这个任何厨房后花园都有的平民化的比喻，实质上就是从三维角度看丹奇格的一系列计算。"支竿"是一个几何体，一个多维度的多边形即多面体。问题解决者在它的外面转悠，检查每一个角落，不断变化方向，不断从一个顶点转移到另一个顶点，总是走向一个更好的解决办法。旋转，上升，再旋转，再上升，直到不可能更高——"爬支竿"。

经济学家把他们的新技术叫做线性规划。为什么是线性的？因为他们的方程产生出直线而不是马歇尔边际主义需要的曲线——线、平面和超平面（一条线变成一个二维平面，平面变成三维或更高维度的超平面）。线性技术在描述现实生产和物流中的离散的非此即彼的选择问题上比假设所有事情都能平稳变化的微积分要更加合适。为什么是规划？因为"安排"这个词太平淡，而"计划"有着令人（西方——译者注）反感的含义。共产主义政权的全部特征不就是计划吗？经济学家狡猾地把他们从事的工作称为规划，因为所有的军事计划已经被叫做规划了。

事实上，新技术这个乏味的名字略微有些误导，新工具对微积分有一个巨大的偏离。它们本质上是几何学的，从数学的一个分支——拓扑学衍生出来。自从迪斯卡特斯表明了如何为方程画图，人们就知道了代数和几何学之间的联系，这一度被简单地当作解析几何。这个问题渐渐地在18世纪演化为拓扑学，当时数学家欧拉（Euler）在访问地中海城市科尼斯堡之后证明了不可能在不重复路线的情况下走完七座桥。新技术在那时被总结用来分析三个维度、所有形状和大小的立方体、圆锥体、多面体等等，并很快用数学家习惯的方式分析N维。到20世纪早期，理论家发现了进行抽象研究的方法，即希尔伯特空间—无限多维数学表，冯·诺伊曼曾用它来描述量子力学的特征。

二战结束后的几年，线性规划被认为与中世纪的复式记账法的发明有同样重大的意义。最终，它提供了从一个现代炼油厂的复杂管理到跟踪一群商业飞机，从储备到燃油要求的操作的应用基础。对经济学家来说，它意味着实现马歇尔对经济的全球鸟瞰的视角，瓦尔拉斯梦寐以求的所有事情同时处理的捷径。里昂惕夫（Leontief）和他的投入产出表，是一个非常有用的经济静态快照，现在是要把它转为动态的画面——一个整体经济的动态模型，用来跟踪经济变化，通过漫长的数学推导达到最惊人的变化和最遥远的影响。进步是如此之快，经济学在萨缪尔森1947年完成《经济分析基础》之前就远远超越了。罗伯特·索洛和罗伯特·多尔夫曼（Robert

第 10 章　当经济学成为高科技

Dorfman）编写了《线性规划和经济分析》(*Linear Programming and Economic Analysis*）来向学生介绍新的数学方法。

考尔斯的第四个也是影响最深远的课题产生于普林斯顿而不是芝加哥，虽然消息定期地由来自费城的火车在一夜之间带来。1944 年，《博弈论和经济行为》(*The Theory of Game and Economic*）出版，它提出人是很聪明的，他们预测和影响他人的行为可以被严格地描述。（博弈论或许被称为战略思想更好。）约翰·冯·诺伊曼于1930 年和爱因斯坦作为第一批最重要的流亡知识分子一起来到普林斯顿，1933 年高级研究所刚成立，这两个人就加入进来。虽然冯·诺伊曼一直都对经济学感兴趣，但还没有深入研究。

一个叫奥斯卡·摩根斯顿（Oskar Morgenstern）的奥地利人说服他把早前的一个讲室内游戏潜在原理的论文写成一本书，从而策略（Strategy）思想被引入经济学。显然，某些游戏与商业情况有很多共同之处，都有严格的个人策略，涉及形成联盟。如果到此为止，《博弈论》(*The Theory of Games*）将会是一本非常短的书。

然而，这只是开始。这本 600 页的书大部分都被最艰深的数学占据。冯·诺伊曼在 1928 年柏林的一次著名的研讨会上自己公布了线性规划，从雅各布·马沙克的手中拿过粉笔，在房间里兴奋地走来走去，大声说出自己的想法直到他的朋友不情愿地中止了会议。最后经济学家发现冯·诺伊曼写在书中的数学比从考尔斯发展出来的"活动分析"更深奥、更普遍，并且是经济问题的绝对核心，但这一点在当时一点都不明显。三十年之内，经济学家使用冯·诺伊曼引入的希尔伯特空间里的工具"特征值"和"特征向量"，来代表系统中的变量，但对战争时期芝加哥的大部分经济学家来说，《博弈论》中的艰深数学几乎就是另一种语言。

现代运动的四个派别都在芝加哥的考尔斯委员会中——不仅仅有小组最初创造并最终因此而成名的宏观计量经济学建模，还有凯恩斯宏观经济学、数理经济学和博弈论。考尔斯在芝加哥持续 12 年的全盛时期中（从 1942 年到 1954 年），不同时期的工作侧重不同的分支。考尔斯委员会始终是建模领域的唯一先驱，其他学术中心在各自领域做出了巨大贡献。

记住，考尔斯经济学家仍在使用手摇计算机。在建造原子弹所需的大量数字工作的驱使下，第一台电子计算机开始被发明，主要是在普林斯顿。冯·诺伊曼也许是经济学家中唯一一个真正了解计算机性能的人，但即使在那个时代，也有可能想象出几乎零成本和几乎瞬间完成的运算的可能性，

105

虽然不知道如何实现。

然而在芝加哥还有第五个派别,由与考尔斯在同一个办公室却有着不同信仰的经济学家组成。他们捍卫马歇尔派的现状,这并不令人意外,现代运动的杂乱无序为他们的抵制创造了条件。

反对者的存在在所有伟大事业的发展中都是有利的。考尔斯的"敌人",至少首先是国家经济研究所(NBER)。它是20世纪20年代成立的研究机构之一,松散地建立在一个德国模型之上。另一个是华盛顿的布鲁金斯研究所,它主要为政策制定者提供相对客观的建议。两者都试图在特殊利益和不切实际的幻想之外建立一个替代品。西蒙·库兹涅茨率先提出了国民收入账户。瓦西里·里昂惕夫(Wassily Leontief)在美国找到了他的第一个避难之地。许多勤奋的学者加入,其中包括所罗门·法布里坎特(Solomon Fabricant)、阿瑟·伯恩斯(Arthur Burns)、杰弗里·穆尔(Geoffrey Moore)。但在30年代中期,国家经济研究所最大的收获是出现了一个后起之秀——米尔顿·弗里德曼(Milton Friedman)。

弗里德曼是一位杰出的经济学家——实际、富于创造力、怀疑、好斗。他出生于1912年,在鲁特格斯(Rutgers)读大学,在芝加哥大学读经济学研究生(在那里他和当时是本科生的保罗·萨缪尔森第一次见面)。但经济环境迫使弗里德曼在1935年没有完成论文时就离开了芝加哥,十年间没有获得学术头衔。在新政的短命产物——位于华盛顿的国家资源委员会工作时,他在纽约哥伦比亚大学兼职授课。1937年他在纽约的国家经济研究所找到了一份工作。

然而,即使在战前,国家经济研究所也处于战略性撤退中,高级人才流失到大学。1940年,刚结婚的弗里德曼(他和妻子罗丝·迪雷克托(Rose Director)在同一个研究生院读书的时候相识)离开纽约去威斯康星大学教书。在大多数美国大学遭受了一次丑恶的反犹太主义运动后,他一年后离开了麦迪逊前往财政部的税收研究部门工作。1943年,他搬回哥伦比亚为战争部作应用统计研究(由于三十几岁时在国家经济研究所的工作,他最终于1946年在那里获得了博士学位)。1945年,他加入了明尼苏达大学,与乔治·斯蒂格勒(George Stigler)共事。斯蒂格勒在芝加哥大学的教职由于他对租金控制手段过于激烈地反对而被搁置,系里把教职给了他的朋友。因此,1946年弗里德曼回到芝加哥,回到了他的家。

在芝加哥,弗里德曼发现了一个重要的伙伴,他是艾奥瓦州的一个政治流亡者。西奥多·舒尔茨（Theodore W. Schultz）具有独创性精神，他是南达科他州的一个农民的儿子，在威斯康星大学写了关于农业报酬递增的论文，几乎同时阿林·扬（Allyn Young）在苏格兰发表了关于经济进步的著名演讲。舒尔茨在爱荷华大学当教授的时候卷入了一场麻烦。在指导一篇工作论文中，一个学生论证至少在战争时期，应该放松对人造黄油生产的限制，因为这种生产较为低廉。但黄油企业的游说者却试图把这种廉价替代品赶出杂货店，坚持认为应该持续限制。当局屈服了，舒尔茨于是辞职，并于 1943 年来到了芝加哥大学的社会科学研究大楼里工作。

弗里德曼成为了芝加哥学派的领导人——第二芝加哥学派。事实上，他很快用一批年轻人取代了他的老师弗兰克·奈特、亨利·西蒙、劳埃德·明茨（Lloyd Mints）和保罗·道格拉斯（Paul Douglas）。对芝加哥人来说，阿尔弗雷德·马歇尔的学说仍然是真理。一般理论是一个值得怀疑的成就。博弈论本身属于数学范畴。不完全竞争是一个陷阱，一个错觉，至少后者很容易被忽视。在《关于实证经济学方法的论文》(*An Essay on Methodology of Positive Economic*) 中，弗里德曼支持了钱伯林。随后，他开始缓慢而仔细地着手反对和击退凯恩斯学说。他的成就的核心是一个叫做《美国的货币历史》(*A Monetary History of the United States*) 的谨小慎微的实证研究著作，挑战了对大萧条原因的标准解释，它仅仅在 1962 年出版过。芝加哥人并不能准确地称自己为古典主义者，他们把自己界定为货币主义者。（从这个角度来讲，凯恩斯完全地战胜了马歇尔的古典学派。）

不幸的是，20 年代初，唯一一个能挑战弗里德曼思想学派的总部与弗里德曼的系在一个办公室——考尔斯委员会。弗里德曼担心他的经济系处于被数学家们侵袭的危险中，他质疑数学家的正统性。"我一直都是考尔斯方法的批判者，"他在 1998 年写道。他认为考尔斯的方法太自大了——是反民主的，并且正如马歇尔感觉到的，是容易犯错的。

考尔斯小组的成员们感觉受到了弗里德曼的某种程度的敌意。他用冗长的发言破坏了他们的研讨会，他反对他们的任命。肯尼斯·阿罗（Kenneth Arrow）是年轻的现代派之一，40 年代末在芝加哥呆了一年。他回忆道，弗里德曼和他的同事认为那都是些狂热分子。"我们感到是一个整体，但我们也担心。这种压迫很有意思……但即使我们在芝加哥只是一个有五六个人的小团体的时候也受到了重视。"后来者谈论着新思想，对每一个新

知识与国家财富

的证据或者反例兴奋地互相大喊大叫,富有侵略性地宣扬自己工作的重要性。

事实上,主导着考尔斯方法的新的高等数学方法有着不吸引人的一面,它来自于数学,战后在大学里的高级领域内展开,至少在欧洲是这样。想一下知名人物,法国公理化运动的领袖和一系列极端严谨的论文的作者——神秘的博白克(N. Bourbaki)就能对它有个很好的印象。博白克似乎根本就不是一个个人,而是一个写过详明的研究生教材,并虚构作者是一个退役将军的法国数学家群体。他们的热情激发了五六十年代数学家对形式主义的热衷,甚至以"新数学"(写给初学者的集理论)的形式延伸到了美国的研究生院。欧洲和美国大学的数学系表现出来的法国式的做作和带优越感的态度给许多人留下了不好的印象,尤其是美国中西部。

此外,许多芝加哥人对从新的高科技方法中获得的好处仍抱有怀疑态度。一个简单的故事说明了为什么人们容易相信旧方法的效力。战争期间,经济学家乔治·斯蒂格勒被指派了这样的任务:为一顿充足的饮食计算最小年成本,这是当时的经济学家们研究的一个很典型的实际问题,特别是在统计学研究小组中。斯蒂格勒设计了基于某种食物被其他食物替代的一顿饭,每一美元能够产生更多的营养,然后他调查了 510 种可行的食物组合方法中的一部分,他选择这些可能性是因为它们看起来包括了极端,最后,他没有宣布他找到了最便宜的可能性,但他给出理由证明自己已经接近了。

战后,饮食问题是乔治·丹齐格(Georges Dantzig)的新线性规划简单方法的第一批检验对象之一。他在《线性规划及其扩展》一书中回忆道,他的方法涉及具有 77 个未知数的 9 个方程,使用手动台式机算器,需要 120 多个人数个工作日才能得出解。斯蒂格勒的解(以 1945 年的美元表示)只比真正的年最低值 $39.69 多 24 美分,这还不够接近吗?斯蒂格勒在 1956 年回到了芝加哥。

没人能想象电脑和数学技术的出现能够在多大程度上改变新方法的效果。起初不过是个目标的计算,敲几下键盘就能运行。不久,人类能够飞到月球上去。然而 50 年代初,任何人都知道在芝加哥(至少在经济系)"规划"意味着"计划"。如罗伯特·卢卡斯后来回忆的,50 年代在自由市场中的芝加哥,对任何形式的计划,反感都非常强烈,旧方法当然已经足够好了。

考尔斯委员会和芝加哥经济系的紧张关系在 50 年代初渐渐升级,由于

第 10 章 当经济学成为高科技

芝加哥黑暗的冬天而加剧。校园安全恶化，因为周围到处都是来自南部农村的失业工人。芝加哥大学一度考虑全部搬到农村，关于任命教职的摩擦增加。（一个参与讨论的人说，弗里德曼不穿毛衬衣，他把它们都送人了。）1953 年，考尔斯委员会宣布它将搬到耶鲁大学去。

一代数理经济学家在接下来的两年内离开芝加哥——在考尔斯自己的经济学家中，有加林·科普曼斯、吉拉德·德布鲁（Gerard Debreu）、雅各布·马沙克、罗伊·拉德纳、马丁·贝克曼（Martin Beckmann）。其他早些时候离开芝加哥的人包括赫伯特·西蒙、劳伦斯·克莱因（Lawrence Klein）、哈里·马科维茨（Harry Markowitz）、肯尼斯·阿罗。查一下不再来的访问学者，有不少于六个的未来诺贝尔奖得主离开了芝加哥大学，几乎与留下来的一样多。

现代运动失去了它的阵地。普渡大学（Purdue University）一度成为主要中心。渐渐地，更多的重要中心聚集在一起：加州（阿罗和马沙克去的地方）、匹兹堡（西蒙去了那里）、罗彻斯特（麦肯齐去了那里）、费城（劳伦斯·克莱因）、纽约（哈里·马科维茨）以及耶鲁。

麻省理工呢？在剑桥有微弱的但是独特的对现代运动方法的抵制。50 年代有大量的数理经济学家，但保罗·萨缪尔森选择了有实践才能的人，与凯恩斯派革命的宏观经济学项目一致。使他们"运转"起来的任务很快造就了与众不同的麻省理工风格，即一系列各种现象的一般均衡模型——储蓄行为、金融和货币市场、经济增长、政府债务、失业和通货膨胀。一个学生把这些称为"大众"模型，思考起来朴实、简单且便于使用的经济引擎——一些通过经济推理联系起来的变量，根据政策相关性加以选择，同时更容易向政策制定者解释它们。在二战以后的数年里，美国经济的具体安排在很大程度上是由剑桥麻省理工在战后设计出来的，哈佛大学经济系在这个小城市的另一端努力地追赶它。

麻省理工为它对实际事务的影响力付出了代价，多年之后才变得明显。最聪明的学生仍然涌向位于脏乱的剑桥东部的麻省理工，当风向合适，那里有着石化精炼和肥皂生产的气味，偶尔混杂着巧克力的气味（糖果自 18 世纪以来一直是波士顿的高科技产业）。但一些没有来过这里的最聪明的经济学家选择了去城市的另一端。

20 世纪 60 年代初，当麻省理工和哈佛为聘用肯尼斯·阿罗而激烈竞争时，阿罗已经下定决心选择哈佛。也许阿罗仅仅是受加入一个伟大古老的大学的念头驱使,在那里他的同事有历史学家、哲学家和古典学者,而不仅仅是科学家和工程师。或者,是麻省理工形成了非常有趣的经济学的"家庭观点"对他来说太局限了。(或许是使萨缪尔森和阿罗在同一个屋檐下工作会"低效",他们的朋友、理论家莱昂内尔·麦肯齐(Lionel Mckenzie)推测,"他们都是明星,但他们又非常不同,他们往往使彼此的智慧黯淡无光"。)在任何时候,麻省理工都依然以教授现代经济管理为主要方向。有了阿罗,哈佛找到了一条重回竞争之路的新方法。

因此到1954年,当考尔斯委员会离开芝加哥的时候,战后经济学体系已经建立。战前,主要的学习中心是英国剑桥大学和伦敦政治经济学院以及美国的哈佛大学、哥伦比亚大学和芝加哥大学。现在出现了两个新的主导力量,都位于新大陆:剑桥的麻省理工学院和芝加哥大学。

每个经济系都有一位领袖。弗里德曼和萨缪尔森是友好的对手,他们在各自事业发展的初期就彼此认识。他们有非常不同的性格,但他们有着共同的科学态度。他们两个都致力于我们所说的观点的工程学或客观的要点。他们领导的经济系从一个范畴的两端开始接近事物的本质。麻省理工的凯恩斯主义者相信宏观经济失灵是真实且危险的,强调管制和财政政策。芝加哥的反凯恩斯主义者谴责这个是"微调",教授市场的魔力和试图干涉可能会产生负面影响。

在这个国家中的名气较小的大学里,现代派也在工作着,像山里的游击队一样。

第 *11* 章　索洛剩余及其批判

　　1945 年，二战骤然结束，一些经济学家担心突然而至的和平将使 30 年代的大萧条重演。毕竟，欧洲和日本都被埋在废墟之中。美国独立战争之后的经验告诉大家每一次战争都将伴随着一次普遍的经济崩溃。联邦储备委员会做出了衰退的预测。保罗·萨缪尔森在 1944 年的《新共和》中发出了"萧条将要发生"的警告。美国太平洋士兵调侃说："48 年的金门（Golden Gate），49 年的失业警戒线。"

　　然而相反，战后出现了世界历史上前所未有的持续繁荣。人们没有想到由战时节约而积累起来的家庭流动资产推动了繁荣。凯恩斯政策深入人心。20 世纪的恐慌减退，时间短、比例低、影响弱。"自动稳定器"——缩减税收和社会保障项目——减少了波动。贸易增加，收入提高。一个95%的经济学家都会赞成的学说——"新古典综合派学说"诞生。剑桥和芝加哥都步入到一个探索解决问题的方法（都从工程的视角出发）的时期，对于异议也礼貌地达成协定。

141 　　民众越来越买经济学家的账，特别是1960年肯尼迪当选总统之后把新经济学的领头人——萨缪尔森、索洛、詹姆斯·托宾、阿罗——邀请到华盛顿。可以肯定的是，冷战是这种景观的核心特征。如苏联的斯普尼克（Sputnik）人造地球卫星，以及之后的登月竞赛。民主工业化国家与中央计划的苏联和中国之间的竞争是使经济学家的工作受到如此重视的一个非常重要的原因。约翰·梅纳德·凯恩斯在去世15年之后，即1965年登上了《时代》杂志的封面，被奉为战后繁荣的总建筑师。

　　然而，技术（technical）经济学在20世纪50年代仍然存在一个很大的难题——对于繁荣本身的解释。公司规模变大，竞争似乎减少，但经济却更快地增长。凯恩斯或许已经通过政府干涉解决了消费不足的问题，但如何把减少的储蓄转化为经济增长？被认为是必然的报酬递减的逻辑出现了什么问题？

　　有人试图再一次调和"看不见的手"与"别针工厂"之间的矛盾，这次需要一个凯恩斯模型。同时，另一个新的概念开始形成，即"剩余"。

　　50年代初期，凯恩斯传统中的关于国家财富的大部分理论都包含在两个拼凑的模型中，似乎没有一个抓住了问题的实质。凯恩斯的朋友、传记作者——经济学家罗伊·哈罗德（Roy Harrod）在战前曾尝试把企业家的"动物精神"（凯恩斯曾用它来描述带来繁荣的精神因素）纳入到方程中。哈罗德的模型说明经济能够永远地增长下去，同时，储蓄率翻倍能够导致增长率翻倍，但现实并非如此。

142 　　1946年，一个叫伊夫塞·多马（Evsey Dormar）的经济学家提出了更令人担忧的可能性：经济可能愈加不稳定，将长期在爆炸性通货膨胀和持续失业间蹒跚。多马提出了"刀锋"模型——一个微小的变化，会使结果在两个方向上快速地螺旋上升。（与乔治·奥韦尔的知名小说《1984》中的观点类似。）

　　之后年轻的罗伯特·索洛承担了这项工作，这不是他第一次自愿承担难题。他1924年生于布鲁克林，1940年高中毕业，同年秋天获得奖学金进入哈佛大学。大一的时候，他对在研究生中广泛流传的凯恩斯理论一无所

第 11 章 索洛剩余及其批判

知。凯恩斯理论对于古板的哈佛经济系来说太新了。1942 年索洛自愿参军，在意大利战役中做了三年的情报士官后，他在 1945 年秋天回到了哈佛，师从十年前曾教过保罗·萨缪尔森的瓦西里·里昂惕夫。里昂惕夫说服索洛学习微积分。["令人十分惊讶的是学习（数学）在那时是件大事，人们提到数学就很紧张。"]

索洛回到纽约，到哥伦比亚大学学习统计学，之后回到哈佛攻读博士，不久后他到麻省理工学院教授商业周期课程。他回忆说，在那之后不久他才知道它的真正名字是"宏观"，此时的他已经成熟到可以带来一场革命。不久，他与别人合著了一本书，把战时发展起来的线性规划技术在经济学中的应用问题介绍给经济学家，使人们了解到弗兰克·拉姆齐和约翰·冯·诺伊曼的关于经济如何随时间增长的模型。索洛后来说，拉姆齐和诺伊曼都没有受过经济学的训练。这个过程既非拉姆齐和诺伊曼设想的简单扩展，也非重组哈罗德和多马的设想。因此索洛着手建立自己的模型。

如何建立一个好的模型？乔治·沙克尔（George Shackle）——一个敏锐的现代经济方法的阐述者，他曾经解释过把世界剥离到只剩下核心部分的经验。世界是"富有细节的、流动的、活跃的和模糊的"。有用的模型必须严谨。假设必须足够简单和精确才能应对逻辑和数学的检验，但也不能过于严苛而埋没了机制本身。沙克尔说，模型制作发展和回顾并进，始终关心的是一套略微不同的假设是否会带来完全不同的甚至更好的结果。"模型是一门艺术，在某种艺术形式的界限之内自由组合，被称为命题的逻辑结合。在有限自由方面，它与任何一种艺术形式都类似：诗、交响乐、家具工匠或建筑师的理念……"

索洛这样的经济学家，他的根本创新是使生产模型依赖于替代关系。多马模型中不存在生产中用劳动力替代资本的可能性，比例是固定的，只有在某种特定的严格条件下稳定增长才会出现。索洛用一个较新的可变生产函数概念，取代了哈罗德和多马模型中固定的资本产出比，前者相比之下更具优势。允许生产者在劳动力昂贵时用资本替代，反之亦然，结果模型不再存在"刀锋"问题。新的机制引入了一个外生的模型概念，用一个给定的参数描述技术变化率。

索洛模型不需要高深的数学，至少不需要比微积分更高深的数学，它用一个生产函数来描述投入与产出的关系。类似的函数在 50 年代早期广泛出现，描述消费者储蓄和消费的关系（消费函数）。索洛应用了20年代在关于边际生产力理论的争论中发展起来的一种形式，这种形式由数学家查尔斯·科布（Charles Cobb）和经济学家保罗·道格拉斯（Paul Douglas）提出，以描述数据表明工人收入的份额和资本家收入份额长期保持稳定，这种情况至少在美国经济中是如此。（1899年到1922年间，工资占产出的75%）。索洛说，有很多更好的函数，且还在发展中。在大部分情况下，简单的是最好的。

为了模型的需要，索洛保留了完全竞争假设。资本和劳动力应根据边际产出获得回报，如果任何一个发生改变，将会发生收益递减。实际产出的任何增长都不能归因于或影响到模型中的"技术改变"参数——也就是索洛方程 $Y=A(t)F(K,L)$ 中的 $A(t)$，这个方程最大的特点是产出或收入的增长是一个劳动力和资本的累积与代表知识增长率的任意常数相乘的函数。他在脚注中写道，收益递增是可能的，但对于此分析来说并不必要。

最后，索洛需要一个关于技术进步发生率的清晰假说来使模型有效，即模型中的 $A(t)$。他发现知识会随时间稳定增长。这里并不是讨论"别针工厂"。索洛在读研究生时学习了经济史，并且读了厄舍（A. P. Usher）（哈佛著名经济史学家）的《机械发明史》（*History of Mechanical Inventions*）。他研读了英国经济史，以及约翰·斯图尔特·穆勒（John Stuart Mill）的关于均衡状态下收益递减的理论，最后采用了与穆勒相同的方法。假设知识外生增长，增长逐渐达到稳定状态，每一点额外资本仅能抵消折旧和人口增长，此时叫它成熟也好，幸福也好，增长将终止。

50年代中期，不了解事情本质的人意识到一场"研究革命"正在重组着美国公司——敏锐的记者比如伦纳德·西尔克（Leonard Silk）和包括西奥多·莱维特（Theodore Levitt）和西德尼·舍费尔（Sidney Schoeffler）在内的非数理经济学家在他们的文章和著作中提醒人们注意这个趋势。后来，索洛在模型中把技术描述为一个公共物品，类似于无线电广播，是政府行为的结果，任何人只要愿意都可以收听。数理经济学家（他们兼具家具工匠的谨慎，建筑师、诗人的艺术灵感）发现1956年的知识增长可以容易地归结为非经济力量的作用，并且不是经济政策所能影响，更别说控制的。真正起作用的是常规经济变量，比如资本积累、储蓄率或劳动力供应。

结果是人们重新从数学角度考虑约翰·斯图尔特·穆勒的一个世纪前的论断："只要国家的经济状况依赖物理知识，它就是物理科学和建立在其

第 11 章 索洛剩余及其批判

基础上的其他学科的研究主题。政治经济学本身仅与增长的精神和制度原因有关。"索洛的阐述有所不同:"生产函数中随时间完全任意的变动可在理论上预期,但不太可能带来系统性的结论。"然而,意义是相同的。代表知识的 $A(t)$,被认为随着时间稳定自然地增长,这里不讨论运河或铁路的历史。

《对经济增长理论的一个贡献》(*A Contribution to the Theory of Economic Growth*)(发表于《经济学季刊》(QJE))出版时恰好第一颗人造环绕地球卫星发射——前苏联的斯普尼克(Sputnik)。事实证明索洛模型在认识西方市场经济中有无法衡量的价值。它的核心特征是均衡的一般性:劳动力增长率改变,资本产出比也改变。如今这个体系适用于任何给定的要素增长率,最终趋近一个成比例扩大的稳定状态。此外,它是动态的而非静止的,它考虑的是一个动态的体系、程式化的运动,描述几个随时间变化的主要变量。

新公式的真正效用是作为一个阐明均衡增长路径的范式。索洛是在带一个孩子看医生的时候突然想到的,他写到借来的处方笺上。两个交叉曲线表达了模型的关键方程,生产函数用来描述资本积累率,所有令人感兴趣的问题都可以从工人人均资本率和人均产出的角度讨论。假设人均投资增加 1%,对产出、工人的储蓄会有什么影响?这个模型是一个非常实用的工具。索洛说:"我真不知道没有它经济该如何运行。"

索洛模型的一个令人惊讶的含义是储蓄率与增长率无关。哈罗德一多马模型暗示所有穷国如前苏联,都应该通过增税使储蓄率翻倍以提高增长率。索洛模型则认为这种"加深资本"对增长率的影响是暂时的(尽管对未来产出水平可能会有永久性影响),暂时是多久,几年还是几十年?这并不重要。这些手段最终使收益走向递减,因为工人的工资提高和新机器的成本。一个国家不能通过储蓄来达到更高的增长率,只有通过人口增长和技术变化率才能达到。

在 1957 年的续篇《技术变迁和总生产函数》(*Technical Change and the Aggregate Production Function*)使人们大开眼界。索洛将他的模型数据应用于美国的国民生产总值,来估计从 1909 年到 1949 年资本和技术改变对增长的相对贡献,得出了另一个惊人的结论。假设每个人都获得了边际产出,增加的资本和劳动力投入只能解释产出增加的一半。对人口增加做出调整之后,增加的资本只能解释 12.5%,85% 的增长不能被模型中的东

知识与国家财富

西解释，这就是剩余，即模型无法解释的增长部分。

将剩余作为不可知力量存在的证据，这种被认为有效的方法在科学中已有很长的历史。1846年，天王星轨道计算中的余数使得海王星被发现；直到20世纪50年代亚原子微粒的存在在实验中被证实前，微中子一直都是个测量余数。保罗·萨缪尔森说索洛就像费米，是一个既有丰富的想象力又能有效实践的理论家。这个假设就是，技术变化率$A(t)$一定能扩大生产力从而解释剩余。

为什么经济总是收益递减？与劳动力和资本积累无关。用剩余表示的"技术进步"，即知识的增长创造新的财富。读过斯密、穆勒、马歇尔和熊彼特的著作的人知道技术变迁是实在的、重要的，与传统的劳动和资本投入有着本质的不同。索洛模型赋予了技术变迁以现代意义、数学语言，即使收益递增来源于模型之外的因素，知识对生产力的贡献也可被测量。两篇论文一起构成了语言上的重大胜利。

可以这样说，索洛只是从微积分角度解释了穆勒的观点（当时的美国离微积分还很远）。也可以公平地说，模型中的剩余是说明熊彼特的观点正确的强有力的证据。技术是最重要的增长源泉。工会可以忘记李嘉图（Richardo）反对新机器的警告了，停止了忧虑，开始热爱创新的成果。

凯恩斯经济学和索洛模型成为了冷战的蓝图。技术是增长的主要动力。公共部门和私人部门的责任明确。政府稳定商业周期，资助大学。资本和劳动力和平共处，分享增长的成果。

一旦增长被纳入凯恩斯体系中，索洛就对它丧失了兴趣。他重新研究什么是50年代后期60年代初期最迫切的问题——与苏联的竞争获胜和稳定经济周期。不久后，他和萨缪尔森开始关注菲利普斯曲线——新西兰经济学家菲利普斯发现的实证规律，表示失业和通货膨胀的平衡。此后的15年，宏观经济学思想着重关注这种平衡是否能被用来解释经济问题。也许多一点的通货膨胀意味着少一点的失业？20世纪60年代的经济学家深深陷于研究这种良性调节的可能性中。

1962年，索洛撰写了经济顾问委员会报告中关于最佳经济增长的部分，它带来了肯尼迪政府1964年扫除增长障碍的减税政策。他在幕后继续作技术变迁的代言人，说服工会支持新技术是符合利益的，即使最直接可见的后果是失业。

在"经济学共和国"，共识是很少见的。许多经济学家指出用外生技术变量解释索洛模型没有解开的增长之谜。斯坦福的阿布拉莫维茨（Abramovitz）认为：“剩余只是被我们忽视的那些东西的衡量。”芝加哥大学的兹维·格里利谢斯（Zvi Griliches）称，"命名不等于解释"。（不久以后，剩余就被纳入到总要素生产力。）

最不满的是英国剑桥的凯恩斯学派，他们反对整个加总的生产函数。（罗宾逊说，它是一个除了它自己之外什么都解释不了的东西。）熊彼特学派也很不满。熊彼特在他最后的日子里把哈佛商学院的企业家研究中心作为总部。那里一直保持着他的传统，产生了伟大的商业史学家阿尔弗雷德·钱德勒（Alfred Chandler）等。在芝加哥，西奥多·舒尔茨（Theodore Schultz）钻研被他称为人力资本物化的技术和教育。到1965年，计量经济学家给出了答案。格里利谢斯（舒尔茨的学生）和加州大学伯克利分校的戴尔·乔根森（Dale Jorgenson）宣布了一个"内生化"技术变迁的项目，以严格的经济学术语解释剩余，并使其消失。当然，数理经济学家制造了一个用于实验的索洛模型的高科技版本。

但超越索洛模型的最有趣的尝试产生于兰德公司（RAND Corporation），它由加州的美国圣莫尼卡（Santa Monica）空军在战后成立，是一所"没有学生的大学"。研发公司旨在集中一些最好的最聪明的科学家和工程师研究国防问题，它一度吸引了那一代中思想最深刻的人。

20世纪50年代中期，二战中发展起来的规划学在五角大楼和工程学校盛行——"系统分析"和"系统动力学"。阿特拉斯（Atlas）洲际弹道导弹所需要的大规模规划，使兰德的经济学家和许多研发人员担心自上而下的管理会消除竞争和扼杀前景光明却非正统的科学和工程方法。正是这个时候兰德的经济学家走进了公众的视线。"我们既没有那么有远见也没有能力决定我们学什么，知道什么，"理查德·纳尔逊和伯顿·克莱因（Richard Nelson and Burton Klein）说，几个月前苏联用斯普尼克战胜了美国，"我们需要更多而不是更少的竞争，反复和'困惑'"。

那时肯尼斯·阿罗经常拜访兰德，即使才三十出头，他也无疑是同代人中最好的经济学家。他出生于1921年，比弗里德曼小九岁，比萨缪尔森小六岁，比索洛大三岁，或许他受大萧条的伤害最大。他的爸爸曾是一名成功的布鲁克林商人，却破了产，因此阿罗读的是纽约免费的城市学院，毕业于1940年，做过几天保险精算师，然后获得奖学金去了哥伦比亚大学。在那里他跟随哈罗德·霍特林（Harold Hotelling）学习数理统计学，他回忆说,"我意识到我已经找到了自己的天地"。

确实如此,阿罗因战时服四年兵役而推迟的论文(他说那是一种对自己可能无法实现很高期望的忧虑),几乎是从零开始,开辟了今天经济学所称的社会选择领域——对机构和民主选举产生的各种可能性和矛盾的正式研究。(他已经开始了对大公司股东控制的调查。)在考尔斯委员会的时候,他提出了竞争性均衡存在的诸多证据和疑难问题的解决方案。50年代初期,没人能够比阿罗更好地理解"看不见的手"的逻辑,他还进一步提出了意义重大的关于不确定性的正式理论。到他开始定期访问兰德的时候,他还在研究一系列的关于交易双方信息不对称的问题。

兰德空军战略家早期的备忘录使阿罗从经济角度思考军事研发,还有什么比发现的过程更加有不确定性的呢?(因此兰德调查者们才对大量类似的调查有着热情。)风险是军备竞赛的核心,但阿罗的结论是其他两个属性同样影响着知识的生产。首先,新的知识通常很难坚持下去,是"可侵犯的",因为它的发明者兼投资者未必是唯一的受益人,其他人可以很快地复制它。其次,只消费知识的一部分是不可能的。新知识是不可分的,在取得成果之前成本是固定的。进而,某种情况下对新知识的需求与需求量是无关的,无论它的用处是很大还是很小,都需要一次性付出全部成本。

不可分性带来了困惑。在公共财政中,所有人都能从中受益的公共物品是不可分的,比如国防、警察、灯塔或广播。但在致力于生产理论的学者比如爱德华·钱伯林(Edward Chamberlin)那里,含义却略有不同。不可分的物品要么是个整体,要么不是。不能只买一部分,即使只用一次也必须付全部成本。不能只有一部分知识,就像一半的桥没有用一样。一旦你拥有它,对于使用多少次就没有了限制。阿罗认为,正是不可分性使得对知识的投资遵循报酬递增规律。

在现实世界中,对于利益侵犯问题有多种解决途径——专利、保密,等等(尽管专利有缩小市场的负作用)。但知识的不可分性——成本的固定性——是个更大的难题,至少对经济学家来说如此。无论谁率先获得了知识——比如别针生产——可以用它来降低价格、增加产量、积累更多的知识从而进一步降价,最终通过报酬递增来占领市场。

为了具体地说明知识的积累,阿罗建立了一个通过经验积累知识的模型。他认识到实践、经验、研究是互不相同的。之所以选择经验是因为它比其他两个容易描述,因为研发有投资风险,实践耗费时间,而经验知识是生产过程中的副产品,即他所说的"干中学"。

为了研究不可分性,阿罗如马歇尔75年前那样转向了外部性。在实践中获得的知识可以被当作是生产中偶然的副产品,与其他没有得到补偿的溢出效应——灯塔的灯光或者广播——没有本质的区别。看起来的确如此,毕竟,造船公司或飞机公司发现工人人均年产出在没有额外投资的情况下15年来稳定增长。(类似瑞典钢铁厂的员工学习效应。)

为了使模型有效,阿罗使用了一个不为人所知的建模手法——理性预期。他简单地假设只要有人获得了新的知识,其他所有人也能马上知道,结果是把索洛的等式纳入模型。这是一个捷径,但之后大多数做模型的人都这样做。他简单地断言,通过员工效应,工人能够成功地获得同伴们的新知识。生产者也许仅仅开了一扇窗子,但新的知识便会涌入。正如马歇尔的理论那样,阿罗模型中的外部递增报酬使一切都合理化。溢出会随规模增加,产业从而发展。没有一个公司可以完全靠自己建立垄断。

1960年,在明尼阿波利斯(Minneapolis)的一次会议上,阿罗发表了对知识经济学的独特见解。1962年他建立了实践中学习的模型,那时阿罗已经在肯尼迪的经济顾问委员会工作。几年之中,经济学家非常兴奋。报酬递增最终获得了一席之地。还有一些人尝试了解知识散布的细节问题,比如纳尔逊和费尔普斯,但并不成功。

由于对数学的应用太多,阿罗模型并不足以成为行为指导,是不稳定的。因为没有什么改进,"在实践中学习"的模型没能成为一个有用的经济学工具。相反,它成了外部性和报酬递增问题的一个思想来源。到60年代后期,对外部性问题的研究热情消退。

这并没有阻碍下一代商业顾问把"学习曲线"(即经验)当作万金油的尝试。在波士顿咨询公司的辉煌时期,它在一段时间里占有全部的市场份额,因为能直接带来递增报酬。但扩大的利润率难以把握,溢出效应使人难以完全受益。

阿罗论文中至少有一部分成为了经济学教科书中的标准——为什么自由企业经济不足以产生新基础知识的三个原因。知识是不能侵犯的且不可分的,意味着它能产生报酬递增。知识的产出本质上是不确定的。在常见的市场失灵面前,政府应该定期干涉。国家科学基金会在理论上是一个可靠的基础。

在这种背景下,超越索洛模型的也是最使人感兴趣的尝试是年轻的经济学家们的研究，这些年轻的经济学家是索洛在麻省理工学院的学生。并不是说索洛模型存在错误，而是没有令人满意地涵盖现实中所有的重要问题。60年代中期的这次努力试图把握知识增长和垄断竞争在生产过程中的作用。

60年代初期，全世界最聪明的学生聚集在麻省理工学院，使它成为经济学的大本营。它强调客观、公正和公共精神。经济学教师每天一起在斯塔米提茨（Stammtisch）吃午饭，那里长期为他们预留座位。萨缪尔森为了继续主持教学工作而拒绝去华盛顿。索洛在经济顾问委员会中担任要职，每星期赶回来上课。最优秀的初级教员年复一年地去剑桥讲课。麻省理工至今仍在怀念那个年轻人才汇聚的黄金时代。

1964年，副教授卡尔·谢尔（Karl Shell）就是他们中的一员，在斯坦福读博士时，他就开始研究阿罗的增长理论。谢尔在基于阿罗的"在实践中学习"模型的论文中认为，技术知识由政府资助从而得到积累，能够带来报酬递增。同时他还研究增长问题，并把技术纳入到模型中。

当时人们对苏联新技术很感兴趣。从20年代开始，由于政府对实际应用的兴趣——从武器研究到产业过程控制，拓扑数学在莫斯科风行。数学是无国界的，这些苏联人尽可能地与西方世界保持接触。60年代早期，到处都在谈论庞特里亚金（Pontryagin）的《最优过程的数学理论》（*Mathematical Theory of Optimal Processes*）中的最大值原理。这本书出版于1961年，次年被翻译成英文。最大值原理提出了一个把过去的变分法和拓扑学结合起来的新的有效方法。萨缪尔森通过他在波士顿流亡者阵营中的朋友了解苏联研究的进展。[他甚至早在1945年就学习了利奥尼德·康托罗维奇（Leonid Kantorovich）的线性规划著作。]萨缪尔森在斯塔米提茨告诉学者们尽管他们反对苏联，但这本书确实有用，它可以应用于经济学，它的一个贡献就是提供了一个符合经济学和数学原理的解决报酬递增问题的方法。

1964年，阿罗的另一个优秀学生宇泽弘文（Hirofumi Uzawa）从斯坦福来到芝加哥，带来了他领导的研究项目。芝加哥大学通过聘请宇泽弘文而在建立模型上与之竞争。他的朋友谢尔已经在麻省理工了。他们共同的努力也许会成功建造一个技术变迁模型。宇泽弘文开长会的故事——并在讨论课（Semina）之后喝啤酒——一时广为流传。由国家科学基金资助，宇泽弘文和谢尔在1965年夏天邀请了许多优秀学生到芝加哥，其中还有几

第11章 索洛剩余及其批判

个人来自麻省理工。

那是一个启蒙时代，活跃的年轻人带来了各种可能性。剑桥学派的阿克洛夫、谢辛斯基（Eytan Sheshinski）、斯蒂格利茨、诺德豪斯、达塔、马尔发（Malfa）在从芝加哥回来的路上来到斯蒂格利茨的父母位于印第安纳州盖瑞（Gary）的家。然后去阿克洛夫父母在新罕布什尔湖的房子。他们从早到晚地讨论增长理论。"友谊和竞争在芝加哥得到加强，"多年后谢尔坦白地说。经济学家感到他们即将创造一个历史变迁的动态理论，谢辛斯基回忆说，"我们感到自己触碰到了宇宙的秘密。"年轻经济学家们的另一个兴奋点来自于阅读托马斯·库恩（Thomas Kuhn）三年前的知名著作《科学革命的结构》（*The Structure of Scientific Revolutions*），60年代中期，许多人对这本书的关于知识增长的部分非常感兴趣。

对于后面这件事，直到今天仍有很多异议。在芝加哥时期的后期，一些芝加哥大学的人访问斯坦福，在该大学的行为科学高级研究中心正在举行一场会议和一个长达数月之久关于最优增长的研讨会。会议由阿罗组织，许多该领域的知名人物都来参加，比如弗兰克·哈恩（Frank Hahn）、莱昂内尔·麦肯齐（Lionel McKenzie）、加林·科普曼斯（Tjalling Koopmans）和卡尔·克里斯坦（Carl Christian）。那次会议使对当时的数理经济学最热门话题的讨论达到了高潮：政策能否加速经济增长？之前还有一系列的讨论这个问题的会议，1963年7月在英国剑桥，几个月后在梵蒂冈，1964年夏天在纽约罗彻斯特。新的存在"高速公路"（通过对重工业的强制性投资使产业发展到更高水平的快速经济发展道路）的理论被证明，又被推翻。资本积累的"黄金律"被提出，即多少用于储蓄和多少用于消费。技术变迁的宏观经济学模型被引入。

1965年的夏天，年轻人的追求受到了前辈们的阻碍。精确的数学太空泛了，问题也许很有趣，但是模型可能难以把握、控制和理解。经济未必按照模型运行，也许会爆炸性增长或者陷入萧条，而不是索洛模型所说的可靠稳定。经济学需要更加关注现实，对于参与了那次争论的人来说，那是一个需要谨慎和智慧的痛苦的工作。

1967年，麻省理工学生写的论文在那年夏天被收集出版——《最优经济增长理论文集》（*Essays on the Theory of Optimal Economic Growth*），由谢尔编辑。没有什么能说明年轻经济学家们研究的技术问题与约翰·加尔布雷思（John Kenneth Galbraith）的文学性很强的《新工业化国家》

(*The New Industrial Stats*)中解决的问题有任何相似之处。谢尔为 1966 年的《美国经济评论》(AER)和会议文集撰写了他的论文中的模型。谢辛斯基在《美国经济评论》中发表评论。诺德豪斯最终提供了他在麻省理工的论文中的垄断竞争模型。詹姆斯·莫利斯（James Mirrless）开始最优税收的研究。埃德蒙德·费尔普斯重返宏观经济学。宇泽弘文开始关注日本的极端政治和其他问题，多年不再从事经济学研究。

在全世界许多地区的经济增长之时，这样做的结果是把年轻人的注意力从小模型转移到实际应用当中，使他们放弃对增长理论的兴趣。1965 年曾经历过芝加哥之夏的年轻有为的麻省理工学生在其他问题上获得了成功。但是，只有谢尔没有放弃当年他们在芝加哥的使命。实际上他们的努力已经没有意义，主要的进步发生在其他地方。

索洛在 1969 年支持增长理论。在沃里克大学（University of Warwick）的一系列演讲中，他详细回顾了自己的思想贡献。剩余是一个有用的概念，但已经被开发殆尽。人们需要使用数学继续研究出更详细的模型版本，这样经济学才能进步，但他并不期待基于现实经济的有用思想。

像索洛这样的模型并没有直接导致政策出台，索洛说，"这并不是一场游戏，而是调查。你要了解情况，就派出几个人考察地理情况是否能够养活人口。如果可以定居，则还需要更多的调查"。建立大规模的计量经济模型是个枯燥的工作，需要成堆的数据，这是理论所不能提供的。

麻省理工反复强调它致力于研究现实，宣布绘制新地图的条件已经具备。1969 年，意大利老牌财经记者莱维（Arrigo Levi）给麻省理工新秀莱斯特·瑟罗（Lester Thurow）打电话时，瑟罗说："再没有新的发现了，所有的都已经被发现了。"

第 *12* 章　无限维向量空间数据表

1969年，经济学获得了极高的声誉。欧洲、日本和美国都经历着有记录以来持续时间最长的商业扩张——自二战结束以来惊人的长达二十五年的增长。150年前，商业周期经常使经济面临崩溃，如今却受到良好的控制，几乎已经消失。不久前，美国人登陆月球。

经过深思熟虑，瑞典人在传统的诺贝尔物理学奖、化学奖、医学奖、文学奖、和平奖之外设立了经济学奖，旨在纪念三百年前在斯德哥尔摩世界上第一家中央银行的成立。新的奖项旨在认可或巩固经济学的成熟，很像18世纪著名的英国海军奖，推动了航海天文钟和现代导航的出现。这是世界上最有威望的品牌的第一次或许也是唯一一次扩展。

毕竟，中央银行成为一个具有实质意义的发明，被广泛复制，不可或缺。经济学家越来越清楚中央银行如何发挥作用（有时也会失灵），扩大信贷、防止银行破产，鼓励投资，带来更快和更可靠的增长以及更大的稳定性。经济学的发展模式类似几百年前的物理学（想一下麦克斯韦（Maxwell））、医学——从修补和观察到成功控制和健全理论基础。

不同观点的存在无伤大雅。公众看到的是剑桥和麻省理工的凯恩斯派、芝加哥的老牌马歇尔传统的捍卫者变成了货币主义者。在英国剑桥，曾经落伍的外部批评者最终成了标准。至少对某一代人来说，人们从心里记住了经济学和那个幸福有序的世界。

但几年之后，在经济学领域以及外部的世界出现混乱。在领域内出现了支持激进宏观调控的凯恩斯拥护者和其反对者之间的争论，即自由派和保守派之争。但是这些政治问题很快升级为技术问题：什么应该用模型表达以及如何表达？哪个理论方向有着复杂历史数据的支持？在这些现象背后，激烈的争论围绕着不确定性、信息和期望的经济学意义展开。

到70年代中期，理论学者们陷入了一场内战，中心是应该选择哪种模型，他们难以跨越分歧相互沟通，经济学老前辈们谩骂着退出舞台。人们评论这次"经济学危机"（尽管非中立的经济学家没有这样说）《新闻周刊》(*newsweek*)中的罗伯特·萨缪尔森（Robert Samuelson）（与保罗·萨缪尔森没什么关系）是一个有威望的经济学家。他认为："很可能只有经济学家自己才觉得应该设立诺贝尔经济学奖。"

被公众忽略，同时不为许多经济学人所知的是，这些争论主要是围绕着用于解决人们熟悉的经济学问题的新数学工具。为了使对人们做出决定的过程的描述更加符合现实，年轻的经济学家借用了高深的数学技术。同时，廉价计算机的发明也使它的作用被人们感觉到了。

然而，最终这些新的工具没有一个能比土生土长的一般均衡理论更有价值。

让我们回忆一下这次争执之初：50年代初期考尔斯委员会脱离芝加哥大学的前夕。1952年，25岁的哈里·马科维茨（Harry Markowitz）的博士论文答辩能最好地说明那是个怎样的时期。马科维茨师从雅各布·马沙克（Jacob Marschak），他已经开始了对金融多元化原因的调查，着手分析投资者在证券组合中遇到的问题。他用线性规划技术提出了一个严谨的新方法来评估风险和回报率均衡，即今天所说的有效证券组合。这个问题在

第 12 章　无限维向量空间数据表

很多方面与乔治·丹齐格（George Dantzig）用精确的方法解决饮食问题类似，但更为复杂。

米尔顿·弗里德曼是答辩委员会成员。答辩刚刚开始，弗里德曼说："哈里，这里没有任何数学错误。但问题是这并不是经济学论文，我们不能通过这个非经济学的论文给你经济学博士学位。它不是数学，不是经济学，甚至连企业管理都不是。"① 对于新出现的知识，这种反应相当正常。规则无论何时都是规则。但在那时的芝加哥大学，马沙克比弗里德曼说话算数，马科维茨得到了学位。而在 38 年之后，他以这篇论文为开端的一系列研究获得了诺贝尔经济学奖。

但弗里德曼有一点是正确的。马科维茨的研究领域需要一个新的名字，即今天所称的金融学。但投资问题的应用只是新规划工具提供的可能性之一。金融仅是始于考尔斯委员会的第二波兴奋期的一个部分，晚于战时的凯恩斯革命几年。50 年代早期，经济学家对考尔斯委员会的热情再次兴起。

没人比博学的阿罗能更明白地看待这些新的可能性。阿罗的天赋是个谜，像所有的天才一样。一份精算师的暑期工作使他熟悉了随机数。大萧条中父亲的破产加深了他对不确定性的理解。他的另一个优势是 23 岁就读了冯·诺伊曼的《博弈论》。

刚进入该领域的年轻的理论家们对这门新的数学很感兴趣。1948 年到 1949 年，阿罗在芝加哥大学的考尔斯委员会作副教授。他的回忆录中有一段关于社会科学走向终点的内容。他跑去听弗兰科·莫迪利亚尼（Franco Modigliani）讨论租金控制。他边听边思考，如果不同种类的住房被当作不同的商品，对大多数消费者来说，大多数种类都无法买到。这对于证明最佳住房分配问题而言意味着什么？阿罗一直都在思考这个难题，直到保罗·萨缪尔森的一次研讨会，他向发言者征求意见，意识到能够从分离超平面理论中找到答案。

超平面是凸集理论的一个核心概念，在阿罗成功地赋予它经济意义之后，它能够为考尔斯集团解决许多理论问题。我们身处间接证据中。超平面是什么？一个超平面位于三个以上平面中，超平面把无差异曲线从差异曲线中分割出来，结合处的直线斜率可被当作相对价格。

经济学家发现他们可以使用几何学中的对偶性概念，每一个线性规划

---

① 这件事在皮特·伯恩斯坦的《资本观点：现代华尔街的另类起源》一书中也有描述。

问题都与另一个问题即它的偶密切相关。保罗·萨缪尔森预见,任何经济问题都可以从任意一端研究——解决价格问题的同时可以得到分配问题的答案。在丹齐格关于线性规划的简单方法中,超平面承担了计算的任务,把可行的解决方案从不可行的方案中分离出来。典型的规划存在不等式,表示规划中使用的资源小于等于可用资源。闲置资源不能有影子价格。如果知道影子价格为正,不等式变成等式,可通过常规方法解出。如果还不够清楚就去注册大学的数理经济学基础课程。经济学成为了高科技,马歇尔的《曲线》成了一本几何图形集。

阿罗确信冯·诺伊曼是对的。微积分不像集合理论或拓扑学那么用途广泛,在很多方面,微积分无能为力,也不是使用比拓扑更繁琐的方法就能做到。更高程度的数学抽象可以在普遍性和简单性上大有作为。阿罗离开芝加哥不久,来了一个叫做吉拉德·德布鲁(Gerard Debreu)的自信的法国年轻人,德布鲁独立得出了许多与阿罗相同的结论。

1951年,阿罗和德布鲁分别出版了各自的研究著作(同时还有莱昂内尔·麦肯齐),说明如何使用集合理论和凸分析描述经济的等式何时有解,从而解决了新经济学的一大难题。此后,不等式代替了等式,空间取代了直线上的点,生产可能性边界取代了供求的几何范式。较真精神与战时调度军队和轮船的应急措施促进了一片数学圣地的开辟。

这些新工具真的是必需吗?有许多人怀疑,不只包括那些不太重要的文学造诣深的经济学家。数理经济学家意见也不统一。科普曼斯指出,新方法的反对意见20年前在物理学中已经被提出,当时量子学家第一次用集合理论描述原子的状态。他与其他数理经济学家没有放弃努力。公元1世纪,数学家和逻辑学家首次发现负数的时候,它们不过是被当作空洞的形式,几百年来都是数学家嘲笑和怀疑的对象。13世纪,利奥纳多·费伯纳奇(Leonardo Fibonacci)在处理与货币有关的问题时把它们解释为损失的可能。印度逻辑学家也有相同的结论。从那时起,负数才被保留下来。

1953年阿罗通过将集合理论应用于经济学表明新数学是如何发挥作用的。几个世纪以来,商人和经济学家学会了如何写期权合约,即如何从日期、位置、交易发生的具体环境来描述一个物理物品(比如冷冻)。30年代,约翰·希克斯(John Hicks)在分析中给所有物品标注日期,五月交割的小麦可能与八月交割的价格不同。(农民的期权合约非常普遍。)如今,阿罗将这个研究推进了一大步。

第 12 章 无限维向量空间数据表

在为巴黎举行的某次会议而写的七页论文中，阿罗把期权市场的概念延伸到了经济的各个方面和各种情况。他用集合理论和拓扑学的新工具，通过给每种物品物理定义，再加上"现实状态"的定义，即交易时的状态，建立了一个模型，其中每种物品都存在于期货市场。这个描述非常准确，完全可以用来定义初始财产以及所有的技术可能性。不确定性变成了一个统计学概念，从而了解某种可能性在某时某地变成了现实的可能。

"状态依存"表达式是一种新的概念工具，它使经济学家能够设想一个任何商品或资本在任何情况下都有市场的世界，阿罗称它为"完全市场"。新的表达式甚至将外部性也很好地考虑在内，外部性被描述为"可以流通但没有市场的物品"，而不用再被简单地称为虚无缥缈的东西。正如后来罗纳德·科斯（Ronald Coase）指出的，具有外部性的商品产权是不完全的。

这个"或然所有权"包含了针对可能风险的一种普遍保险理念。人寿保险政策的价值体现在死亡和健康上，多雨时节一蒲式耳小麦对少雨时节的一蒲式耳小麦，公司实现利润目标时的股份和没有实现时的股份。阿罗的观点把一般均衡理论变成了不确定性理论，任何事的发生都可以被归结于概率和可能性理论。如果市场已经建立，买卖双方交换彼此对概率的不同估计，真正的或然性契约就能够达成。事实上这是贸易者在粮食和保险市场上已经做了几百年的事，这种抽象概括需要用到包括希尔伯特空间在内的数学工具，这是理解家庭事务的深刻理论的开端。

50年代，数理经济学工具快速发展。战前，几乎仅仅包括微分学和矩阵代数。自德布鲁开始，如今增加了凸分析、集合理论、普通拓扑学和代数拓扑学、计量理论、有限维向量空间、全局分析和非标准分析，这些还远非全部。1959年德布鲁出版了《价值理论：经济均衡的公理分析》（*Theory of Value：An Axiomatic Analysis of Economic Equilibrium*），很快它成为新拓扑经济学的标准版本，是自魁奈（Quesnay）的《经济表》（*tableau economique*）出版以来最清楚完整，并且更具普遍性的经济模型。

阿罗-德布鲁状态依存模型被安装进电脑，实际上是作为重算电脑制表软件发明之前的电脑制表软件。毕竟，电脑制表软件仅是编入电脑的一系列方程，用来形容行和列的数字间的关系。然而，阿罗-德布鲁的理念并不是普通的数据表，它得益于集合理论和凸数学，是一个有限维数据表；是向量而非行列，它描述了所有市场和商品的可能性，至少在理论上如此。

理论框架仍有待于富有想象力的经济学家们将其投入使用。不久，在兰德与阿罗一起工作的数学家赫伯特说明了如何把证据与国民收入账户相结合来计算现实世界的相互依赖程度。受现为耶鲁大学经济系教授的赫伯特的影响，新一代经济学家利用可计算的一般均衡方法来计算某些政策变化如何影响整个经济体系。

  所有这些都没有得到媒体和主流凯恩斯经济学家的关注。几年之后，经济学家讨论谁是 20 世纪最伟大的经济学家——凯恩斯、熊彼特、冯·诺伊曼、萨缪尔森、弗里德曼？大多数经济学家得出的结论是：肯尼斯·阿罗。

第 13 章 经济学家转向尖端科学,"模型"成为动词

现代化运动在(数学)工具上的投资于 70 年代得到了回报。借助于博弈论和有限维向量表等抽象方法,经济学家中的准科学家们向工程师们——如凯恩斯派和货币主义者发起了挑战。现代派试图对熟悉的问题(以通货膨胀、垄断竞争为主)进行更加符合实际的处理,而这是通过旧技术无法做到的。很快,现代派成了主流。70 年代末,凯恩斯派和货币主义者的区分几乎消失,尤其是在前沿领域。取而代之的是新的划分方法——"淡水派"和"咸水派"宏观经济学。尽管许多争论都为人所熟知,然而如今却有不同的处理方法。

争论的起点是通货膨胀。60 年代末,没有比它更大的经济学问题了。在关于菲利普斯曲

线的论文中，萨缪尔森和索洛提出了一个工程学解决方法——少量失业或许能减少通货膨胀，少量通货膨胀也能够减少失业。几年中，菲利普斯曲线成为宏观经济学的主导。问题在于这种均衡看上去并非有效，失业上升，但通货膨胀却没有丝毫减轻。经济学家一致同意，关键的问题在于人们现在预期通货膨胀的出现，他们对政府行为的理解和预测变得准确了。

经济学家始终清楚的是预测通常影响经济的结果。如果人们预期价格上升，他们就会提前买入，并在价格上升时卖出，人为的使价格上升最终由于太多人都这样做而导致价格下降。投资者和生产者行为要比这复杂。在某种意义上，这种偏离均衡正是凯恩斯理论的全部。因此，从30年代开始，经济学家把预期正式纳入研究之中。

标准教科书认为产品进入市场的时滞导致类似市场价格的波动，这被称为"蛛网理论"，可以通过图形表述时滞问题。标准的例子是相互依赖的玉米和猪肉价格周期。1935年，年轻的科斯和福勒（R. F. Fowler）指出英国的养猪周期是四年，而不是蛛网理论预计的两年。为什么？也许是由于农民会考虑其他额外信息——熏肉进口和需求的变化，知道更准确的预测意味着更多的利润。这个观点预示着所谓"理性预期"的心理学假设。

到50年代末期，蛛网理论发展出了更成熟的版本即"适应性预期"（adaptive expectations）。人类懂得向后看（总结历史），只有在错误已经出现之后才意识到是自己造成的。人们从经验中学习，没有什么想象力。大部分凯恩斯模型依赖"适应性预期"的假设，这未必是因为凯恩斯主义者相信"人类经济学"是习惯的产物，而是因为它更加便利。四五十年代，经济学先驱用笨拙的数学工具建立模型，而这些工具起初是被用来控制化学厂，生产胶合板，生产发报机和接收机的。难怪他们认为人是被动地服从旨在控制他们的政策。

另一方面，芝加哥学派没有受到数学的阻碍，仍然假设"每个人心中都有一个小苏格兰人"（指受斯密的"看不见的手"的引导——译者注）。人们都很精明，有远见，能够获取信息和考虑他人意见（包括那些要利用他们的人的意见）。而对涉及大量人的模型，则需要更加复杂的模型技术。

罗伯特·卢卡斯解决了这个问题。50年代他是芝加哥大学的历史学本科生，有一天，他觉得自己该从事经济学研究，他在读研之前补习经济学的时候读了萨缪尔森的《经济分析基础》，通过认真学习，在上课的第一天，他发现自己已经成为"能与芝加哥任何一个教员媲美的经济学人"。

第 13 章 经济学家转向尖端科学,"模型"成为动词

此后在弗里德曼的课上关于价格理论的讨论更加活跃。首先是纯粹的讨论,卢卡斯后来说,这"是无可比拟的经历"。然后,每次一下课卢卡斯就很快回到家把弗里德曼讲的经济理论转化成他在萨缪尔森那里学到的数学。"我知道自己永远无法像弗里德曼那样快的思考,但如果我发明出一种可靠的解决经济问题的系统方法,同样可以达到目的。"

"我喜欢《经济分析基础》",多年后卢卡斯回忆,"像我们中的很多人一样,我内化了它的观点,如果我不能把经济理论中的问题数学化,我就不知道自己在做什么。对我来说,数学分析并不是研究经济理论的方法之一,而是唯一方法。经济学理论是数学分析,除此之外就是谈话和图片了"。

卢卡斯用理性预期假设来解决他的问题——是关于世界的将来完成时的观点,阿罗运用这个概念在他的干中学(learning-by-doing)的模型中解决了溢出问题。和阿罗一样,卢卡斯不想纠缠于如何产生这类细节问题。他简单地假设消息会到处散布。他解释说理性预期假设是一个捷径。"它描述了一个更加复杂的过程的结果,但描述了人们预测未来的实际思考过程。我们的行为是适应性的,我们尝试着行动。如果成功了,就继续这样做。如果没有成功,就做其他尝试。理性预期描述的是预期正确的情况,是将来完成时的,即最终会实现的状态。"

接下来,卢卡斯寻找一种能够模拟预期变化的数学工具。预期变化是一系列的个人决定,每一个都依赖于之前的决定,包括意外偶然事件的影响(统计学上的"随机冲击")。他读了 1957 年理查德·贝尔曼(Richard Bellman)的《动态规划》(*Dynamic Programming*)。贝尔曼是兰德公司的数学家,火箭科学家,他发明了一套研究最优决策的工具,其中一系列的决策是在变化的环境中做出的,比如,你想把一枚导弹发射到上层大气中,或者要击中地球另一端的目标,或者发射到月球上。同样的决策过程在较为平常的活动中也处于核心地位,贝尔曼说,比如,桥梁竞标,打扑克时的出牌、叫牌或作弊。卢卡斯希望同样的方法能够被用于计算决定何时消费还是储蓄,何时减少存货,或把股票转为债券。任何关于现在与未来的关系的描述,都可以通过高科技手段得到提高。

由于历史和变迁被认为是"动态的",所以在处理这类问题时采用了新方法——动态规划。另外由于同样的问题结构在每一期重复出现,这类方法又被称为递归方法,其中的数学非常复杂。(尽管正如贝尔曼所说,基本法则都是很简单的:"尽可能的做到最好。")动态规划和最优控制的区别大

部分在于对时间的处理，不同于拉姆齐的变分法或线性规划那样在开始之前就把每一步都计划好，动态规划允许（跨越时间）持续修改直到得到最好的结果，可以随时修改以便给未知的事情和在长时间内不可避免的意外的转变留下空间。

怎么样解释这个问题的经济学意义呢？卢卡斯在尝试描述投资行为的时候认识到如果无限维表格可以被用来描述各种可能的结果，那么它将是处理这类问题的理想框架。卢卡斯和他的朋友爱德华·普雷斯科特（Edward C. Prescott）为了掌握新的数学工具和阿罗—德布鲁模型中的状态偶合性观点日以继夜地辛苦工作。之后，这些结论又通过他们被其他宏观经济学家借用。新的技术可以使模型中的每个人（而非经济体系的规划者）都做出最优选择。企业不断地在对未来价格的理性预期基础上计算投资的价值，而非认为当前的价格是变的。这样，企业就好像是被真正的人操作一样。卢卡斯和普雷斯科特创造了一个有关分散化并具有高度不确定性的模型，他们把这篇论文取名为《不确定条件下的投资》。

这就是"新古典宏观经济学"——古典是指它假设每个人心中都有一个苏格兰人①；宏观是指它继承了商业周期理论；新是指它与凯恩斯主义和货币主义者信奉的新古典教义非常不同。这场革新在70年代末的经济学界中风靡一时。在年轻时代经历了这次革新的奥利维·布兰查德（Olivier Blanchard）这样解释道："如果人们和企业有理性预期，那么认为政策是对一个复杂的和被动的体系的操控的观点就是错误的。思考政策的正确方法是把它当作政策制定者和经济之间的博弈，因此正确的工具是博弈论而不是最优控制。"

70年代见证了一系列的进步：中央银行家们（至少是最好的中央银行家）多年来熟悉的概念获得了数学上的表达。可信性是主要考虑因素；声誉、透明度和独立性被视为经济政策的关键因素。由于无限维表在数学上的广泛应用，长期以来的有关短期和长期的划分被预期结果和非预期结果的划分所取代，从而使人们能够更好地理解均衡。

几乎同时，其他经济学家尝试着把不同程度的信息而非预期纳入模型，代表人物是年轻的经济学家——乔治·阿克洛夫（George Akerlof）。阿克洛夫生于1940年，1962年秋天从耶鲁来到麻省理工，富有热情和丰富的数

---

① 意指每个人都受到亚当·斯密的"看不见的手"的指挥——译者注。

第 13 章 经济学家转向尖端科学，"模型"成为动词

学知识。他把第一年的大部分闲暇时间都用在了代数拓扑学上，当时麻省理工的所有人都在学习增长理论，因此他成为了索洛的学生。他的同学包括后来去了芝加哥的约瑟夫·斯蒂格利茨、威廉·诺德豪斯和谢辛斯基。

但是，阿克洛夫对增长理论中存在的问题感到失望。他在芝加哥大学的工作最终证明了"弹性—刚性"（putty-clay）模型的稳定性。这是经济增长中最热门的话题之一。区分固定或可变的投资物品的资本劳动比（刚性和弹性）在他看来根本不重要，他想知道的是现实市场是如何运行的。1966 年他从麻省理工学院毕业，开始在加州大学伯克利分校工作。

不久后他决定研究新汽车销售的年际差异，也许汽车销售波动的原因，将会对研究商业周期机制下的工资和价格的波动根源有所启发。阿克洛夫发现，人们买这么多新汽车的重要原因是他们不相信二手车销售者，"他之所以要卖（二手车），很可能因为是不好用，因此别人也就不想买。"经济学家开始把这个问题称为"不对称信息"，即一群人知道的事情很可能是另一群人不知道的。这种思想已经存在很久了，但阿克洛夫当时并不知道。

我们今天把阿克洛夫所说的这种机制称为"逆向选择"（adverse selection），这种（对质量的）担忧可能会使二手车市场萎缩甚至消失。阿克洛夫很快认识到不仅汽车如此，逆向选择存在于任何产品质量难以评估的市场，比如借贷市场或保险市场。他对结论很满意（这次他放弃了偏爱的深奥的拓扑学证据而用了更加普遍的方法），提交了论文，并去印度待了一年，希望能够搜集到引起这个国家贫穷的原因的第一手资料。同时，他的关于新车销售的论文被认为没有什么价值而多次被拒绝发表。芝加哥大学的《政治经济学》（Journal of Political Economy）认为它明显是错误的。真的那么明显吗？他们认为当然是的。如果这篇论文正确，那么经济学就不是现在这个样子了。《旧车市场》（The Market for "Lemons"）最终于 1970 年发表在《经济学季刊》（Quarterly Journal of Economics）上，立即获得了成功，不久后便改变了经济学的面貌。

对于二手车的研究把人们带回到垄断竞争的研究上。不到一年之后，年轻的哈佛研究生迈克尔·斯彭斯（Michael Spence）指出了一条卖主如何走出阿克洛夫所说的困境的道路。如果是一批刚进入劳动市场的学生，则可以把时间投入到一个更高的学位上。斯彭斯把通过高投入来显示质量的行为称为信号传递行为。他的模型像"柠檬"理论的一样严谨，适用范围更加广泛。《市场信号》后来导致了上千篇论文的诞生，因为它可被应用到

任何存在买主信息缺陷的地方：劳动市场、金融市场、日用消费品市场、药品市场，等等。这可以用来描述爱德华·钱伯林30年前提出的产品差异——覆盖了从广告到设计的一切东西。

之后，第三个经济学家加入了这个行列。斯彭斯解释了信号传递，斯蒂格利茨（Joseph Stiglitz）提出了信息甄别机制，用各种途径挑选有价值的信息：比如保险公司按客户风险等级提供不同的扣除额政策。很快斯蒂格利茨把研究范围扩大到金融领域来解释信用分配，分析劳动市场上用高工资留住可能辞职的工人的现象。

斯蒂格利茨开放式的研究风格与斯彭斯正好相反。他提前一年毕业来到麻省理工学院，之前是阿姆赫斯特学院的学生会主席。（他发起取消兄弟会的运动，与马丁·路德金在华盛顿游行。）他的聪明是出了名的，决心做出点成绩。在第一年结束的时候，他开始编辑萨缪尔森的文集第一卷。在别人还没起床的时候，斯蒂格利茨就已经在写长篇论文了。他在日本发表了长达八个小时的演讲，被传为佳话。争论对他来说就像蜂蜜对于熊一样具有吸引力。他的研究似乎涉及一切令人兴奋的问题：增长、一般均衡、公共财政、公司财务、不确定下的企业理论、市场缺失、比较经济学，其中，他在信息经济学中的成就最大。

新技术的出现引起了大争论，尤其是卢卡斯无限维度表的应用。渐渐地，现代派占了上风。无论用什么方法——理性预期或不对称信息、微观或者宏观——用新方法理解古老的经济学问题的好处都是不能忽视的。

然而这并不意味着现代方法获得了一致认同，事实远非如此。就像30年代把认为经济学是工程学的人分成凯恩斯派和货币主义者一样，现代派也分为两个阵营——新古典学派和新凯恩斯学派，但新的划分与旧的并没有太大区别。

新古典学派开始占了上风，毕竟是他们发明了新的方法。他们强调完全竞争假设的便利，各种形式的政府失灵的可能性，非自愿失业问题被夸大的可能性，还一度把政治职位纳入到工具中。

之后凯恩斯学派也发挥了作用。他们拥护新方法，建立了一般均衡模型，假设理性预期，学习使用清晰的把现在和未来联系起来的有限维度表。很快他们开始关注前辈们提出的不完全、冲突和不对称。他们自然偏向与政府规制有关的解决方案。菲利普斯曲线重新兴起，它被调整后用来解释预期和意外，这便是新凯恩斯主义。

第13章　经济学家转向尖端科学，"模型"成为动词

在某个时刻宏观经济学出现了淡水派（freshwater）和咸水派（saltwater）的区分。在芝加哥、明尼苏达、罗彻斯特、卡耐基·梅隆和沿湖或沿河的内陆大学，淡水派宏观经济学占主流。咸水派宏观经济学在沿海大学中风行，如麻省理工、哈佛、耶鲁、普林斯顿、斯坦福、伯克利等。经济学用这两个词来表明现代规划方法是如何改变过去的行为方式的。老的凯恩斯学说和货币主义学说失去了对年轻一代的号召力。

多年之后，阿克洛夫把新方法的源头归到增长理论的初期。早期的以索洛为领头人的增长理论学者们建立了第一批与完全竞争标准略有不同的模型。他回忆说，60年代初期以前，学者很少建构旨在抓住特定市场的特殊机制和属性的模型，钱伯林是一个例外。当研究生和部分本科生学习垄断竞争的时候，它只是一个不受重视的边缘内容。

尝试描述世界的那些"特别的"模型很难把握，甚至很难弄明白：古典资本、人力资本、干中学模型、古典资本、弹性—刚性模型，但关于这些经济增长的早期模型为革命埋下了种子。阿克洛夫写道，几乎不可避免地，不对称信息是最早的回报之一。他可以很容易地借鉴金融学或淡水派宏观经济学的发展成果。然而，如果加在一起，所产生的成果是不容忽视的，因为新的方法——博弈论、集合理论、火箭科学及其他经济学理论越来越贴近现实世界。

1969年的夏天，他回忆说，他第一次听说"模型"除了名词外还可以被用作动词。

诺贝尔奖一直都通过总结回顾为公众和媒体指引未来的方向，诺贝尔委员会已经开始写思想近现代史的通俗版本，新的奖项逐渐获得了肯定。

1969年，第一届诺贝尔经济学奖颁给了拉格纳·弗里希（Ragnar Frisch）和简·丁伯根（Jan Tinbergen），他们在美国完全不为公众所知，他们在1930年推动成立了计量经济学协会。第二届颁给了45岁的保罗·萨缪尔森。第三届是西蒙·库兹涅茨，奖励他对国民收入账户的研究。第四届给了约翰·希克斯爵士和肯尼斯·约瑟夫·阿罗。第五届得主是瓦西里·里昂惕夫，由于他的投入产出表。之后该奖被授予瑞典人冈纳·缪尔达尔（Gunnar Myrdal），以及奥地利经济学家弗里德里克·冯·哈耶克（Friederich von Hayek），他们代表了某种传统的两个极端。次年，经济学线性规划工具设计者利奥尼德·康托罗维奇（Leonid Kantorovich）和加林·科普曼斯获奖。

1976年，诺贝尔奖颁给了25年前把科普曼斯扫地出门的米尔顿·弗里德曼。15年后他们理应把奖颁给科普斯曼的学生哈里·马科维茨。难以理解的是，诺贝尔奖直到1987年才认可了索洛的贡献，模糊了他作为经济学的进步轴心的重大作用。1994，瑞典终于把奖颁给了约翰·纳什［约翰·海萨尼和莱因哈德·泽尔腾（Reinhard Selten）］，这是第一次（非最后一次）认可50年前已经开始的作为经济学中心的博弈论的发展。[1] 尽管如此，到70年代末，现代派在顶级研究生院中获得了胜利。到90年代，他们在斯德哥尔摩也获得了胜利。

通常，新技术同时意味着一些空白的出现，正如经济学家总是先解决最简单的问题一样。令人感到讽刺的是，这次增长理论被搁置起来，增长理论在七八十年代的低落是令人惊奇的，因为当时大部分地区的经济衰退都与它有关：生产力水平下降、高通货膨胀、亚洲崛起、欧洲的复兴，等等，但商业周期和政策的有效性在经济学家的考虑之中。此外，增长理论中的主要问题都已经被解决。

像非洲地图一样，索洛的增长根源模型由粗略的边界组成，缺少内部细节，许多令人感兴趣的行为都被故意忽略。但如果现代经济的大部分领域都是"禁地"，那么年轻的经济学家期望冒险进入这个未知领域，自己来探个究竟。

---

[1] 甚至在瑞典皇家科学院对纳什等人授予诺贝尔奖的当天，仍有人当场表示反对，这一幕在西亚维娅·纳萨（Sylvia Nasar）的《美丽心灵：约翰·纳什自传，1994年诺贝尔经济学奖得主》一书中有生动的描写。

第二部分

第 14 章　新征程

大多数情况下，分水岭都不是显而易见的。一个小的增长，或不显眼的高峰，或者一度枯竭的溪流在另一个或几个方向开始流动，并最终汇聚成江河。在经济政策的历史上，20 世纪 70 年代像 30 年代一样是一个分水岭，或许还比后者更加明显，但当时并没有显露出来。

那十年的全球经济动荡与大萧条是根本不同的——两位数的通货膨胀，而不是停滞；相对衰退、迷茫，而不是绝望。在工业化民主国家中，失控的感觉在蔓延。一些人认为指令性经济正在发展，而另一些人则认为他们落在了后面。南北差距似乎正在扩大，大部分第三世界国家认为自己无法追赶，只有一小部分国家或地区——日本、亚洲四小龙掌握了增长的奥秘。

70年代中期的很多经济学研究生生活在危机之中，他们像30年代同样处于经济危机中的学生一样，寻找着谜团和问题的答案。很多问题困扰着70年代——通货膨胀、失业、能源紧张、生产力下滑。柏林飞船乐队的一首歌的名字（以及一部音乐电影和后来的一部反映那个时代的喜剧电影）反映了这一时期的特征："眩晕和迷茫"。同时，关于大萧条的记忆逐渐退去。二战后的不景气并不严重，阻止经济滑坡不再是一个难题。

当时最紧迫的问题早在三百年前现代经济诞生初期就曾出现过。为什么国家之间的增长速度有如此大的差距？为什么有些国家增速减缓？年轻人不必走进教室就能感觉到这些问题的存在。后来，这个问题渐渐地清晰起来——经济增长如何取代了经济稳定化成为当时人们最感兴趣的问题。70年代，世界上发展最快速的国家是日本，日本给美国的汽车制造业造成了明显的冲击。为何如此强的工业优势在这样短的时间内消失殆尽？一个小岛国家是如何实现如此显著的增长率的？它成功的秘诀是什么？

1978年的某天，24岁的麻省理工研究生保罗·克鲁格曼听一个加州商人讲述他非常害怕日本会通过保护巨大的国内市场来进行征服世界市场的热身运动。首先是照相机和摩托车，如今日本制造商已经控制了汽车制造业。美国的电视、录像机和其他日用电器产业遭到了夹击。精明的加州人明白美国人二十年前发明的半导体将成为日本的下一个冲击目标。每个例子中的内在机制都惊人的相似。首先是在最新的制造行业中大量投资，然后通过国内市场的长生产周期（long production runs）抵消固定成本，最后，随着生产技术的提高，利用商品的低价格打开出口市场。

由于听了加州商人的话，克鲁格曼回想起他学过的国际贸易理论。自从李嘉图（Richardo）时代起就在教科书中被奉为真理的理论认为国家之间会依据自然禀赋的差异进行自然分工，通过完全竞争和持续规模报酬的自动运作来实现合理分工。葡萄牙出口葡萄酒，英格兰出口羊毛，美国出口木材，等等。国家间的贸易可以弥补生产资源——人或土地——的分配不均，最终实现全世界的均衡发展。

克鲁格曼明白，偶尔会有可以用常规方法解决的例外出现。30年代，学者们修正了贸易理论，最终在40年代形成了萨缪尔森的萨缪尔森－斯托尔帕（Samuelson-Stolper）定理。没有哪个贸易理论者比杰格迪什·巴格沃蒂（Jagdish Bhagwati）更好地使用和扩展了这个标准模型，他是萨缪尔森的学生，克鲁格曼的老师，难怪克鲁格曼见到巴格沃蒂的时候觉得所有有趣的工作都被做完了。

克鲁格曼觉得那个商人并不懂得比较优势原理，也不赞成经济学认为世界是"自动平衡"的看法，即市场能够自动恢复贸易和分工的"自然状态"。商人并没有自己的相关模型，只是坚定地相信现实世界与克鲁格曼这些人在学校学到的经济学说不同。

克鲁格曼在各方面都是一个有趣的年轻人。他在长岛长大，痴迷于阿西莫夫（Isaac Asimov）的《基地三部曲》(Foundation Trilogy)和其中那些聪明的、英雄般的心理历史学家以及用一些精选出来的方程操纵银河系帝国命运的数学社会学家。他在耶鲁读的大学，跟随导师威廉·诺德豪斯研究世界能源市场。（在一个暑期计量经济学项目中，他发现如果价格上涨人们会削减石油消费。）从耶鲁毕业之后，1975年秋天他跟随诺德豪斯来到了麻省理工大学。

由于优秀的和尽职的教员队伍，当时麻省理工仍然是世界上学习经济学的独一无二的好地方。（或许现在依然是这样，只不过优势不是那么大了。）所以大部分刚进入该领域的有前途的学生都选择了那里。很自然地，他们都想让自己与众不同。在克鲁格曼为了好玩而写的一篇关于星际贸易的经济学论文中，他尝试通过调整利率来考虑普遍相对性。

对克鲁格曼来说制作小数学模型很容易，他很擅长做出简单化假设从而使模型容易控制而不繁杂。他学习了当时很流行的数学技术。他写过一篇投机对货币造成冲击的论文，成为汇率决定理论的新观点的先驱。尽管这篇论文反映了当时的潮流——用国际贸易的理性预期模型扩展凯恩斯理论，但克鲁格曼并没有把它算在自己的毕业论文中。1977年6月，克鲁格曼离开研究生院回到耶鲁。他回忆说："我甚至不确定是否真的喜欢搞研究。"

但是，如果那个商人是正确的会怎样？多年以来，许多政治家和经济学家都支持保护幼稚产业，因为通过报酬递增的魔力，光是在市场份额上就可以产生巨大的优势，这可以追溯到亚历山大·汉密尔顿。1961年，一个叫斯塔芬·伯伦斯坦·林德（Staffan Burenstam Linder）的麻省理工学生提出"本土市场效应"（home-market effect）假说，国家可以利用贸易禁运或禁止进口来进入有很大需求的国内市场。林德思考了沃尔沃通过二战进入汽车产业的例子，当时瑞典禁止大多数汽车的进口。经过几年在没有外国竞争的情况下学习汽车制造，沃尔沃开始占领斯堪的纳维亚市场，60年

— 141

代开始汽车出口，甚至出口到美国。

林德发现，瑞典进入美国市场是极为反常的，在李嘉图的理论中这种情况是不存在的。标准理论预测国家间的分工会扩大：英国制造汽车，德国制造火车，美国制造飞机，像沃尔沃这样的本土市场效应很小且很快会消失。但林德注意到，工业化国家往往同时增加所有产品的出口，且在彼此间出口。美国把福特汽车和波音飞机卖给德国，德国把福克飞机和大众汽车卖给美国，结果产生了令人瞩目的"产业内贸易之谜"。

克鲁格曼想知道，是否日本的情况与瑞典一样，而只是规模更大呢？假设他们依赖保护主义政策来保护汽车和其他各种产品——今年是链锯，明年是割草机和舷外马达，直到他们在本土市场实现规模优势，然后以低成本打开海外市场。有着聪明管理者的国家，即战略贸易家，可以利用政府，通过法律和协调企业来达到本来只能靠运气来达到的目的。首先是摩托车，然后是汽车，再到飞机、电脑，其他国家将被挤出某个市场，而一旦被挤出，便很难再进入。

接下来，对于商人来说合情合理的事情对受过良好教育的经济学家来说却是荒谬的，是一种无法接受的可能性。商人们所说的过程如果没有一个模型来表达，那么系统地考虑这种效应是不可能的，更不可能严格地衡量它的程度。

70年代中期麻省理工和剑桥的经济学家们都在思考这些问题，但侧重点有所不同。70年代早期，由于阿克洛夫、斯彭斯、斯蒂格利茨等发明的信号传递和信号甄别模型，产业组织分支学科突然盛行，产业组织发展迅猛，美国政府针对IBM和AT&T的反托拉斯法案正在进行。贝尔和兰德的经济学杂志强调应用经济学应向企业开放。新一代的博弈论学者〔大卫·克雷普斯（David Kreps）、保罗·米尔格罗姆（Paul Milgrom）、约翰·罗伯特（John Roberts），特别是罗伯特·威尔逊（Robert Wilson）〕在五六十年代的学者（约翰·纳什、约翰·海萨尼、莱因哈德·泽尔腾、罗伯特·奥曼等）的一系列高度抽象的基础上发明了新的工具。

单个企业如何占领市场的问题被正式提出，并取得持续的成功。为什么他们这样做？他们是如何管理和融资的？什么时候等级制受到偏爱？问题的中心是报酬递增问题。新模型表明了企业如何通过扩大产品多样性、塑造品牌或减少竞争来获得递增报酬。年轻的经济学家仍然被灌输垄断竞争是一条死胡同的理论，至少根据目前的理论是这样的，但它毕竟还有一些小的应用。别针厂的问题突然间成为了现实。

在一个垄断竞争模型中,克鲁格曼发现了他的问题的答案。这个模型是一年前由迪克西特(Dixit)和斯蒂格利茨做出的,其目的是为了考察"生产繁殖"(product proliferation)是否对经济不利,当时一个流行的理论认为品牌繁殖可能会导致通货膨胀,他们想知道种类过多是否能作为一种战略。大的食品加工企业是否想通过多样性来把竞争对手挤出市场?这意味着要找到一种说明最优种类的方法。

多样性问题的框架早在50年前就已经由哥伦比亚大学的哈罗德·霍特林(Harold Hotelling)解决了。他考虑的是一个空间位置(spatial location)问题:三家加油站聚集在某一个交叉路口,经营相同的东西。现在迪克西特和斯蒂格利茨略微修改,提出了多个垄断产品的竞争——谷物、早餐和货架,每一个都与其他略有不同。他们假定某个消费者偏爱特定一种,效用函数由一种叫做"可加可分性"(additive separability)的数学性质刻画,使其很好地与阿罗—德布鲁模型相符。迪克西特后来回忆说,"我和约翰知道我们是在一个简化的不完全竞争的一般均衡框架下尝试着一些新的内容,但我们不知道它会有这么多用途——显然是这样,不然接下来的那些后续论文就都是我们写的了。"

克鲁格曼认为这个关于差异产品的"完美小模型"可以用到自己的问题中。(他在罗伯特·索洛的一门关于垄断竞争的课程中学到的。)同时,许多其他的类似模型出现①,但在许多应用上,迪克西特—斯蒂格利茨模型和麻省理工的"大众模型"② 都是最好用的,都包括在克鲁格曼的应用中。

在这种背景下,1978年1月克鲁格曼拜访他在麻省理工的老师、国际经济学权威鲁迪格·多恩布什(Rudiger Dornbusch)。他回忆了他与那个加州商人之间的对话,想知道做一个垄断竞争贸易模型是否有意义。多恩布什立即表现出兴趣,克鲁格曼回去之后便开始了这项工作。

克鲁格曼加入了关于政府的贸易政策是否可以在递增报酬或者说成本递减方面起作用的一场争论。这场争论已经持续了两个世纪——约翰·雷(John Rae)、弗里德里希·李斯特、约翰·穆勒、弗兰克·格雷厄姆

---

① 凯尔文·兰卡斯特(Kelvin Lancaster)(1975)、迈克尔·斯宾塞(1976)、迪克西特和斯蒂格利茨(1977)、斯蒂文·萨罗坡(Steve Salop)(1979)。

② 藤田昌久(Masahisa Fujita)、克鲁格曼和安东尼·威纳伯(Anthony J. Venables)的《空间经济学:城市、地区和国际贸易》中有关于迪克西特—斯蒂格利茨模型优势的讨论。

（Frank Graham）、斯塔芬·伯伦斯坦·林德都曾参与了这场世纪之争。不可思议的是，直到 70 年代中期经济学家们仍在使用数学版本的谷物模型——与其他物品没有什么不同的复合物。由于当时并没有其他工具可以用，所以经济学研究只能沿用这种传统方法。

与前辈不同的是，克鲁格曼可以使用许多新的理论工具。他开始认真思考这个问题的时候，技术上的困难已经被解决了。模型中的某一些物品可以是专利产品，比如飞机，没有直接替代品，生产者可以合理设定垄断价格。其他物品就像玉米一样：许多人卖，许多人买，完全替代，价格水平由供需决定。前景突然光明起来，他每天兴奋地彻夜工作。他在后来的自传式随笔《我的职业生涯轶事》中写道："我知道几小时之内我就能使整个事业在我的掌握之中。"

很快，他使用经济学逻辑证明了企业和国家有可能锁定某种优势，排除竞争。"我突然意识到经济学方法引起盲点的惊人程度，我们只是不明白什么是不能用模型表达的。"

一片戏剧性的天地被打开，克鲁格曼用新模型表达递增报酬和一般均衡如何共存。如果一个国家率先批量生产某种不可替代的复杂产品，比如汽车、飞机或芯片，它就可能保持领先。专业化能够降低单位成本，其他国家很难插手。

言外之意是市场未必是万能的。动荡可能随着时间发展，而不是回到正常。在理论中，可能存在多重均衡：这是一个高度颠覆性的结果，因为削弱了福利定理并承认政府的作用。显然有时候贸易部门会发挥良好的作用。在 70 年代的背景下，克鲁格曼的模型讲述了一个令人震惊的故事。地理差异、比较优势原则不再是国际分工模式的唯一解释方法，有时，历史本身（无论哪个国家率先获得优势）就是原因。

但以当时的标准，这个模型在许多方面需要加强说服力。比如，经济学家往往想要一个而不是很多的结论。如果是很多，那么这些结论确切地告诉人们的是哪一个结果呢？所以克鲁格曼在接下来的一年里非常灰心。杂志拒绝发表他的论文，资深的同事不重视他和他的工作。与大量最新的高深的理性预期文献形成对比的是，他的模型几乎是令人尴尬的没有技术含量。耶鲁的一个研究项目基金拒绝了他。困难还在继续出现，他的模型并不完整。

1979 年春天，他在波士顿的洛根机场准备去明尼阿波利斯（Minneapoils）开讲座时，想出了一个把对立的垄断竞争和比较优势原则整合起来的方法，这是他从一个地理学的工具中想到的分析技巧。之后他说，那天晚上的事件可以代表整个过程。"一个多年以来经常在脑海中浮现的模糊想法，最终通过某一件事而变得清晰，产生了一个几乎成熟的模型。"这一次的研究对象是几个不同的参与国际竞争的产业的规模报酬递增。那个商人对日本的担忧（从割草机、汽车到半导体）被表述为一个完整故事的一部分。"显然，国家不是企业——它们不能被赶出所有市场，但国家可以被逐出几个产业，因此事实上短期冲击可以对贸易产生永久的影响。"

1979 年 7 月，克鲁格曼把他的模型第一次带到了国家经济研究局暑期研究所。（一年前该机构从纽约迁移到了剑桥。）从那时起，剑桥的暑期研究所成为一个圣地，后来逐渐变得平庸，但是仍有很多想留名青史的年轻经济学家加入。

多年后克鲁格曼写道："我仍然觉得，所有我做的事情当中，那次论文宣讲是我一生中最棒的 90 分钟。"《煤矿工人之女》这部电影中有一幕，年轻的罗瑞塔·丽恩第一次在一个嘈杂的酒吧中表演，渐渐的人们开始安静地听她唱歌。我的感觉就是如此，我做到了。"当时他 26 岁。

1979 年夏天，克鲁格曼的成功使他加入到了从事国际贸易研究的顶尖群体中。（他有两个贡献，但之后他没有发表关于货币的论文。）世界各地不断地举办会议，参与者们在各个城市之间飞来飞去以便为今后的论文创造灵感。没有人知道有趣的事情会在什么时候出现。克鲁格曼回忆了一个在米兰的会议。"房间很破旧，椅子不舒服，好几个上年纪的人最后背部都生了病。酒店高雅却简朴。但我敢肯定地说讨论中的真知灼见绝对比几十个七国集团会议还要多得多。我希望令人永远铭记的是那些穿牛仔裤、语出惊人的年轻经济学家，而不是穿着质地考究的衣服的知名官员。"

1980 年夏天，为期三周的大规模国际贸易和国际金融会议在英国沃里克大学（University of Warwick）举办。沃里克大学离牛津不远，对正统经济学来说是二流的。会议旨在让顶级学者与脱颖而出的年轻人交流，讨论最近的争议，学习最新的技术。沃里克的夏天很热闹，一共有 28 个访问者，包括依然在工作的杰出长者，正在攀登高峰且精力充沛的中年学者，聪明智慧的年轻博士后，克鲁格曼就是其中之一。

那年在沃里克汇率是最热门的话题。关于不确定性的数学是另一个热点：迪克西特和平狄克开始把阿罗—德布鲁的无限维度表介绍给贸易经济学家。不完全竞争既不是唯一的也不是最重要的话题。克鲁格曼带来了与詹姆斯·布兰德合写的关于"相互倾销"的论文。市场规模受到关注，在大国中，低成本的生产者具有优势。

这次克鲁格曼的演讲并没有那么成功，反对意见出现了，委员会中的长者提出了质疑和批评。有人把克鲁格曼和布兰德称作"不完全竞争者"。有威望的查尔斯·金德尔伯格（Charls P. Kindleberger）批评他们"需要真正的模型来理解想当然的事"。国际贸易报酬递增的观点流传已久了——在他的1953年的教材中，在丁伯根次年的文章中，在约翰·威廉姆斯1929年的文章中，国际贸易报酬递增就是讨论的依据。"我常常回想在剑桥时的快乐时光。当时阿罗通过公式化使得递增报酬获得认同……我对克鲁格曼认定他的国际贸易理论是新东西感到愤怒，因为它只是把早就有的事实用方程表达了而已。"

然而，热衷于公式化的年轻人却对此产生了极大的兴趣，他们中有一个人被克鲁格曼研究贸易的新分层方法吸引。1980年，埃尔赫南·赫尔普曼（Elhanan Helpman）34岁，是新兴一代的佼佼者，他是阿罗在哈佛的学生，在同行中有着兼具谨慎和丰富想象力的名声。他出生于前苏联，在波兰长大，直到1957年全家搬到以色列。服兵役之后，他决定做一个工程师。但在一个士兵的桌子上看到一本希伯来文版的萨缪尔森的教材之后，他改变了主意。（"我一读就停不下来。"）赫尔普曼1966年进入特拉维夫大学，毕业之后去了哈佛。

1982年，赫尔普曼为编写一本国际贸易理论手册邀请了克鲁格曼，他们成为研究伙伴，最终决定共同编写。大量关于国际贸易模式的真知灼见被编辑成册。他们着手提出一个有关贸易垄断竞争理论的系统说明。1985年，他们的著作《市场结构和对外贸易：递增报酬、不完全竞争和国际经济》（Market Structure and Foreign Trade: Increasing Returns, Imperfect Competition, and the International Economy）获得了广泛赞誉。卢卡斯看完了这本书后说："一个经济学观点的价值主要依赖于提出者使之准确并容易分式化处理的能力。……这本书是一个成功。"三十年来一直是完全竞争理论的大本营的芝加哥大学给予了其很高赞誉，同样获得赞赏的还有一个所有人共知的真理性的有说服力的方程。

垄断竞争很快开始充斥贸易理论。"新"国际贸易经济学在80年代早期非常符合现实世界。与全球相同的玉米、酒和羊毛贸易不同，经济学家认

第 14 章 新征程

为国际商业由两个纽带构成：一个是以完全竞争为特征，被比较优势驱动的商品和服务的潜在贸易；另一个是上层垄断竞争，在这种情况下，大跨国公司受政府补贴鼓励，经常侵占他国市场，并且分工由市场规模决定。

两种类型的贸易都获利颇丰。但如果前者的优势来源于自然资源的分布，那么上层垄断竞争的逻辑就只能是历史发展的结果——谁先造出割草机、飞机或电脑等。这也许解释了日本的成功，也许解释了波音或 IBM 的成功。政府继续采取"产业政策"，从事"战略贸易"。显然，唯一的问题是新政策是否易于实施。

1980 年夏天，当垄断竞争被沃里克会议的贸易经济学家们发现时，美国公众正在关注一场政治运动。罗纳德·里根与吉米·卡特竞选总统。卡特当时在任，但里根有明显的优势。人们认为他是一位关注相互依赖和个人责任的先驱。1980 年夏天，"供给革命"达到高潮——并非真正的革命而是只在媒体中上演。

正如我们看到的，无关的人插手危机的情况并不少见，有时甚至很有作用。30 年代，凯恩斯卷入了关于大萧条原因争论的中心，虽然他很可能在一些方面也很困惑。他提出了多重均衡的"粘性"理论，得到了很多技术经济学家的赞同。凯恩斯的威望达到顶峰。相比之下，70 年代许多外行的辩论就不那么成功了。紧跟经济学潮流的人对 70 年代末 80 年代初的供给经济学的疑惑最多，主要是因为背后有一位有影响力的经济学家——罗伯特·蒙代尔。

广泛为人所知的供给经济学家是祖德·万尼斯基（Jude Wanniski），他的第一份工作是拉斯维加斯的新闻记者（newspaperman），然后是道琼斯的不太走运的周报《国家观察者》（*National Observer*）的特写记者（像寓言式记者亨特·汤普森（Hunter S. Thompson）一样），最终成为《华尔街日报》的社论家。70 年代初期，万尼斯基感到了当时从芝加哥传来的一股经济学热潮。他没有大量撰写报道。在第一次为《公共利益季刊》（*the Quarterly Journal Public Interest*）写的文章中，然后是在 1978 年写的《世界运转的方式：经济学的成功和失败》（*The Way the World Works：How Economics Fail-and Succeed*）一文中，万尼斯基断言那个被他称为"蒙代尔—拉弗的假说"（the Mundell—Laffer hypothesis）正在为该领域带来一场革命。

到底什么是"蒙代尔—拉弗假说"？它的存在范围超出了万尼斯基的想

象,公平地说这个假说是关于世界的一个广泛的一般均衡观点,其中每件事都与其他所有事相关,特别是对工作和休闲的选择。更窄地说,它在所谓的"国际收支平衡的货币方法"中有所体现,该方法在70年代初的芝加哥大学国际经济系研讨会中被广泛讨论,当时蒙代尔是那里的教授。拉弗是企业经济学副教授也是蒙代尔的朋友,他刚刚离开斯坦福的研究生院,现在华盛顿工作。

在令人兴奋的几年中,蒙代尔和他的同行哈里·约翰逊(Harry Johnson)教授定期与米尔顿·弗里德曼在汇率政策问题上展开争论。弗里德曼认为货币可以自由浮动,由中央银行来控制货币供应。蒙代尔和约翰逊认为这是行不通的,因为资本可以流动,在开放型经济中,财政和货币政策根据汇率机制以非常不同的方式发挥作用。最终,弗里德曼在政策上获胜,凯恩斯在布雷顿森林设计的体系宣告解体,浮动汇率很快成为了规则。但蒙代尔在方法论上获胜了(但很快,他又通过一些特例把自己推翻)。问题在于弗里德曼对局部均衡模型分析的偏爱和该模型在现实中的无用性。在现实世界中,其他条件并非一直不变的。现在蒙代尔有了一般均衡模型,描述了在同一时刻所有事情是如何运行的。一个年轻的国际经济学家(迈克尔·达比(Michael Darby))比较了国际收支平衡的货币方法和15年前索洛的增长模型掀起的两次热潮。

事实上,蒙代尔于1968年在一篇用平实的语言写的小宣言《人与经济学》(Man and Economics)中就表达世界是广泛相互依赖的观点。"竞争有两种形式:能够确定竞争双方的个人竞争以及竞争者不能确定时的非人际竞争"是其中的一个观点。另外,赫兹和阿维斯(Hertz and Avis)之间的竞争属于前者,小麦市场属于后者。钱伯林(Vintage Chamberlin)和克鲁格曼1979年用数学语言把上述逻辑写了下来。《人与经济学》并没有建立模型,而是用流畅的文学体。(章节分为投入、产出/物品、要素/发明、专利/戏剧、角色/仁慈!)蒙代尔的学生鲁迪格·多恩布什开玩笑说,"我上他的课迟到了,也许我落下了模型部分?"

人们对新观点总是有疑惑的,这是规律,是正常的。据了解,万尼斯基从来不在书中提到《人与经济学》。当然经济学并不重视它。蒙代尔和拉弗没有在杂志上共同发表文章。拉弗离开芝加哥去政府工作。蒙代尔越来越古怪和不满,1971年他离开芝加哥,到家乡的滑铁卢大学教书。[理查德·凯夫斯(Richard Caves)讽刺说:"滑铁卢遇到了拿破仑。"]其他教授,尤其是雅各布·弗伦克尔(Jacob Frenkel)和鲁迪格·多恩布什接手并发展蒙代尔的最具体的观点——国际收支平衡的货币方法。拉弗和马克·迈尔斯 1982 年出版了国际经济学教科书,之后便从经济学领域消失并开始从事咨询工作,因为人们对报酬递增的热情减退使得教材完全过时了。

甚至在 1974 年哥伦比亚大学聘请蒙代尔之后,他仍然居于主流之外。他处在经济学的边缘超过十年,虽然涉足政策,但没有出书也很少上课。蒙代尔逐渐回到了正统经济学中,最终多恩布什说服瑞典人把诺贝尔奖颁给了自己的老师,但获奖原因是他在 50 年代的工作,没有提起多年的供给经济学。蒙代尔支持金本位的获奖演说非常杂乱,并不使人信服。

供给经济学家一度在政策讨论中占据上风,在之后很多年都保持着强有力的声音,这主要归功于《华尔街日报》的社论版编辑罗伯特·巴特利(Robert Bartley)。("他教给了我愤怒者的力量,"巴特利这样说万尼斯基。)通常他们有很充分的理由使他们的观点看上去行得通,从来不让自己被推翻。供给经济学家断言削减税收能使经济更快增长,从而与索洛模型相对立,也许他们是正确的。

但是他们没有试图把结论变成一个有严谨模型支持的共识,他们忽略了大部分前辈的理论,他们放弃了常规的方法:尽管他们不承认,但供给经济学的假设是存在经济增长。当递增报酬革命在沃里克大学的会议上占据主流的时候,供给经济学者们的活动还仅仅停留在报纸上。

第 *15* 章 "真愚蠢！"

1980年，一个年轻的名叫保罗·罗默的学生准备回到研究生院。他已经一年没有正式上学，陪同他的妻子去了安大略省的金斯敦（Kingston），他的妻子是一名医生，出生在多伦多，在金斯敦的大学医院完成了住院医生的培训。这一年来，他确定了论文题目，他要建立一个经济增长的新模型，从过去两百年就已经具有的特征——边际成本降低——开始。他认为这可以用知识增长来解释，所以他的模型把技术变迁作为了体系的内生因素而非外生的，它也可以描述增长正在加快的世界。

金斯敦位于安大略湖北岸，也就是汇入圣劳伦斯河的五大湖的最东地区。如果不是住在这样一个特别的地方，金斯敦将不为人知。它

第 15 章 "真愚蠢!"

一度成为军事要地,1848 年,最后一个防御塔被建成用来抵御美国的侵略。如今这个城市是加拿大最好的大学——皇后大学的所在地,那里集中了大量的最聪明的学生。罗默一直都很忙。

白天他上课积累数学和经济学知识,晚上研究毕业论文课题。1980 年 6 月他用一个租来的卡车带着妻子游遍整个五大湖。他回到了芝加哥大学读研,三年前他是那里的本科生。

罗默有着特殊的资历。上一个夏天他修完了课程并通过麻省理工的经济学博士考试。他可以把在剑桥学的东西带到他最激烈的对手那里。这可以使自己同时了解这场内战的双方,从而加深对这场争论的理解。

罗默是 1977 年麻省理工的 22 名新生之一,那时他没有什么特别出色的,除了本科在芝加哥学数学时成绩很好。

他 1955 年出生在科罗拉多,在家里的七个孩子中排行老二。他的爸爸曾经是农民,卖过约翰·迪尔机器(John Deer equipment),曾经营一个飞行研究所,做过建筑师,开发滑雪场,最后成了一个政治家。他还做过律师,曾在耶鲁神学院学习。1966 年,保罗十一岁时,罗伊·罗默竞选美国参议员失败,1974 年他重返政界,理查德·莱姆(Richard Lamm)当选州长并任命他为参谋长,1982 年他被选为州财长,最终在 1986 年成为州长。彼特利斯·罗默(Beatrice Romer)是个家庭主妇,在家照顾孩子。保罗回家后,她对他在小学时的一次表演感到兴奋(他演了一棵树),年中的时候她把他转到了私立学校,希望他接受更大的挑战。

后来,学习成了罗默的一切。中学的最后两年,他在新罕布什尔州(New Hampshire)的菲利普斯·埃特中学(Phillips Exeter Academy)就读,但他第一年很叛逆,表现很差,第二年参加交流项目去了法国。他放弃了高中的竞争,去大学参观和面试,他申请的大学只有芝加哥大学录取了他。和分子生物学家詹姆斯·沃特森(James D. Waltson)、保罗·萨缪尔森、罗伯特·卢卡斯一样,他加入了芝加哥南部的这所出了名的严谨的学校。在 1973 年水门事件发生的那年夏天,他读大学一年级。

由于处在充满自由的氛围中,芝加哥很快恢复了罗默被埃斯特中学扼杀的独立思考的能力:没有什么疑问是不被允许的。在本科的大部分时间,罗默都想成为一个宇宙学家。但是到了 70 年代中期,战后基础科学的大发展渐渐停滞,对宇宙起源的思考变得越来越缺乏吸引力。之后,他曾想过做一个公司律师,但价格理论的课程把他领到了经济学的道路上,至少是成为律师的一个中间步骤,那时的技术经济学在很大程度上已进入了法律领域。麻省理工的研究生院录取了他,1977年拿到数学学位后,他搬到了东部。

到麻省理工前,罗默几乎没有受过正式的经济学训练,也许自八年前默顿从加州理工毕业来到麻省理工后,他是第一个。与默顿不同,他并不出色。他跟他在芝加哥的室友戴维·戈登(David Gordon)(现在是克莱姆森大学(Clemson University)的经济学教授)喝啤酒时学了不少经济学。但那时,麻省理工有不少优秀的欧洲人,他们已经拥有了经济学硕士学位。在这样的群体中很容易迷失。萨缪尔森和索洛比以前上课少了。把芝加哥的新研究带到剑桥的斯坦利·费希尔(Stanley Fischer)和鲁迪格·多恩布什如今有最多的追随者。费希尔与同事奥利维·布兰查德合写的《宏观经济学讲义》(Lectures on Macroeconomics)是非常流行的研究生宏观经济学教材。在凯恩斯经济学的最后一次热潮中,每个人都想把理性预期嵌入到宏观经济学模型中——包括罗默和早他一年毕业的克鲁格曼。罗默经常与代表淡水派经济学的两种类型的布鲁斯·史密斯(Bruce Smith)和戴维·莱文(David Levine)在一起,前者是在明尼苏达学的经济学。他们之间有很多的讨论。

一个晚上一个小偷从窗户钻进了罗默在剑桥的公寓卧室,他受到惊吓,从前门跑了出去,却遇到了一个住在对面的天还没亮就出去工作的年轻加拿大女人。他跟她借了电话报警,这个女人就是弗吉尼亚·兰格缪尔(Virginia Langmuir),当时正在麻省(马萨诸塞州——译者注)总医院作为时一年的住院部医生,二人相爱并结了婚。他写了一篇有关破坏和进入的计量经济学论文。罗默在麻省理工顺利地通过了他的专业考试,准备和兰格缪尔一起回加拿大生活一年。

经过在麻省理工的两年,他再也不想做律师了,也不想回剑桥。在麻省理工没有人响应他所感兴趣的话题,第二年期间,索洛对别人说:"研究经济学理论的人都深深地知道增长理论的前景比较黯淡。我认为增长理论至少在现阶段已经过时了。"罗默决定和妻子去皇后大学,但如果要回学校写经济学理论论文,他会选择芝加哥大学。

没有邀请,也没有保障。确实,在经济学的最高殿堂里学习之后却转向其他地方,还没有先例。

所以他们去了加拿大,皇后大学不仅有优秀的院系,包括经济学和计

第 15 章 "真愚蠢!"

算机科学,还与权力中心联系甚密(大部分是隐蔽的)。在 40 多个经济学家中最杰出的是罗伯特·利普西(Rorbet Lipsey),有人认为他有可能获得诺贝尔奖。但对罗默影响最大的老师是拉塞尔·戴维森(Russell Davidson),戴维森是一个彻底的自恃者,定期地在学术界抛头露面。

戴维森的爸爸是一个苏格兰船长,戴维森 1966 年在爱丁堡大学物理学专业毕业,之前在比利时,后来去了得州大学(University of Texas)为伊利亚·普里高津(Ilya Prigogine)做研究助理。20 世纪 70 年代,由于物理学家过剩,戴维森在英属哥伦比亚大学做了一年与数学交叉的计量经济学研究,获得了第二个博士学位。在皇后大学,他通过自学论文,从一个新近重要理论贡献(阿马蒂亚·森编辑)的读者成为一个讲授者。"不久前人们都按庞特里亚金风格工作。我现在想知道理查德·贝尔曼,想知道各种问题的原因是什么,想充分运用我的经济知识。"

一天,戴维森在课上演示冯·诺伊曼的增长模型。这是 1937 年的经典论文之一,其中冯·诺伊曼第一次用拓扑学证明一个经济模型中存在均衡。这个十页长的论文开头追溯了 1928 年的柏林研讨会,当时冯·诺伊曼打断了马沙克(Marschak)的谈话,解决了早期一般均衡理论的一系列问题,而这些问题很久之后才被普遍意识到。直到阿罗和德布鲁在 1950 年左右开始构建理论基础的时候,它们的意义才逐渐明朗。据经济思想史学家约格·尼汉斯(Jurg Niehans)说:"从来没有一个基本观点有这么丰富的分支。"

然而,获得深奥数学的代价是抛弃现实。在冯·诺伊曼的模型中(与它之前的古斯塔夫·卡斯尔(Gustav Cassel)模型一样),所有的投入和产出都以相同速率增长:某些固定的物品集合产生出了更大的但是同质的物品集合,如同魔术一样。钢铁产生出更多的钢铁,玉米产出更多的玉米。没有变化,经济仅仅意味着增长。对于这种表达方法,罗默说:"真愚蠢!"戴维森的回答很温和:"愚蠢?没错,我们要取代它。"

罗默一度困于时间偏差。还是麻省理工的研究生的时候,他学习了索洛的增长模型,这个模型把外生的知识增长看成是公共物品。确切地说,旧的模型就是索洛模型及其凯恩斯学派的先驱们试图替代的传统。旧的模型为了简化而假设技术是不变的——增长是资本与技术常量的乘积(即冯·诺伊曼类模型中的 A 和 K,A 代表资本,K 代表技术)。索洛模型比它更有吸引力,认为技术变迁率是由外生因素决定的,假设至少技术知识是增加的，程度可通过巧妙运用一个余数来衡量。

然而旧的模型有着不同的风格和更加普遍的目标。那是罗默第一次感到现代派的力量，罗默认为，在所有用途上，索洛模型都显得简单而粗糙。许多人学习过之后都放弃了，说："忘了它吧，思考这么大的问题是不可能的。"在冯·诺伊曼模型中，罗默突然发现了抓住世界是如何随时间变化的最核心问题的可能。他说，"之前我从来没发现过，尽管在芝加哥的时候已经见过许多。"

罗默回忆起后来他在一次讨论中发生的故事。他承认他不能理解冯·诺伊曼的精妙之处，"很明显我不是很聪明。"但他接下来的工作使他相信自己最初对于这篇论文对增长的描述的批判是正确的。"讨论新产品、新过程、大学、私立研究机构、专利法、科学探索——所有我曾经认为现在依然认为是经济增长的中心——这个模型提供了一个很好的数学假设，但没有任何有意义的解释。"

24岁时，罗默带着自信，出于这种直觉，他决定建立一个更好的经济增长模型，可能因为包含了知识因素而比冯·诺伊曼的更好。它同样可以胜过索洛模型，因为新知识可以通过体系中的有意识的决策来实现。在索洛模型中，没有人为了个人利益而投资研发，每个人简单地从政府研究的溢出效应中获益。首先，模型应该是当代的，利用经济学家从1940年起发展出来的数学工具，特别是无限维度表。

多年之后，罗默回想起在金斯敦的一年的平静时光，在那里他慢慢地与问题斗争，丝毫没有进展。

> 我记得第一次使用控制理论模型，第一次认识到如果把递增报酬考虑进去就会找到实现增长的途径。我还记得当时用的铅笔和黄色便笺。过程总是充满了起伏，有时你觉得自己已经弄清楚了，有时却觉得走进了死胡同。记得每一个晚上，只有得到一些成果之后我才能睡觉，因为完全没有头绪时不能松懈。这是你选择的生活，你试着在再次失败之前放弃……你在等待某种成果出现的那一刻，不想在刚有些眉目的时候中断。我记得有人这样形容一个诗人的生活：只有在完成最后一行诗句的时候你才是个诗人。那之前，你只是个失败的诗人；在那之后，你是一个曾经的诗人。在成功的时刻，我感到自己是个经济学家。

第 15 章 "真愚蠢!"

　　他申请了芝加哥大学的研究生项目并被录取,兰格缪尔也在芝加哥大学医院获得了研究资助。

　　追溯起来,罗默的项目中最出色的就是它与当时的时代精神完全不一致。70年代的普遍悲观没有达到大萧条时期的水平,更远不及拿破仑战争时期,但当时在很多地方人们却说得跟末日即将来临一样。通俗的模型主导着公众观念:俱乐部罗马报告、人口爆炸、资本主义的终结和其他惨淡的前景,悲观论调深深存在于经济学中。

　　不同的声音永远存在,在戈德温(Godwin)和孔多塞(Condorcet)的传统统治之下,源于亚当·斯密的老牌观点的积极普及者包括经济学家朱利安·西蒙和供给学派记者乔治·吉尔德。但在70年代末,在经济学领域内、研究生院和已确立的权威中,很少有人对增长理论感兴趣。

　　就在那一时刻,罗默站到了争论的对立面。他说,至少两个世纪以来,人类的生存条件持续获得极大改善,为什么不预期这个趋势会持续呢?在他的模型中,增长可以无限持续几十年甚至几百年。

　　过了很久,罗默在工作已经完成时说:"我不想与末日论者争辩,也不想讨论政府应该怎样做,""我只想弄个明白。我在研究生院学的经济学大部分是正确的,并主要依赖报酬递减理论。但这里出现了完全相反的现象,问题是如何调和这种矛盾"。

第 *16* 章　从海德公园出发

1980年6月，当罗默来到海德公园校区的社会科学大楼时，他已经可以轻松地把在麻省理工学到的知识转化为芝加哥式的知识了。通常，学生们只有在完成了芝加哥大学两年的系列课程后才能学习系里的核心课程。不过罗伯特·卢卡斯在他第一年的1月就修了这些课程。罗默打算一报到就修这些课程，并且他很快就修完了，这让他很快就在研究生中出了名，使他有了回家的感觉。

实际上，对于罗默的项目来说，芝加哥是最理想的地方，他骨子里有着对学术研究的热情和专注。芝加哥大学的第六任校长劳伦斯·金普顿（Lawrence Kimpton）形容该大学"永远允许人们提出最难解的问题，无论是学生、

第 16 章　从海德公园出发

老师还是工作人员，都被鼓励去赞赏别人的努力而不是去批评"。芝加哥学人喜欢说，这所大学认真对待各种思想。

罗默当然不仅仅是来参加讨论的。因为要准备论文，他选修了几门高级课程。他上了卢卡斯的论文写作课，"他走进来，每节课都给我们演示他的进展，"罗默回忆道。同时他也接触了芝加哥的数理经济学泰斗——约瑟·沙因克曼（Jose Scheinkman），他教授跨时优化数学，即随时间变化的决策逻辑课程。沙因克曼同意指导罗默的论文，很快卢卡斯也成了罗默的论文指导老师。

1980 年，在考尔斯委员会离开 25 年之后，芝加哥大学的经济系高度分化。当时，利用价格理论为主要分析工具的文学派作为芝加哥学派的第二个代表在系里占支配地位，但来自内部和其他学术中心的压力变得非常大。80 年代初期，芝加哥再一次经历了成员分裂、互不沟通的痛苦，这次以后，数学方法很快占了上风。

老的文学派在分裂：米尔顿·弗里德曼曾战胜了凯恩斯，他经常直接面向大众讲述他的观点。著名的《资本主义与自由》（*Capitalism and Freedom*）自 1962 年出版以来卖出了几万本，它说服了包括年轻的罗默在内的无数年轻人，告诉他们保守未必就是沉默。在其他方面，他在《新闻周刊》与保罗·萨缪尔森的辩论专栏非常有名。1980 年弗里德曼和妻子出演了一个在全世界范围内播出的十集电视系列片，配套的图书《自由选择》（*Free to Choose*）成为畅销书。同年，他的朋友罗纳德·里根当选总统。但弗里德曼 1972 年做了心脏搭桥手术，1977 年他给妻子保证会退休然后去加州。此时，乔治·斯蒂格勒仍在商学院教书，然而，到 1982 年，他忙于跟诺贝尔奖有关的事情，并准备写他的自传。在经济系，老派的重量级人物——盖尔·约翰逊（D. Gale Johnson）、阿诺德·哈伯格（Arnold Harberger）和西奥多·舒尔茨——正在为工业化国家担当顾问。

同时，数学受到更大的重视。1971 年，芝加哥大学聘请了它的第一个前沿数理经济学家、伯克利的博士威廉·布罗克（William Brock）。布罗克同年挖掘了卢卡斯和乔斯·沙因克曼。在把芝加哥大学的经济学发展成今天这个样子的人中，热情的法国和巴西两国的混血儿沙因克曼是最不为人知的一个。（在海德公园待了 25 年之后，1999 年他搬到了普林斯顿。）在他们之后来到芝加哥大学的是现在在纽约大学教书的托马斯·萨金特和现在还在芝加哥大学的拉斯·汉森（Lars Hansen）。卢卡斯和萨金特对凯恩斯派的反对在当时已经为人熟知并形成了一个学派，就像淡水宏观学派一样。芝加哥、明尼苏达、罗彻斯特和匹兹堡（卡耐基·梅隆）都是新古典派的地盘，他们信奉"看不见的手"，使用高深的技术，非常受年轻人的欢迎。

新的数学化风格并不是对每一个新芝加哥大学人都有说服力，几乎同时，教员中出现了新的群体——劳动经济学家。他们既是理论家也是计量经济学家，相对于概括整个经济的行为表现，他们对特定市场的运行更感兴趣。带头的人是加里·贝克尔（Gary Becker）、舍温·罗森（Sherwin Rosen）、萨姆·佩尔兹曼（Sam Peltzman）和詹姆斯·赫克曼（James Heckman），他们属于研究由弗里德曼领衔的、被萨缪尔森界定为新古典主义的更接近于古老的马歇尔传统的经济学家。像弗里德曼一样，他们不断更新他们的方法。尽管他们的理论用模型表达出来并得到了计量经济学的支持，他们仍然把自己看作是应用价格理论的学者——无论如何都不是文学派经济学家，也不是现代运动的高科技学者。曾经有人开玩笑说布罗克是摧毁整个芝加哥大学的鼹鼠。在20世纪80年代初，该系不再成为一个整体。派系之争使得这个和蔼的人（成功的踢踏舞者）把芝加哥大学变成了1981年的威斯康星大学，分裂进一步加剧。

对研究生来说，系里的政治并不重要，技术是他们最关心的。与该系的精神领袖加里·贝克尔（后来的诺贝尔奖得主）相比，罗默更多的时间是跟数理经济学家、凸分析专家、数学系访问学者伊瓦尔·艾克兰德（Ivar Ekeland）在一起，这使他的研究课题获得了重大进展。传统的芝加哥派舍温·罗森对罗默的工作表现出极大的兴趣。舍温是一个价格理论家，之前在罗彻斯特大学学习专业化分工问题，是斯蒂格利茨的继承者。（请记住是斯蒂格利茨在1951年界定了别针工厂的矛盾。）当他得知罗默在研究递增报酬的时候，罗森给这个年轻的数理经济学家介绍了艾伦·扬（Allyn Young）在1928年写的论文，罗默记得他当时觉得扬所强调的因果逻辑非常混乱。

如果罗默习惯用文学语言表达经济学，他可能会说他打算总结知识的特征，并证明知识如何以像任何其他形式的资本一样的方式积累。记住这些基本的直觉知识：新产品、新过程、企业家、大学、私立研究所、专利法和科学探索——所有这些都是经济增长的中心。

但是，像任何一个优秀的经济学家一样，罗默学会了谦虚和婉转。"我不想过分强调我将创造新的知识，"他后来说，"你需要为之努力……很多人都已经先于我思考过了递增报酬和增长问题。我只是深化了该问题的研究而已。"

关于这个问题，50年代涌现出了各种富有解释力的一般均衡模型，描述个人、企业和政府行为如何随时间变化——主要体现在戴维·卡斯（David Cass）和科普曼斯（Koopmans）于1965年分别发表的论文里。卡斯-科普曼斯模型与索洛模型考虑的问题很类似，但他们使用了卢卡斯开创的跨时优化方法，这成为了他们的卖点。弗兰克·拉姆齐（Frank Ramsey）的独立计划者在这里转变成为一个竞争性产业，或一个完全由精明自利的苏格兰人组成的经济系统。换句话说，卡斯-科普曼斯是一个更为普遍的版本，因此罗默在研究开始时几乎不用索洛模型。按20世纪80年代的标准，跟大众公司模仿T型车不一样，他很少去咨询那些关注递增报酬并解决这个问题的理论经济学家。"某种程度上"，他后来回忆道，"它表明了我们的进展情况，从前很难界定的事情变得很容易用数学表述。"（和往常一样，这里强调道听途说的规则。）

罗默想要的是一个无限增长模型，其中不存在模糊的稳定状态。在索洛模型中，经济不可避免地在50或100年后停止增长达到成熟期，增长本身只是一个阶段。在古典经济学中，教授们讲授各种周期和阶段理论，以及波利比尤斯（Polybius）、圣奥古斯丁（Saint Augustine）、维柯（Vico）、康德、孔多塞（Condorecet）、黑格尔和德日进（Teihard de Chardin）的哲学历史。人们觉得经济学家不应谈论这些，但事实上索洛模型中隐藏着一个关于人类未来的观点：关于国家很快进入稳定状态的假设。

请记住正如人们看到的一样，经济增长在20世纪以来发展得更快而不是更慢。也就是说，罗默正在解决的是一个关于现实世界的实证问题。他说这种增长的趋势与科学的内在动态性有关：学得越多，就学得越快。如果知识是递增报酬的源泉，则积累越多意味着发展越快——事实上，过去的两个世纪的确如此。

然而对于他所设想的和试图把握的世界，却没有一个可靠的模拟。他设想在这个世界，未来的一千年里人类会不断发现新的奥秘。为了达到自己的目标，罗默有时会借鉴流行电视剧《星际旅行》（Star Trek）中关于增长的观点，一直到遥远的未来，国家兴衰更替，但人类不断地创新和向外拓展，即便不是永远如此，但也至少是一个相当长的时间。当然他的论证没有这么生动，而是讨论了知识的递增报酬与土地、劳动力和资本的递减报酬，但为了利于发表，他不能把论文做得过于晦涩难懂。

借助数学，罗默很快遇到了别针工厂的问题。"我曾研究过像拉姆齐那样的社会计划者模型，其中计划者在知识的报酬递增时进行优化。我能够理解这种加速的经济增长，而这正是我想要的。但我认为增长不能通过行为人的分散决策形成一个竞争性的均衡。这个模型以我感兴趣的方式来理解世界（加速增长），但与市场并不相符。"

问题是单个企业可以利用知识的递增报酬来垄断市场，推翻完全竞争的假说，这在任何时候都有可能发生，无法抑制，做这种模型无法给人带来乐趣，因为这显然不是事实。"我记得在与卢卡斯的一次谈话中，他说，'你为什么不用外部递增报酬？'这是它第一次成为解决只有一个大企业存在时的尴尬现实的数学策略。"

罗默第一个模型中的知识外溢作用和马歇尔书中的一样——确信即使是私人资助的新技术也不能被合理地使用。马歇尔的"很难保密的贸易知识"——它的有用外部性——会抵消递增报酬。罗默没有读过马歇尔的书，他甚至不知道阿罗在20年前的干中学模型中是怎么使用溢出效应的，他直接运用数学，准备建立模型。

有许多需要注意的细节问题，其中大部分是数学问题。比如，应使用哪种火箭的科学规划技术？庞特里亚金的还是贝尔曼的？两个都与描述时间进程有关。罗默在芝加哥大学使用跟戴维森学习的庞特里亚金式的持续时间技术，这个方法不适合与阿罗—德布鲁的无限维度表一起使用。关于无限维度表的微观经济学应用当时已经被卢卡斯推广，但对于分析增长问题来说，可预料的和不可预料的结果似乎并不重要，所以罗默坚持使用更熟悉的方法——庞特里亚金式的数学，从而能够不必明确表明时间就能及时跟踪变量的演化。

之后出现了多重均衡的问题，这意味着像正反馈这样的问题经常出现——事情会表现出多面性。扰动是不可逆的，是不可以恢复正常的。（当然这和克鲁格曼一年前解决的问题一样，但罗默不知道如何解决。）这种多重均衡需要被反复地大量计算，用曲线表现它们就是所谓的相图。当时，家用电脑还未出现，必需的数学软件多年后才出现，罗默只能手绘相图。

最大的技术问题是证明模型的稳定性，这个"刀锋"问题15年前曾经难倒了谢尔、斯蒂格利茨和阿罗。如果一个参数略微变化，就可能会使得个人效用变得不受限制，假设无限扩大，此时，模型无效，终端条件存在

第 16 章 从海德公园出发

问题。罗默用来解决问题的技术是基于卢卡斯和普雷斯科特在 1971 年发表的论文《不确定性下的投资》(*Investment under Uncertainty*)。他获得了数学家艾克兰德（Ekeland）的帮助，他和他的老师对问题的最终解决都很满意，在《计量经济学》(*Econometric*) 发表了一篇关于无限维最优化问题的短论文，最终他成功做出了一个好用的模型。

一旦把溢出包含在模型中，罗默的体系就跟马歇尔的类似，虽然当时他没这么说。完全竞争得以保留，同时保留了边际生产力理论设定的产品枯竭和欧拉定理。没有为了技术要素而牺牲什么。经济呈现总报酬递增。索洛和穆勒通过存在于模型之外的新知识来解决问题。罗默与马歇尔正好相反，他所说的知识积累来源于新的投入，通过溢出效应与其他联系起来，溢出意味着在他的模型中增长是内生的。这些外部经济如马歇尔所说的一样，有力地阻止了单个企业占有整个市场的可能。

罗默沉迷于数学之中，而没有认真想过这样做的结果。他回忆说，他没有去雷金斯坦图书馆，而是读了一篇说太空竞赛有利于经济增长的社论。他非常震惊，意识到他从事的数学抽象化研究很可能在某天有实际用途。

1981 年，罗默完成了他的论文，开始找工作。《具有外部性、递增报酬和无界增长的动态竞争性均衡》(*Dynamic Competitive Equilibria with Externalities, Increasing Returns and Unbounded Growth*) 花了他一年的时间。正式提交时论文被压缩成了 143 页，大部分涉及艰深的数学。

历史文献早有类似的观点，（虽然数学细节是未曾有过的，但这种模型中的观点早就存在……早在反驳马尔萨斯时就有了这个由某种递增报酬推动的观点，只不过更简单。）曾经有人试图使模型更接近现实。西蒙·库兹涅茨的数据表显示了自 1841 年以来，四个主要工业化国家的增长率一直在提高而非降低。

在他的模型中，何种变化是外生的呢？罗默举了一个具体的例子。中世纪随着地球轨道变化可能导致的气候变暖，他注意到欧洲粮食种植向北推进了几百英里。当代人发现了这件事，相应的农业生产力提高。他写道，这就是外生变化，人类活动不可能有这种结果。但同一时期，当种植小麦产量持续增加但野生谷物保持不变时，这种变化应被理解为体系内的即内生的，是农民主动地种植优良品种而放弃了种植劣质的。

论文的核心是模型，充满了符号的整整三十页都在阐述他认为的世界运行方式。由于"无形的资本（知识）"使与资本相关的扩散具体化，从而产生了总生产的规模报酬递增。论文提出了一个合理的标准，由假设的生产成本定义的单位来衡量规模报酬递增的程度。罗默找出并仔细界定了市场失灵的情况，即当发明者没有充分的理由付出努力时，这时候，他们的任何成果都会很快被溢出机制摧毁，因而出现系统性的知识投资不足。整篇论文有一半的证明除了精通数学的人之外很少有人能看懂，可以说除了他的评审委员会再没人读过。

然而，其中没有对索洛模型进行讨论和比较，没有提醒人们注意模型中存在的不稳定状态，在索洛模型中增长率随时间加快。罗默对他发明的工具绝对自信。论文的第一段提出只要在任何时候存在严重的市场失灵，只要在任何地方溢出造成了次优结果，他发明的用来计算低效均衡的数学工具就可以用于整个经济学领域——企业理论、资产定价、宏观经济波动，等等，其中的一个工具获得了成功，得到了芝加哥大学的极大认可。

罗默对增长模型的政策内涵保持沉默，这并不令人惊讶，因为这些内涵根本不是芝加哥风格的。政府补贴有时可以改善经济表现，但他注意到，这很大程度上取决于是什么样的补贴。他认为生产力可以通过补贴产出（即贸易配额）来被提高是错误的论断。更可能的是，当政府政策补贴新技术指导下的新工厂建设时，生产力才会提高。

罗默正式提交论文前，又修改了 18 个月，3 年之后他的模型才在杂志上正式发表。但对处于经济学前沿的那些人来说，当他们第一次研究这个论证的时候就知道它已经改变了世界。"人们说它与阿罗十五年前的模型一样，"阿克洛夫多年之后说，"但这是不对的。当保罗写论文的时候，每个人都知道世界被改变了。就像亨利·詹姆斯的小说《金碗》(The Golden Bowl)中描写的一个时刻，丈夫和妻子之间的一个眼神使得所有人突然间都明白妻子有了外遇。突然之间，所有人都知道了许多新的经济问题有待探索。"

罗默在正准备离开芝加哥的时候去了职业介绍所。1981 年 12 月，招聘会在华盛顿举行（多年以来都是在圣诞节和新年之间举办）。那年里根经济学非常流行。在展厅中，保守的美国企业研究所自夸说："《纽约时代周刊》说我们是最抢手的"。宣扬意识形态在工作方面始终没有什么实际意义，关键的是在简短的谈话中给人留下深刻的印象，从而能获邀到大学里讲他的论文。

罗默接到了包括哈佛在内的许多演讲邀请，除了麻省理工，但是麻省理工的副教授蒂姆·基欧（Tim Kehoe）和劳伦斯·萨默斯（Lawrence Summers）参加了他在哈佛的演讲。他们受到很大震动，很快成功地说服了斯坦利·费希尔聘请罗默到麻省理工做老师。卡耐基·梅隆、威斯康星和罗彻斯特大学都录用了他，罗彻斯特给了他的妻子最好的待遇。因此1982年6月，罗默夫妇再次收拾行囊回到了五大湖区，这时他们已经有了孩子。

第 *17* 章　一百八十度转变

214　　　从 19 世纪 30 年代到 60 年代，麻省理工的教授们把很多被哈佛、耶鲁和普林斯顿拒绝的学生送到罗彻斯特大学。罗彻斯特的务实与平等主义的风气在当时东部的研究型大学中是独一无二的。19 世纪初，随着伊利运河的开通，罗彻斯特成为横扫纽约北部的宗教和神学力量中心。摩门教、女权运动就起源于纽约北部。在芝加哥大学的发展中做出巨大贡献的洛克菲勒也出生在那里。今天仍然繁荣的柯达公司以及大多数其他影像产业也在那里创立。总之，对热衷增长理论的年轻学者来说罗彻斯特是个好地方。

　　　罗默在 1982 年春天抵达罗彻斯特，从助理教授做起。他想同时进行多项工作。首先，他

第 17 章 一百八十度转变

得使论文指导老师沙因克曼对他的还不完善的论文中的数学部分满意；其次，他要在杂志上发表论文节选；同时，他还要教一门货币和银行方面的课程。当时，他与和他一样努力工作的医生妻子建立了家庭。他们的第二个孩子将在 1984 年出生，是个女孩。但他同时有很多思考的时间，这是罗彻斯特经济系的传统。至少，没有特别大的压力。

罗默思考得越久，就越确定他在芝加哥大学最后两年研究出的问题解决方法最终是行不通的。他确定，知识溢出很重要，但是不够。溢出很好地抓住了问题的一个方面，但却没法解释其他方面。

因此在离开芝加哥的一年里，这个 27 岁的学者放弃了花费了很大努力在论文中追寻的完全竞争模型。他开始尝试垄断竞争模型——这个方法五十年前在剑桥和麻省理工发展起来，却一直被芝加哥轻视。任何学者都很少做出一百八十度的转变，对于一个新人来说就更少见了，这不只是方法的不同，这个刚毕业的博士再一次在经济学论战中转变了立场。

完全竞争的问题以及未补偿的外部经济的副作用方法不符合罗彻斯特和其他地方的现实。"未知的事情"都是起作用的，虽然很难准确说出这些事情是什么。罗彻斯特或其他任何城市中都有一些人所共知的事，比如，罗彻斯特的一个明显的事实就是企业都持续大量地投资研发。

显然，这些高代价的决定说明公司预期投资会有回报。他们建有实验室，聘请化学家和律师。机密、专利、产权、商标和保持技术领先的决心是使这个城市繁荣的关键因素。当地的报纸曾经对罗彻斯特大学商学院是否应该让一位富士（Fuji）公司的执行官加入而展开争论，因为大家担心他会获取很多柯达公司（Kodak）的商业秘密。显然在罗彻斯特，有很多重要的东西是没有外溢效应的，或者至少拥有这些优势的人非常努力地阻止外溢的发生。

在罗默的论文中，具有完全外溢效应的世界里不存在这种蓄意的行为。如果柯达生产出来一种新的高速胶卷，第二天富士就会了解有关它的一切。在这种环境下，企业没有对积累私有知识进行激励，因为它对你没有太大的帮助。另一方面，如果罗默在他的模型中承认柯达可以保留一点秘密，模型就会出现严重缺陷，因为柯达的生产技术会实现递增报酬，并最终占领整个产业。他就回到了别针工厂的世界，在这个世界里垄断是正常的。

罗默在论文中巧妙地处理了这个问题。如果柯达取得了一些知识优势，富士也会得到一点好处，足以阻止柯达占有全部市场。生产函数中隐含这样一个假设：柯达的增长不能超过某一点，因为它将面临与知识相关的递增成本，即存在一个增长极限。这是一个建模的捷径，这个假设对于把创新激励纳入模型来说至关重要，它使得一切都正确了。

罗默不再使用他在博士论文中用外部性概念引出的成本上升假设，他也没有在真实世界中找到一个对应的例子来解释它。"实际上我没有到现实世界中寻找、检验知识，看看试图使用知识时是否会遇到成本递增的问题。我是通过一个推理的论点选取了一条捷径。数学使这个问题突显了出来，每次当我回头想这个问题的时候，数学都会阻止我的进展。它不会放我走的，我必须回去解决它。"

当罗默开始思考到底什么新的有价值的知识才值得投资时，他很快确定它一定是一种与其他产品不同的新产品，比如更快的、光感度更高的胶片。

毕竟，他推测私人部门的大部分新知识在试错、实验和研发中产生。投资的人知道自己在做什么，因为他们希望获得利润才会投资。的确，新知识经常被证明对别人是有益的，但这不是投资者追求的目标，他们追求的不是溢出效应而是卖得出去的新产品，他们努力地使自己的产品与众不同，使自己的生产和销售与众不同。

但只有把他们的发现或工序在一段时间内保密，或用专利或版权保护新的知识，抑或实现了一些无人能及的成本、分布或销售优势，专业者们才能指望盈利。他们必须补偿固定成本（最初的、卖出第一件产品前的启动资金），这意味着至少在一段时期内他们必须是价格制定者，必须表现为或试着表现为垄断者。

六年前，同样的逻辑把爱德华·钱伯林导向了垄断竞争。但罗默没有读过钱伯林的著作，他是用数学语言来描述他眼中的世界，颇有说服力地描述了私人部门为什么想要投资知识的生产。现代运动的一个成果就是研究者不再需要用一般的语言来形成思想，他们可以直接用更精确的数学公式。

固定成本的数学原理与"非凸性"有关。罗默在芝加哥大学习惯使用的凸分析工具在这里不够用了，因为固定成本是个整体——它是不可分的，正如半截桥梁不会有利润，没有被研发出来的新胶卷不能拿去卖。的确，"非凸性"是描述不可分性的一个抽象方法，不可分性的存在标志着递增报酬的存在。凸性描述了递增成本和递减报酬，非凸性意味着递减成本和递增报酬。

在"凸性"的常规意义之外（像球面一样的向外曲线），它对于经济学来说有特殊的意义，所以关于完全竞争的分析都必须建立在凸集之上，正如 20 世纪的经济学建立在微积分之上一样——集合理论通过抛弃一些关于世界"光滑性"的不现实的假设战胜了微积分。经济学得出的是不等式而非等式，即描述所有点的集合而不是简单描述一条直线。乔治·丹齐格（George Dantzig）的支竿，像形状不规则的圆锥体一样是一个凸集。所以经济学家认为其他所有的从高深的科学里借用的高度抽象工具都是非常有用的。无限维度表存在于凸性中，分离超平面定理是凸分析的标准工具，它可以用来建立像竞争性均衡一样重大的东西，或者阐明市场价格和自然价格的任何不同都会迅速通过价格和数量的调整而消失。《新帕尔格雷夫经济学大辞典》（*The New Palgrave: A Dictionary of Economics*）的编辑彼得·纽曼（Peter Newman）这样说："金字塔是凸的而飞碟不是。"高尔夫球是近凸集，它们在接近球形的表面上有非凸的小坑。

非凸性给数理经济学家带来了大麻烦，正如垄断对学习"看不见的手"的学生来说是个大问题，虽然对数理经济学家来说，明白非凸性给一般均衡模型带来什么比谈论垄断竞争更加容易。很久以后，罗默在给一个外行人解释这个争论时，把这个问题减少成二维的。他区分了凸集的圆和破损的或有锯齿的圆，后者是非凸的。（被纵切后的飞碟是破损的圆——C 型。）

罗默说，他关注了破损的圆形十来年，它可以代表经济学中的非常重要的东西。但如果他的听众不明白知识和现实的联系，以及圆形如何代表前者，破损圆如何代表后者，他就不能从数学角度让他们明白。"我不能演示提炼、雕琢的过程是如何把一个复杂的世界简化为两个几何形状的。"他说如果能做到的话，他的听众们在谈话结束后就能获得经济学博士学位了。

罗默逐渐意识到了存在大量的关于固定成本的文献。从 19 世纪几个法国工程师早于马歇尔 50 年发明了微观经济学以来，许多人就多年来研究这个问题，前仆后继地研究道路、运河和铁路建设中的经济问题。他读了巴黎总工程师、19 世纪中叶各种公共物品供应（不只是桥梁、高速公路，还包括运河、铁路、城市供水系统、排水系统、控制洪水工程）的专家朱尔斯·杜皮特的书，其中提到的很多问题都被马歇尔忽略。修建桥梁的决定和建立一个别针工厂的决定区别甚小。这个问题继续发展下去就是知识产权。罗默写道，"一旦你开始寻找固定成本，你就会发现它们存在于任何地方。"

问题是经济学文献在罗默的思想中扮演了不太重要的角色。他读的不是钱伯林和熊彼特的著作而是洛克菲勒的（不是约翰·洛克菲勒而是著有该领域的奠基性著作《凸分析》(*Convex Analysis*)的数学家 R. T. 洛克菲勒）。那时已经有人在讨论知识生产者和知识产权了，但没有人有兴趣在无限维空间内研究终端条件（transversality condition），最终是用一个数学短语表明了这个矛盾。

这次罗默听从了舍温·罗森的建议。他回顾了扬的演讲"递增报酬和经济进步"。这次扬的论证看起来有意义多了。

扬在1928年大胆指出了亚当·斯密漏掉的重点——通过专注于别针工厂内部，他忽视了别针产业和相邻产业的联系这一本质问题。复杂工作的次分工和重复只是劳动分工的不太重要的部分，新的工具、机器、原料和设计的发明同样涉及劳动分工，这种变化通常就是"进步"。

扬说，事实上，如果只研究单个企业或单个产业，很难看到这个演化过程中隐藏的本质。他用印刷厂的历史阐明了自己的想法。在印刷机刚出现时，它的发明者必须自己设计和制造，他们要制造特殊的墨水和培训工人，还要为书寻找客户。

然而，随着印刷业的发展，企业唯一的工作就是制造印刷机，购买者可能就是未来的竞争对手。扬注意到，继早期的打印机之后，除了今天的专业打印店之外，还出现了印刷机制造商、纸浆供应商、造纸商、墨水制造商、铅字制造和设计者、平版工、媒体等等，更不用说钢铁、化学原料、电力、机床和无数的其他生产者必需的中间产品。

有时这个过程有另外一种形式：图书出版商可以自己买一个造纸公司来保证稳定的供给，但这种整合只有在成熟阶段才有效。新生产业的特征是分散化。技工们离开公司自己创业，成为新的竞争者，这时发生的是脱离、解体和新生。

这些新公司通常积极地开发新市场，新企业家们需要推出新产品。此时企业要繁荣，就需要进行规模经营和拥有一个足够大的市场。为了敲一个别针而做一把锤子，或者仅仅为了生产100辆汽车就特别制造一大批夹具、量规、车床、钻子、压机和传送带，这都是毫无意义的。

但如果锤子可以被广泛使用，或者能够卖出足够多的汽车，生产汽车的单位成本就会下降，专业化分工就会带来好处，这就是为什么说劳动分

第 17 章　一百八十度转变

工和专业化程度受到市场规模的限制。亚当·斯密也这样认为。他曾注意到一个搬运工需要一个城市才能生存，一个面包师要过活至少需要一个小镇，因为独立的农民都是自己烤面包的。

斯密对其他事情也十分清楚。为什么在这个问题上不是这样的？为什么他没有继续他的观察，从而注意到递增报酬和递减成本主要与机器有关？比如说两轮行李车、对流式烤箱。为什么他没有很快发现自己漏掉了什么？李嘉图在介绍他的谷物模型方法时的漏洞很容易理解。为什么下一代经济学家（除了马克思），特别是穆勒，对新发明出现的决定因素漠不关心？

扬猜测，答案可能是到 19 世纪中叶经济持续进步了相当长的时间，以至于成为了理所当然的事情。穆勒和一些经济学家在任何时候都觉得知识的增长是一种福祉。"如果他们曾经回顾历史，"扬写道，"他们就会发现农业和工业在长达几个世纪里都没有出现大的变化。但是在他们生活的时代，人类改变了发展方向……当时，进步是不需要解释的，是自然现象，就像季节的更替一样。"

罗默努力解释的正是关于"进步"的经济学。

罗默在马歇尔那里发现，外部报酬递增的发明者在一段经典的文章中认为它们有两个来源，即"不能保密的贸易知识"和"次级贸易"，它们的存在依赖于"专业化程度最高的机器"的出现。马歇尔当时也在分析专业化，但他很快跳过了重点，几乎没有注意到它。

不论面包师还是搬运工，创业都需要启动资金。专业化不可避免地带来固定成本，这是创业和经营的必要开销。面包师先要租个店铺，买个烤箱。搬运工要买个运行李的车。马歇尔讨论了很多固定成本和可变成本的关系，认为投入增加还是减少取决于设施的使用程度，但他较少谈论新产品的出现。

外部性，即"未知的东西"是确实存在的。罗默回忆："我曾试图把马歇尔理论公式化。"

> 人们说我不懂文学……事实是我非常确定马歇尔通过和我一样的方法引入了溢出效应来处理技术问题，从而使其符合数学原理。然而他在书中是这样处理的，"这个自然问题就是，关于知识有些很重要的东西很难抹煞，我只是观察世界。这个特性看起来很重要，那我就把它纳入模型。"你可以这样讨论溢出，不用解释他们如何解决了一个数

学问题。因为他想让事情变得更好，因此想要递增报酬。但他还想让企业之间存在竞争。

罗默说，经常回到现实世界中去寻找跟他描述的这个现象相关的例子并不代表愚笨，而是一个重要的步骤。"一旦你建立了数学机制并理解了他如何运转，你就应该回到现实世界中去看看你是否接触到了事情的本质。我经常为我的各种水平的学生描绘一个画面。最高水平的抽象在最上面，我们的头脑与现实世界的最密切接触在最下面，理论家们行走于它们之间。花些时间去看看现实世界，然后再回来搞研究。"

要把这些事情弄清楚，他需要做一个没有溢出效应的专业化的模型。

罗默面临的下一个问题是描述不断增加的产品种类。在某些方面，克鲁格曼在做国际贸易中的不同种类的高科技产品之间的竞争模型时也遇到过同样的问题。它直接导致了同样的工具出现——迪克西特—斯蒂格利茨的垄断竞争模型和研究生院讲授的其他相关模型，但是它们之间却有关键性的区别。

克鲁格曼把产品的不同种类看作是不变的。罗默的问题是描述新产品的起源，因为他想要的是增长的动态模型。因此他重新把迪克西特—斯蒂格利茨模型中的消费函数解释为生产函数，用来描述一个最终产品的生产依赖大量中间产品的世界。毕竟，反映在纸上，新品种胶卷的市场模型与已经上市的谷物早餐的市场模型相似，区别只是动机不同。（后来他发现宾夕法尼亚大学的威尔弗雷德·埃塞尔（Wilfred Ethier）在一个贸易模型上的做法相同。）

罗默用较少的方程式描述了产品的持续更新，这些产品没有一个能够替代其他产品。可能是别针，也可能是各种能够被设计制造的扣件——钉书钉、曲别针、纸夹、纽扣、铆钉、发夹。

每个公司要想进入市场，开始时都要付出设计新型扣件的固定成本，它们是一些被送到机械厂的图纸。此后每个公司都类似一个小的垄断者，为它的扣件设定高于成本的价格，他们希望能够获得足以补偿设计和启动费用的利润。当然，许多公司会失败，但在最终的均衡中，每个零利润的公司都是完全竞争产业的标志。

这可以用凸性和非凸性来表述。非凸分析从教学的角度来说没什么吸引力，"它意味着你不能转动数学的曲柄"，有着不容辩驳的结论。然而，

第 17 章 一百八十度转变

它的优势在于可以描述半导体厂家为了推出新的芯片必须投资几亿美元用于设计的情况。

不久，罗默就有了能够普遍描述专业化和劳动分工扩大过程的模型，它就像一种机器，能够源源不断地产生新产品。无论是文学上的还是数学上的，这个问题最初的公式化听上去更像是电话黄页而不是经济学文章。但当时，扬的印刷业简史和罗默的模型都是黄页式的。要完成它们需要电话本、报纸、小说、宗教活动和其他所有的印刷品、机械和原材料。扬的"专业化分工之间越来越复杂的联系"现在有了数学表达。

这个模型后来被称为"新熊彼特派的"，只有存在新产品的引进时才有效。新的模型远非完善，其中有大量的创新，却没有毁灭旧的。老产品不会消失。国家用人口规模来衡量，这意味着像中国那样的大国会比一个小的封闭的经济体发展得更快。但是，它的基本点是明确的：专业化意味着新产品及随之而来的递增报酬是提高产量的关键。这对他的毕业论文来说是一个极大的飞跃。

罗默又一次没有通过熊彼特关于公共马车和火车之间、运河体系和现代高速公路体系之间的区别来看待专业化问题，即使熊彼特曾经有过启发性的文章。的确，在研究的最后阶段，罗默意识到他是在数学上概括从马歇尔、钱伯林到罗宾逊的理论发展。观点的差异可以很快通过精确的数学语言来解决，他的思想源于这个问题的数学逻辑，源于卡斯—科普曼斯模型和"一张白纸"。

采用垄断竞争方法来进行建模在 80 年代初的芝加哥大学不是一件小事。（在这个意义上，罗彻斯特要开化得多。）古老的芝加哥学派仍然激烈地反对这一学说。罗默回忆，他曾经一度思考如何将研究进行下去——完全竞争还是市场力量？芝加哥还是剑桥？然后他确定他使用的数学并不符合现实。"我认识到我必须抛弃凸性来谈我感兴趣的问题。"他告别了完全竞争传统和淡水派经济学。

他后来回忆说，如果不是罗彻斯特大学的莱昂内尔·麦肯齐的引导，他可能永远都不会掉头。麦肯齐曾创立了罗彻斯特大学经济系并代表着该系的风格。麦肯齐是数理经济学的支持者，60 年代初斯坦福需要一个像阿罗那样伟大的理论家时，就向他伸出了橄榄枝。但他拒绝了，他更偏爱管理顶级经济学研究的一个完善的学派。

他曾指导过一批后来成为经济学领军人物的学生：约瑟·沙因克曼

（后来去了芝加哥和普林斯顿）、杰瑞·格林（Jerry Green）（哈佛大学）、雨果·索南夏因（Hugo Sonnenschein）（后来成为芝加哥大学校长）。麦肯齐记得罗默和其他人一样大部分都是自学的，他说自己唯一要做的就是为那个年轻人完全转型了的研究做些必要的掩盖。这个长者阻止罗默研究前人，他对他的同事们说："我们不想让他成为一个评注者。"

罗默在事业刚开始的时候有比为新的模型纠错更迫切的工作。比如，组织两篇论文。关于刀锋问题的技术讨论（"当一个显然合理的问题没有解决办法的时候"）形成了一篇《计量经济学》上的论文《吃蛋糕，喋喋不休和跳跃：变分问题的存在结论》（*Cake-eating, Chattering and Jumps: Existence Results for Variational Problems*）。那很容易。之后他总结了溢出方法并向《政治经济学》杂志提交了一篇名为《递增报酬和长期增长》（*Increasing Returns and Long-Run Growth*）的论文。那时他遇到了麻烦。

一个审稿人支持发表，另一个却反对。克鲁格曼几年前的关于递增报酬和国际贸易的论文也遇到过同样的事。"这并不是恶意的，"沙因克曼回忆说，他当时是那本杂志的编辑，支持罗默的论文。"他们只是不理解，数理经济学那时还不流行。"形势很微妙。《政治经济学》杂志的所有者和编辑者芝加哥经济系（像哈佛拥有《经济学季刊》一样）为了避免偏见，把罗默的论文和审稿人的报告混在一起，从而有了拒绝的理由。相反，赫克曼（Heckman）支持正面意见，他说，"我认为这篇文章应该发表，"因此，罗默的论文发表在了 1986 年 10 月的《政治经济学》上，很快这个有关溢出的论文就成为了"罗默 86"。

讽刺的是，罗默不再相信自己的结论。他不再为了提出理解知识经济学的可行方法而思考外部性。在发表的版本中，他给读者们，至少是仔细的读者们传达的一个信息是他的想法已经改变了。"现在很清楚的是这些组织的变化不能被严格地当作技术外部性来对待，"他写道，"扩大的专业化打开了新的市场，推出了新产品。产业内所有的生产者都会从新产品，而不是从技术外部性中获益。"

他用这句话把之前的一切都毁了。

第 *18* 章 键盘、城市和世界

有一件事能够反映正统经济学在改革之前的思想状态。那是 1984 年 12 月在达拉斯举办的几次会议，包括"经济学历史和现代经济学家"会议出版的一本薄书。它是一个群体的自画像，在他们聚集在达拉斯希尔顿酒店的会议室讨论经济理论与历史的关系的时候，表明经济学领域里最伟大的一代人正处于事业的尾声。

1984 年的冬天发生了很多事。别针工厂、韦奇伍德陶瓷或者铁路不再令人感兴趣。苹果公司推出了一台"个人电脑"，IBM 普及了它。现在电脑巨头正准备开发"鸟瞰"（topview）系统，能够通过把屏幕分成若干个视窗从而使用户同时运行多个程序。一个名叫"微软"的小经销商，正在研发一个替代品。国防部向国外开放了 ARPANET 计算机网络，并更名为因特网。由于司法部的坚持，贝尔电话的垄断被打破，它的大部分资产都分给了股东，虽然放弃了一些产权（比如 UNIX 电脑操作系统）。在生物科技发展初期，一种名叫聚合反应链的新化学工具被发现的消息正在慢慢扩散，这是一种能使一丁点的 DNA 无限放大的技术，但没有人知道它的用途是什么。

同时发生的还有一场政治革命。中国正忙于走出中央计划，广东省模仿邻近的香港正在加入全球经济。罗纳德·里根连任美国总统。冷战进入了高潮。在政府的最高层存在着对战争爆发的担忧。苏联官员们担心血价的大幅上涨暗示着西方正准备发动突然袭击，让克格勃探员在伦敦追踪血库现况。美国中央银行连续五年大规模抑制通货膨胀。石油输出国组织对油价的影响力几近崩溃。第三世界国家的债务危机愈发严重。

参加达拉斯会议的杰出经济学家对眼下的事情不感兴趣，甚至绝口不提他们主要关心的作为科学的经济学。许多两代增长和发展理论的最优秀的学生都在那里。还有增长经济学现代运动的发起者，以及一些觉得自己被压制的人。大会主席正是普林斯顿大学的诺奖得主阿瑟·刘易斯，他是影响非常大的经济发展模型的作者。在阐述理论的专家中还有后来的诺奖得主阿罗和索洛。保罗·戴维（Paul David）和彼得·特明（Peter Temin）谈论经济学的历史；唐纳德·麦克洛斯基（Donald McCloskey）（后来是迪尔德丽（Deirdre））和格温·莱特（Gavin Wright）也参加了讨论；听众有历史经济学家罗斯托（W. W. Rostow）和金德尔伯格（Charles Kindleberger）。这简直就是经济学名人录。

大会的组织者——耶鲁的威廉·帕克（William Parker）一开始就抨击经济学向数学转型。作为美国经济史学的领袖，他哀叹曾在英格兰和德国盛行的历史经济学的衰退，以及相应的源于美国的形式化理论和计量经济学的兴起。他说从前传授的价值观——关于制度的知识、社会观念和道德热情——已经被丢掉了。不久，经济学家自己都落伍了，"在冰冷的数学死水中一圈一圈的划船"，他们错过了现实生活中的"热情、不安、新鲜和力量"。

阿罗参与了进来，他说经济历史和自然世界的历史一样都是用地质来解释的。地质最基本的机制由标准化学和物理学来理解，实际上它的所有工作都在实验室中进行，通过实验来理解。阿罗说，地质学是一个繁荣的学科，因为人们对细节很感兴趣。因为同样的原因，经济历史是一系列有

第 18 章　键盘、城市和世界

趣的问题，只能通过对经济理论的合理运用来解答。比如，为什么要这样组织医疗服务？

居于中间的是索洛。经济学遗漏了什么吗？答案是肯定的，带着戴蒙·鲁尼恩（Damon Runyon）的规律式的谦逊，他说，"人类之间的事情的失败概率是不超过三比一的"（戴蒙是著名音乐剧《人与玩偶》的编剧）。索洛说，高深的科学擅长处理复杂体系，因为他们能够在可控制的条件下分离、实验和重复观察，其中研究对象不会被干扰。高深科学对研究氢原子或视觉神经这种课题非常好用，但经济学的大部分课题要复杂得多。社会制度和行为之间的互动是非常重要的。索洛说，基于定理的经济科学也许因为这些复杂性而注定是失败的。他并没有准备放弃，但也没有期待很多。

当保罗·戴维发言的时候，听众们有些倦怠。戴维是一个经济史学家，也许是新兴一代里最耀眼的。没有哪个历史学家比他更努力地去掌握新的形式化浪潮，但戴维仍然是一个聪明的评论家。他明白形式化的局限性和他的理论的颠覆性。

他的课题是入门级打字机，特别是 19 世纪 70 年代它刚在几个密尔沃基的机械店出现的时候。戴维的打字机不只是一种机器，或是一堆各种零件的组合，它是一个"复杂产品"，把不同的机器硬件和软件即打字员的技术结合起来。

当打字机刚出现的时候，许多抄写员和教士还在手写。现在速记员和秘书都是打字员，但打字员必须在人人都会用之前学习如何使用新机器。

曾经有一段时间出现了很多打字机公司。戴维说，甚至还有很多富有竞争性的键盘设计。经营者的技巧很快成为了哪种机器更受欢迎的决定因素。生产者之间在提供最具特色的产品上产生了激烈的竞争。商学院和图书出版商竞相教授打字员最新和最高效的打字技术。打字速度竞争和销售策略是主要的卖点。逐渐地，一种键盘开始胜出：现在大家熟悉的四排键盘操纵的结构。

令人好奇的是 QWERTY 的安排。为什么要如此安排字母位置？其他生产者有其他的字母排列方式并说自己的更好——符合字母使用频率的逻辑。虽然经常有人宣称甚至证明了这种安排方式加速了手指在键盘上的运动，但是打字员仍然喜欢在工作时使用 QWERTY 系统，因为这个系统的键盘比较多，他们费力学来的打字技术有了用武之地。因此QWERTY键盘渐渐成为通用的,各生产商都渐渐采用它,其他的设计慢慢地消失了。

当然这是别针工厂的一个略微复杂的版本——有关垄断竞争和递增报酬。QWERTY 设计被我们称为"开放"的标准,它与具有产权的个人电脑 Windows 操作系统形成鲜明的对比。没人拥有对它的所有权,任何人都可以自由地为个人目的使用,但使用者数量的增加产生的影响就是强化了标准化的趋势。

但戴维跟他的听众讲的时候好像是第一次描述这件事一样,在某种意义上说是这样的。十年前,杰夫·罗尔夫斯(Jeff Rohlfs)在贝尔试验室把"网络外部性"形容为通讯网络的关键属性。罗尔夫斯把消费者享有的或不能享有的累积利益形容为"花车效应",是其他人使用同样产品或服务的结果,因为他正在研究 AT&T 的灾难性的"可视电话"工程。

1984 年,戴维说作为实际标准的"锁定"是"体系规模经济"(比如让一个秘书打一个字母的递减成本)和所有打字员习惯使用的打字技术,即"软件"和键盘硬件之间的"技术相关性"(后来所说的战略性补充)的结果。他说,这种结果是"路径依赖"的,意味着不能轻易逆转。QWERTY 的流行使所有其他的系统就算表现更好也会失败。

戴维说的确存在更好的系统。一个"理想"的键盘解决了一个机械问题,把字母按照 DHIATENSOR 的顺序在同一行排列,这个"更合理"的键盘安排使打字员可以在一行中拼出 70% 的英文单词,这似乎预示着更快的打字速度。但当它在 1893 年首次推出时,QWERTY 键盘已经成为通用的了。当一个叫奥古斯特·德沃拉克的大学教授在 20 世纪 40 年代尝试推广一个略有改善的版本,宣称新键盘提高的效率可以在两个星期内抵偿打字员重新培训的成本,但他的努力没有成果。戴维相信 QWERTY 标准是"市场失灵"的一个例子,未能阻止二级系统的替代。

戴维并非没有意识到其他市场失灵或市场成功的例子。这个斯坦福教授属于那些清楚地记得扬和他的论文《递增报酬和经济进步》(Increasing Returns and Economic Progress)的学者之一。他知道所有的正反馈隐藏的历史,明白他的同行们是现代运动的拥护者,不会对多重均衡的其他方面感兴趣,这意味着多种可能性的存在,"次优结果"不可避免地伴随着递增报酬出现。戴维当然知道五十年前发明的垄断竞争的整个工具是用来解决这类问题的。他甚至可能记得马歇尔的《原理》中关于多重均衡的部分——一个附录的脚注。马歇尔暗示了在报酬递增的情况下使用均衡概念

第 18 章 键盘、城市和世界

的困难。如果一个商品开始只面向富人怎么办？有些人会认为如果平民能够承受价格，那么他们也会喜欢这个东西。新方法会被发明出来，其他生产者会跟着做。不久后，"会售出上万个而不是几百个"。这个杰出的经济学家写道，价格会从一个稳定均衡跳到另一个均衡，至少在理论上是如此，福特的 T 型车就是例子。

但是戴维当时正在与斯坦福的同事布雷恩·阿瑟（Brian Arthur）竞争，说明现实世界中的这种变化的特征是什么。尽管要到十年之后，人们才开始谈论"新经济"，但那个时候对此问题的强烈兴趣已经出现了。而戴维所做的，就像一个魔术师从帽子里变出个兔子一样，进一步强化了这种氛围。"我相信过去有很多 QWERTY 的例子在现代经济学家的严谨思想领域的边缘，我们还没有完全看见和了解这些例子，但它们的影响塑造了我们当代经济的运行轨道，像不发光的星星一样。"戴维对递增报酬含义的阐述和 50 年前马歇尔的继承者庇古类似，也和国际贸易经济学家克鲁格曼的观点相似。递增报酬需要政府干涉。在这个例子中，如果一种入门级键盘的设计能够先行一步锁定表面上自主的消费者，这就意味着我们不能依靠"看不见的手"自动地产生唯一的最优结果，也许对其他东西来说也是这样。戴维显然在思考电脑软件。这意味着政府干预可以或多或少地改善状况。这就是克鲁格曼所称的"QWERTY 通用"。

在这种解释上，布雷恩·阿瑟不是戴维的唯一对手。一个名叫沃德·汉森（Ward Hanson）的年轻研究生已经在斯坦福讲述他界定的技术"孤儿"和"花车"——即递增报酬的牺牲者和受益者。东西海岸的两群年轻的微观经济学家即将发表网络外部性的正式模型——由他人使用同样的或可兼容的产品而产生的利益。用新的垄断竞争模型，迈克尔·卡茨（Michael Katz）、卡尔·夏皮罗（Carl Shapiro）（普林斯顿）、约瑟夫·法雷尔（Joseph Farrell）和加斯·塞隆纳（Garth Saloner）（伯克利和斯坦福）表明了戴维强调的正反馈效应可能在包括打字机在内的许多市场上起着决定性的作用。"网络产业"最终涵盖了电信、电脑、银行、广播、飞机和信息市场，因此戴维的理论得以强化。虽然他只在达拉斯提过"递增报酬"，但这个词条已经快要成为现代语言了。

回顾一下，达拉斯会议上的争论是旧式的，已经存在于历史档案中。语言很别扭，没有提到知识或者新产品给传统分析带来的问题。讨论很空泛，这次会议是一次最后的欢呼。达拉斯故意忽略而没有提及新一代的二三十岁的经济学家。在会议之外，他们正在掀起一场革命。这并不令人惊讶，克鲁格曼、赫尔普曼、罗默和其他人都在兴奋地努力工作着。在法国的国家路桥学院，让·梯若尔（Jean Tirole）正在编写《产业组织理论》(Theory of Industrial Organization)，这本书把垄断竞争作为了微观经济学的中心。达拉斯没有在理论和历史方面的争论，与会者无一例外都是老一代人，只在自己的群体内讨论。

如今这种情况转移到了英格兰。那是差不多一年之后，1985年12月，一个出色的教师获邀到剑桥参加马歇尔讲座。演讲嘉宾都有些异类，一个思想领袖被号召指导该领域。马歇尔讲座始于1932年，是所有讨论中最特别的一个。此外，剑桥的经济学教员们在邀请谁的问题上分成几派。此时距戴维在达拉斯的演讲还不到十二个月。新增长理论即将被首次肯定，但在剑桥还没人知道这件事。

45岁的卢卡斯已经成为了世界上最有影响力的经济理论家，他曾在芝加哥大学当了二十年的教授，他关于警报建模和前瞻性人类行为的重要性的观点征服了芝加哥大学经济系的同行们以及大部分新一代的宏观经济学家。但是争论仍然存在，淡水和咸水经济学家之间不分上下的时而激烈的对立，就像人们知道的新古典主义和新凯恩斯主义之间一样。卢卡斯与麻省理工的经济学家尤其是索洛在建模的其他策略上反复争论。他不是公理方法的传道士，但他却大量地使用该方法的工具，尤其是动态规划和阿罗—德布鲁的无限维度表。他绝对是在达拉斯受到质疑的那种理论家，在英格兰的剑桥他的建模风格也受到轻视。

因此在剑桥，卢卡斯受到了指责。人们猜测，自从1937年希克斯在二战前去了曼彻斯特，康河（Cam river）边上的这个具有千年历史的学校的经济学就在走下坡路。虽然它仍然有一些明星，包括几位世界级的数理经济学家，但骄傲的旧式文学传统的卫道士主导着剑桥经济学，主要人物是罗宾逊和卡尔多，他们与北美派的数学传统展开长时间的斗争。到1985年，剑桥的经济学有着"死水"的名声，有点像亚当·斯密读本科时的牛津。

令人惊讶的是卢卡斯不打算谈论使他成名的货币和商业周期研究。他给数理经济学家弗兰克·哈恩写信，讨论这个有争议的工作，哈恩给了他20分钟的时间。但是，当卢卡斯这个认真的年轻学生为他的核心考试坐在教室里仅仅几个月之后，就决定把他的马歇尔讲座的主题定为经济增长，之前他从来没有发表过这方面的文章。

第 18 章 键盘、城市和世界

"我们知道我们即将听到有关发展的一些东西,但没什么线索。"蒂姆 (Tim Kehoe) 说,当时他是个年轻的博士后,正在剑桥访问。那一天从 11 点钟的葡萄酒会开始。当时另外一个年轻的经济学家戴维·坎宁(David Canning)也在那里,他回忆说:"我觉得我是最先跟他讲话的人之一,我说了几句话他就觉得我在攻击他。于是他变得凶起来。蒂姆不得不说,'他在努力变得友善。'那时他非常易怒。"

一个小时的社交谈话后,观众们走进了米歇尔女士礼堂(Lady Mitchell Hall)的听众席,那是挨着经济系大楼的一座极其丑陋的建筑。卢卡斯被介绍之后开始演讲,开始时有些紧张,很快一些基本的理论对至少一部分听众来说就清晰了。

卢卡斯没有在他的疑问上浪费时间。他选择的题目是《论经济发展的机制》(*On the Mechanics of Economic Development*),这是个并不常见的题目,因为它把学者对机制的探究和经济发展结合起来,对后者来说理论一般是个诅咒。虽然他没有使用这个字眼,但他很快澄清他的主题是国家财富。

卢卡斯用一些事实勾勒了 80 年代的一些不同之处。在工业市场经济国家瑞士和爱尔兰,人均收入是 1 万美元。与此同时,印度是 240 美元,海地是 270 美元。差别达到了 40 倍。卢卡斯说,由于 240 美元在英国无论多节省都是不足以生活一年的,这种比较值得商榷。但是,差距是巨大而且持久的。

卢卡斯没有提到工业革命,但他很清楚那一系列事件,无论那些事件的原因是什么。一些国家发生了工业革命,或完全投身其中,而另一些国家却没有。"几个世纪之前,一些国家进入了持续增长阶段,而另一些没有,在这个被误解的过程中出现了我们今天所知道的这个不平等的世界。"

但为什么这种不平等要持续下去呢?近些年的一切经验表明要消除鸿沟不是不可能的,至少在某些情况下。日本和亚洲四小龙(中国香港、韩国、中国台湾、新加坡)最好地说明了增长率可以不同。的确,不同地区、不同时刻有不同的增长率。世界上的工业经济国家 20 年来年平均增长率是 3.6%。同时,日本的年均增长率是 7.1%,埃及是 3.4%,美国是 2.3%,印度是 1.4%。卢卡斯发现,按这种速度,日本的收入每十年翻一番,印度要做到这样却要五十年。"我不明白人们怎么能够不认为这些数字代表着可能性,"卢卡斯说。"印度政府是否有办法使印度经济像印度尼西亚或者埃及一样增长呢？如果有，那么方法是什么？如果没有，造成这种结果的自然原因是什么？这种问题中涉及的人类福利的结果是很复杂的，一旦开始思考这些，就很难有兴趣再去想其他的问题了。"

接下来的讨论是有关经济学家用来思考这些差异的主要工具、经济增长的主要模型——新古典主义的索洛模型。剑桥的听众们很熟悉这个问题。他们中的一些人反感索洛模型，认为它不符合传统的马克思主义学说，因为索洛模型中的引擎不是当代大部分马克思主义者所认为的资本积累而是新技术的持续出现。（马克思主义已经与马克思头脑中的"技术史"偏离了很远！）的确，索洛把知识的高速增长当作是既定的，既没有解释也没有分析它。即便这样，他的剩余，即增长中不能被资本和劳动力的追加解释的部分，也是一个有力的比喻，它终止了大量的关于阶级斗争的讨论。另外，听众知道卢卡斯和索洛已经激烈地对立了20年，一定会有个结果。

卢卡斯非常欣赏索洛模型的形式，他说，它有一切好的模型应该具备的特征。它很完整，与我们所知道的经济学一致；它符合美国和其他工业化国家经济的历史；它有助于我们的理解，表达了其他模型无法表达的东西。比如，旨在刺激储蓄的减税对增长率有很大且持续的影响的观点在美国80年代的政治中非常有影响力。"它是如此的合理，甚至可能是真理，"卢卡斯说，"但是索洛模型却明确表示并非如此。"他说，这就是那种能够增加走在正确的道路上的理论家的自信的具有其他假设的实验。

但卢卡斯想的并不是减税，他想讨论贫富差距。这是"趋同性讨论"，或者对国家的发展速度不同的预期，并且穷国通常比富国发展得更快并对最终收入水平有相当的期望。这种趋同性的假说被亚历山大·格申克龙（Alexander Gerschenkron）的1952年的著名论文《历史视角中的经济学追溯》（*Economic Backwardness in Historical Perspective*）引入到了现代经济学中。至少从南加州大学的理查德·伊斯特林（Richard Easterlin）1981年在美国经济史学会的一次著名的演讲中提出"为什么不是全世界都是发达国家"的问题时，技术界就已经展开了对趋同性或不存在趋同性的讨论。

现在卢卡斯问到索洛模型是否足以说明经济增长？他说不是的。事实上，它是一个失败，因为它主要预测的是穷国的人均收入会比富国增长更快，直到全球财富平均分配。但是，卢卡斯说，正如他在演讲开始时引用的对比明确显示的那样，这是不会发生的。索洛模型似乎只适用于发达国家。少数亚洲国家正在起飞，但是世界上大多数国家仍在原地。"我猜想这

第18章 键盘、城市和世界

就是为什么我们把'增长'和'发展'看作是两个不同的领域,"卢卡斯说,"增长理论是经济增长中我们多少有些理解的部分,发展则是我们不理解的部分。"

此外,他说,如果分解索洛模型,你就会明白为什么趋同不会发生,因为存在另外一个理论上的例外——人类的单向性。劳动力跨越边境追逐资本,而很少有相反的情况出现。在卢卡斯那里,这是一个惊人的发现。国家内部通常有大规模的要素流动。比如在美国,劳动力在20世纪从南方向北方的汽车制造业迁移;19世纪,纺织厂从新英格兰搬到南部,以寻找廉价劳动力。

但即使在欧洲国家通过军事力量统治全球的殖民主义时代,当时做出在哪里落脚的决定几乎没有什么政治风险,也已经有了资本向低收入国家的流动。富国越来越富,专业化程度越来越高。穷国人民去往更富的地区,几乎不存在相反的情况。

但现在,卢卡斯正在说一个人们熟悉的观点(至少对米歇尔女士礼堂中的人来说)——市场有失灵的时候,听众完全糊涂了。事实上,这和戴维1984年在关于QWERTY键盘的演讲中的观点一样。在剑桥演讲的芝加哥理论家定义了很难由竞争的逻辑解释的"次优"结果。趋同和鸿沟缩小不会发生,和较为低效的键盘设计会胜出的可能性一样,是对标准理论的违犯。市场似乎不能带来期望的结果。一些种类的"锁定"正在发生。可以想象,戴维相信某种市场失灵,毕竟他是剑桥和麻省理工传统的代表。尽管如此,卢卡斯这样说却太出人意料了。

在所有其他方面,这两个人使用的方法非常不同。历史学家使用暗示性的比喻,理论家使用模型。戴维强调个别市场,卢卡斯的方法无疑是宏观的。此外,卢卡斯起初是计量经济学家,现在他需要的是数据,可以使他的模型在电脑中运行,从而找出模型之间的联系。在这点上,他们看起来一致。无论研究对象是QWERTY键盘还是全球收入分布,"锁定"的模式——富人会更富穷人仍穷——与标准模型的预期正好相反。现实世界的每个体系似乎都表现出报酬递增。因此,当只能存在一个的时候,就出现了多重均衡。

无论卢卡斯在建模方面有多仰慕索洛,但很明显他瞧不起索洛模型解释现实的能力。索洛模型靠技术解释随着时间的增长,至少它很好地解释了发达国家之间的差异,虽然它在发展中国家那里彻底失败。卢卡斯说他会提供一个"经济增长的其他引擎,或至少是个补充"来消除鸿沟,比如对无法赶上的有力解释。他脑子中有一个古老的芝加哥概念,人力资本。但不仅人力资本被普遍理解,而且普遍的技术水平和人力资本溢出也被理解。这也引起了听众们的反感,因为一百年前是马歇尔在剑桥定义了外部性并把它作为经济学的中心。这真是一个脸皮厚的芝加哥人,跑到剑桥来给人们讲这些。

关于溢出的解释,卢卡斯深感抱歉。溢出的特性无论在理论上还是经验上都很难把握。他再一次说,定义为普遍技术水平的人力资本概念刚出现时是一个虚无缥缈的概念——"至少对我来说是这样的"。但多年之后一旦人力资本概念被许多人阐明,个人拥有的有价值的技术的观点就成为了一个有用的概念,阐明了人们在工作和休闲之间的选择,收入水平和家庭内部责任的分工。"在人力资本理论的应用性研究有20年之后,"卢卡斯说,"我们在大量现象中都发现了它的存在,正如我们通过气象学能够发现暖锋,或者能够通过闷热的空气感受到它一样。"

那么好的。假设人力资本外部性真的构成了"一个影响经济生活的强有力的不可见的因素"(卢卡斯演讲中的这个短语使人想起戴维对为什么有时会产生粘性的解释——形成我们所看见的当代经济事务的运行轨道的"看不见的星星"),假设人们在封闭的环境中工作产生的溢出是"经济增长的另一个引擎",那么它到底是如何发挥作用的?

此时卢卡斯开始建立了一个模型。"我们想要通过形式化来思考人类的学习知识的决定",他说。

假设一共有 N 个工人,技术水平 h 从 0 到无限大。有 $N(h)$ 个工人技术水平为 h,所以 $N=\int N(h)dh$。假设一个拥有技术 h 的工人把 $u(h)$ 这一部分非休闲时间用于现在的生产,剩下的 $1-u(h)$ 用于人力资本积累。那么生产中的有效劳动力——方程2中的 $N(t)$ ——就是用于现在的生产的技术劳动力的总和即 $N^e = \int_0^\infty u(h)N(h)hdh$。因此,如果产出是一个总资本 K 和有效劳动力 N^e 的函数 $F(K,N^e)$,一个技术水平为 h 的工人的小时工资就是 $F_N(K,N^e)$,他的总收入为 $F_N(K,N^e)hu(h)$。

在现代模型中这是一个标准的开头方法。但所有这些意味着什么?他

第 18 章 键盘、城市和世界

在剑桥的大多数听众都感到迷惑,就好像他在说希腊语一样。对那些不好用常规语言表达的东西,大部分的人听上去 $Hu(h)$ 确实像希腊语。卢卡斯准备界定和分离出作为平均技术水平函数的溢出的总效用。"从平常的经验中我们知道,"卢卡斯说,群体互动有时位于个人生产力的核心,这些群体的范围比家庭大,比作为整体的人类小。人力资本的积累是一个与人群有关的社会活动:"在人力资本的积累方面没有相似的方式。"人力资本至少部分与人际接触有关。那么技工是什么?内部和外部影响的区别是什么?

事实上,罗默的递增报酬模型源于卢卡斯使用的溢出。卢卡斯给了罗默全部的荣誉,他把这个年轻人的工作纳入了 60 年代中期阿罗和宇泽弘文的光辉传统中,他使得罗默在趋同性争论中最引人注目。记住这是 1985 年 12 月,罗默毕业三年了,这个领域几乎没人认识他,此时距离他在 1986 年的《政治经济学》杂志上发表的第一篇文章还有几个月。

卢卡斯极大地简化了论文中的数学,解决了刀锋问题,采用了一个更简单和更有力的公式,几乎像索洛的风格那样容易让人接近。代数取代了变分方程和阶段平面。

但卢卡斯做出了一个重要改变。罗默的积累的"知识"的概念被重新贴上了"人力资本外部性"的标签。但在数学演示的三个自然段中,卢卡斯用了一个非常不同的概念:H,即人力资本溢出,或者人对于其他人的生产力的未补偿的影响,取代了索洛的长期自动增长的外部技术概念 A(t)。他甚至将这些溢出效应对美国生产量的影响赋了一个值,估为 0.4,意思是产量不到没有溢出情况下的产量的一半。40% 表示人们由于加入企业、协会和大学这种组织而使生产力提高的程度。

关于把知识从计算中消除,或者至少是把知识作为外在于人类的商品一样,卢卡斯并不觉得不妥。他说溢出的程度不可能只有一个正确答案。一些知识经过几十年仍然紧紧握在一些人手中,其他的发现则迅速成为共同财富——比如一个新的数学结论的发展,所以他的模型的特点是以一个无限延续的家庭为典型代表,秘密代代相传,正如索洛模型中的技术一样,是一个外在力量。

这并不是一个别针工厂的故事,但是已经很接近了。卢卡斯回到了递增报酬上,毕竟这是外部性产生的原因。接下来的 40 分钟,他做了一个试验。他引入第二个模型来思考人力资本外部性隐含的递增报酬会如何影响国际贸易。这一次有两种物品:电脑和土豆。他的观点向原始模型开放来捕捉国际贸易中的可能性。记住，卢卡斯对人力资本溢出对国家财富差异的影响很感兴趣。贸易难道不是工业革命地域得已扩展的最可能的机制吗？

在卢卡斯的第二个模型中，一个学会以越来越低的成本制造电脑的国家可以根据自己的需要进行替代，消费更多的计算和更少的土豆。这是一个熟悉的学习曲线，其中正反馈取代并摧毁了比较优势原则。但学习曲线模型并没有像卢卡斯希望的那样提供一个追赶机制，而是恰好相反。富国抓住溢出优势，穷国中最聪明的人流向富国，穷国依然很穷。"在这种机制之下，一个从一开始人力和实物资本就处于低水平的国家会永远赶不上禀赋更好的国家。"第一个模型建议资助教育，第二个则只想保护幼稚产业。卢卡斯知道自己错了。在模型中，政府选择产业进行补助是很容易的。"如果现实中也是如此就好了！"卢卡斯说。

现在卢卡斯像戴维一年前在达拉斯那样把听众带回了庇古时代。像20年代一样，80年代中期出现了对侵略性贸易政策的兴趣。教育那位剑桥教授是冒大不韪，这位教授对马歇尔报酬定律的阐释曾在20年代把产业政策提上了政策制定的议程。但即便如此，卢卡斯的技术性很强的谈话——关于竞争如何没能带来国家之间的趋同，是因为他所说的人力资本溢出这一不可见的力量可能被完全忽视了——除了他结束谈话的方式。

卢卡斯说，既然没有衡量假设的外部影响的方法，那么它们叫做什么就不是很重要了。它们代表的力量仍然是个谜。"如果这些行为的特征都是人力资本概念的可观察的结果，那么我认为简单地重新给这种力量命名将不会产生太大区别，叫'新教伦理'、'历史精神'或者是'要素X'。"溢出仍然和马歇尔讲的一样，是不可抹去的"未知的东西"。有点像侦探哥伦布的语气，卢卡斯再一次说，也许有某种办法来"看见"这些溢出。

大城市的地租是怎样的呢？

卢卡斯说，现代城市对经济学家来说是个谜，根据现代经济模型的标准，它是不存在的。"它就像原子核：如果我们只考虑常规经济力量，城市就会解体和消失……一个城市只是生产要素的组合（资本、人力和土地），城市外面的土地永远比里面的便宜。"但人口并不是均匀地分布在土地上。他们涌入有着高楼和狭窄街道的中心城市。是的，人们喜欢住在商场附近，商场需要建在离顾客近的地方，"但这种想法只能解释商业中心，而不是城市。"所以是什么使城市成为一个整体？为什么人们喜欢聚在一起生活？

卢卡斯没有转向其他经济学家，而是转向一个真实世界中的城市的聪明的叙述者——作家和社会活动家简·雅各布斯（Jane Jacobs）。1961年她的《美国大城市的生与死》（*Death and Life of Great American Cities*）这本反对规划和大规模城市改造的书籍获得了极大的成功，但是经济学家没把它当回事。因此在1969年的《城市经济》中，她解释了他们是如何发挥作用的。卢卡斯说，这本书"在我看来主要与人力资本的外部影响有关，很有说服力（尽管作者自己没这么说）"。

雅各布斯说，一个城市是一个能够自我增长的定居点。城市中的人们不断增加新的工作。在关于新的工作是如何产生的一章中，有一个关于胸罩的发展的有趣故事。裁缝爱达·罗森萨尔不满意她的衣服穿在顾客身上时，里面套着各种胸衣、衬衣和菲利斯背心。她尝试着改进，最终发明了第一个胸罩。她曾经每卖一件衣服都送一个胸罩。很快，她不再做裁缝而是自己生产和销售胸罩。雅各布斯说，一个城市成功创造新行业的奥秘就是各个区间的广泛交流。在爱达·罗森萨尔发明胸罩的纽约服装区聚集了很多设计师和制造商，他们彼此了解、猜测别人的设计、解决问题、创造新的行业。同样还有金融区、钻石区、出版区、广告区，等等。卢卡斯发现雅各布斯对这些区的描述也适用于学术中心：比如哥伦比亚大学或纽约大学。每个地区的观念不同，但过程却非常相似。"对一个局外人来说，看起来是一样的，"卢卡斯说，"做着同样事情的人集合在一起，每个人都强调自己的原创性和独一无二。"换句话说，雅各布斯认为，聪明的人都去了城市，因为那里有天才。

卢卡斯为雅各布斯的阐释加上了一个简单的评论，城市比其他地方要更加昂贵。人们花很多的钱获得在曼哈顿生活的优势。雅各布斯仅仅间接和略微地考虑了价格因素。卢卡斯认为价格是处于绝对的中心的。如果人们接受更高的价格，一定是因为他们认为在市中心居住会获得一些好处。

这种思想可能使经济学家"看见"人力资本的外部性。如果溢出是把城市联在一起的不可见的力量，就好像它们是一个原子的核，那么地租应该就能用来间接地衡量这种力量，他说，就像收入差异可以被看作是内化的社会资本的生产效用，也许某天我们会通过租金等级"看见"溢出，这种方法是可靠的，就像能够从一堆云中推断出暖锋正在逼近一样。卢卡斯问："如果不是为了接近其他人，人们是为了什么而支付曼哈顿或芝加哥市区的租金的呢？"

通过这个问题，他完成了他的工作。

听众冷酷而沉默。左派因数学侵犯了他们视之为自己发展的土壤的发展经济学而感到愤怒。凯恩斯派被他们所认为的对索洛的攻击而激怒。卢卡斯的方法似乎与礼堂中每个人所习惯的论述完全对立。在礼堂中彬彬有礼的教师们在咖啡厅中却变得很恶毒。卢卡斯去喝了些啤酒。蒂姆·基欧（Tim Kehoe）和年轻的博士后戴维·坎宁，是少数的喜欢他们所听到的观点的人，但他们也不完全确信。"当我听到罗默的演讲的时候，我立刻就理解了。"坎宁多年后回忆说："但我并不能说我是认可卢卡斯的，这个人做的是我想做的事。他说，'这很重要'，研究标准的东西，用新的方法扭曲它们，进行新的研究来看看走哪个方向比较有趣。"

找到愿意发表《论经济发展的机制》的地方花了几乎三年时间。论文对于大多数经济学杂志来说太长了，它的解释形式并不常见。但卢卡斯的马歇尔讲座促使经济学在许多方面逐渐转变，它强调不同的事实，提出不同的问题，不久它就改变了经济学的根本焦点，使其从商业周期转移到了增长上。它的介绍部分的结束语"这种问题中涉及的人类福利的后果是很复杂的：一旦开始思考这些，就很难再去想其他的了"成为继凯恩斯的"经济学家和政治哲学家的思想的力量……超出了人们通常的理解"之后被最频繁引用的文字。此外，"机制"成为照亮下一代经济学家——克鲁格曼、罗默和其他人的火把。即使没有完全继承，但至少还存在着，可以激励年轻人为自己想拥有的东西而奋斗。所以在宏观经济学家中，至少是年轻的宏观经济学家中，卢卡斯发表的演讲稿迅速流传开来。

20年后再读这个演讲，其显得非常的模棱两可。卢卡斯给了"锁定"一个与戴维非常不同的解释，但仍不清楚究竟是什么造成了穷国和富国、城市和农村之间差异的扩大。同样不清楚的是这些机制与戴维的QWERTY键盘的故事有什么共同之处。是正反馈？还是存在某种壁垒？无论原因是什么，"锁定"是存在的，事情产生了粘性。整件事太复杂了，但城市和它的高租金的摩天大楼区的例子阐释了经济学家之间的晦涩的争论，并把它引入了普遍经验和常识的范畴。

当戴维通过打字机键盘的例子提出由递增报酬产生的锁定问题时，它不过是个遥远的雷声。但通过现代数学，卢卡斯把正反馈谜题有力地注入到了今天的核心问题中，即一些国家的快速增长和其他国家的相对停滞。

读过《论经济发展的机制》的人知道那天在米歇尔女士礼堂出现了一些变化——经济学本身已经在它的枢纽上摇摆，变化似乎与递增报酬有关。

第 18 章 键盘、城市和世界

但 1985 年底，唯一清楚的是卢卡斯与索洛之间展开了争论，后者是一个没有争议的伟大学者，别人都不能理解为什么他没有得到诺贝尔奖。卢卡斯的话能够损害索洛的声誉吗？这种荒唐的可能性，仅仅给人们带来了热情。在这点上，可能只有罗默能够彻底明白他的老师引发的斗争不只是针对索洛，也针对他。

第 19 章　重新组合

卢卡斯的演说使学术界大吃一惊。他的论证激怒了某些经济学家，同时给其他人带来了震惊和迷惑。这是他首次对于经济增长问题发表言论，但却又完全超乎意料。即使他对于市场失灵的可能性的兴趣与 50 年代凯恩斯主义传统互相呼应，但当其被淡水经济学派的语汇表达出来时，这些演说就使得各界惊慌失措，而在其余学派这些语汇是很谨慎地被避免使用的。少数的年轻专家受到刺激后立即采取了行动。

贸易、移民与经济增长有密不可分的联系，这样的观点已经完全不新鲜了，城市对于经济增长是个核心要素这样的概念也不新鲜了。也许卢卡斯演说的新颖之处在于他认为"锁定"是一个潜在的很严肃的谜题，当戴维用打字机

第 19 章 重新组合

键盘描述正反馈时它是一件事。芝加哥的主要经济学家们决定用溢出来研究对"看不见的手"的必然的可依赖性的质疑。(戴维·坎宁说"这就像把保罗变成基督徒"。)难道这儿有什么诡计吗?同时,相对较易使用的罗默模型的数学陈述,为最不保守的读者们提供了研究一个世纪以来都没有受到过检验的所有与正反馈有关的话题的机会。

所以在1986年的头几个月里,一系列的重组发生了,许多研究者投入到新的工作中,跨越旧的边界发掘新的观点。这就好像是制图团体分散在一个广袤而陌生的新大陆的不同地区——这个新大陆就是报酬递增。各个不同领域的研究者贡献他们的所学并共同在新大陆上探索。

剑桥之后,卢卡斯继续旅行至特拉维夫(Tel Aviv),在研讨会上陈述关于人力资本溢出的新想法。值得一提的是,对一个正在把经济学的方向转移到国家间差异的人来说,这竟然是他第一次出国旅行。他的一个朋友阿沙夫·拉辛告诉他,保罗·克鲁格曼写了一篇主题为"循环的递增报酬与贸易"的论文。看一眼就知道其实卢卡斯与克鲁格曼研究的是同样的问题,只是角度略微不同,所以卢卡斯大大地称赞那个被克鲁格曼发展的由两个部分组成的模型,它们给卢卡斯的讲稿加上了强而有力的注解。

表面上来看这两篇论文区别太大了。克鲁格曼的看起来更像是政策简介而不是对主流经济学界的学术贡献。按当时的风气,他把它称为《勉强维持生活的移动乐队、荷兰病和撒切尔夫人的竞争后果:贸易和动态规模经济注解》,他阐明了它对于日本、荷兰以及英国的适用性。

这本书的核心部分是一个模型,其中所有国家都在具有优势的制造业的基础上发展,这种优势通常只在公司层面。他仿效阿罗称这个模型为学习曲线。溢出效应在这儿单单是由某一个生活区的历史产生,而不是从克鲁格曼的贸易研究中的垄断竞争的报酬递增而来。换句话说,他们就是马歇尔溢出效应的结果,这个结果与卢卡斯的土豆与计算机模型所产生的结果一样。某些国家领先了,某些国家停滞不前,趋同失败了。克鲁格曼的论文在1987年的《发展经济学杂志》上发表。

没有什么比发现卢卡斯和新垄断竞争的信奉者一起找到了一个共同点更让人惊奇的了,即使他引用的"移动乐队"论文依赖于由完全竞争产生的溢出实现的报酬递增。几年之后,卢卡斯将取得更大进步。通过赞扬克鲁格曼和赫尔普曼合作的关于垄断竞争的新成果《市场结构和外国贸易》,他解释了他的理由。

卢卡斯说,大卫·李嘉图对比较优势原则的正规化处理在历经150年多次阐述后依然很有效,基于资源的模型仍然能够解释大部分的世界贸易。"酒依然是从葡萄牙出口到英格兰而不是相反。但为什么大众汽车从德国出口到意大利,而菲亚特却从意大利出口到德国呢?"

卢卡斯说,答案似乎回到了亚当·斯密关于专业化、报酬递增和市场规模的思想上。但直到第一批模型出现时,那时在递增报酬存在的情况下计算均衡是可能的,用"看不见的手"调节别针工厂(这是亚当·斯密的观点,就像垄断竞争学说属于钱伯林一样)仍然是各种"拇指规则"的来源,而不是处理贸易问题时的一个可行的分析框架。

如今,随着迪克西特—斯蒂格利茨模型的出现,由于喜欢多样性的消费者,抓住专业化的好处从而使追求一个关于垄断竞争产业的更严谨的理论成为可能,这就是"新国际经济学"的全部内容。大多数信息仍然说明自由贸易对消费者有利,但同时也有一些意料之外的含义。"一旦一个人离开了竞争性假设,福利问题就涉及各种变异的、复杂的、次优的均衡。"怎样处理这种均衡?赫尔普曼和克鲁格曼说明了"怎样"和"为什么"以及怎样使它更简单。可控制性就是一切。

没有记录表明年轻的克鲁格曼在1986年是否因为他新颖的结论受到芝加哥学派的领袖们的认可而得意洋洋。当时,他正在为1987年第五届计量经济学协会世界大会上关于新贸易理论的演讲而忙碌着。他说,新贸易理论"也许永远不会像旧的那样是一个整体",但递增报酬仍然被保留。

同时,卢卡斯并不满意他的模型——确切的原因是趋同没有发生。多年后,他说:"每个人都觉得贸易是加入工业革命的关键方式,我认为失败的都是主动切断自己与世界联系的国家,共产主义国家、拉美和像印度那样使用进口替代战略的国家。"其他国家创新很迅速,却落后下来,与更发达的国家进行贸易的亚洲国家表现很好。制作模型来阐明这些贸易是如何发生的是不可能的吗?"在我的演讲中我没有达到目标。我的模型中贸易有着相反的作用,它仅仅扩大了差距。如果你试图理解为什么贸易能够帮助不太发达的国家赶上,那个模型就没有任何贡献。"

人们还没有探究贸易和增长之间的联系,克鲁格曼没有研究增长竞赛。麻省理工的其他教师也没有这么做——至少没有马上做。直到1987年秋天,距卢卡斯在剑桥的演讲差不多两年后,副教授菲利普·阿吉恩(Philipe Aghion)和彼得·豪伊特(Peter Howitt)开始研究增长而非贸易——差不

第 19 章 重新组合

多就在那个时候索洛被宣布获得诺贝尔奖。然而在过渡时期,一个麻省理工的研究生加入了这项新的工作。年轻的俄国后裔安德雷·施莱弗(Andrei Shleifer)在 1986 年的论文中使用罗默式的溢出模型,表明公司如何为新产品的推出安排时间从而使之与商业周期一致,以提高股票价格。在一段时间里,是施莱弗给剑桥和芝加哥带来了重要联系——关于科学中的有趣现象的一个很好的例子,在科学中,年轻的、表面上看处于最底层的人,通常有关键的作用。

在芝加哥,学生和老师兴奋地讨论着罗默在《政治经济学》上发表的论文。1986 年秋天,加里·贝克尔形容整个系(事实上是整个经济学界)出乎意料地"重新审视专业化和贸易带来的利益",涵盖了从最常见的事务到最复杂的后工业经济中的全部经济活动。在最兴奋的人中,有三个聪明的年轻经济学家施莱弗、凯文·默菲(Kevin Murphy)和罗伯特·维什尼(Robert Vishny),他们总是共同发表文章,以至于被认为是一个三人组合。

施莱弗是他们三个人中的外来族裔,他于 1961 年出生在苏联,父母都是工程师。在希伯来移民援助协会的帮助下,他们 1976 年持第一批瓦尼克(Jackson-Vanik)签证离开苏联,在意大利呆了五个月后来到美国,在纽约的罗彻斯特定居。(施莱弗是典型的犹太科学精英,非常善于黑板科学和数学这种大脑活动。)一个哈佛大学的招生人员从一个市内高中录取了他。他说他获得奖学金去了剑桥,当时他学会的一点英语只是从《查理的天使》(Charlie's Angels)上学来的。

在施莱弗大学二年级的时候,他见到了当时是麻省理工副教授的拉里·萨默斯(Larry Summers),问了他很多数学问题。第一次见面感觉很好,布兰查德说:"拉里对他印象深刻,决定聘请他做研究助理,对他的论证中包含的缺陷却没什么印象。"萨默斯和施莱弗从那时起成为了亲密的朋友。毕业后,施莱弗来到麻省理工的研究生院。他曾经访问芝加哥大学几个月,在那里他学到了足够多的有关报酬递增的新数学,并把"实施周期"纳入论文中的商业周期模型中。在普林斯顿教了一年书之后,1987 年他被聘请到芝加哥大学。

凯文·默菲的故事同样有趣。他在 1982 年被芝加哥大学录取为研究生,那时施莱弗刚离开不久。毕业后他在一个超市做工没多长时间后,就在加州大学洛杉矶分校学习经济学,因为他觉得这比超市生涯更有趣。一个人们熟悉的故事使他选了价格理论课程,这个故事的特征就是阿尔曼·阿尔钦（Armen Alchian）用苏格拉底式的问答法使他蒙羞，阿尔钦是加州大学洛杉矶分校的第二个米尔顿·弗里德曼。默菲毫不费力地跟随着教授的节奏。由于不能挑出他的错，阿尔钦确信这个学生之前上过这门课，然而默菲否认。阿尔钦说："你还是学过！"默菲说："我没有！"默菲在1986年拿到博士学位，马上就开始在芝加哥大学商学院教书。

这个三人组中的最后一位是罗伯特·维什尼。他所有方面都很平常，除了一点。他是一个非常聪明的投资者，他与别人（施莱弗和伊利诺伊大学的约瑟夫·拉孔尼修克（Josef Lakonishok））共同成立的基金管理公司多年来发展稳定。维什尼在麻省理工毕业一年后于1985年来到芝加哥大学，比施莱弗早一年。当1987年施莱佛从普林斯顿回到芝加哥的时候，他与施莱弗和默菲成为了热情的合作伙伴，他们著名的第一篇论文出色地说明了报酬递增的新模型的力量，从而阐明了之前有争议的事情。

在《工业化和大推进》（*Industrialization and the Big Push*）中，三个年轻的经济学家着手证明政府如何依赖溢出来促进经济增长。"大推进"思想在实践中有很长的历史，比如列宁在20世纪20年代的新经济政策就是建立在这样一个信念之上，对基础工业比如电力和钢铁的大规模投资可以使苏俄告别农业历史。

1943年，匈牙利经济学家罗森斯坦—罗丁（Paul Rosenstein-Rodin）在战时的伦敦给这种战略起了名字。（从阅读扬的论著中获得的启发。）一个成功的"大推进"可以在任何不发达的国家起作用，它必须使一些人离开农业进入城市，进入学校。同时必须加强城市基础设施建设。这种变革是很昂贵的，不能指望雇主们投资教育，因为他们的投资可能没有回报（关于可占有性的古老问题）。不能指望他们改善基础设施，因为这种不可分的利益会使很多人搭便车。只有政府才有足够的资源承担巨大的固定成本，以及有足够的权力使他人服从。正反馈可以完成剩下的事情。

但主流经济学忽视了这个匈牙利经济学家的论文。记住，1943年的经济学正经历着自己的"大推进"——目标是形式化。和扬15年前的论文《报酬递增和经济进步》一样，罗森斯坦—罗丁的"大推进"论文吸引了大量的注意力。的确，它有助于在研究产业经济的新古典经济学家和其他研究次发达国家问题的经济学家之间划出清晰的界限。在后者中，"大推进"模型涵盖了所有旨在推动发展的合作投资战略的论证。但受完全竞争的数学逻辑和持续报酬教育影响的新古典经济学家，看不到多重均衡中"贫困化陷阱"这种东西的广泛存在。主流经济学家关注"投资鸿沟"或者找出过剩劳动力,但忽视教育和基础设施,他们用已经掌握的工具来建立模型。

但在1987年,罗默模型已经可以解释列宁提出的那种正反馈所隐含的机制。突然,报酬递增理论再次受到尊敬。施莱弗自己是个苏联移民可能对此也有所帮助。从任何一件事情中,这三个年轻的芝加哥大学教授总结了一系列旨在表明列宁这种"大推进"运动如何发挥作用的模型——至少是在理论上的作用——一个国家如何在较短的时间里从一个农业生产体系转化到工业体系。政府可以使干涉正当化,因为溢出可以多次抵偿投资。政府干预不仅是允许的而且还是必要的。(当然,并不是说只有政府才能创造大推进。这种分析可以解释亨利·福特1914年给工人一天五美元或一年1200美元的著名行动。给汽车工人足够的钱购买其他工人的产品——鞋匠、面包师、烛台制作者——很快这些工人的收入也同样充足了,也许一天挣5美元。不久每个人都可以有足够的收入去买车,因为更多的车能够卖给扩大了的市场,最终价格跌到低于300美元。这是一个教科书上的例子,在理论上,它是一个畅通无阻的良性循环过程。)

这是很令人兴奋的。报酬递增长期以来是文学经济学家的财产。现在由于新数学工具的出现,年轻的形式主义者纷纷开始讨论这个话题。1989年在《政治经济学》杂志上发表的"大推进"论文是第一次成功(虽然现在罗默自己在1986年论文的基础上已经前进了很远)。更令人惊讶的是发现保守的芝加哥经济学家做的关于政府干涉的研究和克鲁格曼与新贸易理论家在麻省理工所做的一样。(正如罗默发现的,逻辑和证据的力量有时会战胜它们的使用者的愿望。)重点没有被遗忘,越来越多的聪明的年轻人开始对报酬递增的新经济学感兴趣。①

对于罗默来说,出现了一个新的问题。他必须区别自己的观点和他的著名老师的观点。在马歇尔讲座前的一段时间,罗默担心自己会被完全搁在一边。1985年卢卡斯未定稿的论文在到处流传时,罗默的报酬递增论文还没有被《政治经济学》杂志接受,但他不必担心。卢卡斯在他的正式的引用和非正式的评论上是很慷慨的。(保罗是个学生,你永远不能做的事情就是利用你的学生得到好处。)赫克曼坚持认为罗默的论文应该发表。

---

① 正是三人组的成功和罗森斯坦-罗丁的失败的对比给了克鲁格曼关于"非洲地图的暂时空白"的比喻。

但事实上仍然是卢卡斯拿走了罗默的"知识"变量,重新给它贴上了人力资本的标签,从而极大地模糊了罗默努力做的工作。此外,罗默在哪种方法最好的问题上改变了主意,抛弃了完全竞争假设而选择了垄断竞争新模型。所以即使"罗默86"还在邮筒里,他放进去的放弃声明书("他们是物品,而不是技术外部性。")显然是不够的。罗默在当时被界定为芝加哥淡水传统,但实质上他运用的是咸水派方法。如何向其他人解释他始于卢卡斯的内心的转变呢?

虽然在罗彻斯特教书,但罗默经常访问芝加哥大学。人们兴奋地谈论着报酬递增问题。在某一个时刻,论证变成了关于城市而不是某一个学术部门中发生的事的谈话。卢卡斯在演讲中引入了这样一个框架,当时他说:"我们知道的大多数知识都是从别人那里学来的。我们为一部分老师付了学费,间接或直接地接受较低的报酬为的是我们可以留在他们身边。但大多数都是免费得来的,并通常是相互的——没有老师和学生的区别。"

关于罗默现在回答的结果,你只觉得你是免费得到的。以"关系"形式存在的非正式的交易几乎准确地形容了一个院系里面发生的最重要的互动——午餐日、办公室谈话、合作、推荐等。当然研讨会、教室讨论和平常餐桌上的经常性的谈话产生了大量的真正意义上的溢出。如果你看一下走廊,你会发现谁在和谁吃饭——至少大部分都是免费的。但你能够在参与午餐的私人对话中得到更多吗?

罗默说,真正在院系(几乎世界上每一个地方)里面进行着的是相互之间选择性的事务体系——把这个体系形容为垄断竞争会比匿名的、冲突较少的交流更好。为了在跟别人交换时自己有更大的收益(收租),每个老师和学生努力在劳动市场中"区别出自己的产品",宣称这是"一个特别的东西"。所有者要获得一个认可或是优势,就必须变得更聪明一点、读更多的书、更不屈不挠、更善于合作。有时和物品一样复杂的是货币,更常见的情况是对不确定的期货受益的期待。在汤姆·沃尔夫(Tom Wolf)的《虚空之火》(*The Bonfire of the Vanities*)这部小说中,他形容了"帮助银行"——一个多年经营的非正式的贸易和会计体系,有时是非常具体的一个很好的书评或举办婚礼,有时又散漫地只是一个简单的良好意愿("我认识你的父亲")。"在'帮助银行'中的存款并不是等价物,"沃尔夫说,"他是为不幸的日子预备的。"

在卢卡斯看来,这些可能把人类之间的事情看得太唯利是图了。有一次他说,"在我家里我们从来不用'边际'这样的词汇,我不觉得经济学语言在思考个人决定问题上有什么用处。我在家里也从来不用经济原理。我试着使用家庭忠诚或一个交换体系:你帮助我,我也会帮助你。"卢卡斯写道,在系里和在家里一样:"我们通过向同事学习而获得的利益是切实存在的,足以使我们花一大部分时间与他们未来的成就竞争。我们用另一些时间来旅行,与那些我们不能够但是希望与之做同事的人谈话。"卢卡斯坚持认为这种对交易的外部影响,普遍存在于所有艺术和科学之中,尤其是"有创造力的行业"。知识可以积累到足以免费使用的程度,只要接近受过教育的人群就能够获得。

虽然卢卡斯的重点是这种较为轻松的家庭帮助银行普遍存在,但是罗默的说教并没有解决这种争论,并且当卢卡斯于1987年春天在西北大学的重要会议上发表演讲时,他努力地维护自己的立场。人力资本溢出足以解释正在发生的事。

1986年的整个夏天罗默都在研究一个专业化的模型,与扬1928年描述的不同,像简·雅各布斯40年前说的,"一种工作产生了另一种工作"。是溢出把人们引向城市的吗?还是专业化的机会?或者二者都是?罗默通过设计一个经济增长只依赖于能够促进增长的新产品的出现的模型,解决了如何把自己跟卢卡斯分开的问题。最终通过这种方法,他推动了这个结果,或许他希望如此。

他花时间寻找与他的工作类似的著作。他引用了威尔弗雷德·埃塞尔(Wilfred Ethier)的生产函数,他自己也独立推导出了这个方程。他引用了肯尼斯·贾德(Kenneth Judd)对芝加哥专利的研究。有些事情严重地分散了他的注意力。他的父亲做了四年州财长后,竞选科罗拉多州州长,他战胜了自己对参与竞选活动的渴望。

1986年12月,罗默发表了他的新模型的两个版本。第一个是在罗彻斯特经济系的工作论文,主要是与扬相关联,并详述了解决报酬递增问题的历史,它的内容也包含了后面几篇论文的片断。

第二个是模型本身的简述,是和卢卡斯和普雷斯科特的合作项目。罗默于12月底在新奥尔良的会议上阐述了它,会议是关于组织安排对增长的影响。好处是论文可以作为前言发表——罗默可以不通过很多复杂的审核就正式加入到垄断竞争的阵营中来。

五个月后,当《基于专业化带来的递增报酬的增长》(*Growth Based on*

Increasing Return Due to Specialization）在 1987 年 5 月的《美国经济评论》上发表时，几乎没人注意到它，因为它太短了。由于所有会议论文都要求简化，所以这篇论文仍然没有展现它数学上的功底。没有人尝试着把这篇论文和之前发生过的事情联系起来。罗默回忆说，"我不认为这篇论文对人们有多大影响"，尽管那个冬天在其他地方充满着兴奋之情。

几乎与新奥尔良的会议同时，一个年轻的普林斯顿教授吉恩·格罗斯曼（Gene Grossman）前往特拉维夫看望赫尔普曼。格罗斯曼在 1982 年打算去拜访他，但赫尔普曼在黎巴嫩危机中被军队召去了。现在他在 1986 年 12 月回来了，这个时间更好。

和其他同时代的贸易经济学家一样，格罗斯曼在一定程度上是在更耀眼的克鲁格曼的阴影下工作。他到耶鲁那年，克鲁格曼是麻省理工的大四学生，同年离开了麻省理工。他跟着克鲁格曼进入了国际经济学领域，写了一篇关于战略贸易的广受好评的论文。他加入了竞争激烈的布朗克斯科学高中：他拥有并不狂妄的自信。普林斯顿在格罗斯曼 29 岁时聘用了他，那时他已经毕业五年。他与麻省理工的经济学家琼·鲍德温（Jean Baldwin）结婚，她的父亲和兄弟都是经济学家。

现在赫尔普曼和克鲁格曼的合作关系结束了。他们的第二本书《贸易政策和市场结构》没有取得和第一篇专论一样辉煌的成功。无论什么原因，克鲁格曼离开了。当格罗斯曼告诉赫尔普曼他正在考虑试着把技术放入李嘉图模型时，那个长者笑着拿出了一抽屉的笔记。当格罗斯曼 1987 年初回到普林斯顿时，他充满了兴奋。阿维纳什·迪克西特（Avinash Dixit）回忆说："我知道他已经找到了能使他自己扬名的问题。"

第20章 疯狂的解释

罗默在1986年写的论文单独出现，它只会被那些偏好数学的少许经济学家注意到。而在1987年的那篇论文里他推翻了自己的观点，否认溢出而认同专业化的小论文，让人更加费解。谁会在意一个罗彻斯特大学的高深科学家改变自己的建模惯例这种事情呢？然而，卢卡斯讲座产生的影响使得更多的经济学家开始关注罗默。这种新建立起来的声誉使他得到了美国国家经济研究局的邀请，他参加了1987年3月在马萨诸塞州的剑桥举行的为期两天的会议，并在宏观分会上报告了一篇文章。

美国国家经济研究局是政策导向型的经济学的中心，它吸引了来自美国和其他国家大学最聪明的年轻学者。会议的意图是展示每年最出色的新著作。在科罗拉多州，罗默的父亲被选为州长，与之有关的诱惑非常大。

在那段日子里，报纸上充斥着许多巨大的疑问，这些主要和里根变革的实际后果相关：失业、汇率波动、财政赤字、南北关系。但是生产力衰退之谜在1987年的美国仍然是个问题。所以为什么不谈论点关于它的事情呢？毕竟，罗默的基本观点是：技术进步在很大程度上是一个经济现象。那还有什么方法比让他的模型在从索洛模型开始的以增长为目的的传统下更好地展示它的重要性呢？

为了让研究局的听众们对他的话题感兴趣，罗默放弃了在讨论"看不见的手"和别针工厂等问题时所一贯使用的理论叙述方法。相反，他用框架对新数据进行计量分析以强调他与索洛的不同。他把自己的论文称作"对生产力下降的疯狂解释，"并且轻率地带着它加入了对于国家间不同经济增长率的讨论中。结果，不幸的是，它把年轻一代的经济学家最终推上了无功而返的道路。

罗默的论文题目是为了传达他的方法的新颖性（而且可能也有点冷静，记住，他差点成为一个物理学家）。罗默说，关于衰退问题，所有传统的合理解释都尝试过了，并且最终被认为是无法令人满意的。那么，往传统框架之外的地方想想会怎么样呢？在一个著名的演讲中，沃尔夫冈·宝利（Wolfgang Pauli）试图用一个方程解决实用物理中的所有悬而未决的问题。在宝利作完演讲之后，伟大的丹麦物理学家奈尔斯·博尔（Niles Bohr）委婉地反对了他的提议，他说："教授先生，我们都同意您的理论很疯狂，但是，我们不认为它足够疯狂到成为正确的……"

在1987年，对于经济学而言，什么才能构成一个足够疯狂的理论并且是正确的呢？罗默想要证明的是用索洛模型解释增长的框架排除了许多有趣的可能性。罗默争论道，滞后的生产力可能只是源于战后婴儿潮导致的纯粹的人数增加。可能人口的增长减缓了对资本的投资，并由此导致了技术进步速度的改变。也许相对较少的人可以工作的情况会促使对新机器的投资，从而刺激更多生产性的投资。

人口增长和发明速度之间可能存在联系几乎算不上什么新观点，就像罗默所写的，劳动力的缺乏是对美国和英国19世纪生产力差异的标准解释。美国充裕的土地被认为是导致美国相对于英国有更高的工资的重要因素。高的工资水平引发了对节约型劳动发明的需求。埃斯特·博塞拉普（Ester

Boserup）是一位为美国工作的丹麦经济学家，在 1965 年和 1981 年针对马尔萨斯的观点写了几本书，他认为人口压力是技术进步背后的驱动力。罗默想要展示的是公共部门和私人部门的所有选择——从教育政策、贸易制度到知识产权系统——都可能对国家财富的增长速度产生重要影响。

但是在外生增长模型的框架下，劳动力剩余对技术进步的影响并没有办法解释。无论人口增长如何变化，或者资本积累的速度如何变化（当然这些可以被彻夜不眠地研究了），新知识增长的速度是不会被影响的，因为它是外生的，由模型以外的力量决定，它将继续年复一年地像无线电广播一样从国家的各个大学中发散出去。但是因为生产力对于新技术的依赖要远大于对其他任何东西的依赖，所以无论资本积累的速度有多么快，产出也不会增加太多。

和往常一样，罗默举了一个例子来阐释他的观点——这个例子是关于马蹄铁的。至少，在一个运转良好的市场中，关于新想法数量的数据是可以得到的。在关于专利的研究中他注意到，经济学家雅各布·施穆克勒（Jacob Schmookler）已经证明了古代设备的更新在 1900 年达到顶峰并一直持续到汽车占据道路的 1920 年。那么是什么导致 20 世纪的专利突然增长呢？可能是市场的规模，还有可能纯粹是因为有更多的发明家进行更加微小的技术改进。创造性的突然爆发与任何突发的和外生的事情无关。毕竟，在公元前二世纪马蹄铁就被罗马人发明了。"如果强烈的需求可以导致对一个有着 1700 年历史并且如此简单的东西进行改进，"罗默写道，"我觉得说我们现在已经耗尽了在如蒸汽发电机和化学处理方面的技术改进的机会这种话就是不可信的了。"

但是关于马蹄铁的故事并不可能说服国家经济研究局的听众，罗默需要模型，而他拥有两个自己的模型（1986 年的建立在溢出效应上的版本和 1987 年的以专业化为基础的新版本）和一个索洛的模型（其中技术是外生的）。但是如果罗默想使用当时的规范，并且跟随卢卡斯在《论经济发展的机制》中所树立的典范的话，他也需要数据。除了施穆克勒、弗里茨·马克卢普（Fritz Machlup）（一位承担了福特基金会的一项庞大的历史研究项目的普林斯顿大学的经济学家）和一些其他局外人的理论指出过这种度量的潜在用途外，没有人实际搜集过关于知识生产的数据。

所以罗默采取了一种历史悠久的手法。为了证明新知识在某些地方对系统的推动比其他因素快，罗默将资本投资率和知识增长率等同了起来。

毕竟，大部分新机器都比老机器先进得多。也许技术进步本身就是新资本投资的重要组成部分，如果资本可以被指定一个年代的话，它就可能被辨别出来。这就是物化的假设，自从索洛在 1959 年发表的一篇标题为《投资和技术进步》的文章中引入了它以后，很长时间内人们都在讨论它，结果是人们的注意力还是保留在了资本上。四分之一多个世纪之后，罗默观察到，"没有任何国际组织发布关于本地知识生产和知识流入的数据。如果你想回归的话，对于实物资本的投资是一个你可以使用的变量，所以我就这么做了。"因为他当时只有 32 岁并且对寻找充满了激情，他使用了一个新的并且之前几乎没有人知道的数据库来检验他同样全新的理论。

在那些日子里，宾夕法尼亚大学的世界表（Penn World Tables）几乎是全新的，它作为国际间价格对比工具的重要性还没有被了解。从 20 世纪 30 年代起，西蒙·库兹涅茨（Simon Kuznets）在宾夕法尼亚大学执教时发明了国际收支系统，即国民账户体系，被人们广泛认同。他在 1971 年因为这个贡献和其他工作而获得了诺贝尔奖。而监督第一个账户的准备工作的理查德·斯通（Richard Stone）则在 1984 年获得了诺贝尔奖。但问题是，这些数据只是为了对单个国家在一段时间内的经济运行进行比较而准备的，这个账户体系并不允许不同国家之间的比较，因为没有采取任何措施来考虑国家之间的不同价格水平，因此想在早期系统里收集全世界的价格水平的想法太过于雄心勃勃。

通常比较国家间生产力和财富的方法依赖于汇率。经济学家会将美国产出的所有东西以美元计价，日本产出的以日元计价，用每个国家的人口相除，再用现行汇率调整，然后进行比较。但是麻烦的是汇率波动很大，至少和股票市场一样不稳定，所以这种快餐式的计算方法并不一定能反映真正的相对价格。

更好的替代方法是比较不同国家年复一年相似的一篮子商品的货币购买力。但是要建立购买力平价（PPP）需要花时间，并且需要为价格搜集者支付费用。《经济学家》杂志定期将这一比较简化为对巨无霸汉堡的价格取样，来说明不同地区间的生活费用相差非常大这一情况。但是，显然，为了得到更合理的比较，更精心地选择一篮子商品是必要的。

第一个系统比较国际价格的尝试发源于 20 世纪 60 年代的美国，由福特基金支持，由宾夕法尼亚大学的欧文·克雷维斯（Irving Kravis）主持，他希望由世界银行最终来进行这项工作，但是世行拒绝这样做。所以两位来自宾夕法尼亚的教授艾伦·赫斯顿（Alan Heston）和罗伯特·萨默斯（Robert Summers）继续在紧缺的预算下自己搜集价格数据。他们也希望，在展示出这些数据的用处之后，世行将最终接管这项工作。萨默斯是保罗·萨缪尔森的兄弟，拉里·萨默斯（Larry Summers）的父亲这一事实也许会有助于大家理解，当时他这位儿子正在哈佛教书。在 1986 年第一张宾夕法尼亚大学的世界表出现了，115 个国家的国民收入账户的宏观变量被转换成了国际价格。一张软盘被附在《经济学季刊》封皮的里面，这是首次的数据共享，标志着在新的世纪实证经济学（empirical economics）历史上的一个重要的开始。这些数据就是罗默所用的比较长期增长率的数据——相比之前可利用的最优数据序列有了巨大的改进。

紧接着罗默列出了三种不同的增长模型，两个版本是关于递增回报的故事——溢出和专家——和一个关于索洛的递减回报的故事。他利用数据，用不可思议的生产函数的语言比较了这三者。与索洛模型的预期形成对比的是，低收入、低资本的国家依然会滞留在后面，正如卢卡斯 15 个月前所论证的一样。但是现在，非趋同性被认为对索洛模型的损害并不是很大。讨论很快陷入到关于增长度量的细节中。布鲁金斯学会的马丁·尼尔·贝利（Martin Neil Baily）在国家经济研究局的会议上对罗默的文章评价道："我不确定这个反驳对于传统理论而言有多大的冲击力。如果你可以回到 1956 年告诉鲍博·索洛他的理论只对美国、欧洲和日本起作用，而对瑞士不起作用的话，他应该会相当高兴的。"

事实的确是这样：在索洛模型的每个版本中都没留下政策影响增长速度的空间，或者模型中传统的资本和劳动投入对增长率的解释的空间。技术进步是经济增长的发动机，但是它是从模型外部改变事物的。

突然从原本只有一个规范增长模型的地方出现了两个新的版本是一件令人困惑的事情，特别是因为索洛在那一年秋天即将获得诺贝尔奖。更令人困惑的是罗默从其研究工作中得出的推论。如果高工资会促进创新和发明，并且这些进而导致技术的溢出，那么也许欧洲的观点是正确的：减少工作时间，提高工资，忍受高的失业率，以此期待投资和创新跟着到来。也许美国从国外借债是对的，只要借得的款项投入到了将会产生技术溢出而不是消费的部门。罗默写道："我们应该保持尽可能高的贸易逆差，只要我们能逃脱处罚。"

不幸的是，罗默的策略几乎把所有人都甩在了后面。难道不是他对于知识的重要性强调了很多年么？现在他突然把投资当成了新想法的代言人。核心假设——知识是重要的东西，而不是为了投资的名义而投资——很容易被忽视。快速的资本积累导致更快的增长？这种言论对于激励投资毫无新意，代表公司的游说者已经这样说了很多年了。

所有这些都有些超出了经济学界对于一个32岁的新人的预期。可以公平地说，罗默的大部分听众被他实际上的自言自语迷惑了。最初阶段的流言可能是很没有效率的。尽管他们都是顶尖大学的研究者，但是听众中的大部分人之前大概甚至都没有听说过卢卡斯讲座，只有更少数的人才阅读过它（它们直到下一年才被印刷出来）。甚至更少数的听众才注意到了罗默的转变，实际上他提出了不是一个，而是两个增长模型——溢出和专业化，新的和更新的，后者涵盖在十二月份的一个演讲中，还没有出版。更没有人预期罗默会突然从他被大家所认同的纯理论风格转换到那种他并没有多少经验的并不严密的计量经济学。

结果罗默所传达的信息——对科技进步的激励是非常重要的事情——被听众遗忘了。在外人（甚至许多内行）看来这是一个"疯狂的解释"，他放弃了在过去六年时间里为之所工作的所有东西，仿佛他退出了赛马一样。因为他似乎认为最有趣的主题是趋同，所以所有注意力很快转移到了论文的另外一个新颖的地方——数据。

有一个人，与其他人不同，看到了宾夕法尼亚大学世界表所蕴涵的可能性。年届四十三岁的罗伯特·巴罗（Robert Barro）是正在兴起的一代经济学家中最聪明的人之一，也是最挑刺的人之一。作为本科生，他是加利福尼亚理工学院的一名有抱负的物理专业学生。而在他1969年从哈佛获得了经济学博士学位后，一度是个守旧的、也许是有很高造诣的凯恩斯主义者。

但是作为布朗大学的一位年轻的助理教授，巴罗用了比大多数人都少的努力就转变成了新的淡水风格的宏观经济学家——转向了新数学和理性预期假设——也许只是因为他的物理背景。他搬到了芝加哥，并且在1974年的一篇有影响力的文章《政府债券是净财富么？》(*Are Government Bonds Net Wealth?*) 中提出赤字对经济并没有很大的影响，因为有预见能力的个人在预期到未来税收的负担时会立即减少当期消费——这被称为关于借贷和税收的"李嘉图等价"，因为大卫·李嘉图是第一个注意到一个完全理性的人会如此行事。这种苏格兰式的假设方法对于凯恩斯主义经济学家而言

第 20 章 疯狂的解释

是非常令人反感的，对于他们而言，某部分消费者在一定程度上的认识模糊是一个重要的假设。到 1982 年，巴罗终于获得一个芝加哥大学的正教授的职位。作为自由市场经济学的代表，他被很多人认为是米尔顿·弗里德曼的合适继承人。

随后，完全出乎意料的是，在两年之后经济系宣布提名系里长期任教的计量经济学家詹姆斯·赫克曼角逐克拉克奖时（该奖项两年一次，颁发给 40 岁以下最杰出的经济学家），巴罗放弃了他在芝加哥的教职，并且回到了他曾经任职的罗彻斯特大学。他在离开罗彻斯特之前，曾和罗默有过一次简短的会面，两个人在他回来之后恢复了交流，并且持续了若干年，直到 1986 年巴罗访问哈佛并于 1987 年成为了那里的教员才结束。

巴罗和罗默相处得很好，尽管在年龄上有超过十岁的差距。几乎没有人比巴罗更快地发现关于增长理论的新工作的重要性。在"疯狂的解释"出现后，巴罗和他的研究助手泽维尔·萨拉－伊－马丁（Xavier Sala-i-Martin）设计了关于趋同的另外一种假说——他们称之为"条件趋同"，用来解释为什么有些国家可以追赶上其他国家而有些国家不能。如果一个贫困的国家保持资产所有权，允许市场发挥作用，并且积累了一定数量的人力资本，那么它将会向工业化的领先者靠拢。（亚洲新型的工业化国家提供了一个很好的例子。）另一方面，那些没能建立起基本制度的国家，将会落后更多。仅仅用了几个变量就似乎揭示了宾夕法尼亚大学世界表中的 115 个国家增长率的不同。

麻烦的是，同样精巧的统计方法（那些著名的"跨国家回归"）既可以用来识别那些为条件趋同而制定的政策，也可能被用来支持以促进发展为名义的其他政府干预。保护幼稚产业，强大的工会，房屋补贴，为提升公平而进行的大额转移支付——这些政策对于增长率的所谓的积极影响将会在接下来的几年里被模型化并用萨默斯和赫斯顿的数据进行检验。

"《疯狂的解释》的方法成为了一种你可以插入到其他许多模型中的一种模块，"数年之后罗默回忆道，"然后你可以用一种相当简单的方式提问，'好的，如果政府增强了收入不平等会导致什么结果呢？'你可以建立一个简单的系统，然后说'好的，这就是它对增长率的影响。'从数学角度讲，之前用索洛模型你是根本无法做这件事情的，因为没有什么能改变增长率……一旦你给了人们一个他们能插入使用的模块，他们就会有许多可以检验的东西了。"

巴罗和罗默同意为国家经济研究局开设一个增长方面的研讨会，他们为这次会议邀稿。会议将于1987年秋天在韦尔举行——这是一个昂贵的地方，而且事后几乎所有人都认为不该再在这样的地方举行会议。参会者的兴致非常高，感觉很兴奋。巴罗试图控制话题。在会场上，罗默被劝阻不要再进行《疯狂的解释》的增长核算，他回忆说，主要是一系列的与西北大学的莱瑞·克里斯蒂亚诺（Larry Christiano）所进行的关于计量上确立因果关系方向时遇到的困难的讨论。他又回到了试图描述技术的经济角色的轨道上来。数年后，他写道，"我多希望我当时能坚持那些更简单的证据的重要性……"

毫无疑问，应该有些人站出维护索洛模型，来声称罗默模型中的新东西并不重要，而重要的东西之前已经被提出过了。捍卫的方式也毫不令人惊讶。很自然的，咸水经济学应该提出它自己的增长理论，也许做一点小小修正的索洛模型就可以胜任。

N·格雷戈里·曼昆（N. Gregory Mankiw）是许多——也许是大多数——在20世纪60至80年代进入麻省理工学院学习经济学的学生的典型代表，这些学生都对经济政策抱有很大热情，这就是咸水经济学的类型。他们并不热衷于与他们相对应的淡水经济学的自由主义持怀疑态度，也不热衷于深植于芝加哥学派的对于经济秩序源头的好奇。他们在剑桥掌握了他们足以用来改变不完美世界的工具，他们自称为新凯恩斯主义。

这个新凯恩斯主义理论，在很多方面是一个自由学说，它是为了应对来自剑桥的新古典经济学和其他淡水经济学的挑战而演变出来的。它认为传统的对于"看不见的手"的有效性的强调是过度的，市场的不完备是很常见的，对于这些市场失灵的经济管理实际上在某种程度上总是需要的，有时甚至是急需的。一大串麻省理工的经济学家声称自己是新凯恩斯主义者：斯坦利·费希尔（Stanley Fischer）、奥利维·布兰查德（Oliver Blanchard）、艾伦·布林德（Alan Blinder）、乔治·阿克洛夫（George Akerlof）、约瑟夫·斯蒂格利茨（Joseph stiglitz）、珍妮特·耶伦（Janet Yellen）、迈克尔·伍德福德（Michael Woodford）、拉里·萨默斯（Larry Summers）和本·伯南克（Ben Bernanke）是其中最有名的几位。"也许'看不见的手'在正常时期可以指导经济"，曼昆在一本他编辑的（和戴维·罗默一起，请注意，他与保罗·罗默没有关系）《新凯恩斯经济学概论》的前言中写道，"但是'看不见的手'容易瘫痪"。

第20章 疯狂的解释

但是咸水宏观经济学也有它保守的一面。在20世纪80年代早期，哈佛经济学家马丁·费尔德斯坦（Martin Feldstein）曾经非常有影响力，他已经成为了哈佛最出名的经济学家，他培养出拉里·萨默斯、杰弗里·萨克斯（Jeffrey Sachs）和其他许多最优秀、最聪明的新生代经济学家。他将新生命带到了国家经济研究局，新迁址到了剑桥，位于麻省理工和哈佛的中间。但是费尔德斯坦从未声称过自己是一个新凯恩斯主义者，实际上，他曾声明"从凯恩斯撤退"。他已经成为了与不断改进观点的年轻人相对照的主流保守派。在1982年，费尔德斯坦同意出任罗纳德·里根（Ronald Reagan）的首席经济学家，协助负责从更加夸张的供给学派革命主张中进行战术性撤退。在他为委员会招募的人选中有萨默斯、克鲁格曼和格雷戈里·曼昆。

曼昆在1980年来到了麻省理工，同年秋天罗纳德·里根当选了总统。他带着国家自然基金奖直接从普林斯顿来到麻省理工，在普林斯顿读本科时曾是冠军水手。曼昆在孩提时代并没有什么高人一等的，尽管他上了新泽西最好的私立学校——平瑞学校（The Pingry School，他的母亲为了支付学费而出去工作）。他的祖父母是在第二次世界大战前夕从乌克兰移民过来的。当他的叔叔死于诺曼底海滩，他的家族指责富兰克林·D·罗斯福没有为入侵作充分的准备，并成为了坚定的共和党人。他最早关于政治的记忆就是1972年和父亲一起参加反对理查德·尼克松（Richard Nixon）连任的游行。

为什么像费尔德斯坦和曼昆这样的保守派没有被淡水芝加哥的严格传统吸引，反而被凯恩斯主义吸引了过去？为什么不和米尔顿·弗里德曼建立相同的目标呢？对这个问题至少有两个答案。首先，当时在凯恩斯主义中有足够大的空间让一个理性人反对政府在经济中的正确作用。公共财政已经成为了一个热点。高速计算机和新的一般均衡工具的出现使得询问一些之前没有被问过的问题成为了可能——关于税收的反常影响，关于政府很多支出项目背后的利益集团，关于通胀和税收制度，储蓄和投资决策之间的相互影响。甚至关于微调也出现了相反的观点——通过减税而不是政府负债来微调。其次，经济学家在过去30年间所收获的声望是来之不易的，有明显的趋势显示经济学家要继续坚持已经获得的影响力。

到1987年，曼昆已经成为首位被哈佛雇用的麻省理工的经济学博士，成为一个29岁的正教授。他是一位研究领域广泛的多产作家。但偶然出现过一次不幸的事——在 1989 年他（与他的朋友戴维·韦尔（David Weil））非常公然地预测了一次永远没有发生的远期房价的暴跌——但是在其他方面他是一个优秀的理论阐释者和集大成者。在 1992 年他凭借一本中级宏观经济学教科书站在了同时代经济学家的最前列，中级宏观经济学教材在传统意义上是准备写作介绍性教材的出发点。在这本书中曼昆做了出乎意料的革新：他颠倒了话题的通常顺序，将凯恩斯的稳定性理论放在了书的后面，而把第一部分用于讨论国家财富的决定。新教材的核心是咸水学派，即新凯恩斯经济增长模型。

准备了很多年后，咸水经济学家在 1992 年 5 月的《经济学季刊》上对罗默的增长模型进行了反驳。"这篇文章很重视罗伯特·索洛，"由曼昆、伯克利大学的戴维·罗默和布朗大学的戴维·韦尔合作的这篇文章在开头写道。第一句话就表现了对芝加哥学派的敌视，尽管很难说清楚他们的主要目标是什么，除了对罗伯特·卢卡斯在马歇尔演讲中所作的批判的直接挑战。作者写道："这篇文章认为用索洛模型所作的预测，经初步估计与实际相符。"更进一步地讲，如果加入人力资本，那么索洛模型可以解释所有国家间可观测到的增长率的不同，如果跨国回归至少是用"合适"这个标准来衡量。作者们暗示，关于它失败的报道是过度夸张的。

最关键的假设是所有国家都能利用同一个知识库，没有任何东西能长期保持私有。知识存在于空气中，就像无线电广播，任何想收听的人都可利用。毕竟，即使是最穷的国家也有图书馆。难道它们不能简单地购买它们想生产的产品然后转而设计它么？它们可能只是在以何种方法在实物和人力资本上投资从而更好地利用知识储备这方面有所差别。

曼昆-罗默-韦尔模型因作为改进的索洛模型得以迅速闻名。也许新古典增长理论经过适当改进以反映在技术水平、对人的教育积累以及实物资本方面的差别后，应当足够用了——在某种程度上可以说是完美的。整个凯恩斯主义系统将保持完整无缺。新模型和旧模型之间最主要的差别在于所预期的趋同的速度——大概需要 35 年而不是 17 年以达到均衡点。

保罗·罗默和其余的内生增长阵营对曼昆-罗默-韦尔模型表示很惊讶。在其出版的一年内，吉恩·格罗斯曼（Gene Grossman）和埃尔赫南·赫尔普曼（Elhanan Helpman）就将其假设"在 25 年的时间内所有的 98 个国家拥有相同的技术进步率"描述为"完全无法自我辩护"。难道日本不是在获取新技术（不光是那些对于全球而言的新技术还有那些对日本而言的新技术）方面很大程度上超越了中非共和国么？在另外一点上，保罗·罗默写道，"从模型中得到的回答是如此的令人不满意，以至于很难相信我们将会很认真地对待它。"因为各种无法解释的原因，一些国家储蓄得多一些并且对学校的投资多一些，随后这些因素就被用于解释增长率的所有差别。换句话讲，政府政策和产业组织难以起到任何作用。这里与领先起步、发展陷阱、知识转移、专利法规、外国直接投资和幼稚产业保护没有任何关系——仅仅是一个历史悠久的认为没有政策能够长期改变增长率的断言。"最紧要的问题并不是新古典模型是否严格正确，"曼昆在 1995 年的一个会议上讲道，"关键是模型是否能，即便是接近，解释国际上的事情"。

固然，在剑桥对抗一个对递增回报和垄断竞争感兴趣的芝加哥人，维护完全竞争和常数回报假设的行为中有着相当多的具有讽刺意味的事。一个更为讽刺的事情是曼昆和索洛还因为真实经济周期理论家几年前在一个争论中做了同样的全局假设而攻击了他们（见《真实经济周期：一个新凯恩斯观点》）。但是索洛模型容易教授的事实依然成立，它与其余的新古典经济学学说一脉相承，学生可以很容易学懂它，因此这应该是他们见到的第一个模型，完全不用介意它要求完全竞争的假设。即使是付出被嘲笑的代价，新凯恩斯主义，即咸水经济学家还是决意坚持自己的岗位。曼昆－罗默－韦尔模型符合宾夕法尼亚大学世界表的数据，那么谁关心它不符合许多显而易见的事实这一情况呢？

经济学家开始在他们的学说中应用律师的照章办事的标准原则：尽量少做改变。这种保守决不仅限于经济学。著名的投资家查尔斯·芒格（Charles Munger）［沃伦·巴菲特（Warren Buffett）的合伙人］讲述了一位在加州大学洛杉矶分校的眼科诊所进行白内障手术的医生，尽管认为白内障手术过时很久了但他依然还进行着手术。当查尔斯问他为什么这么做时，他回答说："查利，这是一个多么好的教学手术啊。"这位医生直到他的患者反对时才停止使用它。

所以，与阐清辩论相反的是，罗默 1987 年冬天在国家经济研究局演讲的一篇名为《疯狂的解释》的论文令人感到困惑。它对于萨默斯－赫斯顿数据的应用引发了一股潮流，该潮流将主导下一个十年的辩论主题——一个对许多国家的经验进行生硬的统计比较的流行时期，为的是找出一个解释的绝招。趋同性或者它的缺失，是一个太大而不能确定回答的问题。那种为什么我们如此富而他们如此穷的方法已经成为了一个愤世嫉俗的游戏。

当时，即使只是简单地提及"跨国增长回归"也会导致（正如一位从业人士所说）同样程度的轻蔑或者厌恶，但是，它曾经一度带来了巨大的兴奋。

对于罗默而言，1987年的前几个月是一段很不开心的时期。他有很多理由感到不满意。在博士毕业五年后，他仍旧困在罗彻斯特，仅有两篇文章可以放在简历上。第三篇关于通过专业化而实现增长的简短的小文章即将在要出炉的《美国经济评论》上发表，这篇文章还有一些问题没有被解释清楚。而即将完成的第四篇文章《疯狂的解释》已经给了他的批评者提供了一个容易被攻击的弱点。

当时他最主要的项目是和巴罗合作写一个关于滑雪缆车定价的短文，这是一个几乎算是可笑的狭隘的技术练习，并且现在巴罗已经从罗彻斯特被招到了哈佛。在科罗拉多，罗默的父亲正在州长的办公室里。的确，这位刚刚30岁的年轻的助理教授正在严肃地思考放弃经济学而开始从事政治咨询业，去为他的父亲工作。

第 21 章　从滑雪缆车发现经济运作的方式

我们可能会认为灵光是在突然间闪现的——在浴缸里大喊"我发现了",苹果从树上掉下来砸到了树下人的脑袋。实际上,解答经济增长之谜的发现始于在罗彻斯特大学餐厅的一次谈话,发生在罗默、巴罗和其他来自经济系的人之间。

而且,最主要的特点并没有一下子出现。只有在一个似乎不相关的问题被分析、详细描写、出版、挑战和维护之后,一个特点才会出现,尽管在一个方面有用,结果却变为了对另一个方面至关重要的东西。但是,那天他们在讨论迪斯尼外排队等候的人群,而最终阐释了知识经济学的特点却是从对滑雪场经济学的仔细考察中产生出来的。

巴罗一家正在加州度假,作为父亲的他带回家的经济学问题是:为什么在公园里有长长的等待的队伍?对于一个经济学家而言,特别是像巴罗这样的经济学家,长的队伍是市场失灵的主要表现。如果涨价的话,供给会变得更好。然而迪斯尼对进入公园只收取单一的费用,之后所有的项目都是"免费"的,那些随处可见的长队就是这种做法的结果。滑雪场对门票和乘坐缆车采取了同样的做法。为什么经营者不利用价格来消除等候的队伍呢?如果这样做他们不就会赚得更多的钱么?

年轻经济学家,至少是芝加哥大学的经济学家,特别乐于解决这类价格理论中的难题以显示他们在同行中的比较优势。那是在1986年的秋天,当时巴罗42岁,离开芝加哥后他回到了罗彻斯特。他停下了前进的脚步,试图确定如果他不属于海德公园那么他属于哪里?罗默,一个比他小十岁的年轻人,正在为《疯狂的解释》而工作。在餐厅进行了一些探索性的谈话后,两个人决定联合写作一篇关于这种打包价格机制的论文。他们两个人都是滑雪爱好者,所以他们决定专注于滑雪缆车这个特例。这个项目也许能产生一些有用的见解。

他们一度认为滑雪场之谜一定和对稀缺资源免费地、拥挤地使用有关,即产生了"公有地悲剧"。他们回顾了一个关于公路的著名的经济学寓言,一条养护得很好的狭窄的小路(太多行人)与一条养护得很差的大路(太少行人)并行,解决方法就是在小路上设立收费站。也许滑雪缆车问题是以产权为答案的另一个案例,如果一个缆车经营者可以按照座位收费并在需求达到顶峰时提升价格,就可以容易地解决问题。只是渐渐地,巴罗和罗默才意识到雪场的所有者的确在需求高的时候提高了价格。这就是长长的队伍存在的关键。

在一个小小的思考后,两位作者得出结论,他们之前看到的是错误的价格。相应的价格不是雪场每天的门票钱,而是每滑一趟的价格,这个进而取决于在给定的每一天有多少人进场。如果进场费需要10美元,而长长的队伍将滑雪者的次数限制在5次,那么每一趟的价格就是2美元。如果因为寒冷或者潮湿没有很多人进场,滑雪者每个人就可以滑二十趟,那么价格就将是每趟0.50美元了。

实际上,雪场的拥有者可能正在收取一个市场能够承受的最高价格。他们这么做就不会显得太贪婪。每趟都收取费用执行起来成本太高而且不好监督。另外,对滑雪者而言,等待的成本与进山时一次支付的固定成本

第 21 章　从滑雪缆车发现经济运作的方式

相比而言似乎要低很多。队伍的作用在于让滑雪者承担滑雪人数的不确定性。同样的思想可以用来解释为什么滑雪进场费在整个季节都一样，所有者并没有涨价但是队伍变长了。延长的队伍是对弹性价格的一个替代品，它们自动调整了滑雪者支付的实际价格。这个故事的寓意是滑雪场经营者可能知道一些经济学家不知道的东西——毕竟，他们是整个事情的设计者。

《滑雪场定价在劳动力市场和其他市场的应用》出现在 1987 年 12 月份的《美国经济评论》上。整个分析是用一般均衡数学明确优美地表述的，并且可以启发性地应用于各种现象，从巴黎地铁的双段定价系统（two-tier pricing system）到投资银行里的各种关于利润分享的安排（年终奖金的数额就像乘坐滑雪缆车的次数一样，它依赖于参与的人数）。这篇文章已经足够优秀并获得《经济学家》杂志的赞扬，但其中的方程式除外（"读者被建议注意滑雪运动的科学计算，他们可能是检验巴罗—罗默论文的地下经济学家"）。现在巴罗已经受聘于哈佛大学，使得从芝加哥辞职的赌注得到了不错的回报。而另一方面，罗默依旧待在罗彻斯特，深陷在对《疯狂的解释》的争论中。

之后这篇关于滑雪缆车的论文被证明是击中了另外一个完全没有预料到的要害。

第一封信在 1988 年 4 月到达了《美国经济评论》的办公室，第二封在 5 月，而第三封在 9 月。泰勒·柯文（Tyler Cowen）和阿米海·格莱泽（Amihai Glazer）在信中写道，（这篇文章）对劳动市场上的价格弹性和 "一揽子买卖" 分析得非常好。毫无疑问，关于滑雪场定价的论文对经济学理论做出了贡献。但是，两个年轻的经济学家，同样也是加州大学分校欧文的同事写道——这个贡献很大，"但是"——"在文章或者参考文献里完全没有指出其中最基础的模型是对俱乐部理论的重新发现。"其他的来信者则没有这么礼貌，所有人都进行同样的指责：巴罗和罗默在他们的文章中重新制造了车轮却没有引用原始的车轮制造者（的工作成果）。

对于进入一个自己不熟悉的领域的非专家而言，没能发现相关的早期文献是一件相当令人尴尬的事情。恰当地引用前人的文献是学界人人遵守的金科玉律。如果他们原来的结论在公开的经济学文献中真的已经是众人皆知的话，巴罗和罗默就会被强制修改甚至撤回文章。随着注意力转移到了增长率的跨国比较上面，巴罗已经失去了对这种争论的兴趣。然而对罗默而言，将 "滑雪场定价" 的本质翻译为俱乐部理论的语言的任务是一种对《疯狂的解释》中的困惑的解脱。

现在罗默回过头来研读《经济学的俱乐部理论》，这篇文章是詹姆斯·布坎南（James Buchanan）1965年在《经济学》（Economica）上发表的，该学科也由此而得名。但在写他们自己的文章的时候，罗默和巴罗只知道俱乐部理论的标准结论与他们的结论矛盾，他们认为为了支持一个有效的配置对滑雪缆车座位收取使用费是很有必要的。这方面的背景知识至少还未定，但是由于经济学文献在第二次世界大战后已经发展得非常广泛和深入，因此也只有研究公共财政方面的专家才可能读过这方面的经典文献。

在1987年，詹姆斯·布坎南可以说是一个名人。在《滑雪场定价》发表的前一年，他因在政策决策制定方面做出的毕生贡献而获得了诺贝尔经济学奖。实际上，他的职业生涯是一个非常有趣的故事。1984年冬天，人们对考尔斯委员会的热情正处于顶峰，作为一名芝加哥大学的研究生，布坎南正是那些离开海德公园的人之一。他认为经济学正在偏离它的经典的基础并且"技术正在替代实质"。

除此之外，布坎南开始阅读伟大的瑞典经济学家克努特·维克塞尔（Knut Wicksell）的著作。他开始专注于经济学和政治学的边界。"经济学家应该像被一个仁慈的君主所雇用一样停止提供政策建议，"他认为，"而把他们的注意力转向政治决策制定上"。他挑战他的经济学家同事们"在开始分析各种选择的政策的影响前应该先假定一些政治模型"。一系列文章将这种"政治上的失败"和"市场失灵"等同起来作为经济学家的一种合理兴趣。的确，与他的合作者戈登·塔洛克（Gordon Tullock）以及他在芝加哥的研究生G·沃伦·纳特（G. Warren Nutter）一起，布坎南建立了一个政治经济学学派——"维吉尼亚学派"——虽然它的观点与芝加哥学派的类似，但是有些细微的不同。但是布坎南从没有失去对数学精确性的喜爱，《一个关于俱乐部的经济理论》产生了一个影响广泛而深入的文献。

从布坎南那里，罗默了解到是萨缪尔森开启了这个时代。公共财政是一个非常古老的领域，被记载进教科书里，记载了不同阶段的进展和模糊的区别。在1954年，受到好奇心的驱使，萨缪尔森想看看新的数学语言到底能做什么，于是他将他的朋友理查德·马斯格雷夫（Richard Musgrave）的一篇重要的但鲜为人知的文章（《公共经济的自愿交换理论》）翻译成了用数学语言表达的《公共开支的纯理论》一文。萨缪尔森在公共和私有之间设立了一个非常极端的情形。传统的产品，例如面包，它可被分给每个

第 21 章　从滑雪缆车发现经济运作的方式

人,那么如果一个人多分到一块面包那么就有人将少分得一块。而像燃放烟花或者国防则都是公共品,这些东西提供出来是让人们根据自己的喜好而选择享受与否,"但是不会减少其他人的消费"。接下来的三页为了那些能够跟着做数学推导的人转变了领域。40年后,吉姆·赫克曼(Jim Heckman)回忆道:"在作为学生时我读了马斯格雷夫(的文章),但是坦率地讲,我一点都没有弄清楚。但萨缪尔森的三页纸使我对一切都清楚起来,我现在还能写出它的证明来。"

1965年布坎南正是在这篇文章上增加了"俱乐部"产品的概念,这是一个对于那些既不属于纯公共品,又不属于纯私有品的广泛产品的总称——一系列的曾经被有些误导地称为"非纯"公共品的产品①。俱乐部是一种仅在其成员之间分享某些有价值的东西的团体,例如游泳池、高尔夫场地、滑雪山地、收费公路、同业协会等。俱乐部产品非常依赖于通过排他性来起作用。排他性机构可能是一个保安、一道门、一道围墙、一个售票处,一份由门口接待员持有的名单——任何用来确保成员可以入内而外人不能入内的东西。俱乐部理论是一种辨别非纯公共品并且理清消费它们的团体和它们的成本之间的关系的方法。

俱乐部理论主要是关于拥挤的。游泳池就是一个很好的例子,它们在布坎南的物品框架内是非纯公共品,至少在某种程度上是。许多人可能都属于一个游泳俱乐部,游泳者可以轮番使用跳台,一些人甚至可以在一条单独的泳道中游好几个来回,只要他们在泳池里平均分布并且以相同的速度游动。但是迟早会有拥挤的问题出现,到那一时刻大概就会有人建造新的游泳池了。

在那些倾向使用数学的俱乐部理论家中,一些比较骄傲的成就是证明了只要在市场规模和俱乐部的数量相比而言比较大的情况下,市场就会制造出足够多的游泳池,而会费的价格也将会有相当的竞争性。起初可能没有资源竞争,但随着人们的加入,拥挤就成为了一个问题。尽管如此,一个新的俱乐部最终将会形成。为了成为高端的一般均衡模型,分析的要点在于游泳俱乐部的会员身份是一种中间产品,之后将具有类似纯竞争品的

---

① 其他一些人也同时产生了类似的想法。查尔斯·蒂布特(Charles Tiebout)已经开始应用1956年的那篇著名的关于影响消费者偏好的因素的文章了。奥尔森(Olson)几年之后在《集体行为的逻辑》中开始抨击政治利益集团的一般行为。

性质，并且在最终成为完全竞争品。换言之，俱乐部理论在数学上并没有要求显著的非凸性。俱乐部理论很快成为了一系列问题的标准处理方法：学校、高速公路、信息网络、通讯系统、国家公园、排水系统以及电磁波频谱。

但是不久以后，公共财政领域的理论家们清楚地认识到，一种比"公共的"更好的术语应当被用来描述俱乐部提供给会员的产品的基本特征。将类似于国防或街道照明的公共产品描述为"纯的"是一回事。而"非纯"或者"混合产品"则没有抓住灯塔、地铁搭乘以及在一个乡村俱乐部玩高尔夫的机会等这些产品的共有特征。"俱乐部"产品只是补充了被布坎南称为"可怕的萨缪尔森缺口"的一部分，该缺口存在于完全私人消费和那些不论怎样都可以被每个人同时享用的公共产品之间。"集体"产品这个概念并没有好多少。几年之后，当时公共财政经济学的前辈，哈佛大学的理查德·马斯格雷夫（Richard Musgrave）在他著名的教科书《在理论和实际中的公共财政》里加入了一章，在这一章他给出了"社会产品"的定义。

布坎南指出俱乐部产品的与众不同之处在于它不会在消费中被耗尽，至少不会被任何的个人耗尽。许多人可以在同一时间享受到消费的好处。当然最后在游泳池变得拥挤不堪时，这些好处就会消失不见。所以马斯格雷夫重新定义了竞争性商品和非竞争性商品，对两者进行了区分。非竞争性商品指所有人都可以享用且相互间没有影响的商品，而竞争性商品的好处只能被其购买者享用，例如食品、衣服、住房、用车等都在此列。这里的关键是排他机制："一个汉堡被 A 吃了就不能再给 B 吃"。但是对于一座该不该收通行费的桥或者一个会受到干扰的电台又该如何呢？马斯格雷夫给出了如下的一个表格：

	排他性	
	可行	不可行
竞争性	1	2
非竞争性	3	4

马斯格雷夫在书中写道，依靠市场提供商品只有在第一种情况下才会运行良好，在另外三种情况下市场都会失灵。其中第二种情况尤其令人感兴趣，桥、广播或者在某个繁忙的下午曼哈顿主干道上的交通都在此列。书中还写道，原则上在 42 号街（Manhattan 的街道）上行驶的权利可以被拍卖或出售，就像对过桥收取通行费一样，但这不具有可操作性（也许某

第21章　从滑雪缆车发现经济运作的方式

一天会变得可行）。所有这些市场失灵情况更适合被称作"社会商品"。

〔布坎南在1995年就已提出在严格意义上即使一双鞋也不是完全竞争性的。鞋可以借出或在保龄球道上租借。但遗憾的是他并没有把他感兴趣的"会员合作"属性扩展到其他的方面，比如那些比鞋更容易被广泛共享的商品。多年以后埃尔赫南·赫尔普曼（Elhanan Helpman）惋惜道："他已经如此接近了！"〕

当罗默在一本教科书中（《外部性理论、公共品和俱乐部商品》，理查德·考恩斯（Richard Cornes）和托德·桑德勒（Todd Sandler）著）看到了竞争性和非竞争性商品的区别时，他就发现这个理论非常有价值。在他思考缆车问题时，令他感到打击的是他的俱乐部理论的读者都忽略了这一点：乘坐滑雪升降机和在游泳池里游泳是不一样的。在升降机上要么有座位要么没座位，这是纯粹的竞争性商品——一旦你坐在一个位置上时，那个位置就是你的，其他任何人都不能和你共享。拥挤是一个方面的因素，但在这儿并不重要，至少从经营者和滑雪者的角度来说是这样。如果是把搭乘升降缆车而不是门票作为基本商品去收费，那么就可以很好地理解经营者的定价行为。只要制定的价格使得收入最高，那么剩下的事情就可以由排队来解决了。随后罗默开始着手写文章反驳发表在《美国经济评论》上的那些文章的作者们。

但是，在罗默还未完成他的回应时，他又重新开始关注对经济增长的研究。而知识——罗默正打算描述它的积累过程，本质上不正是一个广泛的非竞争性商品的集合吗？

在公共财政经济学顶端的这个概念可能使得增长经济学的基础概念更好理解。当然很快就被引用了。非竞争性商品的一个特定的含义就是它是一种不会在消费中被耗尽或者可以作为生产过程中的投入品的物品，例如对于一个新的商业电影的设计构想。

当罗默在公共财政教科书上查找这个术语如何被使用时，他发现关于竞争性商品和非竞争性商品的区分并不能广泛地适用于先前定义的俱乐部商品。例如，那封引起了这场争论的信的作者——泰勒·柯文（Tyler Cowen）也在同一时间撰写了一部关于公共品和外部性的入门教科书（他当时已经转到乔治梅森大学），他以电影院为例来说明这个概念：

> 电影院为非竞争性消费提供了一个很好的例子。在尚未拥挤前，

多增加一个人进入影院看电影不会影响到已经在看电影的观众的消费。由于一个人观看电影（不像消费香蕉或眼镜）不会妨碍其他人观看同一部电影，因此它不是竞争性商品。

在这个例子中真正令人感兴趣的是非竞争性商品不是影院中的座位（不管那儿有多少座位），而是电影本身。影院会客满，也许会有条线阻止人群进入影院，但是电影可以在全国的甚至全世界的影院中上映。它可以在飞机上、电视上放映，也可以刻在光盘上卖给消费者，然后可以拍续集。这部电影是其所有者的财产，但是其他一些人——剧中的明星和音乐创作者——也拥有一些相应的权利。由于律师们拟定了众多条约，那些各种各样的权利大部分都是高度排他的。这些律师们是知识产权方面的专家。但这些与俱乐部理论毫无关系。

更有意思的是，罗默发现俱乐部理论使用的概念和不可分性是近似的；"了解利益的非竞争性就要先知道它的不可分性"是考恩斯和桑德勒编写的教科书中的一个索引项。记住，一个商品如果被认为是不可分的就表示存在一个最小的量，低于这个量的任何量都是不可获得的。你可以得到半箱稻谷，但不会有半座桥立在河上。正如我们所知道的，只要有一个固定成本，那么不可分割性或者它的数学表示——非凸性就会存在，例如制作一部电影的固定成本。

罗默重新阅读阿罗在1960年初写的两篇关于知识经济学的论文。他意识到早在那时这个问题就已经开始得到研究了。阿罗已经识别出了知识使其区别于其他事物的三个特殊性质。它的成功产品具有内在的不确定性。一旦生产出来，新知识就不能被独占——创造新知识的人不一定能够完全占有它，最多只能部分占有。最后，它是不可再分的，知识的使用会带来平均成本的下降（或者换一个方式说就是递增的规模收益）。因此，和灯塔类似，在一个特定的活动中所需要的知识与活动的规模是无关的。

阿罗所谓"独占的性质"对应于俱乐部理论中的排他性，这两者就是简单的镜像关系。一项专利能够让你的发明只被自己使用（独占）或者使其不能够被别人使用（排他），这两者是等价的。

知识的特殊性在于它的非竞争性而不是不可分割性。一座灯塔或者一盘唱片或者一个程序软件中的确存在某些不可分割性，在它们被建成或被制作成功或被打开之前不可分割性是不存在的，而制作过程中则不可避免

第21章 从滑雪缆车发现经济运作的方式

地需要承担一个固定成本。然而一旦制造出来，一件非竞争性商品可以被几乎零成本地无限复制并被一次又一次地不断使用而不会被耗尽。由于非竞争性，很多人可以恰当地支配它。它也是不可分割的，但它的不可分割性并不重要。

任何商品只要其适于复制，那么它就是非竞争性的。一首交响曲，或者某个管弦乐队进行的表演，一幅油画，或者它在一个咖啡杯上的复制品；一个化学方程式或者它在某个药物制造中的具体应用。

事实上，当同时考虑到排他性时，事情就会变得有趣起来。非竞争性商品可能在不同程度上是排他的，这取决于其所在的环境。音乐会上的座位就是一例。设想如果经常去听音乐会的人随身携带了一个录音机会怎么样呢？在普契尼（Puccini）的鼎盛时期，他的歌剧是无预演的，就是害怕记者们记住了旋律后用音乐符号写出来然后泄露给那些急切渴望的公众。保密是保护具有商业价值的非竞争性商品的一个手段。专利、商标、秘密成分、存取码、产权标准、持续创新则是其他的一些方法。

于是一个图表在罗默的脑袋里渐渐成形。图表如下页所示。

新的分类解决了很多问题。在这一结果发表后，很多公共财政方面的经济学家如泰勒·柯文和哈尔·瓦里安（Hal Varian）开始定义"公共品的私人市场"，但显然这一定义使原有的观点变得模糊。微软面向个人电脑的Windows操作系统是公共的吗？尽管这个软件很快成为了这一产业的标准。即使每个人都可以使用英语，但是英语语言就是私人的吗？给出非竞争性商品市场的定义会是更简单的么？

现在将这些年来广泛收集积累起来的相关概念拆分成如下一些关键词——公共品、外部性、不可再分性、非凸性、市场缺失、不完善的产权定义——这些概念的共同点在于它们都和市场失灵有关。[1] 对于非竞争性商品——如灯塔——它和具有溢出效应的商品是不同的。理论上说可能存在未得到补偿的外在性，但实际中修建和维护一个必需的灯塔的费用经常被分摊而不是由公共政府承担或者干脆不修建。正是因为缺少这个更为准确的分类才使得保罗·萨谬尔森在他的修订了15次的教科书中依然把灯塔描述为公共品并证明只能由国家提供——尽管罗纳德·科斯（Ronald Coase）在1974年的一篇关键性的文章中证实灯塔经常甚至普遍由私人提供。灯塔

---

[1] 这个短语来自于安德烈亚斯·帕彭杜（Andreas Papandreou）的《外部性和制度》。

	竞争性商品 （例如物体）	非竞争性商品 （例如二进制位串）
100%	人力资本 （如对软件操作命令的记忆）	加密的卫星电视广播
	一张软盘	
		应用软件的电脑代码
排他性 程度		沃尔玛商场的操作手册
	海里捕鱼	
	杀虫	
0%		基础研究项目

是一种非竞争性但部分排他性的商品。类似的商品还有科学期刊上的文章、工业研究实验室的秘密报告，以及类似韦奇伍德装饰陶瓷这样的消费品的生产设计和技术。商品的外部性的确是存在的，但更加深奥的和令人感兴趣的现象是他们的非竞争性。非竞争性商品经济学完全不同于其他的关于人和物的经济学。

当巴罗和罗默在1987年的春天完成"滑雪场定价问题"时，（他们做的所有结果）就已经为未来的发展奠定了基础。那场关于俱乐部理论的争论在一年多后才开始。直到1992年那幅图表的出现，那篇在几个星期内完成的关于滑雪场问题的论文才第一次开启了未来的研究之门。

在价格的外在表现为刚性的情况下，敏锐地观察出实际价格具有的弹性——"滑雪场定价问题"的本质信息——这种洞察力正是芝加哥学派的经济学家们所欣赏的。因此罗默受邀在芝加哥大学的一个工作室里讲了他的相关研究，而在几周前罗默还困扰在《疯狂的解释》所带来的失望中。由于将稀缺价格理论和高等数学结合在一起，这篇论文不仅吸引了芝加哥大学经济系的应用价格理论的学者，也吸引了现代学派（Modernist）的学

第 21 章　从滑雪缆车发现经济运作的方式

者前来倾听。

事实上,这次芝加哥之行的回报大大超出了大家的期望。报告后的几个月,约瑟·沙因克曼(Jose Scheinkman)就打电话给这位已毕业六年的他的学生,告诉他获得了一个新的选择:回来做一名全职教授。这对于所有人来说不一定都是一个容易的决定。(因为)罗默的妻子在加利福尼亚州有一个更好的作医药研究的工作选择,但罗默此时的事业急需一次飞跃。

罗默接受了这一聘用,1988 年 1 月正式生效。在 NBER 做"疯狂的解释"时的那些令人懊恼的遭遇被淡忘了,他乐于重新回到增长模型的研究中,通过进一步修改那篇在 1987 年匆匆发表的笔记中的文章,他试图重新考虑那篇文章并指出溢出效应如何能更好地解释那个故事。幸好他没有退出经济领域而是重新回到了母校,至少在那里他终于可以看见自己的目标了。

第 *22* 章　"内生技术变迁"

这是一处进行比赛的理想地点——位于自伊利湖向北流入尼加拉瀑布的一条河流的河岸之上,只是不见树影斑驳的草坪,参赛者的名单呈现在坐落于河畔的高速路之间的希尔顿酒店的显示屏上。在那些日子里,布法罗似乎见证了一场战争。伴随着20世纪80年代初的美元强势,许多工作岗位(从美国)流向了海外。

那是1988年的一个周末,是阵亡战士纪念日,在这个地方召开了一次会议,关于经济增长的各种相互冲突的理论在这次会议上呈现在彼此的眼前。其目的是要评估自五年前罗默提交其关于递增报酬的论文开始的数年里陆续出现的各种"新"增长理论的潜在价值。当时经济学家们一直致力于寻找某种理由,将这些数

第 22 章 "内生技术变迁"

年来主导经济学话题的相互争论的观点集中起来,而这最终发展成为一场不同学派之间的辩论。当时刚刚加入芝加哥大学的罗默带去了一篇论文,此外还有 MIT 的保罗·克鲁格曼,哈佛大学的罗伯特·巴罗,芝加哥大学的加里·贝克尔[与一位年轻的合著者凯文·默菲(Kevin Murphy)],以及哈佛大学的计量经济学家戴尔·乔根森(Dale Jorgenson),同样为参会准备了论文。而在参加讨论的人中间,有许多是当时正冉冉升起的明日之星——拉里·萨默斯、吉恩·格罗斯曼、安德雷·施莱弗以及罗伯特·维什尼。许多老一辈的经济学家——芝加哥大学的卢卡斯,麻省理工学院的斯坦利·费希尔,斯坦福大学的罗伯特·霍尔,明尼苏达大学的爱德华·普雷斯科特,得克萨斯 A&M 的菲尼斯·韦尔奇——也出席了这次会议。由于预先知道其中最好的文章将会发表在芝加哥大学的王牌期刊《政治经济学杂志》上,会议中的严谨的学术气氛已因此变得浓重了。他们正准备进入这一由芝加哥大学开启的研究领域。

而在日程安排上,这次会议又隐隐约约和 1988 年的总统选举有着某种联系:它被标榜为该机构召开的第一次研究自由企业体系的国际会议。资金来自于布法罗市的议员杰克·坎普,他是一位供给学派经济政策的支持者(也一度是布法罗法案的发起者),那年夏天他始终希望共和党取消对于乔治·布什的总统提名而祖德·万尼斯基(Jude Wanniski)则是他最亲信的顾问。会议的另一发起者史密斯·理查森基金还邀请了不少新闻记者和观察家前来参会。会议发起者或许是出于其政治上的目的,但汇聚于布法罗的经济学家们却超然而平静。参会者们并不在意谁为会议买单。

当日,在布法罗陈述的论文中,除了罗默的《总体技术进步的微观基础》,还有其他的以迅速衰退为背景性的论文——贝克尔和默菲的关于人口增长方式转型(demographic transition)的完全竞争模型,克鲁格曼的试图联系贸易和增长的努力,乔根森关于税收政策对增长的影响的研究,以及基于冯·诺伊曼思想的另一个 AK 模型。但是"微观基础"一文实际上应改名为"内生技术变迁"——这也就意味着 20 世纪 90 年代将成为罗默的年代。因为正是基于其与众不同的设定——通过在一个总量经济模型中,将知识同时视作生产的投入品和产出品——才使得知识(对于经济增长)的重要作用可以被经济学家所考虑,如果说知识的性质这一概念还没有被准确"揭示"的话,那么第一次被正式地放在了增长理论的框架之下,这才是(内生增长理论的)根本所在。

该论文开篇即声称，真正重要的是知识而非实物资本的积累。罗默写道，彼此结合到一起从而产生效用的原材料一直以来几乎没有什么不同，但它们之间的结合方式却变得越来越先进，这一点在近年来尤为明显。

100年以前，我们能够从氧化铁中获得的唯一视觉刺激，就是将其做成染料，染到将被用来织成画布（相对于岩洞壁画而言，画布本身就已是一个巨大的进步）的织线上。而现在我们知道如何将氧化铁分布在长长的塑料卷之上，以及如何将其与铜、硅、石油、铁以及其他的适当的混合在一起的原料相结合，制成电视机和录像机。

在布法罗，罗默还并未采用"非竞争性"知识这一提法，然而，他确实已经区分了"物化知识"（意指无法脱离人而独立存在的人力资本）和"非物化知识"，这样的提法可以追溯到电影《最后的巡逻兵》上映的年代。而该领域的理论家为澄清这一用法而展开的，最终产生对"非竞争性和不完全排他性"这一术语的争论，当时才刚刚开始。仅在会议开始的前一周，这种语言就到来了。新的术语只能慢慢地形成。在之后的数年里，罗默尝试着使用各种词语，不时用"方法"和"蓝图"以及"想法"来代替"指示"。他始终回避"智力资本"这一可能引起误解的表述，也不采用计算机俚语中对于硬件、软件和"湿件"（指软、硬件以外的"件"，即人脑或人力资本）的区分。

术语终于逐渐成形，它代表了该概念的诠释者在其运用过程中所表示的意思。竞争性和非竞争性分别指代着有形的物体和无形的思想，简单说来就好比是原子（物质实体）和比特（概念或信息）。这一区分并非是替代政治讨论中的公共性/私人性的二分法，而是扩大并加强了这一区分。在考虑竞争性物品时，罗默对于其增长理论中的非竞争品做出了更为深刻的评价，他明白了是什么使得知识对于经济增长而言有着独一无二的意义。另外，他也首先看到了肯尼斯·阿罗在1962年做出的关于新思想不可分性及其无法简单化的"整体性"的论述是如何将这一专业领域引入歧途的。新的思想确实具有整体性，因为它们涉及一笔固定的开销，你不可能只买一半。就好像一座杜皮特桥（Dupuit's Bridge，杜皮特，法国19世纪的工程师），在支付一定的价格建成以前，它是没有任何用处的。但是，世界上有着许多种不同的整体性。尽管有相似之处，然而使得一种新的思想从根本

第 22 章 "内生技术变迁"

上不同于一座桥的是，一种新的思想可以被任意多的人同时使用，而且通常不会因此而对这一新思想的有用性产生任何削弱，并且往往也没有多少（甚至是完全没有）额外的支付。

从一开始，非竞争性就以其巨大的魅力，在实际上具备了解释亚当·斯密的名言"劳动力分工（的程度）取决于市场的要求"的背后机制的能力。然而阿林·扬只是试图描述（一个现实）"各个专门行业之间日益复杂的联系横亘于原料的生产者和最终产品的消费者之间"。现在，罗默解决了专业化水平和市场规模之间关系的机制问题。该问题的关键在于寻求一整套新的工艺所需的固定成本是多少。你不会只为钉一颗钉子而制作一个钉锤，或只为抓住一只老鼠而制作一种新式的诱捕装置，但是只要有更大的市场，那么一种新设计的复制品就可以卖出去很多。一种设计（一旦被设计出来）被使用多少次，一般不会影响其成本，因此，导致递增规模报酬的递减平均成本的根源不能（简单地说）是设计成本：卖出 100 个钉锤，或许不赔不赚；卖出 100 万个钉锤，则可致富。而只要市场足够大，就有能力支持难以计数的众多专门行业，它们共同贡献出市场上的最终产品。

> 岩洞壁画只是一种完全个人化的行为，甚至直到 100 年以前，从作为布画收藏者的个人到作为销售者的厂商之间的链条，也是相当简短的。而在今天，一个家用视频设备的消费者所得到的服务，来自于遍布全球的数以万计的甚至是数以十万计的专业化工人和厂商。

劳动力的分化程度——专业人才及其（专用）发明的市场（的发达程度）——主要取决于市场的规模。

罗默在 1987 年提出的专业化引发增长的简要模型使得人口看上去成为了（增长的）关键——拥有最大的内部市场的经济将会增长最快。如果事实真的是这样的话，那么中国应该早就超过英国了。于是这一次，罗默在处理受过专业化培训的人力资本存量与其建立的布法罗模型中的知识的增长之间的关系时，变得更为谨慎了。毕竟，从事研发活动的并非初级的劳动力，而是工程师和科学家以及其他的高技能工人。布法罗模型明晰了为什么人口不是对规模的恰当衡量，更为重要的是，它说明了通过向新的知识开放市场，贸易政策影响的不仅仅是（长期以来一直被强调的）福利水平，还有贸易增长率。创造思想的经济学和生产实物的经济学之间有着巨大的不同，因为从知识产权到最为基础性的研究，思想可以几乎零成本地进行复制并且被任意多的人同时使用。

由此可见，革新——不断出现的各种各样的新的"成套工艺"以及将它们付诸使用的企业家——正是增长的关键。将旧有的材料以新的方式组装起来，确实需要投入更多的人力资本（表现为更多的培训）和实物资本，但是真正有趣的却是找到新的成套工艺所需的成本。为了获利，人们试图创造出新的工艺，然后要么将新工艺的某些方面保密，即对其申请专利保护，要么利用其新发现知识的优势来不断创造出更新的知识，保持领先。

该论文的第二处新颖的提法源自于第一种提法。这一提法与垄断竞争的普遍存在有关。在罗默看来显而易见的是，正是与知识产权——更为重要的贸易机密和一般性技巧——相关的一系列权利的存在，产生了经济中常见的垄断竞争的定价行为，不仅是教科书，也包括玉米片、冲床、牡蛎以及其他一切可以形成品牌或促使获得成功的东西。而固定成本的概念是其中的关键一环。

当时在布法罗还有另外一个增长模型，是一个保留了价格接受行为——关于完全竞争的经济特征的模型。罗伯特·卢卡斯并没有带来模型，但在之前的一年，他轻易地掩盖了罗默在其核心分析中所作的区分。在卢卡斯看来，棒球技术和课本中的知识都是"人力资本"的某种表现形式。两者都涉及具体的固定成本：乔治·布雷特（George Brett）不得不练习棒球，而作者不得不写书。他们都在为获取收入而努力工作，那么又何必庸人自扰地对他们加以区分呢？在数学上的凸性假设下，它们之中的任何一个都可以用一个标准的完全竞争模型来描述。然而，罗默随后写道，凸性假设"恰恰是我们在一个包含非物化的和内生的知识的模型中所必须抛弃的"。

事实上，罗默清楚，对于新知识的垄断权是否能够建立，即使费九牛二虎之力建立了（这种权利），这种权利也迟早会慢慢消散。这就是溢出效应的由来——马歇尔所说的不可能被保密的贸易机密。罗默写道："就像在录像机（这一技术由一家美国公司研发出来，后经日本的公司改进，最后又被韩国的公司所复制）的例子中所清晰地表现出的那样，一种技术创新可以在没有得到研发者同意的情况下被复制和使用。"专利及保密措施或许可以限制非授权使用的程度，但是这不足以改变一个事实，那就是知识，尤其是所谓的各种知识产权，是非常不同于人力资本的——它更容易被

第 22 章 "内生技术变迁"

复制。

于是,这一新的模型在两个关键的方面既不同于芝加哥(学派)模型又不同于索洛模型。首先,它包含一个研发部门,这一部门使用稀缺资源来生产更新的工具,而这样一个模型又被精心地放在一个我们称之为无限维表的分散的一般均衡的框架之上。这就是为什么说该模型意味着技术进步是"内生的"。

其次,罗默模型将垄断竞争(的存在)视作是理所当然的。制针厂的故事成为经济增长的动力之一,也可能正如熊彼特所说,是经济增长的唯一动力。技术上的领先优势不再被理解为"市场失灵"的一种。它们只是游戏规则的一部分,被认为产生于可以在一段时间内保密的制造优势或营销优势或是专利及商标保护,于是生产者得以将其销售价格(至少在一段时间内)维持在远高于边际成本的水平——进而收回其为获得新知识而支付的投资。于是,即使在大多数情况下不是如此,那么至少在许多情况下,规模报酬递增将成为现实。

另外,知识这种特殊的具有"可复制性"的东西——其可以被同一个人多次使用,或是被任意多的不同的人同时使用——并不是通过引入产权就可以简单地假设其麻烦不存在。而在大多数芝加哥学派的经济学家那里,产权正是大多数问题的标准解决方案。事实上,知识产权问题本身,就像数百年来为之逐渐建立起来的相关传统和法律一样,多得令人眩晕。

但是又有谁能有把握地说,什么应该被当作是恰当的,而什么又应该被当作是不恰当的呢?谁会赞成因发现微积分而给予牛顿或莱布尼茨专利?或者将质能公式 $E=mc^2$ 的版权给予爱因斯坦?或者因艾滋病(AIDS)鸡尾酒疗法而给予戴维·何(David Ho)专利税?或者让威廉·凯洛格(William Kellogg)拥有一个商标使其成为早餐脆玉米片的唯一生产者?这类保护的范围究竟应该有多宽才算合适?而像这样的国家认可的垄断的期限又应该是多长?抑或应该执行什么样的新制度来教育劳动者,创造新知识并将其传播开去?这些都是新兴的知识经济学中的最重要的政策问题,但是却没有简单的答案,这需要做出社会选择。人们需要一种这样的政策,就像中央银行需要货币政策,而稳定经济需要财政政策一样。

罗默模型中的累积知识(knowledge)大大地不同于信息(information)这一概念,后者之所以进入经济学的分析范畴,是由于 15 年前关于非对称信息、"柠檬"(指次品——译者注)市场、信号发送和信息甄别理论的若干伟大的论文。信息所包含的是一系列事实,它们不一定可靠,或许可以搜集到也可能无法搜集到。除非附着在涉及某一交易的某种竞争性的商品之上,否则信息一词便会表现出其固有的松散性,即便是其复数形式数据(Data)也是如此。大多数关于机制设计的新理论,都与买者或卖者(如何)发现原本只有对方才拥有的信息有关。

与此不同的是,知识(的概念)暗含着理解,既包括对于一系列事实的理解,又包括对于由这些事实所代表的思想的理解。知识的本质在于其结构。在这里,仍有必要认识竞争性和非竞争性之间的区别以及排他性的程度。创造有用知识的过程的一部分,就是搜集具体人的和具体事物的点滴信息,并将其一般化以使其能够得到广泛应用,这样就将私人信息转化成了可以被许多人使用的知识。

在此不妨举一例。当瓦斯科·达·伽玛(Vasco da Gama)于1497年从里斯本起航绕过好望角前往印度时,坏血病还是一种极为神秘的疾病,它往往会致人死命,并被认为具有传染性。坏血病最终夺去了达·伽玛的160名船员中的100人的生命。而当他在今天的莫桑比克附近停留并且靠岸时,部分船员吃了橘子然后康复了。这时,达·伽玛就获得了一些信息,尽管这一信息对他而言并无价值,对于其他人而言更是如此:"上帝是仁慈的,空气是如此的清新从而使大家好了起来。"到了1617年,约翰·伍德尔(John Woodall)实现了跳跃:从特定人的具体信息发展到可以对每个人都有用的知识。(伍德尔意识到)船员的情况好转或许是因为他们吃了水果,而同样的方法或许对任何(患坏血病的)人都会有效。他将这一疾病写在了《外科医生之友》(The Surgeon's Mate)中并推荐使用柠檬汁(对坏血病)进行预防。依据该建议,东印度公司向其水手发放柠檬汁。80年以后,(对)权威(的信任)进一步发展成事实:1699年在加迪斯(西班牙最大的港口和最古老的城市之一——译者注)的一次医疗跟踪测试声称,在食用了橘子和柠檬两周后,即使是最严重的坏血病症状也会消失。"这不是一个仅仅体现在一两个人身上的联系,而是得到了一致同意的、被所有人认可的事实。"

但是,直到英国海军医生詹姆斯·林德(James Lind)于1747年发明了(坏血病的)第一种现代疗法之时,这一(知识创造)过程才算最终完成。在一次长途航行中,生(坏血)病的十二名水手被分成六组,配以同样的(基本)食谱然后再每天给予不同的补充——苹果汁、甘香酒剂(溶解

第 22 章 "内生技术变迁"

于稀硫酸)、醋、大麻和香料的混合物,一品脱海水,两个橘子,以及一个柠檬。发现只有最后一组恢复①得既快又彻底之后,林德给了每个人橘子并结束了治疗试验。在那一刻,柑橘类植物的抗坏血病特征成为了无可置疑的知识。即便如此,说服皇家海军将橘汁作为标准配给品的一部分(由此英国水兵就被称作 limeys——lime juicer 的缩写),又花了 50 年。而直到 20 世纪,维他命的营养学价值才得以被完全确定,维他命 C 才得以被了解并合成,进而维他命片才得以被发明出来并进入市场。在这段历史中,可以找到所有的各式各样的竞争性商品和部分排他性的非竞争性的商品,尽管既有知识又有信息商品,但是归根结底,这是一个关于知识增长的而非信息交换的故事。

所有这些内容并没有被(罗默)写进论文中,但它们全都体现在了对同时作为"内生技术变迁"的投入物和产出物的知识分析中。知识已被证明是有用的或至少可能是有用的非竞争性信息,它可能是也可能不是排他的。关于知识作用的故事自然是一直以来都受到经济学著作的重点关照。马歇尔就此有过许多论述。哈耶克在其 1945 年的《知识在社会中的使用》(*The Use of Knowledge in Society*)中也有提及。经济学家西蒙·库兹涅茨(Simon Kuznets)在 20 世纪 60 年代给出了若干精选的(例证的)观察结果。而从彼得·德鲁克(Peter Drucker)开始,咨询家们在 20 世纪 80 年代至 90 年代写出了大量的关于知识及知识管理的著作。专家们贡献了值得注意的只言片语,包括区分原子和比特(意指物质与信息——译者注),以及斯图尔特·布兰德经过研究所观察到的"我们需要让信息成为免费的,同时我们又希望信息是十分昂贵的",他所未能观察到的是信息的生产也同样是十分昂贵的。但是,在我们所关心的这类问题上,这并非是最重要的。能够被最多人分享的思想——用哲学家诺曼·坎贝尔(Norman Campbell)的话就是"能够得到普遍认同的判断"——才是能够成为科学的思想,在此,也就是能够成为经济学的思想。

在事实上,罗默向其在芝加哥大学的同僚们提出了一个挑战。要么换一种方式解释专业分工和知识产权的存在,要么就出版该论文并接受其结论。如果他胜利了,那么作为解释(增长)工具的垄断竞争就将被芝加哥大

---

① 怀疑原文有误,似乎应为倒数第二组——译者注。

学的王牌期刊《政治经济学杂志》认可,芝加哥大学和剑桥大学之间持续了40年之久的各执己见而又势均力敌的争论将因此而终结①,而达成一致的进程也将从此开始。

今天,当时作为一名研究生的罗默所提出的问题已经有了答案。剩下的问题是我们需要理解在增长这一问题上,经济学为何(曾经)会认可如此巨大而根本性的错误?答案是,我们曾经忽略了一个基本的经济学原理——知识的非竞争性是递增规模报酬的源泉。稀缺性的确是经济学的一个基本原理,但它不是唯一的经济学原理。关于知识的经济学谈的(却)是充裕性(abundance),并且至少在过去的数百年里,(知识的)充裕性毫无悬念地战胜了(知识的)稀缺性。

正是在布法罗,产权化了的知识——知识产权要求取得收取垄断租金的权力——首次在构成经济学主流的总量分析中得以显示。但是,你只有靠近并关注这里才能知道这一点。离开希尔顿大酒店的与会者,对于"知识产权"只字未提。

在专业领域之外,布法罗会议并未掀起波澜。而事隔多年,我们却可以看到许多业内人士在那次会议之后不久选择了与之前不同的(研究)道路。巴罗开始以跨国数据回归作为其研究领域,克鲁格曼将其注意力转移到了(新经济)地理上,斯坦利·费希尔原本准备去国际货币基金组织,却转而要去做世界银行的首席经济学家,拉里·萨默斯回到杜卡基斯的阵营(the Dukakis campaign)工作。对索洛模型的抵抗又持续了一代。在那时,格雷戈里·曼昆、戴维·罗默和戴维·韦尔的合作才刚刚展开,这一合作最终产生了被称为曼昆-罗默-韦尔模型的"扩展的"索洛模型,该模型假设存在(唯一的)一种世界上的任何人都可以使用的共同知识。而这个模型以印刷品的形式出现,还是在那之后4年。

那么,布法罗的会议又是如何成为一场比赛的呢?相比之下,现代经

---

① 在一本几乎与罗默的论文同时问世的自传中,乔治·斯蒂格勒为芝加哥(学派)完成了对(增长)垄断竞争(观点)的胜利而欢呼。他在其1988年出版的《一个不受管制的经济学家的论文集》(*Memoirs of an Unregulated Economist*)中写道,至今仍有经济学家坚持着钱伯林传统的"微弱痕迹"。事实上,正如J.梯若尔在其同年出版的《产业组织理论》中所阐明的那样,钱伯林的思想从来就不曾离开。如今,克鲁格曼在国际贸易(理论)中,而罗默在增长理论中,都将垄断竞争(的意义)提升到了一个新的层次,表明它(即垄断竞争)不仅对于个别产业的细节,而且对于理解一般性的经济,都是不可或缺的。难怪为什么斯蒂格勒和米尔顿·弗里德曼都会(在会议期间)远离布法罗!

第 22 章　"内生技术变迁"

济学史上那次独一无二的重要宴会（气氛）则远非如此。在那天晚上，罗纳德·科斯来到阿伦·迪雷克托（Aaron Director，芝加哥大学法律学教授，弗里德曼妻子的兄长——译者注）的家中参加晚宴，就其提出的关于交易成本的观点，向对其持怀疑态度的（几乎）整个芝加哥大学经济系进行申辩。科斯在之前提交了一篇论文，声称只需明晰产权，然后让市场过程发挥作用，往往是比昂贵的政府规制好的解决方案。审稿人认定其观点存在某种错误，于是才有了那次的晚宴。乔治·斯蒂格勒后来回忆道："在历时两个小时的争论过程中，审稿人之中由原来的 20 人反对而只有 1 人赞同科斯，逐渐变化为 21 人赞同科斯。"宴会进行到一半，米尔顿·弗里德曼终于开火了，击倒了科斯之外的所有人。"那是多么令人愉快的事啊！"斯蒂格勒写道。客人道了晚安，他知道学术历史上的里程碑已经被创造出来了。

在布法罗却没有这样的尖峰时刻，并非所有人都接受（罗默的）新的想法，并非所有参会者都已意识到他们正在见证一个重要的时刻，关于知识总量的经济分析首次成功地进入宏观经济学。（也不必再提约瑟夫·熊彼特的精神，那不过是一种当经济学家们缺乏具体结论时才会被唤起的精神。）激动和兴奋确实存在，只是被错误地定义了。世界已经在那一天被永远地改变了，而这一观点要成为被多数人接受的信念只能逐渐地完成。

其实在布法罗（会议）之前，企图将增长与市场结构问题联系在一起的竞赛就已展开。在描述增长过程的罗默模型中，伴随着一波又一波的新产品的诞生，大量新的工作岗位不断被创造出来，但始终没有任何工作岗位会消失。不久，三个不同的研究团队已准备着手研究熊彼特于 1942 年所描述的具有高度启发性的"创造性毁灭"问题。

在一个资本主义社会中，经济的进步也就意味着动荡。在这样的动荡中，竞争以一种完全不同于稳定状态下的完全竞争的方式发挥作用。通过生产新的产品或是以更低的成本生产产品来获取利润的可能性不断地呼唤着并实现着新的投资。

这就是所谓的"质量阶梯"或者"创造性毁灭"，具体（体现哪种说法）要取决于谁在建模——是吉恩·格罗斯曼和埃尔赫南·赫尔普曼，还是菲利普·阿吉恩（Phillipe Aghion）。（在该项研究早期，还包括保罗·塞格斯特朗（Paul Segerstrom）、T. C. A. 安南特（T. C. A. Anant），以及伊莱亚斯·迪诺普洛斯（Elias Dinopoulos）。）该思想分解技术进步的过程，描述在技术进步的浪潮之中究竟是什么影响了产业组织。经济学家们用模型来传达熊彼特的各种思想，这些模型之间的竞争常常是十分激烈的。到了最后，有大量的问题需要澄清。于是最终在 1996 年，由普林斯顿大学的吉恩·格罗斯曼编写了一部两册的读物《经济增长：理论与证据》(*Economic Growth：Theory and Evidence*)，集中展示了已有的研究成果。

格罗斯曼写道，自 1970 年之后，经济学家们就失去了对于增长问题的兴趣。（因为）在那一年，罗伯特·索洛发表了其在拉德克利夫讲座（Radcliffe Lecture）上的致词。格罗斯曼继续写道，尽管当时还有着许许多多有趣的问题有待解决，但是显然新古典模型已"无法回答所有这些问题"。由于缺乏理论的指导，实证研究工作也因此显得模糊不清，对增长的核算也愈发显得毫无意义。

格罗斯曼这样写道，"但是自 20 世纪 80 年代中期开始，一切都改变了，"有两件事情使得人们对这一问题的兴趣迅速提升。"第一件事情，是保罗·罗默完成了其在芝加哥大学的专题演讲……第二件事情，是罗伯特·萨默斯和艾伦·赫斯顿搜集并公开了超过 100 个国家的国内生产总值及其各组成部分的可比数据……"然后格罗斯曼小心翼翼地列出了 37 篇他认为在这一新的研究领域中的最重要的论文，并且进行了分类：趋同、跨国关联、AK 模型、基于外部性的模型、基于革新的模型，等等。各种各样的研究工作不断进行着。

直到 1989 年的春天，布法罗的余波还在延续，罗伯特·索洛昔日的弟子们在他 65 岁生日的这天，汇聚在新落成的位于肯德尔广场的酒店中，而作为（生日的）祝愿和纪念，他们以他们老师的名义出版了一部收录其（罗伯特·索洛）论文的纪念论文集。在索洛加盟之后 40 年，MIT 已成为剑桥学派的代表之一。在曾经是滑稽剧院和肥皂厂的地方，玛丽奥特（即万豪国际酒店——译者注）已巍然屹立。

就在 18 个月以前索洛刚刚被授予诺贝尔奖，但是在其（对诺贝尔奖）长期的等待中，又似乎有某种苦涩的味道。这是否因为瑞典人在此前已将这一奖项授予富有怀疑精神的詹姆斯·布坎南呢？无论如何，这并不能影响这个夜晚的光辉。索洛的学生和朋友们终于实现了强有力的逆转。其阵容可谓群星璀璨：阿维纳什·迪克西特（Avinash Dixit）、弗兰克·哈恩（Frank Hahn）、伊坦·谢辛斯基（Eytan Sheshinski）、约瑟夫·斯蒂格利茨、罗伯特·霍尔、拉里·萨默斯、马丁·贝利（Martin Baily）、比尔·诺德豪斯（Bill Nordhaus）、奥利维·布兰查德、皮特·戴蒙德（Peter Dia-

第 22 章 "内生技术变迁"

mond)、乔治·阿克洛夫、罗伯特·戈登(Robert Gordon),当然,还有保罗·萨缪尔森。这是值得 MIT 骄傲的一天。

在马萨诸塞州的剑桥人眼中,20 世纪 80 年代后期兴起的内生增长理论基本上也只是换汤不换药而已,是与真实经济周期理论一样的把戏,是芝加哥大学的新古典主义对于东海岸(学校)(所强调的)经济学的良好直觉的又一挑衅。该理论提出过程中的标志性事件恰好发生于五大湖沿岸——汉密尔顿、安大略、芝加哥、罗彻斯特以及布法罗——这一事实也使得这一理论本身受到(东海岸学校)怀疑。而更加令(东海岸学校)人怨恨的是,其(即罗默模型)居然借用了迪克西特—斯蒂格利茨的模型。

不要介意,芝加哥人已最终接受了由萨缪尔森和索洛倡导的方法——使用小的模型,关注具体的问题。在当时(的东海岸学校)愤怒成为主流的情绪,尤其是乔治·斯蒂格利茨。斯蒂格利茨对其支持者尤其是 1965 年夏天访问芝加哥大学的团队成员说,(罗默模型中的)所有的东西都早已被人讨论过了。他说道:"我们很清楚怎样构造一个模型来'达到目的',但是我们却踌躇于做出那样的模型所要求的一些假设",要想在他们(因不愿做出那样的假设而)失败的地方继续前进是需要"一定程度的厚颜无耻"的。他(即斯蒂格利茨)抱怨说,他本人和他的同事们的工作被严重地忽视了。

〔在 20 世纪 90 年代初,我第一次用"最后的巡逻兵"来描述这一包括斯蒂格利茨、谢辛斯基、阿克洛夫以及诺德豪斯在内的研究者队伍,1965 年的夏天,他们围绕着肯尼斯·阿罗的学生宇泽弘文(Uzawa)和芝加哥大学的谢尔(Shell)开展研究工作。我的意思是,他们所做的试图以一个正规的模型去刻画知识增长的努力,其重要性被该研究领域的领袖削弱了。关于参加这一研究的研究者在当时的研究过程中的不同观点的报道,使得在这些朋友之间产生了某种程度的紧张。这是令人遗憾的,但却并不值得大惊小怪。任何一所伟大的学院都有其几乎不能容忍的异端学说。科学家们借用"教义"一词来描述某一特定时期关于某个本可获得答案的问题的主流观点,自然有其道理。重要的是这些人中没有一个在芝加哥迷失,所涉及的人也都已在经济学领域取得了成功并且仍旧保持着朋友关系。2004 年,在靠近古罗马温泉小镇丘西(Chiusi)的翁布里亚(Umbria,意大利中部的大区)的一间农舍里,斯蒂格利茨邀请了几位再次团结在一起的同行——包括卡尔·谢尔(Karl Shell)、乔治·阿克洛夫以及埃德蒙德·费尔

普斯——大约 40 年前，他们曾以巨大的热情尝试建立独立的知识经济学，只是收效甚微。］

接下来就是阿克洛夫使剑桥城（的学校）的支持者们意识到索洛对于当时正在兴起的新增长理论有多么的敏锐。为了说明这一点，阿克洛夫引用了 1980 年索洛就任美国经济学会会长时的讲话。

> 在我们面对这种"关于市场失灵的重要性"的对立时，我们在很大程度上是在进行一场罗尔沙赫氏测验（Rorschach）（罗尔沙赫，1884—1922，瑞士精神病医生；罗尔沙赫氏测验，一种根据对墨渍图案的反应分析患者性格的实验，把患者对 10 种标准墨迹的解释作为情感、智力机能和综合结构的检测方法——译者注）……对于像我这样一个缺乏人格力量而又没有前途的折中主义者而言尤其感到痛苦。如果我可以求助于曾作为这个协会会长的最令我敬畏的两位前任，那么我只需听米尔顿·弗里德曼讲一分钟，我的脑海中便充斥着关于递增规模报酬、寡头间相互制约、消费者短视以及环境污染问题，等等。几乎令人无法自拔，除非再听约翰·肯尼斯·加尔布雷思（John Kenneth Galbraith）讲一分钟，这时我能想到的则全部都是竞争性原则，任意商品的大量替代品，愚蠢的管制，瓦尔拉斯均衡的帕累托有效性，以及将决策权配置给拥有知识的个体的重要性，等等。我有时会想，只是由于我人格力量的缺乏，才使我免于犯明显的错误。

这就是索洛式的自我贬损的才智的特点——狡黠而又锋利——这一特点使其深受 MIT 的一代又一代的学生的喜爱。在另一方面，索洛的芝加哥批评者们正是被这种折中主义的取向所激怒。尽管阿克洛夫援引其老师（索洛）的观点，认为（关于市场失灵重要性的）一切只不过是如同一场罗尔沙赫氏测验（比喻应该采取某种折中主义的态度），然而这一专业中最聪慧的学生难道不是正在疯狂地工作，专注于垄断竞争问题吗？但是在一间有 500 名崇拜者在座的教室里，那天晚上所展示的实际上是索洛的性格实质，它就如同一个熠熠生辉的盔甲——高贵、优雅、仁慈、温和，并且坚定。在那些年里，索洛也许算是经济学界最有影响力的一位老师了——（他就如同一张）为人和善而又意志坚定的"数学计算芯片"。

罗默在布法罗的论文经过加工后，最终于 1990 年 10 月发表，这一次在

第22章 "内生技术变迁"

《政治经济学杂志》的审稿人那里已不再有什么问题。他（罗默）调整了术语使用，也做了数学上的修改：在赫尔普曼和格罗斯曼的强烈建议之下，他放弃了其在（原）论文中所呈现的宏大的选择优化理论框架，转而使用更为常用的简单方法。多年以后回首往事，罗默会说：

> 请回忆一下我（在布法罗提交的）的论文，看看它是怎样被构思和设计的，我钟爱于（使用）一般均衡（的分析方法），我希望人们能够注意到这一点，可是人们没有。另一方面，这对于索洛型的、MIT型的模型而言是有些过于抽象了，他们说，直接给我方程吧，不必去考虑什么逻辑和假设。我认为这些思路中的任何一条最终都无法澄清我们所说的外部性的意义，那是不同于我们所说的非竞争性商品的意义的，而这却正是一般均衡的数学方法的严格逻辑可以带给我们的。

然而在1990年，这一篇论文被世界时事抢去了风头。柏林墙于之前一年倒塌，苏联也解体。共产主义的缓缓衰落似乎表示了"看不见的手"的力量的最终胜利。现实事件与经济学前沿动向之间有着巨大的差异。

令人普遍感到惊奇的是，在仅仅履职一年后，罗默于1989年春天突然辞去了其在芝加哥大学的教授职务，在没有得到任何大学职位的情况下前往加利福尼亚，这也使得经济学界的形势更加扑朔迷离。罗默的妻子在研究策略的问题上与一位实验室负责人意见相左，同时她也不喜欢芝加哥漫长的冬季，而罗默的孩子们也已到了要上学的年龄。到了该做决定的时候了。大约在国民经济研究所（召开）第一次会议和索洛的纪念论文集出版之时，罗默就面临着这样的问题。

时任芝加哥大学经济学系主任的舍温·罗森激动地表示，在没有任何工作许诺的情况下离开芝加哥，罗默很可能将会因此毁掉他的学术生涯，其程度将不亚于蒙代尔，后者曾于20年前离开芝加哥前往滑铁卢大学。罗默指望旧金山海岸的某所大学，伯克利或是斯坦福能够接纳他。如果不行的话，也总会有办法，不然就做软件开发——他曾多次设想开办一家类似的公司。他在没有得到任何一所加利福尼亚院校的确定工作的情况下做出离开芝加哥大学的决定，相比于他10年前向芝加哥大学而非MIT递交其研究专题相比，其不正常程度只是稍微加剧了一点而已。

1989年秋天，罗默在行为科学高级研究中心得到了一份为期一年的研究员职位，该中心位于一座俯瞰斯坦福校园的小山之上。国民经济研究所位于附近的一处小树林中的办事处，以及胡佛研究所，也都为其提供了办公室。罗默将家搬到了斯坦福的居住区。1990年春天，加州大学伯克利分校经济学系为其提供了终身教授职位。从1990年9月开始，罗默每周数次前往30英里外的伯克利上课。

而在他身后，是芝加哥（大学）的彷徨和怨恨。

第 23 章　推测与反驳

在《科学变革的结构》（*The Structure of Scientific Revolutions*）中，托马斯·库恩简明扼要地提出了这样一个问题，假如某一学科的研究队伍中有一群训练有素的年轻人，在某一天夜里他们有了一个了不起的想法，对某个直至当时仍无法解决的问题提出了一种新的解释，"可是他们又如何能够将整个学科转变到……他们理解科学和世界的方式上来呢？尽管他们必须要这样做。"

在 1989 年，正在推动当时的递增规模报酬革命的是一个执著于一般均衡模型而不论因此得出的结果是什么的领导中坚——其中的主要代表有克鲁格曼、罗默、赫尔普曼以及格罗斯曼。（在同一时期还有另外一种处理专业化分工和递增规模报酬的方法,其领袖是莫纳什大学(Monash University)的杨晓凯,一位在最终获得普林斯顿大学博士学位之前曾于"文化大革命"期间入狱十年的中国移民。)由于感觉到了学术上的和个人(发展)的机会(的出现),其他人也加入了这一探索过程。有一些是已成名的研究者,而大多数则是在20世纪80年代末90年代初刚刚进入这一专业的研究生。

经济学界已有20年不曾陷入这般争论之中,上一次的这般争论还要追溯到理性预期革命开始之时。有许多新发现将会出现,亦将招致许多的反驳。新的思想激励着年轻人。

在这样一场类似越岛作战(island-hopping)的战役(比喻各个研究彼此独立进行而又相互呼应——译者注)中,关于知识增长的新模型被引入了。有的(为该模型)打出实用性的旗号,有的则强调(该模型)论证的恰当性。最终,逐渐形成了一幅具有说服力的模型画面。人们(尤指年轻的一代经济学家)偏爱这一新研究领域的原因也和往常一样。这一研究考虑的是老一辈们无法处理和解决的问题,它预见性地描绘着老一辈们未曾认识到的问题,使曾经模糊的问题逐渐清晰。很快,宏观经济学领域中所有最敏锐的学生就都行动起来,研究经济规模与专业化分工之间的关系。

由此(即这一新的增长模型)引出的第一种新理论是关于城市的(经济)增长(理论)。什么支撑着城市的运行?什么维系着城市的运转?它们为什么会首先出现在那个地方?尽管这些问题本身是如此的明确,它们的答案却绝非显而易见。正如罗伯特·卢卡斯在马歇尔讲座中所指出的:"如果我们只考虑经济学通常考虑的问题,那么城市就应该被粉碎(从而平均到整个经济中去)。"

当时在芝加哥大学,一位名叫爱德华·格莱泽(Edward Glaeser)的年轻研究生拿着一份研究计划来到了约瑟·沙因克曼(Jose Scheinkman)面前。格莱泽是一位刚刚自普林斯顿大学毕业的研究生一年级学生,在普林斯顿大学,他从安德雷·施莱弗那里学习到了关于递增规模报酬的经济学。为什么不为卢卡斯关于城市和递增规模报酬的陈述设计一个检验呢?如果知识的溢出(效应)真的如同他和罗默以及卢卡斯所预想的那样重要,那么就应该存在某种通过比较主要城市增长率来证实这一点的方式。在其老师沙因克曼以及施莱弗的帮助下,格莱泽提出了关于增长的三种竞争理论,进而大获成功。

第一种理论是一个关于(产业内)集中化的故事。像伊斯曼·柯达

(Eastman Kodak)这样的公司总是专注于一个领域,通过投入越来越多的资金来学习如何把原来的事情做得更好以及如何率先制造出新的东西,不断发展壮大。其含义是垄断对于增长是有益的,因为大公司有资金来从事研发,有能力规划并疏理其(创造性)思想,并且只有大公司才有足够的营销能力,来获得其研发投入的更多成果。这一观点可以追溯到熊彼特那里。

第二种理论强调行业内的竞争。由于源自那位著名的商业战略家(迈克尔·波特),格莱泽称之为迈克尔·波特理论。在《国家竞争优势》(*The Competitive Advantage of Nations*)中,波特声称,导致增长的并非垄断,而是同一行业中不同公司——他称之为"(企业)集群"(clusters)——之间的基于其共同技术的激烈竞争。可以想象,像底特律和匹兹堡这样的企业城将会停滞不前,而在硅谷那里,剽窃、模仿以及工作调整普遍存在,而在有数百家公司彼此之间相互竞争的地方,则更有可能产生持续的增长。

第三种理论将产业的多样化而非专业化分工视作(知识增长的)关键,理由是最重要的知识转移往往发生在非核心产业上。因为没有一个经济学家支持多样化理论(尽管在阿尔弗雷德·马歇尔的著作中,与前面所说的集中化理论紧挨着,可以看到一些这类见解),因此这一观点(被格莱泽)归功于著名批评家和城市活动家简·雅各布斯。

在《城市经济》(*The Economy of Cities*)于1969年发表的若干篇论文中,雅各布斯列举了英国的伯明翰市和曼彻斯特市的发展史以阐明其观点。她写道:在19世纪中叶,(各产业内)高度集中化的曼彻斯特受到全世界的羡慕。两位有着巨大差异的看客——本杰明·迪斯莱利(1804—1888,英国著名政治家、小说家——译者注)和卡尔·马克思——都将曼彻斯特描述为明日之城。其巨大的纺织工厂一排排整齐地延伸着,一眼望不到尽头。这座城市的缔造者们通过午餐俱乐部的形式(共同)管理他们的企业——更类似于底特律,而不是高度分散并且竞争激烈的硅谷。

与此相反,在伯明翰,没有任何两个地方之间是相似的。它是一座由小型的单位组成的城市,人们从事一件一件细小的工作,然后彼此提供产品或服务。他们常常不是留在工厂中(工作),而是选择为自己工作,经营钢材、玻璃、皮货、五金制品、枪支、珠宝、小饰物、钢笔尖、玩具等。她(雅各布斯)写道:"要确切地说明伯明翰是靠什么支撑其发展的,有一定的困难,因为它并没有像曼彻斯特那样易于理解而又令人印象深刻的经济特征。"

然而，到了20世纪末，在英国只有两个城市依然充满活力：伯明翰和（产业）甚至更为分散的伦敦。作为一个企业城，曼彻斯特被证明是非常易于落伍的；而与此相反，伯明翰却始终是发展的中心之一。"城市就是这样一类地方，新的工作如澎湃的激流般不断地汇入原有的工作，"雅各布斯写道，正是因为这种生活经历完全不同的人们之间的频繁交流，产生了城市的生命力。在那些更为复杂而又充满多样化的地方，机会更有可能出现。重要的是要有意料之外的比邻者。

那么究竟什么更有可能产生增长呢？是集中化还是竞争？抑或是多样化？格莱泽借助于标准产业分类系统（SICS，即 Standard Industrial Classification System）提供的数据，这是一个有些类似于 Linnaen 系统（一个将各种生物依据其界（kingdom）、门（phylum）、纲（class）、目（order）、科（family）、属（genus）以及物种（species）进行分类的系统）的分级命名系统。SICS由美国人口调查署创立，旨在跟踪美国经济的变化——这是一个一般情况下不被技术经济学所重视的数据集。格莱泽考察了1956年至1987年之间美国的68个城市（的数据）。

他发现，有着过强的大公司特征的城市与其他城市相比，往往增长得更慢而不是更快。另外在某些行业，该证据之中还混杂着（对于）波特式的激烈的局部竞争（促进增长的观点的支持），这与雅各布斯强调高度多样性（促进增长）的观点相一致。这并不特别值得惊讶。敏锐的经济学家们一直以来都认为，一座像纽约或是芝加哥这样的多样化城市，从长期来看其表现一般会优于一个像底特律或是匹兹堡那样的高度专业化的制造中心。对此，马歇尔本人就已有过许多论述。

这篇论文本身并未澄清什么，它直到1992年才被出版，那时罗默本人使用的（解释增长）方法也早已远远超出其在1986年所使用的纯粹的（知识）溢出，代之以一个与雅各布斯的论证相似但更为准确的垄断竞争模型。但是格莱泽的论点在经济学家中仍然引起了注意，因为它揭示出一条新的研究路线，考虑一系列问题之前被认为是理所当然（因此"不必研究"同时也不知该如何去研究）的现象。同时它还利用了一个新的数据来源，一个大量的最终被证实了的比利用宾夕法尼亚大学世界表（Penn World Table）更能得出令人兴奋的结果的数据源——SICS系统。这一系统中有反映知识和专业化水平的数据，尽管其解释有时并不完美。在那之后，格莱泽又进一步写出了许多关于城市、区域以及国家的具有启发性的文章。

第23章 推测与反驳

对于这一新的增长模型的另一启发性应用与人口问题有关，其创造者是一位名叫迈克尔·克雷默的不同寻常的学者。1985年自哈佛大学毕业以后，克雷默去肯尼亚教了一年高中，之后又作为安排他到那儿（即肯尼亚）去的那个项目的负责人工作了三年。就激发考虑经济发展问题的兴趣而言，没有什么能够和在非洲生活相比了。1989年克雷默作为研究生回到了哈佛，此时对于递增规模报酬的关注正方兴未艾。不久他就决定要研究人口与技术进步之间的关系。

不断增长的人口将意味着越来越快的技术进步，这一命题一直以来就是递增规模报酬观点的支柱的一部分。毕竟，递减规模报酬和"供养能力"成为人们关注的重点也只是近代的事——真正能够追溯到的（渊源）只有马尔萨斯和李嘉图而已。而在那之前，在人类的大部分历史时间里，人口的增长被视为一件好事，因为至少它意味着更多的改善人类境况的革新的出现。[①] 近年来（对于人口增长与技术进步的关系）一个更为普遍的解释是，人口增长产生的压力刺激着技术的进步。对于人口与技术的关系，克雷默的一个聪明的想法是，检验原因和影响之间的关系得以显现的一段足够长的时期内的经验证据——从人类的起源阶段开始。

克雷默首先建立了一个模型。在这一考虑内生技术的进步高度程式化的设定中，每个人都只挣得仅够维持生活的收入，同时无论总人口数如何，每个人实现某种有价值的发现的机会完全相同，投入研究的资源比例也一样。于是技术性知识将随人口递增，而人口又将随技术进步而进一步增长，这要感谢知识的非竞争性，因为"发明一项新技术的成本与使用这项技术的人数无关"。

接下来，克雷默搜集了一段极长的人类历史区间的人口数据。人类学家和考古学家们所做的种种估计，讲述出了一个即便不算十分令人震惊也至少还算有趣的故事。在100万年前，地球上的总人口数大约为125 000。在（其后）一段相当长的时间里，人口增长得十分缓慢。在书写技术诞生的初期，大约是在12 000年以前，人口数增长到了大约400万，而到了救世主耶稣诞生之日（公元元年），世界人口数大约为1.7亿。当蒸汽机出现

[①] 被称作是政治经济学奠基人的威廉·配第（William Petty）曾写道，"在400万个人中出现一个有天赋而又好奇的人的可能性，要大于在400个人中出现一个这样的人的可能性。"亚当·斯密对于这种可能性也有大致相同的理解：人口越多，市场化程度越深，会导致越专业的分工的出现，其中也包括被称作发明家的专家的出现。

时，大约有10亿人生存于世界上，直到20世纪20年代这一数字才又翻了一番，当时正值杂交玉米出现之时。又过了50年，行走在这个星球上的人数已达40亿，而到2006年，世界人口已接近65亿。

在《人口增长与技术进步：从公元前100万年到1990年》一文中，克雷默对他的发现进行了讨论。实际发生的人类历史与罗默的预言差不多完全一样。其中纳入考虑的技术包括了一切最为基本的发现（和发明）——火的利用，狩猎和捕鱼，农业的产生，轮子的发明，城市的出现，机械化产业的形成，微生物学的兴起乃至公共卫生的发展。由于这类技术一旦被创造出来就能够以相当快的速度传遍世界，因此相应地考虑全球人口数是恰当的，至少站在100万年的尺度上来看是这样。也就是说，在人类的分布向全球陆地上的每一角落扩张的过程中，技术进步带来的，是人口的增长而不是生活水平的提高。从我们所能够得到的一切证据来看，生活在1 800年前的大多数人，其境况并不比12 000年前的人好多少——只是比勉强生存略强而已。

然后，当到达某一阶段时，就发生了所谓的人口增长方式的转型。人口开始持续而稳定地增长。更多的人口使得市场得以更加广阔，更加广阔的市场又使得专业分工进一步深化，而更深化的专业分工创造出更大的财富，更大的财富则又可以养活更多的人，直到（某一阶段）财富的进一步增长使得人口的增长最终停止下来，至少在经历了工业革命的国家是这样。看上去，这一机制就和特德·巴克斯特（Ted Baxter）——那位主持"玛丽·泰勒·摩尔秀"的夸夸其谈的主持人——讲的一样，他计划生6个孩子并且希望其中之一将来能够解决人口问题。

在20世纪50年代，当时世界人口大约是25亿，从那时开始，全球人口增长率就已不再上升而是保持稳定，世界人口以每年大约2%的速度增长。于是我们可以这样说，就人类的几乎整个历史而言，马尔萨斯是对的：技术的进步带来的，是人口的增长而不是生活水平的提高。但是到了当今，情况却有所不同了。当克雷默检验其模型时，一切都只是巧合。电器工程师们早就写出过一个等式，人口越多的国家人口增长率也越高，并且检验出其与现实数据相符，因此将其视作一个规律。该等式预测，世界人口到2028年11月13号，一个星期五，将自然地趋于无穷大。但是在克雷默模型中，生产函数却得出人口增长率最后会下降（而不是随着人口的增长而不断加速）——不是因为大饥荒或是环境的剧变，而是由于收入增长导致

第23章 推测与反驳

世界范围内的生育率降低——正如过去150年里实际上已经开始在最富裕的国家中出现的那样。

克雷默提供了粗略但却有力的证据，证明斯密的格言在两个方面都确实是有效的。劳动分化的程度受到市场深度的限制——对这一问题而言，也就是人口。但是知识的增长和专业分工的深化，最终却消除了人类社会规模（对于劳动分工的进一步深化和经济增长）的这一限制。同样的观点也可以通过相反的方式来证实，由于10 000年以前的极地冰盖融化将世界分成两个彼此之间在技术上不再具有联系的部分——旧世界（即航海大发现之前的"已知"世界——主要指欧洲、亚洲和非洲）和新世界（即航海大发现所"发现"的世界——主要指美洲和大洋洲），从而也就产生了一次自然的（关于人口规模与技术进步关系的）实验。在当时，原本位于欧亚大陆和北美之间的，以及位于澳大利亚和塔斯马尼亚与弗林德斯岛之间的大陆桥（由于海平面上升）消失了。克雷默写道，在冰融以前，人们（可以）从一块大陆缓缓地移向另一块大陆。据推测，上述所有地方的居民（在冰融以前）原本都拥有同样的技术——（取）火、（制作并使用）石器和金属工具，狩猎和战斗方法。由于假设技术进步率独立于人口密度和（具体人类种群活动的）陆地面积而保持稳定，索洛模型可能会预期直到哥伦布的船队在这些地区之间重建技术联系之前，上述各个地区的技术水平应该（基本）相当。

然而显而易见的是，正是在有着最大的陆地面积的旧世界中，（到航海大发现之前）产生了最稠密的人口和最高的技术水平，美洲大陆次之，它们二者都已拥有了城市，发达的农业，以及精密的历法。澳大利亚则是远远落后的第三名，当时其人口由狩猎者和采集者构成。而在塔斯马尼亚，甚至连澳大利亚所拥有的基本生存性技术——取火、掷矛和制造工具——都还相当匮乏。而在8 700年以前隔绝了澳大利亚和塔斯马尼亚之间的联系的弗林德斯岛，则是一番技术退步的迹象——由于失去了制造骨器的能力，在该岛与更大的世界隔绝之后4000年，这个小岛上最后的居民就死光了。较少的人口就意味着不会有专业化分工。

而奇妙的是人口增长方式的转型。是什么使得收入达到一定水平的国家的出生率下降呢？

与新增长理论的其他若干开创性论文一起，克雷默的上述论文出现在了1993年的《经济学季刊》(*the Quarterly Journal of Economics*) 上。由于将知识的非竞争性的深远的经济学意义阐释得如此清晰,该论文被迅速视为经典。克雷默也紧接着发表了一长串有趣的论文,其中就包括他关于购买牛痘苗的具有启发性的建议——就好像那个著名的为研发精确的航海天文钟提供的奖金——如何能够既激励创新又使病人受益的极具启发性的论述。如果某种非竞争性的新的商品对于人类的福祉来说是如此的重要,克雷默问道,那么是否可以想象出新的生产这类商品的机构呢?他回到了哈佛大学并且成为盖茨基金会的一名顾问。然后,在 2002 年,他建立了开发项目研究及经济分析署(the Bureau for Research and Economic Analysis of Development Projects),或(简称为)BREAD,用以研究与发展问题相关的微观经济学。

此外还有许许多多的由新增长理论引申出的研究。1991 年,保罗·戴维的论文《电脑和发电机》(*Computer and the Dynamo*)再次引起了大量的关注。其思路是比较生产增长自 1880 年至 1930 年间由于电的引入而上升的那段历史,与由电脑的出现而引起的增长的变化。他证明了电气时代并非是在某一时刻一次性地到来的,而是受到两次技术创新的推动才最终实现的。第一次是粗放型的(技术创新),以电动机取代蒸汽机作为大型动力的来源,这一创新发生于 19 世纪的最后一个 25 年里。第二阶段则是由(电力技术的)一系列具有深远影响的应用型技术(的相继诞生)构成的,该阶段大致发生于 20 世纪的第二个 25 年里,在这一阶段里,工程师们探索出各种使得电动机小型化的方法,进而使电动机得以在之前几乎是不可想象的地方发挥各种奇妙的用途,从电冰箱到收录机。戴维写道,随着设计者们不断成功地将智能芯片引入到汽车以及信用卡中,同样的事情也有可能会发生在电子计算机之上。或许在 20 世纪 80 年代新出现的有关生产率的问题,正是某种如戴维所说的"技术远视性"(Technological presbyopia)问题,即"对于遥远的技术前景有着敏锐的判断,同时对于近在眼前的(技术)过渡路线却无法确认"。

在那之前不久,通过引入"通用目的技术"(General Purpose Technologies)GPTs 的概念,蒂莫西·布雷斯纳汉(Timothy Bresnahan)和曼纽尔·特劳滕伯格(Manuel Trajtenberg)使这种比较普遍化。GPTs 是指一类具有启发性的革新,通过采用这些技术,可以为一系列类似的应用技术创造进步的条件——不只是电子计算机和发电机,还包括水车、蒸汽机、内燃机、铁路、运河,以及许多这类东西。在银行和其他金融机构的计算机化方面,布雷斯

第23章 推测与反驳

纳汉做了许多开创性工作；而特劳滕伯格则对于CAT扫描仪（一种使用计算机轴向层面X线获得人体内部结构横截面图像的设备，也作CT扫描仪）的作用做出了颇具影响的研究。在他们使用的模型中，看上去似乎也会去关注那些不那么醒目的创新——打字机、银行业中的计算机、照相机，以及电脑成像技术等等。一个例子是1845年以后六角车床的应用，它后来被证明（在斯坦福大学的经济史学家内森·罗森堡（Nathan Rosenberg）的关于技术关联的经典故事中）是生产所有可互换部件的关键所在。很快，通用目的技术GPTs就成为了增长理论中的行话。同时，加州大学洛杉矶分校的肯尼斯·索科洛夫（Kenneth Sokoloff），一位早在1988年便已开始使用这类新模型来说明（往往）发明行为源自于交通枢纽以及这一系统的发展膨胀过程（劳动分工受限于市场规模）的经济史学家，发现与同时代的具有较明显的等级意识的欧洲相比，19世纪美国的较低税费和相对简易的程序为一个涵盖范围极为广阔的创造者群体敞开了取得其专利权利的大门。（美国当时的）经济越来越像马克思曾经梦想的"技术的黄金时代"。

而在另一个地方，对于网络性的研究已经开始在微观经济学的层面上取得成果。诚然，具有网络性的行业本身并不新奇。像铁路、天然气管道、电网、电话以及打字系统已存在了一个世纪或更久。其成功常常取决于"流行"效应（bandwagon effects），一般认为，这一点至少在索尔斯坦·凡勃伦（Thorstein Veblen）写作《德意志帝国与工业革命》（*Imperial Germany and the Industrial Revolution*）的时代就已经成为人们的共识。（英国本来在铁路方面处于领先地位，后来却落后于德国，仅仅是因为其车厢太窄不能在改进后加宽的铁轨上行驶，而正是这种铁轨后来被欧洲大陆国家所采用。）但是由于都有着规模报酬递增的趋势，所有这些行业都被贴上了自然垄断的标签。它们被从"一般的"竞争经济学中区分出来，简单地归入了市场失灵一类，而没有对它们背后的共同点（高固定成本，低边际成本）作任何细致的解剖和分析。当1984年《新帕尔格雷夫经济学大辞典》（*The New Palgrave Dictionary*）被宣布在达拉斯出版时——与保罗·戴维提交他的论文《克莱奥和QWERTY[①]经济学》（*Clio and the Economics of QWERTY*）（该文于翌年发表于*American Economic Review*，Vol. 75, no. 2, 1985, pp. 332—337——译者注）是同一年——"网络"（networks）

[①] QWERTY指现代标准的打字机键盘，因为该标准将上述字母排在首行。

和"标准"(standards)都未被引入。

现在，新一代的年轻经济学家们要开始工作了，他们对于迪克西特—斯蒂格利茨的垄断竞争模型已经十分熟悉，他们首先提出了"网络的外部性"概念。一系列的新名词随后出现了：与竞争标准有关的共同操作性（interoperability）成为一个关键的因素，用来表示竞争能力。还有就是在一个系统的各个组成部分之间的总体互补性（overall complementarity），这些组成部分的运行必须彼此协调，否则就根本无法运行。因为了解一个新体系的运行需要花费时间，转换成本（switching costs）应被纳入考虑范围。而锁定（lock-in）亦是有可能的。尽管对于经济学家而言这些想法可能是新颖的和激动人心的，但它们为企业界人士所熟悉，却经历数十年甚至数百年之久，其细节在一系列的不信任案中被逐步揭示出来。而在微观经济学中，则逐渐出现了卡茨（Katz）和夏皮罗（Shapiro）所描述的"硬件/软件/湿件范例"——而保罗·戴维十年前通过打字机、键盘和打字员的比喻，以及对于罗默发现的惊人的证实，说明的正是这一点。

一片广阔的新大陆被开辟。年轻的经济学家们一下子突破了索洛模型的限制，可以自由地去探索政治体制和增长之间的种种联系。20世纪90年代初见证了许多突破常规的论文。罗伯特·金（Robert King）和罗斯·莱文（Ross Levine）的论文揭示了金融结构将对于经济增长产生显著影响。其题目正是《或许熊彼特是对的》。在《巨人的肩膀有多高？》中，李嘉图·卡波莱罗（Ricardo Caballero）和亚当·贾菲（Adam Jaffe）提出了对于知识溢出性的衡量问题。陶斯滕·帕森（Torsten Persson）和吉多·塔贝里尼（Guido Tabellini）提出了具有启发性的问题："不平等对于增长有害吗？"而艾伯特·阿里森那（Alberto Alesina）和达尼·罗德里克（Dani Rodrik）立即给出了肯定的结论：不合理的分配会通过加重人力资本的税收负担而使得增长放慢。德隆·阿西莫格鲁（Daron Acemoglu）和詹姆斯·罗宾逊（James Robinson）随后开始了对于殖民体制遗留问题的长期研究，最终形成了里程碑式[①]的著作《独裁和民主的经济学起源》（Economic Origins of Dictatorship and Democracy）。当时，人们的兴趣蔓延到了似乎与网络有关的更具投机性的领域之中，如银行业、货币本身、语言、宗教。准则和技能被看作是社会资本的反映。而许多不同种类的"关联银行"则被视为外

---

① 原文为 lnadmark，怀疑有错，应为 landmark——译者注。

部性对其存在具有关键性作用的网络。不久，宏观经济学家和微观经济学家开始阅读同样的书了，那是他们以前从未读过的关于历史和制度变迁的书籍①。

宏观经济学的研究范围超越了稳定性（政策）、贸易政策以及边际税率；微观经济学则超越了产业组织。而被改变得最多的是发展经济学。50年来，增长理论所强调的一直是依靠外国援助来弥补储蓄和投资之间的差距，或者是教育和人口控制。但是正如威廉·伊斯特利（William Easterly）在其《经济增长的迷雾：经济学家对相关问题的理解与误导》（*The Elusive Quest for Growth: Economists' Adventures and Misadventures in the Tropics*）一书中写道的，"所有的灵丹妙药都没有像所吹嘘的那样有效，因为其创造的经济增长没有为所有参与者提供正确的激励。"新增长理论将注意力放在了之前完全不被重视的事情上：制度，尤其是法律的重要性；跨国公司作为知识传播者的作用；对于发展中国家而言，以出售土地作为一种吸引外国直接投资的手段的意义（以及腐败对于吸引外国直接投资的破坏作用）；小额贷款的内在可能性；地理、气候以及疾病的重要性被作为基本的决定因素考虑了进来以及其他，等等。很快，大量的经济学家就开始从各种不同的角度开展研究工作。

在1989年的所有的混乱纷争中，再也没有一位参与者，像与保罗·萨缪尔森和鲍勃·索洛分享同一办公室套间的那个人那样被彻底地遗忘，他就是保罗·克鲁格曼，传说中的MIT明日之星。罗默在增长理论方面已经胜过了他。格罗斯曼也已经开始与赫尔普曼确立合作关系。克鲁格曼在布法罗的论文却被退回了，而那篇论文本应将他推至队伍的最前列。

---

① 这类题目一下子在经济学家中间流行了起来，包括道格拉斯·诺恩的《机构，制度变迁和经济绩效》（*Institutions, Institutional Change and Economic Performance*）；理查德·纳尔逊和西德尼·温特的《经济变化的进化理论》（*An Evolutionary Theory of Economic Change*）；内森·罗森堡和小L. E. 伯德泽尔的《西方世界是如何变得富有的：工业化世界的经济转型》（*How the West Grew Rich: The Economic Transformation of the Industrial World*）；乔尔·莫克尔的《富余的杠杆：技术创新与经济进步》（*The Lever of Riches: Technological Creativity and Economic Progress*）；戴维·兰德斯的《国富国穷：为何有的国家如此富裕而有的国家如此贫穷》（*The Wealth and Poverty of Nations: Why Some Are So Rich and Some So Poor*）；埃里克·琼斯的《欧洲的奇迹》（*The European Miracle*）；保罗·贝洛赫的《城市与经济发展：从有史之日至今》（*Cities and Economic Development: From the Dawn of History to the Present*）；贾里德·戴蒙德的《枪炮、细菌和钢铁：人类社会的命运》（*Guns, Germs, and Steel: The Fates of Human Societies*）；以及亚历山大·格申克龙的《从历史角度看经济的倒退：一部短文集》（*Economic Backwardness in Historical Perspective: A Book of Essays*）。

在一段时间里，克鲁格曼尝试着不同的方向。他（与伊里斯·布莱吉斯（Elise Brezis）以及丹尼尔·塞顿（Daniel Tsiddon））曾写过一篇关于国际竞争中的"蛙跳"（leader-frogging）理论的论文，该论文深入解释了被称作"考德威尔法则"的经验规则——根据技术史学家唐纳德·考德威尔（Donald Caldwell）所描述的这样一个事实，没有国家能够在几百年的时间里长久地保持经济和技术上的领先地位。但是《国家技术领先的周期理论》（*A Theory of Cycles in National Technology Leadership*）一书直到1993年才获出版，而其对于日本可能正在取代美国（的技术领先地位）的观察言论在那时已显得过时。

不久之后，克鲁格曼又找到了一个明星角色。如果他不能将递增规模报酬的逻辑运用于整体经济的长期增长，那么他或许可以考虑一下经济区域的变化问题。他于是选择了区域经济学。

区域经济学在1985年如同一潭死水，这并非因为引领该领域的经济学家无能，而是因为他们缺乏一般均衡模型的工具，正是这些工具创造了新的贸易经济学和增长经济学。这一领域的发展遵循了一种别具一格的方式，或多或少地已经走入了死胡同。围绕区域经济学还产生了许多其他的有关城市的理论来处理经济学留下的正反馈过程：包括地区科学、发展经济学、系统动态和城市规划。一些学者，例如刘易斯·芒福德（Lewis Mumford）和简·雅各布斯，已找到了其各具特色的合适位置。

正在此时，威廉·克罗农（William Cronon）关于芝加哥自然史的极具影响的著作《自然的都市：芝加哥和大西部》问世了。该书澄清了偶然性和历史在决定区域内人口聚居状态中的作用。在芝加哥的例子中，其关于集中化的自我强化逻辑最初来源于这样一个事实，该城市（即芝加哥）的发源地恰好位于五大湖水系和密西西比水系之间的最短路径上，一开始只不过是船从密歇根湖驶向密西西比河途经的一个小土丘。这一过程被克罗农称为第一自然（first nature）。接着产生的是具有更为强大优势的第二自然：由于是一个水运中心，芝加哥紧接着成为一个铁路枢纽，随后是空运中心。剩下的部分——木材、小麦、肉类、农机、石油、钢铁、制造业、保险业以及金融市场——只是按部就班地接踵而至。

这正是一个关于递增规模报酬的故事。阿尔弗雷德·马歇尔曾经写道："一旦一个城市为其自身选定了位置，它就将很可能会长期在那里。"这句话引发的神秘毫不稀奇,但是还未能(代表知识)解释报酬递增。现在,克鲁格曼将其创造的用于贸易理论的正规工具引入了进来。自1974年以来,区域模型一直就是关于城市体系的。而该体系主要受到房地产开发商的影响和控制。从1991年开始,通过其发表于《政治经济学杂志》的《递增规模报酬与区域经济学》,克鲁格曼得以用一系列正规的模型来重新陈述马歇尔曾经的言论。这些模型随后激起了一系列关于集中化还是分散化的争论,经济学的古老争论因为有了先进的工具而焕然一新。但是据克鲁格曼说,当他满怀兴奋地向他的一位并非经济学家的朋友描述区域经济学的有关研究工作时,他朋友的反应是,"这些不是很显然的吗?"然而,一系列解释新区域经济学的讲座,仍旧使他发展了关于非洲版图的寓言。他说:"对现代经济学家而言,一个需要为之建立适当模型的思想,恰如对18世纪的地图绘制者而言的一个需要对其进行全面了解的地区。"

在一系列的论文和著作中,克鲁格曼使得新区域经济学的重要性不断提高,也越来越成功,他希望该领域不久便能够成为一个像国际贸易一样重要的领域。他说:"这是一个令人兴奋的范围广大的研究领域。"在某次讲座中,研究生院的学生们曾分发印有"区域,最后的前沿"口号的T恤。看到这样的氛围,他的同僚们微微一笑。的确,克鲁格曼有时走得有些太远了。但是通过对于城市面貌的微观经济基础的研究,他正回答着别人几乎未曾想到过的问题。克鲁格曼又一次完成了许多工作。

对于新的知识积累模型的反击在20世纪90年代初发展起来,(其推动者)主要是受索洛模型影响的增长理论研究者们。这不足为奇,因为新的基于知识的分析框架及其普遍的递增规模报酬对于其理论(即索洛增长理论)有着毁灭性的威胁——部分是数学方法上的,部分是哲学方法上的。许多中年经济学家蔑视这些新增长理论的重要性,另一些则声称他们早就已经知道这些东西了。

围绕着索洛模型,一系列关于增长核算(growth accounting)传统的研究发展了起来。1992年,曼昆—罗默—韦尔模型正式出现,它几乎马上就被称作是扩展的索洛模型。该模型的含义是,只需加入人力资本就足以解释所有观察到的国家间的财富差异。由于从本质上讲所有的国家都能够享有同样的知识,因此知识生产速度的差异相对来说就不那么重要了。毕竟,真正重要的恐怕是(经济)向着均衡状态发展的趋同过程。一位名叫阿尔文·扬（Alwyn Young）的年轻经济学家称其为"新古典主义的复辟"，该方向在 1994 年中期十分活跃。

在这一领域，一位颇具影响力的人物是扬。（尽管名字相似，但他与阿林·扬并无关系。）他的《两个城市的故事》发表于 1992 年。这是一个关于两个城市——香港和新加坡——战后增长历程的案例研究，这两个城市一个是小型城市国家，一个是英国前殖民地，它们在体制上足够相似因而能够比较，同时又在一些关键方面存在着不同。

扬指出，这两个地区的相似之处是显而易见的。除了高质量的国内劳动，两者都没有什么更丰富的自然资源。同时，两地的人口都主要是来自中国南部。而且两地的行业兴起和衰落也一样：从纺织品到服装、塑料和电子产品，以及在 20 世纪 80 年代，从制造业到银行和其他金融服务业。两地的 GDP 在 1960 年也几乎一样。

接下来有所不同。和新加坡人相比，香港人被认为有着更高的受教育水平，其中相当一部分是在共产主义革命以后从上海来此的中产阶级企业主。对于除了土地之外的几乎所有事情（大量优质土地被保留在市场之外除非需求达到某一水平），香港政府坚持自由放任的政策。与此相反，新加坡政府则更为强调积极的国家干预，在新兴产业中"选择优胜者"，执行刺激储蓄的积极政策，积极从国外吸引直接投资。结果在香港的投资率自 1960 年开始就仅仅维持在 GDP 的 20% 左右的情况下，从 20 世纪 70 年代开始新加坡的投资率从 GDP 的 13% 上升到令人震惊的 40%。扬写道，正是这些不同之处使得他的故事对于竞争理论的支持者特别的有意义。

其主要的结论是：尽管在将近 25 年的时间里新加坡的投资几乎一直是香港的两倍，它的增长速度却并没有因此加快。其中的含义是，其领导人太过于迫切地追求每一次的新浪潮了——微电子、计算机、金融服务、生命科学。在一次又一次疯狂的升级换代中，新加坡居民们的境况较之于高度专业化的香港居民变得越来越差。（又一个曼彻斯特与伯明翰的故事！）扬是一位发掘数据的专家，他认真地思考数字及其含义。他不愿轻意下结论。这一点很明显。他写道：新增长模型，尽管对其下定论还为时尚早，却已"将这一专业领域从新古典主义的增长模型的桎梏中解放了出来"，而新古典主义增长模型在大多数情况下"将技术进步和长期增长归因于某一不可解释的因素"。

接着，在两年之后，在《数字的专治》[①]一文中，善于质疑的扬作了一些妥协。他在开篇写道："这是一篇相当令人郁闷的技术性的文章，而且它是被故意做成这样的。"（在这篇论文中，）他没有对东亚经济增长的经过提出任何新的解释，没有导出任何令人惊奇的理论含义，也没有就东亚政府干预的精妙之处给出任何新的解释以取悦积极政策论者。他只是试图使得数字准确。但是当他确实这样做时，在对于中国香港、新加坡、中国台湾以及韩国的经济增长做了细致的研究之后，其结论看上去与索洛模型的预期惊人的一致：迅速地追赶，然后是趋同于某一均衡增长状态。按照扬的观点，使得东亚生活水平提高的"增长奇迹"主要是源于已知要素的一次性增长——更高的经济参与度，投资率的上升，劳动力由农业向制造业的转移，更多的教育。如果同样的技术在全世界都可以被同样地获得，那么显然就不会通往更高增长率的康庄大道。他的结论是："新古典增长理论，以其对于收入水平变化的强调和所具有的构造良好的数量关系，即使不能解释所有，也能解释新兴工业化国家和其他战后经济表现出的差异中的一大部分。"

扬的妥协具有广泛的影响。保罗·克鲁格曼就日本（经济）也得出了相同的结论，他比较了战后的日本经济和俄国经济的发展过程——深度停滞之后的突然增长。不久，戴尔·乔根森（Dale Jorgenson）预言美国经济增长率将在下一个世纪降至零左右。为了搞清楚教育和知识流动在促进经济增长中的作用，国际经济增长被重新核算（参与核算的有罗伯特·霍尔和查尔斯·琼斯，以及彼得·克兰劳（Peter Klenow）和安德雷斯·罗德里格斯·克莱尔）。所有这些细致的计量经济学工作的影响是将大部分的争论从增长的性质本身引向了更为复杂的各国经济及增长的路径的趋同问题。新古典主义模型在20世纪90年代中期大受欢迎。也许关于外生技术变迁的要素积累的索洛模型已经足够好了。

对于《罗默90》这篇文章来说，有一个挑战比其他所有的都来得严峻。对于增长将会加速的预期，罗默做出了一个与索洛模型截然相反的假设——将来的（实现新的发现和发明）机会与过去和现在几乎一样多。但是如果大部分的重要发现已经被实现了，又将如何呢？如果对于知识本身的投资

[①] 原文为"The Tryanny of Numbers"，疑有误，应为"The Tyranny of Numbers"——译者注。

也面临规模报酬递减，又将如何呢？

这一挑战者是查尔斯·I·琼斯（Charles I. Jones），朋友称他为"查德"（Chad），他是一位幸运的生逢其时的研究者。他于1989年从哈佛大学毕业，然后又在 MIT 度过了4年。在1995年的一系列论文中，他指出在将近一个世纪的时间里，美国的研发投入一直是增长的，教育也变得更加广泛和深入，国内贸易和对外贸易的开放程度也都增加了——但是美国经济的平均增长率一个世纪以来并没有提高，只是大致保持稳定。所有上述进步都被认为是应该促使经济增长率提高的，那么事实究竟应该是怎样的呢？

琼斯从拆开罗默模型的"技术生产函数"入手，考察这一描述的研究人员如何逐个产生新思想的抽象等式，来试图看清罗默模型的含义。他发现，这些等式在一定程度上依赖于对于知识本身的一系列假设。在《罗默90》这篇文章中，知识生产函数被做了一个想当然的假设：新知识的溢出最终将遍及世界，因此人们所知的越多，得到的新思想也就越多。每个人都将从新工具的出现中获益。事实上，微积分的发现，激光的发明，以及集成电路技术的进步，也的确是明显地提高了后继研究者的生产率。这也被称作是"站在巨人的肩膀上"效应。

而在另一方面，更多的研究者也有可能仅仅走在彼此的道路上，就像许多车手同时沿着高速路驶向众所周知的目的地一样。由于知识的非竞争性，如果有6个人沿着同一路径同时发现了同一思想（一个为学生们熟悉的例子是"专利竞赛"），这将是一种浪费。这样的研究拥塞被琼斯称为"用脚尖行走"。这种（拥塞）效应的影响是大于还是小于"站在巨人肩膀上"的效应呢？

同时，世界本身的秘密的性质又是怎样的呢？假如人类已经实现了大多数重要的发现，那么每实现下一个真正重要的发现就会变得越来越困难。也许确实有一种"干涸"效应发挥着作用，如果真是这样的话，那么，伴随着科学家们组成的越来越大的研究团队之间的竞争而新的发现越来越少，过去几个世纪的高速增长将会放慢。

琼斯的任务是对新思想的含义进行了更为精确的揭示。他强调说，正如我们所看到的，美国的经济增长率在过去的一个世纪里几乎保持不变，尽管投入研发的资源增加了。这种现象的含义是什么？稳定的人口增长的贡献何在？我们如何知道研发是太多了还是太少了？在2000年芝加哥的

AEA会议上，罗默同时组织了3场致力于弄清楚这些问题的讨论会议，共计11篇论文就"技术进步是加快了还是放慢了"这一问题的各个方面进行了探讨。虽然没有令人满意的答案，但是提出了大量有趣的问题。

与此同时，琼斯离开斯坦福来到了伯克利并拓展了他的工作。与罗伯特·霍尔一道，他创造了一个新的增长核算框架；同彼得·克兰劳一起共同接管了国民经济研究所（NBER）关于经济增长和波动的项目。他完成了一本入门教材的编写，保持着研究工作（《产业革命是不可避免的吗?》(Was the Industrial Revolution Inevitable?)）的稳定推进，参与了一部新的增长理论手册中关于知识经济学（《增长与观点》(Growth and Ideas)）的论文概述部分的工作。另外，同克兰劳和布朗大学的戴维·韦尔一起，培养着增长理论的下一代理论家。

面对所有这一切，罗默继续着他的工作。他之所以能够这样做，要感谢他与加拿大高级研究院（CIAR，Canadian Institute for Advanced Research）的新合作。由于勤奋的流行病学家J·弗雷泽·马斯塔德（J. Fraser Mustard）的努力，CIAR于20世纪80年代早期从无到有产生了（同时得到了许多基金的支持）。它的目的是帮助加拿大研究人员进入若干领域的研究前沿——而这些研究人员大多都不在加拿大境内。

该机构的宗旨是，为在加拿大境外从事诸如宇宙学、生物进化、神经学、量子计算以及新增长理论等专业领域研究工作的有才能的个人提供资金支持，以取得他们对加拿大的经常性的工作访问。结果是在（其成立之后的）许多年里，各领域的大量的出色学者定期地成群结队地前往加拿大的各个城市。罗默得以继续他的工作的另一个原因是，他能够投入大量的精力来完成其研究计划。他写过几篇结论并不是很明确的论文，然后就将那些问题放到一边了。过了十余年，他认为这一问题完成了，于是就开始考虑另外一系列工作。1996年，罗默接受了斯坦福大学商学院提供的工作岗位，而略带遗憾地中止了每周前往伯克利的授课。这一切发生在他回到家乡6年之后。

在离开之前，罗默对于各种批评做出了回应。《新产品、旧理论以及贸易限制的福利成本》并不在其最好的文章之列——该文试图说明太多的事情——却是其最具影响力的文章之一。在这篇论文中，罗默提出了一个令人十分困惑的问题。他指出，典型的无限维商品集模型的一个隐含假设是经济中的商品集永远不会改变。然而，商品集当然是在不断变化着的。从法

324 国工程师朱尔斯·杜皮特（Jules Dupuit）指出在决定是否要修建一座新桥时所面临的不确定性时开始算起，这一事实的重要性至少在150年以前就已被认识到。而（在增长理论中）唯一与此有关的部分，大概就是将新商品的进入过程模型化时所面临的数学困难了。经济学是如何能够在对新产品只字不提的情况下走得如此之远的呢？是什么使得人们深深地避讳考虑新的商品？

作为回答，罗默提到了阿瑟·O·洛夫乔伊（Arthur O. Lovejoy）的《存在的巨链：观念史研究》（The Great Chain of Being: A Study of the History of an Idea）。在这本1936年出版的名著里，洛夫乔伊指出了在西方思想史上的一种思维习惯——有时其表现是明显的，有时则不是——相信所有能够被创造出来的东西都已经被创造出来了。通过其在宗教、哲学、艺术、文学、政治和科学等领域的不同表现形式，将从表面上看毫无联系的不同时期的不同学科联系在一起。洛夫乔伊将这一"认为对于现实的可能理解已经'完全地'实现的奇特而又意义深远的定论"的历史，一直追溯到了柏拉图时代。当然，看到所有这些联系，是这本书带给人的一大震撼。

一开始，洛夫乔伊写道，对于这样一个自然会被提出的问题——世界为什么是这个样子的？以下的回答就已足够：因为造物主，或者理想（Idea of the Good，柏拉图的《理想国》），或者上帝，将世界创造成了这个样子。而正是造物主的这种性质决定了不可能有任何东西还是未完成的，因为，正如柏拉图写道的："没有任何不完整的东西是美丽的"。这样的一个上帝即便是做了一件马虎的工作，也不可能再去超越他自己。于是世界上的事物就是所有可能形式的全体，是一切可能存在的事物的完全的普遍的集合。

洛夫乔伊将读者领入了一段了解这种观念的特殊的旅程。存在着其自身的巨大链条，就像托马斯·阿基纳（Thomas Aquinas）所描述的，在这一链条上"高端种类的下界总……是位于低端种类的上界之上"。比如第谷·布莱赫（Tycho Brahe）和哥白尼的新宇宙学，在那里由于一颗彗星——准确地说是太阳下面的一种新东西——的发现，最终导致围绕旧世界的栏栅被

325 一个无中心的、无边无际的、色彩斑斓的宇宙所取代。微积分的发明者之一莱布尼茨，曾这样表述"连续性法则"："在清楚地知道准确的排列顺序的上帝的意志里，一起构成整个宇宙的所有的各种等级的物质只是排列在一条曲线上的许许多多的有序点，它们彼此是如此紧密地靠在一起，以至

第 23 章　推测与反驳

于想在其中任意两点之间插入什么别的东西都是不可能的，因为那将意味着无序和不完美。"

差不多就在一个世纪以后，对绝种物种以及化石的发现引起了一场对存在于链条上的"缺失的环节"的疯狂寻找，并将这一链条放在特定的时间段里，这意味着静态的发明变成了一个过程，在这一过程中，世界从一种较低的层次逐渐向完整而完美的较高层次演进。而最后到来的，则是充分性假设的彻底粉碎——当达尔文将其著作命名为《关于物种的起源》（*On the Origin of Species*）而非《物种的起源》（*Origin of the Species*）时，呈现在我们面前的，是一幅充满反复摸索和偶然性的世界图景，是一个只知道从何处来却不知向何处去的世界。

在马歇尔之后不久，罗默重提了这一故事。根据自然界绝无大跃进（*nutura non facit saltum*）的信条，也就是认为不会存在跳跃的或是缺失的环节，一切事物都是无限可分的。他写道，经济学家们认识到了在经济中交易的商品集是不断变化的，但是根据经济学形式的充分性观点，这样的干扰只是不太重要的偶然性现象。而像熊彼特和罗默这样的经济学家所坚持的，认为新商品的创造具有基础性的重要意义的观点，则受到了否认。"第二次世界大战以后在我们对于将'市场的奇迹'抽象到其数学本质的巨大热情之下，经济学家们普遍地希望将这类事情先搁在一边（不加理会）。分散化的市场被证明可以将一切都安排好，但是必须要基于这样的假设，即我们有一半的经济学问题……已经解决了。"他（即罗默）说道，根据阿罗—德布鲁的无限维商品清单，所有与时间和状态相联系的商品都已经被考虑在内，所剩的问题只是如何将其分配在一系列已有的用途之上。对于一名经济学家来说，充分性假设也就意味着"我们可以因此假设我们永远都处于商品空间以内"。这一集合是凸的。而由垄断权力引起的扭曲首先必须要有新商品存在，这一点却被简单地假设了。

罗默把我们观念中的充分性假设一直追溯到人们渴望了解世界的根深蒂固的欲望。"如果我们承认新的事物可能会出现——许多可以存在的事物现在还并不存在——我们就破坏了我们对于世界为什么是像它现在这样子运行的最一般解释：它必须是像这样的而不能是像其他的样子。"而在生物进化领域，他写道，充分性则不只是错误的，并且具有广泛的误导性。如果世界没有被毁灭了恐龙的小行星击中，今天地球上的生命将会如此的不同（与实际的情况）以至于我们根本无法想象。同样，在经济学界人们也拒绝相信新的事情可能会发生以及在过去的任何时点也都有可能发生。他说，当持有不同意见的经济学家们强调他们称之为非均衡行为的重要性时，他们部分的意思是说在真实的经济中只能存在有限种类的商品，因此新的商品总可以加入进来。"只有错误的想象，就像导致大街上的一个人认为所有东西都已经被发明出来了的那种，才会导致我们相信所有合适的制度都已被设计出来，而所有的政策工具都已被创造出来。"

罗默对于思想史的探索很快就结束了。《新产品、旧理论以及贸易限制的福利成本》（*New Goods, Old Theory, and the Welfare Cost of Trade Restrictions*）很快便被当成是对公共经济学、固定成本、哈罗德·霍特林和朱尔斯·杜皮特的讨论。由于被不断出现的新观点所孤立，其遭受的不利后果也许比我们一般所认为的要重大得多。但是他表明了他的观点。他开启了对于经济学基础进行哲学探索的大门，这一探索必须要经过许多年才能完成。而现在他已习惯于被告知新增长理论并不新，这一理论或许不新，但它却是关于新事物的。

第 *24* 章　照明成本的简史

经济学中很少有争论尘埃落定。选择模型的问题不容易解决。在物理学中，伴随着原子弹的爆炸声，科学家和普通公众关于 $E=mc^2$ 的意义的质疑被永远地解决了。而在经济学中，虽然不是完全没有，但是这样的验证很少见。

关于知识经济学的争论在1993年12月被一项研究打断。这项研究几乎可以从根本上解决选择哪个经济增长模型的问题。回归分析固然很好，但是一个好的实验可以以无法抗拒的力量为新的思想提供例证。

传统观点认为无法为经济学设计实验。然而，这里有一个从人类历史中得到的案例，它甚至并不是"想象实验"，而是真实的有实实在在的数据的案例。这个案例不需要购买力平价调整，也不需要跨国比较。

很明显，技术进步是经济发展的主要源泉。在这个方面，索洛和罗默的模型同意上述观点。但是知识的增长到底是否是一个基本的经济过程？还是知识增长的源泉如此神秘或难以处理，从而不属于经济学家研究的范围？它是外生的还是内生的？是不是"黑箱"？对于这些问题的回答具有政策意义。知识的增长是不是主权国家的经济政策应该关注的事情？或者经济政策对于它无能为力？

数据的形态像蘑菇云一样异常。

实验者名叫威廉·诺德豪斯，正是他 1967 年在麻省理工学院攻读研究生期间尝试在垄断竞争框架下将研发引入索洛增长模型。在他的毕业论文中，上述部分被删掉，在以《创新、增长和福利：技术进步的一个理论处理》(Invention, Growth, and Welfare: A Theoretical Treatment of Technological Change) 为名的书中也没有出现。这部分内容最终在 1969 年的 AER 会议简报（proceedings of the AER）上以短文论文的形式出版。作为一名年轻学者，不管感到怎样的失望，诺德豪斯都从没有表现出来。他回到耶鲁大学任教（本科生期间他曾是滑雪队队长），并申请了一系列与环境、矿产损耗、内源危机相关的专题研究。

在之后的 35 年中，诺德豪斯成为了一个优秀的富有创见的思想家和一位值得称赞的公民。他于 20 世纪 70 年代早期开启的将环境因素包含进国民收入核算的工作结出硕果。他成为全球变暖和非市场活动核算问题的头号专家。1977—1979 年，他是吉米·卡特（Jimmy Carter）总统经济顾问委员会的成员，之后担任耶鲁大学的教务长，并一度出任负责财务和管理的副校长。1985 年他成为著名的保罗·萨缪尔森的教科书的共同作者，这本教科书的第 18 版于 2004 年秋季发行。

传统的观点是，在实验者看来最好的实验与大胆假设的证明是相联系的。比如说，威廉·哈维设计的关于血液循环的大胆实验，用来证明人体按照一定的方式工作。当诺德豪斯构思实验的时候，他的头脑中是否有同样的目的？他认为没有，至少不是有意识的。当他在 70 年代开始的时候，他只是试图得到处理石油价格的方法。

在 1974 年，诺德豪斯刚刚获得耶鲁终身教授头衔，从属于考尔斯（Cowles）基金会。那年，由于 OPEC 的缘故，石油价格上涨了四倍，同几乎所有的经济学家一样，他在思考能源问题。通过他的毕业论文，他明白

第 24 章 照明成本的简史

了技术进步是对高油价的预期反应之一。

的确,买方将削减他们的石油购买,并寻找替代能源,比如天然气。同样真实的是,勘探者将寻找新的储备。供给和需求将重新达到平衡。但是,与此同时,方方面面的发明者——从企业内部到企业外部,从实验室到采购部门——会致力于寻找更有效地利用可获得的石油的方法。诺德豪斯猜测,在影响石油的未来价格和可获得性的诸多因素之中,技术变迁很可能是最具影响力的。怎么说明这个问题呢?

诺德豪斯希望得到的不是对原油成本的测量,而是对热能、照明、交通、做功等这些用原油提炼出的产品所实现的诸多用途的成本的测量。实现这些用途的物质,不仅仅包括石油提炼物,还有发现石油之前就已使用的各种燃料,以及后来出现的电、天然气、太阳能和核能等石油的替代品。他想测量的是以产出的功来计量的燃料的产出,而不是诸如燃料价格和锅炉、灯、汽车等将燃料转化为功所需的额外设备的价格之类的投入。理论家称之为真实生活成本指数,即测量为最终用途的商品和服务所支出的成本,而不是依赖于生产函数这样的经验法则由要素的数量和价格计算产出。

但是,众所周知,产出难以测量,尤其在出现技术变迁的时候。比如说,汽车提供的交通如何与火车或马提供的交通相比较?雇用一个在你和出版社之间交流观点的誊写员如何与复印机相比较?枯燥的面包啤酒如何与寿司、月饼相比较?一桶石油所代表的能量尤其难以表述。在现代社会,石油可以有许多不同的用途。因此,经济学家想到了商品的服务特征,即消费者购买商品时希望得到的潜在效用。

因此,为简化问题,诺德豪斯瞄准了在成千上万年的历史时期内实质并没有发生太大变化的生活消费品——夜间照明的成本。夜间照明是人类最古老的生活消费品之一。数千年里,它是不寻常的奢侈品,逐渐地变成一项权利。但是,它大多数的本质特征并没有变化,不管它是幽暗石穴的火焰,庞贝古城别墅的油灯,18 世纪画室的烛光,还是 20 世纪的温暖的厨房粉红电灯。照明成本的极大优点是它易于测量。当然,实现房间照明的投入品千差万别,将投入品转化为照明的效率也千差万别。但是产出却始终不变,光依然是光。

所以,诺德豪斯开始研究照明的历史。他细读照明的古老历史和 19 世纪的实验室笔记。他梳理了人类学家的著作,一路追溯到已知的最早钻木取火的北京人洞穴的发现者。在下表中,他描述了照明技术的历史。

照明历史的里程碑

公元前 142 万年	南方古猿开始使用火
公元前 50 万年	北京人开始使用火
公元前 38000—9000 年	南欧开始使用带灯芯的石制燃脂灯
公元前 3000 年	在埃及和克里特岛发现烛台
公元前 2000 年	巴比伦出现照明燃料（芝麻油）市场
1292 年 巴黎	税收清单上列有 72 个蜡烛商
中世纪	在西欧动物脂肪蜡烛被广泛使用
1784 年	发明圆筒形油灯
1792 年	威廉·默多克（William Murdock）在其位于康沃尔的家中用煤气照明
1794 年	威廉·默多克在其位于伯明翰的办公室用煤气照明
19 世纪	由于硬脂酸、鲸油和固体石蜡的使用，蜡烛工艺进步
1820 年	伦敦的 Pall Mall 大街上安装了天然气街灯
1855 年	小本杰明·希尔曼实验石油
1860 年	英国皇家学会演示放电灯
19 世纪 60 年代	煤油灯得到发展
1876 年	威廉·华莱士（William Wallace）在费城世纪博览会上展示 500 个烛光拱形灯
1879 年	斯旺（Swan）和爱迪生发明碳丝白炽灯
19 世纪 80 年代	韦尔斯巴克（Welsbach）煤气喷嘴汽灯罩
1882 年	纽约珍珠火车站（Pearl Street Station）成立，首次提供电力服务
20 世纪 20 年代	高压水银灯和钠灯
20 世纪 30 年代	水银荧光槽取得发展
1931 年	纳蒸气灯取得发展
20 世纪 80 年代	荧光球形灯进入市场

资料来源：蒂莫西·F·布雷斯纳汉（Timothy F. Bresnahan）和罗伯特·J·戈登（Robert J. Gordon）：《新产品经济学》，芝加哥，芝加哥大学出版社，1997。

随着对照明技术的历史粗略研究的完成，下一步就是估计每一种照明

第24章 照明成本的简史

设备的效率。在这里诺德豪斯需要更为明确地说明。他所谓的照明究竟意味着什么？就他的目的而言，就是简单的光束——以每千英国热力单位所产生的流明而计算的通量。他指出，在今天照明的颜色、可靠性、便利和安全很容易得到控制，因而对我们来说很重要。然而，他在估算中不考虑这些方面，因为这些方面的变化太大，以至于无法衡量。的确，上述方面的进步是我们所说的更高的生活水准的一部分，但是这些方面偏离了他最有兴趣的研究要点，即数千年来在发现燃料和将其转化为光上的效率的进步。

这个实验变成了诺德豪斯的一项爱好。有时，他发现其他研究者在研究中精心得到的许多关于照明技术效率的数据相异。1855年，即在宾夕法尼亚州发现大量石油的前后，一个研究者考察了石油照明的可能性。1938年，另一个研究者详细比较了蜡烛、民用煤气、煤油和电的数据（其间观察到，"宾夕法尼亚州发现石油，给世界带来了煤油，让残存的鲸鱼免于杀戮"）。

在其他时候，诺德豪斯需要亲自测量。一次，他在自家壁炉里燃烧了21磅的木材，测算出三个半小时内平均每小时产生2.1尺烛光，即每磅17流明。另外一次，他买来一个罗马时代的小赤陶灯，为它装上现代蜡烛的灯芯，并装满从罕萨（Hunza）的喜马拉雅公国（little Himalayan principality）买来的芝麻油。1/4瓶芝麻油燃烧了17小时，产生了28流明，这与木材相比是很大的改进。他尽可能细心地将自己得到的结果同19世纪的工程数据相结合，所得到的结果是以每流明小时计的照明的价格指数。

然而，即便如此，诺德豪斯的工作仍旧没有完成。仅仅以名义价格可能会扭曲地描述生活水平的进步。举个例子：一只现代的百瓦灯泡，假设每晚点亮3个小时，每年将产生1.5流明小时的照明。在19世纪初期，同样的照明需要燃烧17 000支蜡烛。要购买这些蜡烛，一个普通工人需要工作1 000个小时，也就是将近半年。很自然，没有人需要这么多的照明。因此，必须计算照明的劳动成本。可以获得自1800年以后的平均工资的有效数据。但是对于这之前的三个重要时期，诺德豪斯做出了自己的估计——一个工匠为赚钱购买一些芝麻油和制造一个皂石灯所需要的时间，为获取其脂肪而捕捉一只鸭子所需要的时间，为生火拾取木材所需要的时间。

诺德豪斯估计，50万年以前，北京人每周需要工作16个小时以收集照亮洞穴所需要的木材。相比之下，燃烧动物脂肪的新石器时代的人追逐并捕获一只鸭子所需要的时间少了不少。另一方面，巴比伦人获得等量的灯油每周仅需要工作10个小时,并且照明的质量和可控性都有了很大进步。大约4 000年以后,也就是19世纪初期,蜡烛工艺使情况得到进一步的改观,不过效率仅仅提高到原来的10倍。最后,诺德豪斯得到了从人类使用工具开始,以木匠工资来衡量的每流明小时照明成本的真实价格。

然后,大约在石油危机之后的15年,诺德豪斯首次有了这个构思,他意识到他的工作也许具有更大的意义。20世纪80年代石油危机已经缓和。但是经济学家之间关于增长源泉的争论却升温。他没有脱离这些争论,因为他的照明成本指数直接关系到对索洛—卢卡斯—罗默模型的争论。

所以诺德豪斯整理了他的数据,将其减少到他拥有的4 000年之内的货币工资和价格数据——公元前2000年和公元后2000年。他先是在1993年12月把成果带到NBER,然后在1994年4月又带到弗吉尼亚州威廉斯堡的一个会议上。他以《真实收入和真实工资能反映事实吗?照明的历史表明不能》为题,但并未锋芒毕露。

经济学中很少有图表比诺德豪斯的《照明的劳动成本:公元前1750年至今》更值得人们注意。下面的图表展示了4 000年来夜间照明的成本。将

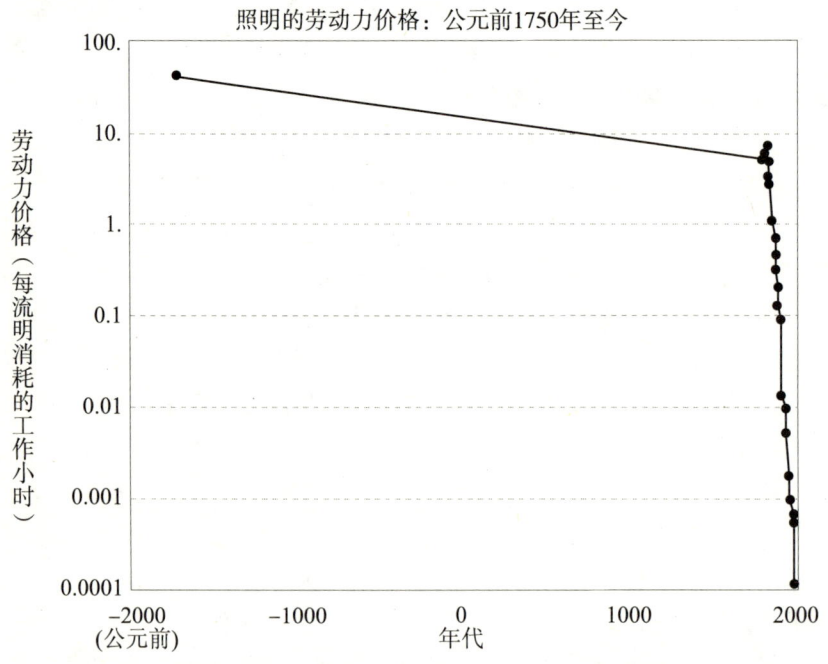

照明的劳动力价格:公元前1750年至今

资料来源:布雷斯纳汉和戈登:《新产品经济学》(芝加哥大学出版社),国民经济研究所版权所有。

近 40 个世纪里,几乎没有观察到明显的变化。然后,突然地从约 1800 年开始,照明成本如坠崖般以几近直角的速度开始递减。你很难在经济学中见到直角。

在上图中,人类的历史截然分为两部分。历史上的大部分时间里,人类为了能得到一点点照明而辛苦劳作。日落之后,人们只能上床休息。在约 50 万年的时间里——从洞穴内点燃第一把火直到蜡烛照亮整个凡尔赛宫——没有证据表示照明的劳动成本有任何大的变化。成本固然在下降,但是照明技术的进步如此之慢,以至于人们世世代代无法察觉。

在 18 世纪初期,照明广泛地受到喜爱,所以政府开始对窗户(财富的代表)和蜡烛征税。根据研究英格兰照明历史的罗杰·富凯和彼得·J·G·皮尔逊的论述,从 1711 年到 1750 年,英格兰的蜡烛成本上升约 30%,从而导致了照明的减少——这是一个另一种意义上的"黑暗时代"。在众多批评者中,亚当·斯密痛斥蜡烛税对穷人不公平。约翰·斯图尔特·穆勒观察到窗户税造成了"畸形建筑"。

然后突然地,大约在 1800 年,夜间照明的成本年复一年地下降。燃料供应紧缺和充足来回反复,但是没有什么可以扭转这一趋势。煤气灯照明成本相当于蜡烛的十分之一,煤油灯相当于煤气灯的十分之一。从 19 世纪 80 年代开始,电力成为真正的奇迹。在之后大约 10 年,电对于用户来说不再危险。到了 20 世纪,稳定的技术进步变得很常见。

或者可以这么说,普通人变得更为富裕。真实工资,至少按照照明成本衡量的真实工资,爆炸性地增长。照明从消费者的一篮子消费品中的一个大项,变成消费中很小的一部分,以至于到了 20 世纪 40 年代被认为很快将变成免费。

这便是经济增长的本质。在经济学中,经济增长的概念缓慢地从 19 世纪"国民收入"的概念中演化而来。在很长的时间内,它多多少少同义于"生活水平"。只有在罗伯特·索洛的增长模型问世之后,经济学家才更为关注它的定义。现在诺德豪斯警告说,由于新产品被纳入指数,官方概念上的经济增长估算错得离谱。真实收入的估算和价格指数的估算一样糟糕。并且由于其特殊的性质,价格指数忽视了最为重要的科技革命。

当比较自 1800 年以后的消费者价格指数中的照明成本和他自己的结果时,诺德豪斯发现两者相距甚远。在 200 年内,以货币度量的照明价格增加了 3~5 倍,相当于消费者价格指数增长的一半。但是按照诺德豪斯的"真实"成本指数，货币价格在年复一年地稳健下降，到了2000年仅相当于托马斯·杰弗逊执掌白宫时的千分之一。当他比较了19世纪和20世纪的劳动力工资的购买力发生的变化时，他绘制了下面的图表。图表的表头很特别，按常规方法计算的价格下降了三个数量级，即变为千分之一！

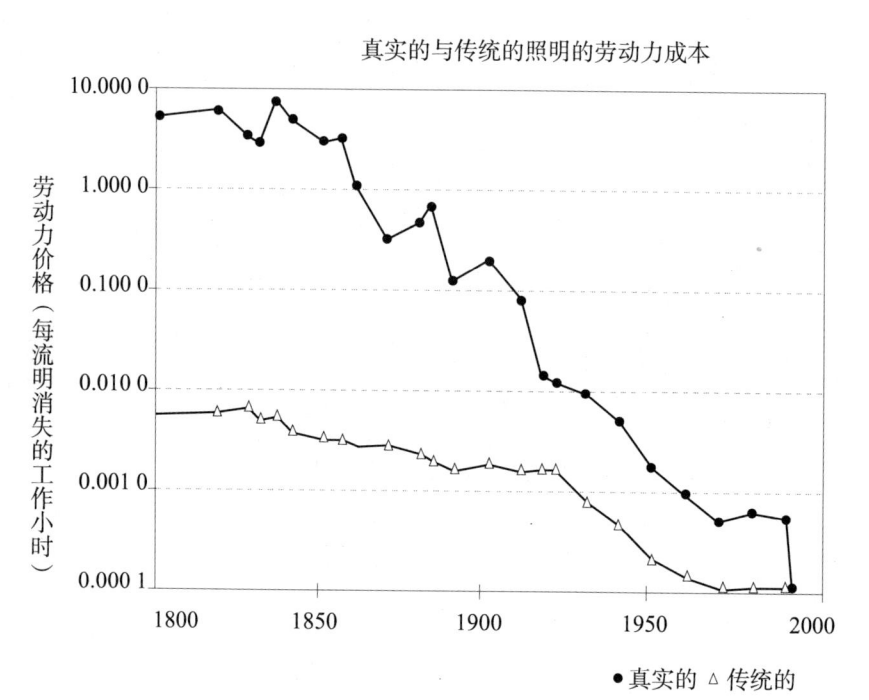

真实的与传统的照明的劳动力成本

劳动力价格（每流明消失的工作小时）

● 真实的　△ 传统的

资料来源：布雷斯纳汉和戈登：《新产品经济学》（芝加哥大学出版社），国民经济研究所版权所有，1997。

供应发生巨大变化的并不只有照明。汽车取代了马匹，电视取代了剧院，飞行取代了火车，医药取代了骗人的万灵油。表面看来，唯一保持不变的产品是食物。当总结所有发生的与价格指数所反映的稀疏平常的进步相对立的"构造性变化"——家庭日用器具、医疗、公共服务、电信、交通和电子设备——的影响（与熊彼特传统有很大区别）和取得巨大变化的领域（租住让位于宽敞住宅和高层建筑）时，诺德豪斯认为对于真实产出和真实工资的传统测算严重低估了生活水平的进步程度。他写道："被归类于家具的蹩脚的盥洗室，所提供的服务能让中世纪的王子赞不绝口"。

（他警告道，对这类奇闻轶事的争论很有可能变成一场消耗战，"因为有关产品的数目远远超过对此感兴趣并且能胜任的经济学家和统计学家的

第 24 章 照明成本的简史

数目"。他建议:对消费者价格指数中的商品进行分层取样,派 12 个经济学家组成的小组用他研究照明成本的方法研究 6 年,以估计被取样商品所提供的服务的"真实"价格。他说,对于电视、医药、计算机的真实成本已经有了详细的研究,但是对于香蕉、理发、教堂布道还没有此类研究。他认为很难想象在应用经济学中还有比这更激动人心、更有价值的课题。)

诺德豪斯实验的真实威力在于颠覆了事件的常规叙述方式。生活水平增长 10 000 倍(以照明成本计算)是否足以防止无产阶级革命的出现?为什么照明科技的进步正好发生在那个年代?进步还能再持续多长时间?(诺德豪斯论文发表后不久,能源部宣布在其实验室工作的科学家可以偶然发明使荧光照明效率提高 10 倍的工艺。) 1800 年前后发生了什么,才使得之后的时代与之前的如此迥异?诺德豪斯说:"我不明白你为何在看到那个表格时却不会想到工业革命。"

"工业革命"这个术语如今如此普通,以至于你想象不到它不是日常语言的一部分的时代。早在 19 世纪 20 年代法国人就使用这个术语,然后马克思含糊地将其引入经济学。但是直到 1888 年阿诺德·汤因比(Arnold Toynbee)的著名演讲,这个术语才进入了日常语言。别忘了在 50 年前,李嘉图和马尔萨斯还顽固地排除工业革命的可能。

到了 19 世纪 90 年代可以很明显地看出他们错了。汤因比写道,"经济学家和人类的激烈争论以经济学家改变观点而告终。"他有些言之过早。相反,在 19 世纪两个重要的传统形成了。非经济学家——汤因比所谓的"人类"不但将此视为技术上的巨变,而且还是社会、智力、信仰、文化和政治上的巨变。他们开拓各类知识,书写各种历史,创造各种理论。

卡尔·马克思掌握更为普遍的理论方法。但是亚历克西斯·德·托奎威利(Alexis de Tocqueville)和埃德蒙·伯克(Edmund Burke)形成了与之不同的政治学。马克斯·韦伯完全改变了马克思的观点,有力地表明了新教伦理产生了资本主义,而非相反的过程,并从而使社会学成为独立的学科。埃米尔·德克海默(Emile Durkheim)从另外一个角度研究劳动分工,并开启结构不够严密的人类学。为了解析最近几百年的巨变,任何可以想象到的方向都有人去尝试,如今这些尝试都已很少见了。

然而,从亚当·斯密经由马克斯·韦伯,到阿尔弗雷德·钱德勒和托马斯·库恩,以及他们的商业史和现时代的科学,可以说是对专业化的原因和结果的专注——"别针工厂"里蕴藏的意义。

另一方面，经济学家为我们提供了增长理论。增长理论家对于照明的真实成本的历史怎么看呢？

罗伯特·索洛是诺德豪斯的老师中对他的伟大实验最不感到惊奇的一个。毕竟索洛得到过同样的结论。资本积累并不是支配性的力量。当时增加数以千万计的蜡烛就会实现现代社会的充沛的物资了吗？不是这样的。有更多的矿工和农民？很可能也不会。要记得在索洛最早的计算中，剩余的八分之七的产出的增加不能被资本和人力的增加所解释。如果对诺德豪斯的照明成本的数据用同样的方法计算，剩余将达到99%。几乎全部是拜技术进步所赐。

索洛指出，另一方面，照明成本的实验并不能告诉你应该把国民收入的多大比例用于技术研发，也不能告诉你如果没有科技进步国民收入会是多少。对于索洛而言，诺德豪斯的新模型充满启发性，但并未完全成形。

卢卡斯热衷于寻找改善穷人命运的政策，在他看来，人口增长方式的转型是关键所在。工业革命被定义为收入的持续增长，它并不仅仅是，甚至并不主要是一个科技事件。他写道："一小撮悠闲的贵族可以创造希腊哲学或者葡萄牙航海，但这并不是工业革命中所发生的"。相反，大部分人改变了对生活的期待——违抗父辈，离开村庄，在不熟悉的社会里劳作，和自己的子女失去联络，以实现对大部分人来说的突然提高的生活水平。卢卡斯写道，经济发展需要有对过去的传统的"百万叛变"。这里借用了小说家V.S.奈保尔（V. S Naipaul）的说法，他在经典小说《比斯维斯先生的房子》里描述了一家三代从特立尼达乡下的甘蔗地到牛津大学的经过。

卢卡斯写道，他无意去质疑知识在增长过程中的作用，只是想补充一点。"有用知识的积累的增加并不能保证生活水平的持续提高，除非它能提高对多数家庭的人力资本投资的回报。"卢卡斯这样写道，重要的是在模型中加入生产力因素，仅有蓝图是不够的。

罗默是什么反应呢？他问道，如果技术进步如此重要，我们还能继续保留对它的规律无法解释吗？毫无疑问，在1965年开始研究知识创造和知识传播的激励系统时，《最后的巡逻兵》在探求"宇宙的奥秘"中失败。把所有的事情当作是经济学所不能影响或解释的来处理——就像经济学模型中的外生性一样——就像熊彼特曾经所描述的，犹如上演没有王子的《哈姆雷特》。

另一方面，罗默的模型强调了制度派生出来的激励发明的重要性。想

第 24 章　照明成本的简史

一下在 18 世纪晚期其他方面的发展——英属北美殖民地的独立宣言,法国的人权宣言。产权和专利在立法上的变化影响技术进步的速度;与之同时的还有税收、银行、金融、科学和教育上的发展。罗默的模型直接把有利于商业发展的制度纳入考虑,这种纳入正是道格拉斯·诺恩、理查德·纳尔逊、西德尼·温特、内森·罗森堡、保罗·戴维多年来所支持的。老前辈们有些抱怨地认为,他们一直都明了这一点。他们遗憾地看到他们所做过的研究的框架被用数学语言重新表述,尤其是数学方法淘汰了那些对他们来说很重要的细节。

　　罗默用绘制非洲地图的故事来回应,以沙漏来打比方。他说,在经济学的很长的历史时期内,经济学分散发展,各个应用领域的发展有适合各自需要的语言和概念工具。劳动经济学、产业组织、银行和金融、国际贸易、公共财政、发展经济学,等等,就像一种语言中的许多方言。但是随着数学的引入,一个又一个领域经历了类似于"将沙漏放在一边,以纵轴表示所关心的事情的幅度和即时性,横轴表示过去的时间"的过程。当年轻的一代开始寻求数学工具时,一种渐进的范围缩小了。一段时间内,他们关于世界的表达严重受限于他们尚不熟悉的抽象的新概念。但是当对新的语言和工具熟悉之后,这些专家所关注的范围逐渐变宽,直到和以前一样谈论各种问题——但是现在有比以前更新更精确的理解。[1]

　　分析家曾经警告人类化石燃料将很快被耗尽,正是这些燃料紧缺使得便宜富足的照明得以实现。我们应该如何理解这种警告呢?首先,要知道自马尔萨斯和李嘉图之后的两个世纪内,预言家一直在预测燃料短缺即将降临。其次,要注意到人类都足智多谋,能够设计出更廉价的对环境破坏更小的替代品。(历史上曾保护了鲸鱼!)但是杞人忧天者历史上都是错的并不意味着他们永远是错的。虽然人类的智慧十分伟大,但是如同诺德豪斯警告的那样,"有时候狼真的会来"。

　　20 世纪 90 年代晚期,没有哪个经济学家对于这 3 个相互竞争的增长理论的思考比伯克利的研究者查尔斯·琼斯更加细心。他曾针对罗默模型关于《星际旅行》的含义提出了第一个问题。他获得美国国家科学基金会的资助以编写教学资料,1989 年出版了《经济增长导论》。在细心说明每一个

---

[1] 戴维·克雷普斯在他《经济学:现代观点》(发表在 1997 年冬天的 *Daedalus* 期刊上)一文中详细描述了罗默所说的沙漏。

模型之后，他总结出每个经济学家都先入为主地全神贯注于一个略微不同的问题。为什么我们如此之富，他们如此之穷？索洛的回答是，富国大量投资于设备和教育，有效地利用资源，而穷国不是这样。卢卡斯问道，如何理解诸如发生在日本和韩国的被称为经济奇迹的快速转变。他认为关键在于对它们的转型动态（transition dynamics）特征的研究。罗默提出了这样的问题：经济增长的引擎是什么？他的模型清晰地表明引擎是科学发明，驱动力是具有新思想的企业家，这两者聚到一起就是我们所说的技术进步。

对于所有问题中最基本的问题——关于我们生活的前景，经济学可以告诉我们什么？——传统的"经济学是关于稀缺性和递减报酬的学科"显然是不够的。照明上的最新进展是固态的白光二极晶体管（WLED），与现在应用的最便宜的荧光照明相比它从根本上更有效率（从而更为环保）。白光发光二极管可能会改变西方国家对进口石油的依赖。但是这项新的科技对于世界上最穷地区的没有使用电的16亿人有特别的意义，因为白光发光二极管可以以千分之一的成本提供，与现在广泛使用的煤油灯相同的照明，它们不需要昂贵的电网就可以发挥功用。它们的AA电池可以由比平装本的书更小的太阳电池板充电。它们代表了和移动电话一样卓越的进步。

那么经济学是关于什么的？土地、劳力和资本以及被看作有单独作用的科技？或者是人、思想、物以及最为关注的知识的生产和传播？稀缺性？还是势均力敌的稀缺和充裕？对于大部分人来说，照明的真实成本的故事是有说服力的。知识的增长是经济增长的动力。正如诗人布莱克所说的，"真理绝不会是只能理解而不被信仰的"。

第 25 章 终极的别针工厂

另一个"比特——原子经济学的力量"在 *343* 现实世界中的例子出现于 20 世纪 90 年代中期。这个故事曾被报纸广泛地报道。这就是——微软的崛起,它表明了现代别针工厂出现的可能性。

由于成功地将 Windows 操作系统打造成个人电脑的"默认"配置,微软在其内部和外界都感受到了规模报酬递增的巨大能量。正如 QWERTY 键盘的故事一样,不同之处在于这次微软拥有设计版权,而市场也是真正的全球性的。

那么,"看不见的手"呢?集中化的力量会不会胜过竞争这个抵消的力量呢?会不会有某一个公司将整个世界市场占领?它能不能控制技术的发展,它能否摧毁潜在的竞争者呢?亚当·斯密的双重焦点又何去何从呢?

在整个20世纪90年代,这些问题都是需要公共政策制定者回答的。因为个人电脑实际上只是70年代出现的两个伟大的信息技术产物之一。那个年代里,第二个产业也开始出现了,面临着类似的问题,只是从不同的方面——就像个人轿车和铁路运输的区别一样。当然,第二个系统就是信息高速公路——互联网。它的潜力是如此之大,以至于比尔·盖茨自己也感到意外。

接下来发生的就是为争夺基本网络软件的控制权而发生的战争——著名的"浏览器之战"。对战双方代表两种新兴技术,相互竞争。这很像艾尔弗雷德·马歇尔(Alfred Marshall)、阿林·扬(Allyn Young)和约瑟夫·熊彼特(Joseph Schumpeter)在多年前所预见到的"创造性的毁灭"问题。

个人电脑行业和网络的碰撞将内生技术变迁法则演绎得如此之精妙,因此罗默被深深地卷入这个故事里也就不会令人感到奇怪了。

微软集团在仅仅20年的时间里从一群年轻人在大学宿舍里创立成长为世界上价值最高的公司,它的发家史已经是广为人知了。1974年,比尔·盖茨和他的高中朋友保罗·艾伦从一本业余爱好杂志了解到为业余爱好者而出现的家庭电脑,牵牛星8800——"项目突破!世界上第一套可以与商业模型机相匹敌的微型电脑工具包"。他们用BASIC语言写成了微型处理芯片的"编译器",并将它储存在穿孔的纸带、磁带或软盘上,然后以50美分一份的价格卖给个人电脑制造商。这个"编译器"可以帮助任何一名熟练的程序员操作微型计算机——它们对用户是如此有用以至于他们估计接下来可以卖75美元~100美元。当制造商接受了之后,他们便夜以继日地连续工作了两个月来写他们许诺的程序(哈佛的一位助理教授发现盖茨和一位雇员使用大学的电脑来写他们的代码之后,将盖茨带到管理委员会并且严厉警告严禁商业活动)。他们的软件——这个词汇在当时除了小圈子里的人之外没什么人理解——很快就被证实是一个成功。

1976年2月,盖茨写了一封著名的《致业余爱好者的公开信》。他对牵牛星编译器的自豪溢于言表。但是他抱怨说,尽管他和两位同事夜以继日地苦干6天写这个程序,并且用一年的大部分时间来记录和清除程序错误,尽管有几千份拷贝流通在外,但是他们那时所收的专利使用费仅仅是每小时2美元。为什么?盖茨抱怨到,因为人们在"偷"他们的软件,人们在制

第 25 章 终极的别针工厂

造和传播非授权的复制品。

直到那时候,软件行业主要是在业余爱好者之间进行友好合作的一项事业,或者是公司之间彬彬有礼的商业活动。通常由委员会来处理,并且通过像大型法律公司和客户之间的付费方式一样的途径来付费——一张发票上可能写着"软件,50 万美元"。现在盖茨开创了一种不同的模式,这种模式更像是书籍发行。他问道:"谁能承受从事专业活动而一无所获?"他说:"什么也比不上雇用十个程序员为娱乐市场提供好的软件而使我感到高兴了"。

但是为了达到这个目的,他必须为他所卖的每一份复制品设立专利使用费,就像作家和录音艺术家一样。这就意味着,在这种情况下,需要"压缩包"软件——建立并保证一种机制有效运行的技术。它可以对买家进行限制性授权,用来防止那些没有为拷贝付钱的人来拥有它。(不久,禁止软件同时在一台以上的电脑中运行的代码被加入到程序里。)将版权保护延伸到这种新的财产形式的做法在业余爱好者圈子里和大学的电脑实验室里引起了多年的热烈讨论,但是它的逻辑迅速在市场里得到了接受。不久微软就开始为每一台由硅元素组成的机器——Radio Shack、苹果,提供由 BASIC 编译器定制的版本。

[盖茨可能已经知道他做了什么。在接下来的秋季学期里,他上了迈克·斯彭斯(Mike Spence)的难得出名的高级微观经济学课程——这时他正对"花车效应"(bandwagon effect)、垄断竞争和网络经济学感兴趣。同时参加课程的还有史蒂夫·鲍尔默,一个后来和盖茨成为朋友的玩家。这两人最后的排名分别为第一和第二,但是盖茨没有等他的分数。他在毕业前一学期离开了哈佛,到新墨西哥全职打理商业上的事务。鲍默尔在 1980 年于哈佛商学院毕业后加入了盖茨的团队。]

个人电脑行业在 20 世纪 70 年代才刚开始起飞。它在 25 年的时间里从标准工业分类代码中的一个小斑点成长为 GNP 的一个重要组成部分。随着微处理器在性能和复杂性方面的进步,对相应软件的需求增加得越来越快。盖茨非常明白(即使没有任何其他人知道)他正在做的战略投资可以形成进入他那模糊的小市场的壁垒,这种壁垒在合适的时机会变得坚不可摧。

因为软件是最终的非竞争性产品。电脑程序毕竟只是一长串由 0 和 1 组成的数字,以比特字符串的形式排列而成。最初,一份软件需要找到传输的介质——打孔卡带、纸带、磁带、软盘和CD。现在软件可以通过网络更加迅速地传播，甚至可以做到即时传播。但大多数情况下，软件就像一本书、一份地图或者录音一样，有趣的在于其内容而不是其物理外壳。一旦写入完成，软件可以不断地被拷贝而其价值不会衰减，如果网络效应足够强大的话还可能增加其价值。收缩性包装对新程序的储存市场的开创和对软件使用的授权限制将软件业带入了劳动分工的奇妙的新境界。

1980年秋季，幸运之神降临到盖茨身边。那时，IBM邀请微软为其新的个人电脑提供操作系统，新一代个人电脑将会最终建立个人电脑的市场标准。电脑已经复杂得使单个人难以成功驾驭他们需要做的所有任务。开发人员已经开始着手开发应用模板、电子数据表和文字处理程序；一个编译器再也不能充分利用微处理芯片的强大性能；现在需要一个更加复杂的"操作系统"。IBM选择微软是因为它认为微软在开发操作系统方面比其他公司更有经验；盖茨曾经放言说可以为市场上的所有的新一代芯片开发程序。而且盖茨的妈妈玛丽通过联合道路（United Way）全国委员会成员的身份结识了IBM的首席执行官约翰·奥佩尔（John Opel），这也对盖茨起到了帮助作用。

为什么IBM不直接将盖茨的公司买下来呢？（或者将盖茨由于自己公司没有操作系统而购买的QDOS买下来）或者雇用几百个程序员来开发其拥有自主产权的操作系统，并以此将初出茅庐的竞争对手驱逐出市场？盖茨在1980年的这次机会至少部分得益于约翰逊政府于1969年在其在位的最后一天对IBM所采取的反垄断行动。当时IBM在主机计算机市场上拥有令人敬畏的主导地位，因此政府要设法将其拆分。为了避免这种结果，IBM将软件业务分离出去——相当于它同意将软件业务卖掉——因此实际上默许了其他公司为其主机开发程序。于是独立的软件开发如雨后春笋般出现。（也许即使没有法律的作用，电脑愈发的复杂化最终也会使IBM将其软件业务分离——和阿林·扬40年前在爱丁堡描述的垂直分解的步骤一致。）不管如何，IBM在80年代仍然是一个巨头，因此当盖茨告诉IBM他需要每一份软件的使用费，而不是一笔固定费用的时候，IBM勉强同意了。盖茨有权利将同样的软件卖给其他公司，不存在独占授权，IBM也不愿意费事地去讨价还价。在主机市场获得30年的绝无仅有的成功之后，IBM只需要为它的每份系统支付1.04美元。

在那之后，微软以爆炸性的速度成长起来。就像最开始一样，盖茨通过拓展他的产品线来赚钱。他看到了苹果机的麦金塔（MacIntosh）：鼠标、指针、图标，它的操作系统可以让不同的程序同时运作并且出现在屏幕的不同地方。他试图将这些特性整合在一个足以与苹果机的麦金塔（Mac）或IBM的托普维（Topview）相竞争的新操作系统里面。他将它命名为Windows。第一代系统于1985年出现。他让IBM免费在其主机上使用这个操作系统。盖茨通过IBM克隆的份数来赚钱，这些份数在逐渐增加。不久他就加入了IBM开发自己的新操作系统的计划中，它的PC用户反而被盖茨的产品所吸引了。接下来他需要一个可以在微型电脑和大型主机上运行的Windows系统。1988年，他从DEC（Digital Equipment Corporation）雇用了一名顶级软件设计师来开发这个系统。微软就像印钞机一样赚钱，每一美元投入可以赚25美分。盖茨能出钱雇用产业内最好的程序员——能想到多少就雇多少——还有设计师和销售员。

用户们很快就知道这种操作系统与英特尔微处理器已经成为"通用的"标准，就像QWERTY键盘曾经拥有的情况一样。这个系统是他们需要知道的，以便在不同的雇主那里继续使用，就像当年的打字员认定自己就是市场的主流系统一般。

这就好像盖茨通过在一个更复杂的键盘上获得版权一样。主机自身、IBM的PC和DEC的"迷你"（mini）版本，已经变得"商品化"了，变得没有它们所控制的软件那么重要了。当IBM发现它已经失去控制权的时候已经太迟了。操作系统，而不是电脑，成为了相对标准。一个辅助性的产品成为了市场的主导。

微软正在成为别针工厂，最终的别针工厂。因为它的市场，很显然包括了整个世界。这个过程和艾尔弗雷德·马歇尔100年前描述的内部递增报酬没有什么区别：有能力的人，好的运气，辛勤的工作，充足的信贷，有天赋的下属，系统的改进，扩展的市场，下降的价格，发展的专业分工以及马歇尔没有描述的其他战略。微软自己几乎不制造最好的产品，相反，它成为一个通过购买时间来开发自己的可选产品从而打击其他对手创新的专家。盖茨明白，他必须不断地进步并拓展他的势力范围，否则就会被更加强大的对手超越，不管是IBM还是其他公司。不久，微软的市值超过了强大的IBM。在仅仅25年的时间里，盖茨就变成了世界上最富有的人。

网络的故事却并不广为人知。它的核心技术很久以前已经在剑桥的麻省理工学院开始了,并且通过不同的生产线进行发展。① 故事开始于第二次世界大战期间,那时麻省理工接受了为海军建造一个"通用训练器"的项目——一个座舱似的平台,根据植入它的附属电脑里的打孔磁带程序,它可以模拟任何不同型号飞机的操作特性。

这就是所谓的实时演算的出现——结果成为一种与传统的电脑(技术)截然不同的技术。传统的电脑是由冯·诺伊曼与普林斯顿研发的,他们认为电脑是种威力强大的计算器,以"批处理"的原则运行。由于第一台机器的成本过于高昂以至于他们认为不应该有任何时段的闲置;因此他们将程序以先后排序的方式通过技术人员按批次输入;使用这些"大型电脑"的人们实际上从未能亲身接触这些电脑。

麻省理工学院的想法是开发一台基于反馈原理的电脑。它能以足够的速度对事件进行反应,实时地加速、减速,一直保持在所发生的事件之前,直到它被关掉。实时演算被认为是普林斯顿和费城的专家们的幻想。然而不久,剑桥的对手们越来越清楚地认识到不仅可以创造这样的电脑,它还可以实时地控制东西。例如,它可以代替计算最优截取路径并在地图表上指挥模型飞机的防御人员。这种机密的早期警报和人们所知的半自动地面防卫导弹防御系统(SAGE)在1952年开始推行时,其预算为在15年内花费20亿美元——大约相当于曼哈顿计划的成本和开发雷达的费用的总和。不久,一切变得越来越明朗,新的实时演算计算机可以控制比雷达更普通的工具——如机器工具。

设计和监控这些早期项目的人大多数是自动科学家,他们主要为政府的国防项目工作。SAGE项目将电脑、雷达、飞机、船舶结合在一起,并且将地对空导弹放置在美国城市的中心。它极大地促使主要合约伙伴——IBM集团从穿孔卡带制造者变为数码电脑工业中的主导者。它也同时孕育了IBM的最主要的长期竞争者——DEC,这两家公司从此展开了在市场中的长期技术对抗。(IBM坚持批处理,而DEC将其迷你电脑交于工程师和科学家的手中——虽然这些机器仍然非常昂贵,但是它们才是第一部真正的个人电脑。)其中最重要的是,SAGE项目确立了应用软件的重要性,可以

---

① 关于互联网历史有一个高度易读的版本,是艾颇西德(Johnny Appleseed)电脑网络专辑中的《梦幻机器:利克利德与促成个人即时运算的革命》(*The Dream Machine: J. C. R. Licklider and the Revolution That Made Computing Personal*),作者是威尔罗(M. Mitchell Waldrop)。

第 25 章 终极的别针工厂

使电脑处理许多不同任务的附属专用程序,不过这是后来才发现的。当时的信条是"将机器的控制权交给它的操作者"。

这个年代的大部分传奇都和电脑存储有关——伴随着从纸带和真空管向铁氧体磁心、晶体管、硅片和微处理器的稳步发展,存储空间和随之而来的程序复杂性被迅速的跳跃发展推动着。建造洲际弹道导弹的亚特拉斯计划已经开始启动。空间竞赛在加速。许多人感受到了大型机器网络本身固有的在许多用户中分配时间和像电力发电站那样共享容量的可能性。早在 1961 年,一位网络空想家约翰·麦卡锡写道:"计算可能某天会像公用设施那样组织,就像电话系统被作为公用设施那样组织一样。"但是长期来看,没有一位想到这些计划的科学家比一位叫 J. C. R. 利克利德(J. C. R. Licklider)的心理学家更加重要。被称为利克利德的他,预见到了许多电脑在一起工作,即他描述的人机互联。虽然网络是由一个社会而不是一个个人所创造的,但是如果说在网络方面只有一个人可以比得上比尔·盖茨(在软件方面)的象征意义的话,那么这个人就是利克利德。

今天,将电脑连接在一起就好像是很简单的事情一样,然而在 20 世纪 60 年代早期,创造一个可以让电脑互相交谈的协议却是一个令人望而生畏的挑战。为了将他的网络梦想变为现实,利克利德加入了国防部在华盛顿的高级项目研究所(ARPA)。在苏联发射人造卫星成功的推动下,ARPA 刚建立起来,专用以指导美国的长期研发。时间分享是一个"市场失灵"的经典案例。也就是说,由于肯尼斯·阿罗在 1960 年写知识的生产时所思考的那些原因,公司永远也不能指望开发新技术:新技术的固定成本(它们的"不可分性")是如此的巨大以至于没有公司可以补偿它并且赚钱。只有政府可以承担这个风险。它需要的不是以创造外部性为名的投资,尽管实际上是有外部性的,它希望被称为是一系列的高度专业化的新产品:原子弹、强大的电脑、洲际弹道导弹、登月火箭和时间共享的网络。

ARPA 项目的另一个目标是进行一项所谓的包交换(packet switching)技术的诱人计划。在此,政府购买一个可以经受核弹攻击的网络。其基本思想是建立一个分散化的转换系统,它可以将任何信息切成一个个标准的小信息包,然后这些信息包可以通过网络节点传输任意长的距离并且在到达终点后再最终整合成完整的信息。今天这些转换设备被称为路由器。在我们大多数人认为它们仅仅是另一种电脑的时候,其实它们是高度专业的作为信息技术基础的机器,其逻辑好比是汽车、卡车与乘客、货运货车之

273

知识与国家财富

间的关系。其概念相当的类似：与其将载满信息的长串火车通过中央的交换点驶向目的地（一个它们在和平时期可以测量，但在战时会受到破坏的地方），倒不如使用数以百万计的小信息车辆各自寻找阻碍最少的路（以光速）走向终点，抵达旅程的终点之后再融合在一起，这就是通信包交换技术。除此之外，还有许多其他工程上的胜绩。

从一开始，形成网络基础的技术就由动机和盖茨创立微软时很不一样的一群人来开发。他们是计算机专家、政府要员、公司首脑和军事顾问。为了训练建立这个系统的科学家和工程师，ARPA 在人力资本方面投资甚巨。它于 1965 年成为国家历史上第一个在伯克利、斯坦福、麻省理工和卡耐基·梅隆设立计算机科学博士项目的机构。在这些大学的第一批教授于是创造了一种独特的工业文化和风气——一种合作、分享，甚至某种程度上对突变的某种蔑视。但毕竟也正是这样的一批教授，因为比尔·盖茨将学校的一台电脑据为私用而将其逐出大学。

就像当年的 Topsy 一样，ARPANET 渐渐地发展起来。在 80 年代后期，国防部决定将其私有化（授权立法一如它的起草者艾尔·戈尔（Al Gore）在声称他创造了网络时所想的那样）。当时互联网工程工作组织（(the Internet) Engineering Task Force，IETF）控制着这个系统。该组织基本上就是为国防部建立这个系统的同一批人。这些不愿意曝光的工程师所组成的委员会低调得可以说是接近匿名。IETF 的方式基本上和盖茨的顾客导向性模式是完全相反的：颠倒式、开放式，成员限于个人而不是公司。网络的制造者们几乎没有试图从这些成就中致富的，至少一开始不是这样。但这并不是说他们对个人利益无动于衷，也不是说他们中没有人具有企业家精神。但他们大部分属于非常不同于小作坊主的那一类型的人。他们从自主、活力、权威和安全中取得补偿收益，而不是股权。他们强调团队合作，而不是一人单独窝起来钻研。他们开发了"开放"标准，而不维持商业机密。QWERTY 键盘的设计就是一个开放标准的好例子。所有人都可以用它，但是没有人拥有它。在 60 年代由 N. V. 菲利普斯（N. V. Philips）开发的可拷贝的磁带是一个与之更近的例子。随即，该设计迅速地使免费拷贝成为了可能。

作为一种行业存在，网络的进步就像个人电脑行业一样悄无声息，这是明白无误的。一开始，至少对于它的终端用户来说，网络是免费的。它上面没有引入查理·卓别林的广告活动。当政府在 1991 年决定将 ARPA-

第 25 章 终极的别针工厂

NET 私有化时，报纸在 6 个月内没有引用当时的主流商业期刊对这个行动的报道。因此，网络在 1993 年的突然出现使所有人都大吃一惊。例如，当传输控制协议/网络协议（TCP/IP）被采用的时候，电话公司们没什么想法，尽管协议最终通过使网络扩展到电话线路上而危及电话公司的业务。网络的建筑师们将它设计成这样一种形式以至于它易于"从高处建造"——将新的特性设计到已有的架构里面，而不用损害最初的功能。（微软的工程师们恰好是以相反的方式来设计。每一次新的更新，系统都要彻底的更换，以利于更好地从公司的投资中获利。）

无疑在网络真正出现的时候，它是一个电脑怪人们的天堂，也仅仅是他们的天堂。尽管是一项惊人的成就，它却是难以理解和难以使用的。论坛和讨论组迅速发展起来。然而，除非你已经知道你在搜索什么，否则是没有方法将它找出来的——对其他东西也一样。因此，自然而然的，一个在瑞士 CERN 物理研究中心工作的名叫蒂姆·伯纳斯-李（Tim Berners-Lee）的计算机科学家在 1989 年提出了一系列网络协议来优化基于网络的搜索。就像每项活动都拥有一个具有大型指引的入口一样，每一个用户都拥有一份特别为搜索而设计的软件程序——伯纳斯-李叫它"浏览器"。这就是 IETF 工作方式的效率——"不断编码，大体一致"——因此，到 1990 年的时候，一个世界性的网络的早期版本已经开始进行测试了。几年以后，能够提供超级计算能力的"Mosaic"浏览器在各个实验室中被普遍使用。

突破于 1993 年到来。那是一个叫马克·安德森（Marc Andreessen）的研究生和他在伊利诺伊大学的朋友编写的一个属于他们自己的浏览器程序。他们做了两处小小的改变。一是加入了一些图像，因此浏览器可以用鼠标而不是文本指令来操作。二是，他们写了编码使得它不仅可以在个人电脑的 Windows 操作系统上运行，也可以在大学里更流行的 unix 系统上运行。他们成立了一家公司，并将其命名为 Netscape。他们首先发布了他们的浏览器，希望它可以迅速变成人们通往网络大门的理想选择，那样的话他们随后卖出的拷贝将会带来可观的收入。突然之间，人们就开始讨论这个新新事物。

当鲍尔默（Ballmer）在 1993 年秋季参观旧时在哈佛的常去之处的时候，他意识到有些不对劲，他发现 20 年前热衷于计算机的年轻人现在都在谈论网络。他返回西雅图，使一本写有"思考什么"的备忘录在微软高级主管中流通。很快微软开始加速向其操作系统里加入一些网络的功能。它

知识与国家财富

的程序员进步很快，不久他们就理解了这些伊利诺伊的年轻人们在干些什么了。

Netscape 的浏览器是"中间件"，一种在客户端/服务器结构里定义为"/"的软件程序。但是当伯纳斯-李访问网络和安德森开始发行 Netscape 的时候，这个名词还没有成形，更别提被人充分理解了。清楚的是，一个真正好的"/"应该由一组灵活得能在任何操作系统（包括 Windows，Unix 等等）上工作的软件组成，而这正是微软关注的问题。如果这个程序有那么多功能的话，那你用什么系统就无所谓了——或者你用不用系统都无所谓。不久，可以想象，你可以在网上冲浪并且用一个比基于 Windows 的个人电脑便宜得多的设备来发送你所有的电子邮件！

换句话说，Netscape 这个中间件有转移电脑桌面控制权的潜力，有将操作系统"商品化"的潜力，一切正如微软利用 Windows 操作系统来将计算机自身商品化并且减少了 IBM 为它的个人电脑收取溢价金的能力一样。几乎在同时，升阳（SUN）微系统开始推广一种为网络而生的程序语言，名叫 Java，它具有同样的威胁性。因为用 Java 写成的软件能和任何操作系统兼容，即使是便宜的 Windows 的过时版本。如果 Java 能变成一种通用的语言，任何人都可以用它来编写网络应用软件，那么操作系统将再也不重要了。Windows 的垄断将会被打破，网络将会战胜个人电脑。

正因如此老的技术（如果你可以称其 20 年为老）努力战胜新技术——实质上，就像铁路延伸出去，试图代替汽车的地位。盖茨决定不能像 IBM 一样被一个意外的对手打倒，他现在大幅度地改变了他的策略。

微软和 Netscape 以及其他中间件制造商为争夺网络终端控制的战争——"浏览器战争"——持续了两年。它开始于盖茨在 1995 年 12 月 7 日，著名的珍珠港事件纪念日那天向分析家们做的演讲，那次他宣布了对 Netscape 的战争，将 Netscape 描绘为搞暗袭的始作俑者。消息发布之后，Netscape 的股价下降了 17%。接着，微软悄然向 Netscape 付钱要求瓜分市场，它自己占了大部分。当那不起作用时，这个软件巨头开始恐吓威胁 Netscape 的用户。例如，它告诉康柏如果继续向其用户提供 Netscape，它将不能再得到 Windows 的支持。同时，微软开发了自己的浏览器——网络探索者（Internet Explorer），并将其和 Windows 操作系统捆绑在一起免费发售。

同时，微软开始向任何一个它认为威胁其垄断地位的领域扩展。它变

第 25 章 终极的别针工厂

成一个技术"阻碍"大师,专门培养自身系统跨越其他系统运作的能力,但是阻挠其他人运用此种能力。例如,微软许可了 Java,但马上又宣布了它要"扩展"这门语言的意图,意味着改变它在微软平台上运行的方式,直到它变成一种不同的语言,一种只能在微软软件上运行的良好的语言。微软的诀窍是拥抱(应用软件)、扩展(它的功能)、消灭(竞争对手)①。卡拉·斯威舍(Kara Swisher)在她关于美国在线(AOL)的书里②,描写了盖茨怎样向 AOL 的首席执行官史蒂夫·凯斯(Steve Case)说了 IBM 在 15 年前不愿意对盖茨所说的:"我可以买你的 20%,或者我可以将你全部买下,或者我可以自己进入这个行业并且将你埋葬。"

微软的攻击是残酷有效的。Netscape 曾经迅速地爬到股票市场最高峰,之后崩塌了,最终被 AOL 收购。微软的竞争对手们痛恨地抱怨说他们面临的是不公平竞争。早在 1990 年,联邦贸易委员会就曾开始调查微软,但是它的委员们遇到了僵局。于是司法部接管了这个案子,雇用了专家(在肯尼斯·阿罗的推荐之下)布雷恩·阿瑟(Brain Arthur)作为负责人,他是一位曾经在圣达菲研究所研究递增回报的非经济学家。③ 政府于 1994 年提出了起诉并且迅速颁布了一个完全表面性的法案,它对于改变微软的行为来说是没有太大力量的,尤其是在隐隐出现的网络威胁面前。

然而,到 1996 年,浏览器战争的爆发重新引起了司法部的兴趣。

政府对微软和其他中间件供应商之间的战争的干预要到数年之后才能为人所知。由于它令人遗憾的结论,这段历史有点噩梦的味道,甚至很像冷战以后过热的那十年。但是这段故事的某些方面已经很清楚了。

一方面,政府组织了一个一流的团队。珍妮特·雷诺(Janet Reno)仍然是首席检察官——她将会全程监视这个案子——但是现在一位著名的名叫乔尔·克莱因(Joel Klein)的公益律师成为了反垄断的助理代表。他雇用了著名律师戴维·博伊斯(David Boies)担任政府的首席辩护律师。博伊斯反过来邀请了 MIT 的经济学家弗兰克·费希尔担任他的主要专家证人。

---

① 对此的精彩描述可参见查尔斯·弗格森(Charles Ferguson)的《高赌注,独吞:网络战争中一位赢家的贪婪与光荣的故事》(*High Stakes, No Prisoners: A Winner's Tale of Greed and Glory in the Internet Wars*)。

② 《AOL.COM:斯蒂夫·凯斯是如何击败盖茨的,刺激网民,并在网络战争中创造百万财富》。

③ 详细的讨论参见 M·米切尔·沃尔德罗普的(M. Mitchell Waldrop)《复杂性:在有序和混乱的边缘形成的科学》。

费希尔的加入提高了分量，30 年前他曾经是为 IBM 辩护的首席经济学家。内部的反垄断分部的经济学家也是重量级的——伯克利的丹尼尔·鲁宾费尔德（Daniel Rubinfeld）和斯坦福的蒂莫西·布雷斯纳汉（Timothy Bresnahan）。

另一方面，政府在这个时候已经抓住了微软的把柄。大量调查出来的文件显示，不仅 Netscape，并且 Sun 的 Java 结构和一些其他的竞争对手都曾经是不法手段的受害者。最重要的是，这个案子交给了一个非常不一样的法官处理。当美国地区法院法官斯坦利·斯波金（Stanly Sporkin）拒绝支持早期的判决时，华盛顿上诉法院则用托马斯·彭菲尔德·杰克逊（Thomas Penfield Jackson）——一个由里根政府任命的保守党人将其替下。

微软被打击得毫无防备。位于西雅图的公司在华盛顿没有代表，没有经验丰富的游说人员，没有好的咨询渠道。它表现得像一个被宠坏了的青少年，在它最尴尬的一次洋相里，微软竟然去游说国会将司法部裁掉。只有毫无经验的公司才会那样做。《纽约时报》专栏作家托马斯·弗里德曼将盖茨和鲍尔默描述为"年轻无能"。"你怎么能想到如果你们城里最大的公司试图运用其影响力来砍掉你们的监管部门，而这时该监管部门正在对这公司进行起诉？"弗里德曼问道。并且法官杰克逊及时地发现了这公司违反了谢尔曼法案，用不法手段来维护其垄断地位。案件进展到如何处罚的阶段。

这个时候政府要求拆分。为了解释这个方法是合适的，它带来了一位令人感到意外的专家，他在经济学界十分有名，但在法学界却无人认识，他当然是保罗·罗默。政府解释说，之所以雇用他，是因为他最近创造了一个理论，这个理论认为市场上的激励会决定技术变化的速度。

在他向法院的声明中，罗默解释说这个理论的优势是它"使人可以追溯一般社会制度，尤其是法律制度对激励的作用，从而解释对技术进步速度的作用"。但赌注会很大。随着时间的流逝，他接着说，增长速度的一个微小差异也会对生活水平产生巨大影响。结果，对法律的决定，尤其是对高技术的反垄断法律，"可以成为一个社会所做的最重要的政治决定。"

罗默说，这个理论可能是新的，但是原理和 20 年前拆分 AT&T 的决定所暗含的原理是大致一致的。那时候，这件事基本属于共识。没有高级理论，只有强烈的直觉，市场竞争可以刺激管制失败了的地方的创新。事实上也正是如此。《华尔街日报》在 1982 年狠狠地抱怨对 AT&T 所做的决定（不像微软，AT&T 已经同意拆分）。但是几个月之内 MCI 下了一个对

第 25 章 终极的别针工厂

Corning 的光纤缆的大订单,于是电子通讯革命就开始了。

罗默解释说,同样的道理也适用于微软。历史上,行业内最重要的创新的发展和商业化应该归功于为其他公司工作的人们。外部人的创意包括电子邮件、电子数据表、文字处理器、基于窗口的图形用户界面、即时信息。通过限制计算机的竞争,微软仅仅打击了 Netscape 和 Java,还有无数其他潜在的开发者们。他写道:"没有任何一个包罗万象的中央计划系统,不管是由政府控制还是一个单独的公司经理们控制,可以希望在许多真实的和潜在的公司中为最终用户建立像竞争一样强健和可靠的机制。"

因此政府要求法院将微软一分为二——操作系统部分 Op 和应用软件部分 Aps,它希望将支持 Windows 操作系统(Ops)的组与那些开发各种应用软件(Aps)的组,包括获利惊人的 Office 套件的组分离开来。网络浏览器归为 Aps,加上一个对 Ops 的授权。这两个公司几乎被期望马上开始互相竞争,并且和其他公司竞争。每个新的公司将获得年收入约 80 亿美元,利润约每年 30 亿美元。Aps 预计有信心削弱 Windows 对个人电脑桌面的控制地位,正如 Netscape 和 Sun 在几年前所做的一样,尽管精确程度还不确定,但是预期利润将会远远超过成本。这次拆分将会提高整个经济创新的速度。

盖茨对这个政府请愿的反应是:"说这些话的人不懂软件行业。"微软将会全力以赴来捍卫它的商业行为。

在贯穿这次案子的辩护中,微软曾经依靠 MIT 的经济学家理查德·斯马兰西(Richard Schmalensee)。现在,毫不奇怪,它转向请内地经济学家为其辩护——尤其是芝加哥的凯文·默菲。默菲曾经是在 1987 年发表研究递增回报革命"大推进"(Big Push)论文的三个年轻人之一。他的陈述向反对拆分的辩词中加入了一些芝加哥式的价格理论的元素,就是后来为人所知的双重边际化。

默菲辩论说,也许,作为一个潜在的垄断者,微软没有为其软件收取市场所能承受的最高费用。如果公司被拆分,每个新的公司可能放弃母公司的传统约束,对新产品更凶狠地收费。那样的话,分别出售的同样的操作系统和文字处理套件将会花费消费者比捆绑出售高得多的费用——需要付两个边际利润,而不是一个。最好是让这个垄断者来掌控一切,它可以防止价格变得过高。

罗默回应说这种情况只有在高价格阻碍人们购买个人电脑时才成立。

但是通过高明地运用价格歧视的手段——向原始设备制造商和非商业用户提供操作系统的便宜版本（Windows XP 家庭版本），和向学生和老师以公司打包成本的一个部分提供 Office 软件——微软实际上已经以一种不需要 Ops 和 Aps 的价格联合的方式解决了双重边际的问题。实际上它们所收取的正是市场所能承受的。

并且，没有人会真正地认为最主要的问题是消费者面临的价格。被忽略了的关键问题是，竞争对开发像浏览器这样的新技术的人的激励的影响。如果他们可以和两个公司打交道，而不是和一个垄断巨头（"我可以买你的20%，或者我可以将你全部买下。或者我可以自己进入这个行业并且将你埋葬"），他们会有更大的机会获取一个合适的回报。罗默说，芝加哥方面完全忘记了竞争可以有强大的能量来支持新思想的发现，这是很可笑的。问题在于他们都是富足的囚徒。由于缺乏合适的理论，他们不能清楚地思考新思想的发现和知识的增长，只能考虑已经存在的商品的价格。

微软当然没有完全依赖芝加哥的辩护。它又邀请了一些其他方面的专家。公司将莱斯特·瑟罗（Lester Thurow）列入预期证人名单里。它的主管又邀请了财政部长劳伦斯·萨默斯和经济顾问委员会的马丁·贝利（Martin Baily）来为他们的案子辩护。（"唯一的创造产品的动力来自于暂时的垄断力量的获得——因为如果没有这种力量，价格将会被边际成本压倒而初始的高额固定成本无法收回，"萨默斯在随后的一次发言中说。）芝加哥的加里·贝克引用了苏比特的古老名言说，垄断者可以更加自由地进行创新，因为他们不必担心竞争者来抄袭他们的新产品。贝克说，拆散公司可以促进竞争的说法是"不令人信服的"。保罗·克鲁格曼当时已是《纽约时代》的一位富有影响力的专栏作家。他在解释了双重边际后非常坚定地反对司法部的决定。AT&T 的拆分已经导致了手提电话系统的解体，难道不是吗？现在美国正"在移动电话技术方面落后于欧洲和日本"。（光纤和网络的出现也是一样！）"希望我们不要发一时脾气而做了伤害微软的事。"

杰克逊法官曾经非常希望协商解决——以前政府从未在获得拆分一致性上失败——因此他让巡回法庭法官理查德·波斯纳，一个在经济学和反垄断法方面的权威来仲裁这个案子。整整两个月，律师们不断出入于这位著名法学家的住所，但最终协商还是失败了。经过几年的辩护，盖茨和鲍尔默仍然以鲜明的姿态接受采访，试图推翻法官，坚持认为他们没有做错什么。很明显他们在审判的过程中对公共关系和游说了解不足，更别提他们的公民责任了。

在 2000 年 5 月 24 日这天，杰克逊召集了一次为期 1 天的处罚听证会，两个星期后他的裁决为微软应该被拆分。他解释道，如果他的决定要被推翻，那就让它快点到来。他不希望对这个产业施加影响或者试图过细地管理技术决定，就像 15 年前美国地方法官哈罗德·格林对 AT&T 所做的那样。他偏好竞争而不是垄断。因此，他选择 Ops 和 Aps 的解决方案，并且希望尽快结束这个案子。

然而不幸的是，杰克逊的女儿是一位新闻记者。他对他的想法所述过多，而且过于完美，甚至在他命令拆分以前他就开始接受媒体采访（是禁止的），他在他的住所告诉《纽约客》的肯·奥雷塔说，如果他可以自己处罚的话，他会让盖茨写一篇关于近期出版的拿破仑·波拿巴的传记的"书面报告"，"因为我认为他对他自己和公司有一种拿破仑式的想法，一种从权力和纯粹的成功衍生出来的傲慢自大，没有慢慢积累的艰苦经历和失败"。法官杰克逊表达自己的意愿是容易理解的，也是值得敬佩的，但这却使得他自己很容易被驳倒。

随着 2000 年的总统竞选的到来，这个案子溶解在了政治热潮中。鲍尔默，一个毕生的民主党人，却旗帜鲜明地支持乔治·W·布什的竞选。微软为开幕庆祝贡献了大笔资金。到 2001 年 6 月，华盛顿的上诉法院找到了一种推翻杰克逊的方法。当初，杰克逊本想通过调用一个要求直接上诉到最高法院的条款来绕过它。为了给杰克逊以教训，上诉法院的成员将杰克逊换下，然后任命了一位新法官科林·科塔－科特利（Colleen Kotar-Kotelly）。

接下来所发生的事就是历史了。一位芝加哥大学出身的律师，首席检察官约翰·阿什克罗夫特（John Ashcroft），对法院说司法部已经改变了主意。尽管有反垄断部门在一年前的胜利，但毕竟布什政府不愿意将微软分为 Ops 和 Aps。法律原则就是这样！政府的律师们在里根政府任命的一位法官已经胜利的案子上反悔，这件事颇有些耻辱的味道。接下来的一个星期，阿尔·凯伊达（Al Qaeda）冲击了纽约和华盛顿，于是微软的案例在美国基本上就被人们淡忘了。针对微软的抱怨现在转移到了布鲁塞尔和欧盟。

微软第二次逃脱了。它学到了怎样按游戏规则来行动，怎样避免不适当的表现。显然它还没有失去扩展其疆域的动力。在 2000 年中期，仅仅在法官杰克逊宣布拆分的 1 个月之后,这个公司就宣布了 "Windows NET" 计划,这是一个软件云(software cloud),可以将 Windows 从个人电脑扩展到服务器、电视、游戏盒和手机。在向服务器软件市场进军的过程中,微软试图将网络软件整个控制起来。

但是那时候一个对微软的新威胁出现了——一个可能不需要法官干预的威胁。那些盖茨曾经在 1976 年作了备忘录的软件爱好者和其他软件共享者们并不认为他在软件发行业的"收缩包装"革命已经偃旗息鼓了。他们毕竟曾经创造了互联网和世界性网络("他们"指广泛的而且互不相同的由计算机梦想者和狂热爱好者组成的联合体,他们遍布于全世界,以伯克利、加州、剑桥、马萨诸塞州和芬兰的赫尔辛基为精神中心)。

364 让我们回头看看那位曾因为盖茨使用学校财产来经商而将他赶出校园的助理教授吧。这些热衷于共享秘密的人士痛恨企业家倾向。从 70 年代早期开始,对市场文化的狂热已经影响了全球每一个产业和每一个国家(邓小平在 1979 年带领中国走"资本主义道路"时也曾说过"致富光荣"的话)。到了 90 年代后期,这些共享软件的热衷者们——虽然他们并不都反对资本主义,但是他们都是极端反对将软件视为私有财产的——准备直接反击微软的帝国化,他们使用的是一个名为 Linux 的系统,并把它逐渐分发出去。这是一个自由而强大的开放源代码软件运动的产物。

受到精心保护的源代码的商业秘密这些年来变成了微软的"内部收缩包装"(inner shrink wrap)。在所有的 Windows 操作系统的中心是一个黑匣子——程序的"内核"(kernel)。它保证了 Windows 不会被克隆或者被修改成"其他东西"——是一种可以使其他厂商自由地以改进版发售的产品。在早期,微软曾经是让任何人都可以编写在 Windows 上运行的程序,微软用应用程序界面或 APIs 控制进入核心的通道,而苹果只提供其自己开发的软件,通过这种方式微软赢得了对苹果的一场关键战争。不奇怪,更多的程序员为 Windows 而不是苹果开发程序,然而那样并不能使 Windows 变成开放式的,这些 APIs 是非常高效的钥匙和锁。

365 1991 年开放源代码的理念拥有了一个明显的拥护者。一个 21 岁的名叫莱纳斯·托瓦斯(Linus Torvalds)的人在很多方面都是反盖茨的,他独自将这个哲学理念个人化了。由于被现有模型的无效率所干扰——不断地崩溃,对修改的排斥——这个年轻的芬兰计算机科学家设法建立了他自己的系统,一个可以自由修改并随着时间的推移变得更加强健的系统。只要他

第25章 终极的别针工厂

的同事给他支付生活上的固定成本,他就可以编写代码并将代码免费发放出去。这和进行科学研究然后在杂志上发表,期待着好的成果可以获得认可和赞赏是没什么区别的。

托瓦斯最重要的创新不是技术上的,而是社会上的。记者埃里克·雷蒙德解释说:"Linux 的出现告诉大家,一个如此复杂的操作系统必须由一个相对小而团结的队伍以一种细致合作的方式来完成。"托瓦斯说他开发自己的 Linux 是非常不一样的。"从一开始,它就被很多志愿者通过网上合作进行随意的攻击(改进)。"他取得了一个没有瑕疵的程序,不是通过独裁地设立一些严格的标准,而是通过"一个幼稚的简单的策略,即每个星期发布一次然后从成百上千个用户那里得到反馈,创造了一种由开发者们引进的快速的达尔文式的物种选择机制"。换句话说,Linux 的开发十分类似网络的开发方式。这一过程不受金钱驱使,利用的是"粗略的共识和行运法则"。

任何使用计算机的人都知道不同的激励体系会给他们的用户带去不同的体验。个人电脑自身仍然是一个封闭系统,对于大多数用它来完成任务(电子邮件,网络进入)的人来说仍然是过于昂贵的。它易于崩溃,难以融合,难以使用并且难以修复。然而,互联网尤其是环球网是易于使用的、稳健的、自由创新的和对不同用户的费用是有差异的。这两种技术具有不同的价值观,意味着不同的社会范式。

并且在那里有"内生技术变迁"曾经的最关键的惊人发现,即知识的非竞争性意味着经济学的王冠——"看不见的手"的理论不能成立。市场自身不能使这些商品的价格变得"合理"。

自从亚当·斯密以来,经济学的最重要的一个思想就是这个假说,即放任人们自己去干的话,个人会追求自己的利益。他们就会像被一只看不见的手所安排一样达到"最好"的结果。经济学家们已经将斯密的直觉精炼得非常严谨了。在某些条件下分散的市场的效率正是肯尼斯·阿罗和吉拉德·德布鲁在 50 年代早期用数学语言表述出来的东西,他们也因此而得到了诺贝尔奖。正是从那时起,经济学家们开始将"看不见的手"的理论作为一个已经被证明了的假说来谈论。

不管市场多么的具有竞争性,在任何一个真实的经济中同这些理想情况背离的现实是普遍存在的。垄断就会造成扭曲,外部效应也会。但是针对这些"无谓损失"的政策是明确的,那就是通过分配产权或者拆散垄断者来尽量地减少这些情况。清除了这些杂草之后，市场的魔力将会打理其他一切。

罗默回应道，如果某种资源是稀缺的且具有竞争性，那么分配产权就可以解决问题。具有这种特性的资源包括：一块土地，或者使用某个无线频段的权利，或者向空气中排放污染物的许可证。但是如果该资源是一种与新思想相关联的商品时，却并无明确的方法可以处理——实际上，也没有现成的法则，新商品（的开发）就会产生固定成本，而固定成本（由"非凸性"来模型化）给分散的市场带来了无可避免的矛盾。

罗默最喜欢的例子是口服补液盐疗法（oral rehydration therapy）——一种治疗儿童痢疾的方法，就是通过给他们喝开特利（Gatorade）之类的饮料（一种由水和一些微量的盐及其他矿物质混合而成的饮料）。事实证明该疗法可以挽救他们的生命，因为一般不加以治疗的痢疾往往是致命的。口服补液盐疗法可以在世界上任何地方采用，准备这种饮料几乎不需要成本。这个思想的可再利用的性质意味着这种疗法可以提高任何地方、任何人的生活水平。那么什么是开发口服补液盐疗法的"正确"价格呢？另一方面，发明这种东西的价格应该非常高才对，因为这种方法可以拯救上百万的生命。你需要有一个极大的动力去发现一种艾滋病和疟疾疫苗。但是，一旦这种商品存在了，"正确"的价格就降到了0，新的商品应该免费发放。

那么那些不引人注目的创新又如何呢？同样的道理也是适用的。对新思想的保护程度总是一种社会选择。采用什么规则最终取决于价值观。也就是说，不是那些运作这件事的人，也不是那些决定谁应该做什么的人，而是社会里的所有人确定该规则。

毕竟，同样的科学家（或者一个近似的替代者）应该会做出同样的发现，不管他是在一间工业实验室里领取薪水——比如贝尔实验室——或者在由加州的风险资本家投资的实验室里工作。这个实验室可能使新发明（比如一个微处理芯片）获得垄断利润，或者将它授权给一家富有竞争力的公司而获利甚微（比如一个晶体管）。产权保护可以是严格的，像美国作曲家、作家与出版社协会（American Society of Composer, Authors and Publishers，ASCAP）一样，每放一首歌都要给一枚镍币。产权保护也可以是简单的，像感恩而死合唱团（Greatful Dead）对待录制他们表演的业余爱好者的自由放任态度一样，他们的收入主要来自演唱会门票而不是授权的录音。

第 25 章　终极的别针工厂

或者也可能完全不涉及现金补偿，有许多其他的补偿方式，如引用、优质商标、团队合作、家庭信条、宗教考虑。就像罗默所说，市场不是一切，现实中建立了许多其他种类的制度。

个人电脑和互联网——也许理解这两种技术发展冲突的最简单的方式是设想一下它们各自代表的企业家的生活环境。比尔·盖茨的位于华盛顿湖畔的 9 700 万美元的豪宅是非常出名的——在各式屋顶下是 66 000 平方英尺的面积（尽管只有 11 500 平方英尺被保留作为家庭内部书房），一个特大的楼梯，一个影院，一个图书馆，一个正式的餐厅，一个会议室，一个体育场和一个高科技操作的家庭卧室。利克利德（Licklider）毕生的住所位于阿林顿（Arlington），该住所高高地位于一座俯瞰波士顿的山坡上，由建于 20 世纪 20 年代的简朴的四间房间构成。

两个系统都很好用，但也许它们合在一起才是最好用的。社会获取好处的方式不一样。但是在谈到纳斯达克在个人企业之间分配资本的光荣业绩时，互联网的进化已经表明公司和委员会同样可以创造奇迹。

微软将会变成什么样？这家公司拥有的操作系统仍然会在全球市场"统一适用"吗？这家公司是否会持续打败"看不见的手"？或者乔治·斯蒂格勒、乔治·W·布什和其他持放任主义的人们会被证明是对的吗？竞争是否能够不需要他们的帮助而最终胜利呢？

或者罗默是对的——偶尔的干预会极大地改进结果，既是为了消费者，而在这个案子里，又是为了美国。私底下，他指出外国政府，不管是欧洲、印度或者中国（也许是这三个一起）都可以对 Linux 进行大幅度的投资，因而在全世界范围内扭转了编写开放式应用软件的激励状况。那样的话，消费者将从更便宜的设备的出现中获益，但是对软件业的领导权就可能会转移到别的大陆了。在 20 世纪 60 年代的类似的情境里，美国钢铁公司躲在政府后面推迟对新技术的投资，等到明白时一切都已经太晚了。

并且，新的中间件技术将会出现，它最终将会瓦解 Windows 操作系统对桌面的统治地位——这是 Netscape 在崩溃之前几乎要取得成功的事情。Google 的搜索引擎是最有野心的挑战者。通过提供电子邮件和网络基础的存储空间，Google 的中间件可能会成为以网络为本的应用软件的主要插件，而让微软的 Office 变得很容易就被忽略了。那样的话，发展的方向也将会转移到另外的人手里。

无论如何，微软的故事看起来几乎要像阿尔弗雷德·马歇尔对森林与树木的寓言一样结束。长期来看，这个公司最终必将会输给一位竞争对手。是直觉而不是经济理论，可以肯定地说没有任何一棵树可以长到整个天空。足以确信的是，2005年9月，微软自己悄然拥护了政府将其分为Ops和Aps的逻辑。它将它自己分为三个商业集团（从7个降下来），每一个都有一个自己的总裁。平台部门将会负责Windows操作系统，商业部门将会控制Office和其他无数应用软件，公司的Xbox视频游戏机被分配到娱乐部。

表面的目的是为了减少公司的官僚作风因而使"决策能更快地做出"。更紧急的目的是为了应对来自Google、Ebay和开放式软件的竞争。这种内部充分分割的行动是否会演变成为自治性的数家企业呢？也许会。那样的话，微软的几个商业部门将会互相竞争。沿着点线剪掉：最终的结果是，政府的反垄断专家和杰克逊法官毕竟比微软更加了解软件行业。

尽管盖茨已经将一部分精力和财富用于促进全球新思想的产生，尤其是对一些第三世界疾病疫苗的研究和传播的新方法。他的后半生也许和前半生一样精彩，但是却是因为不同的原因。具有讽刺意味的是，在这些慈善活动中，盖茨基金却遵循着罗默的一些观点。盖茨基金的那些接受者们可以自由地为自己的发明申请专利，或者可以向富人们任意销售产品，唯一的约束是新的技术要让穷国以极低的费用或者免费得到。盖茨同时还是世界上最富有的人。所有这些熊彼特式的一连串戏剧事件被后来引入的"内生技术变迁"模型展示得更加明显，变得可计算，而且在某种程度上来说，变得更加可以被控制。然后罗默也没有坚持多久，甚至在杰克逊法官的拆分裁决被推翻（同时他还被免去了主管拆分Ops和Aps的首席专家的资格）以前，他已经把精力转移到其他东西上了。他自己开了一家属于自己的软件公司。

第 *26* 章　看不见的革命

报酬递增革命几乎还未被媒体留意就过去了，这场革命被一些更大事件的光芒所遮蔽：向市场的转变，社会主义的瓦解，信息和分子技术的进步，网络泡沫。什么样的学术争论可以和这些正在形成的历史相比呢？并且，新的思想也直接诞生于数理经济学。许多人不愿意相信每日耳濡目染的巨大变化竟然能够被一些数学公式所解释。

即使在技术经济学领域，也几乎没有任何迹象表明有什么主要的转型发生。《经济学展望杂志》(*The Journal of Economic Perspectives*)提供了一个例证：它成立于 1987 年，主要目的是向一些行外的观众展示经济学发展状况。1994 年末，一个关于新增长理论的专题出现。

它的产生来自于罗默、赫尔普曼、格罗斯曼和索洛的贡献。它紧跟于一个讨论网络外部性的专题，紧随其后的是致力于讨论货币转换机制、投票经济学、犯罪经济学，以及初等和高等教育的专题，论文一组接着一组，以至于几乎难以将一项项的发展区分开来。

即使在每五年召开一次的世界计量经济协会会议上，情形也没什么不同。即使在2000年的"一千年的经济学"会议上不同的专刊蜂拥而出——《经济学季刊》、《经济学杂志》、《经济展望杂志》——也没有什么迹象表明有什么东西发生了很大的变化。

关于经济学思想近期历史的第一稿显然已经外包到了瑞士。

与此同时，一场"淘金热"也在商业咨询家和战略思想家中蔓延开来。彼得·德鲁克（Peter Drucker）是20世纪80年代初第一位强调"知识经济"的重要性的人。1990年，哈佛商学院的迈克尔·波特（Michael Porter）在《国家的竞争优势》中将马歇尔关于相关工业群的思想重新作了介绍。不久，像《工作知识》、《智力资本》、《无形的大陆》、《国家的运作》以及《城市的财富》这样的书从出版社涌现出来。并且，咨询和审计公司也开始鼓吹创新中心论和知识实践论。

到20世纪90年代中期，一种"新经济"被发现了。这次浪潮的一位核心人物是美联储主席格林斯潘。1996年12月，当道琼斯指数达到平均5 000多点时，他就怒斥市场为"盲目乐观"。第二年，尽管有警告的威胁，道琼斯指数还是飙升到了近7 000点，然后格林斯潘将分析转回到对美联储委员会的引导上。7个月后，一期《商业周刊》的封面故事宣传"新经济的胜利"，并且报道说美联储主席已经下结论认为经济进入了一个新时代，至此对这个名词的使用瞬间爆发开来。

网络成为据说是主宰商业"新规则"的有效象征。全球化、技术变迁、冷战结束、反规制、商业文化大行其道、低通胀和商业周期的结束等等一系列因素是解释这一现象的部分原因。（几乎不为人知的是，亚洲金融危机如何迫使格林斯潘向美国的资本市场注入流动资产。）经济记者们宣扬"距离的消失"、"无摩擦的经济"、"失重的社会"、"变平的世界"。罗默出现在其中的一些书中，最引人注目的是迈克尔·刘易斯（Michael Lewis）的《新新事物》（*The New New Thing*）和托马斯·弗里德曼（Thomas Friedman）的《世界是平的》（*The Earth Is Flat*）。最终格林斯潘亲口说"经济中仍然发生着深刻的转变"，结果就是他说的"几乎是外生的"技术创新的爆发。

第 26 章 看不见的革命

即使在那时,也很少有人向沉浸于"发现"中的经济当局呼吁,声明"我们现在知道什么"——这东西不像凯恩斯革命所描述的"黑暗和光明的裂口"那么遥远。典型的主流观点之一来自于伯克利的著名微观经济学家哈尔·瓦里安(Hal Varian)教授 2002 年初在《纽约时报》上所写的:

> 从来没有一位伴随新经济而产生的新经济学家。当然,有许多经济学家谈论递增回报、网络效应、转换成本,等等。但是这些基本上也不是什么新概念了,它们出现在经济文献中已经几十年了。况且,尽管这些是重要的思想,但它们称不上伟大,它们能比较好地解释某些现象,但是它们的(适用)范围受到限制。致力于寻找真正伟大思想的人必须要进一步回溯经济文献……到《企业的性质》,一篇由诺贝尔奖获得者罗纳德·科斯所写的文章,他开创了交易成本的思想。

到了 21 世纪初,也几乎没什么迹象表明已经发生了什么。

在《科学革命的结构》(*The Structure of Scientific Revolutions*)一书中,库恩使用了一章的篇幅去描写被他描述为"看不见的"科学革命。科学家和外行们从某种来源衍生出他们对科学进展的观念,这种来源就是教科书和根据教科书而生的大众化知识。这就是说,教科书所呈现的只是最近的成果,这些教科书在每次变革之后被重写,以融入早期科学家所说的并且至今仍然被认为重要的问题。对于那些现在几乎没有被接受或者接受得很少的问题,这些教科书则不会将其加入。为什么要歌颂那些可能被摒弃的科学呢?科学因此被教科书描绘为积累性的、线性的。就好像科学家们一砖一瓦,一个思想又一个思想地建立起他们的认识一样。库恩说,结果就是,每当一种思考的方法迅速而全面地让位于另一种方法时,这一科学发展史上最重要的章节却被人们忽略了。

即使经济学家们自己不能被指望来传播新信息,即使美国的报纸大幅缩减关于这个领域的报道,我们至少还有斯德哥尔摩。经济学现在是每年 10 月接着下一年的 10 月这样地发展着,如果这些发现没有赢得诺贝尔奖,那么它并不是真的发展,至少在外行人看来是这样的。

20 世纪 90 年代进入瑞士的聚光灯的是在 60 年代末转入尖端科学的一些人,这情形是在经历了委员会领导层的全面转变之后才实现的。阿萨尔·林德贝克(Assar Lindbeck)(出生于 1930 年)从终生主席的职位上卸任,他从奖项成立之初就任此职位。陶斯滕·帕森（Torsten Persson）（出生于1954年）接任。罗伯特·卢卡斯在1995年因其对预期理论的贡献而获奖。罗伯特·默顿（Robert Merton）和迈伦·斯科尔斯（Myron Scholes）因他们的期权定价公式共同获得诺贝尔奖，乔治·阿克洛夫、迈克尔·斯彭斯和乔·斯蒂格利茨在2001年因非对称信息理论获奖。尤其有趣的是1994年的诺贝尔奖，那时约翰·纳什、约翰·哈萨尼和莱因哈德·泽尔滕最终因开创正式的博弈论基础而获奖——这是45年前就已经发生的真正突破。

20世纪90年代初进入华盛顿的经济学家也出现在人们的视野中——其中有斯坦利·费希尔、约瑟夫·斯蒂格利茨，尤其是拉里·萨默斯。在老布什执政期间，萨默斯担任世界银行的首席经济学家。在克林顿当选之后，他从财政部逐渐升级，最终成为自亚历山大·汉密尔顿之后最年轻的财政部长，最后担任哈佛大学校长。他的老朋友安德雷·施莱弗于1992年从芝加哥大学转到哈佛大学，领导一个代表美国国际发展局的团前往莫斯科。他的代理人J·布拉德福德·德朗（J. Bradford Delong）转到伯克利，写了一本教科书并且开了一个很流行的博客。

在递增回报革命中的主要人物们大部分是保持低调的。罗默在斯坦福大学教学，即使在微软案件中也相对地保持匿名。埃尔赫南·赫尔普曼仍然在哈佛和Tel Aviv之间奔走，为了和格罗斯曼合作一个关于国际劳动分工的大项目而拒绝了以色列银行总裁的职位。杨小凯，非正统澳大利亚学派的领袖，在和杰弗里·萨克斯合作完成一本介绍发展的书之后不久，于2005年去世，享年55岁。只有保罗·克鲁格曼继续引人注目，成为纽约时报的一个明星专栏作家和一本畅销书的作者。

从传奇人物梅纳德·凯恩斯的事例中可以看出对新增长理论的接受肯定是复杂的。凯恩斯革命被证明在至少20年的时间里是一个强大的叙事工具。而20世纪80和90年代，罗伯特·斯肯德尔斯基（Robert Skidelsky）的三卷本传记更加大了这位传奇人物的影响。有时候人们会拿他与西格蒙德·弗洛伊德作比较。到最后凯恩斯是否有可能会以一位文学家而不是一个科学家的身份存在于人们的记忆中呢？这不重要。就像路易斯·梅南德（Louis Menand）对弗洛伊德的《文明及其不满》（*Civilization and Its Discontents*）写道："不论什么样的事物，其存在的终极形式的基础都会被全盘腐蚀掉，但是我们如果不能将这个基础考虑进来，我们就不能理解事物的存在"。关于宏观经济学和增长经济学的相对重要性的争论似乎注定了要持

第 26 章 看不见的革命

续到未来很长的一段时间里。

鲍勃·索洛花了 10 年的时间将过去的论点和新发现衔接在一起：他出版了一本关于阿罗"干中学"理论的讲座合集，还有一本关于垄断竞争和宏观经济学的书，最后出版了他在 1970 年的关于增长的讲座的第二版，其中加入了六个章节来分析新模型。"没有人会试图拒绝承认"技术进步"至少部分地"是经济力量的结果，他写道："问题在于一个人对这个过程是否能说出有意义的东西"。他关于技术变迁的短文《来自天堂的甘露》（*Manna from Heaven*）被普遍地曲解了。"'外生'并不意味着'不变'或者'神秘'，当然更加不是'不变且神秘'。"这只是一个暂时的指代，意思是我们在试图仔细找出模型的其余部分是怎样依照外生的因素进行调节的，而不是正好相反的情况。

同样的，经济历史学家乔尔·默克尔（Joel Mokyr）认为没有发生过什么显著的变化。要知道，正是默克尔在 1996 年召集了旧金山会议。在这次会议上，罗默第一次公开地描述了原子和比特的区别。但是在默克尔 2002 年出版的《雅典娜的礼物：知识经济的历史起源》（*The Gifts of Athena: Historical Origins of the Knowledge Economy*）一书中（一本关于科技制度发展的一系列的有影响力的论文的合集），他从所有可以想像到的路径追溯了经济学家对知识的兴趣，而对罗默却只字未提。[①] 这并不是因为默克尔对技术变迁完全是一个经济过程产生怀疑。他引用林肯的话说："专利制度极大地增加了天才们的热情"。但是他的描述从未超越书本的范畴。寻找知识经济学线索的读者会发现索洛模型具有将非数理经济学家困住的持久力量。技术变迁的历史仍然源于约翰·斯图尔特·穆勒（John Stuart Mill）所说的地方：在经济学之外的，一个历史学家不需要学习数学就可以讨论技术变迁历史的地方。

许多知识经济学领域的重量级人物移居加州很可能与这种观念的接受程度有关。美国的经济学在 20 世纪后半期发生的变化和棒球发生的变化如

[①] 默克尔实际上是在评价各种平行发展的增长理论中有影响力的学者们的地位。该书着重介绍了埃里克·约翰，大卫·兰德斯，道格拉斯·诺斯和内森·罗森堡。其中，在经济学中对于知识问题的探讨被上溯到了西蒙·库兹涅茨。乔治·沙克尔认为，其中存在明显的疏漏。另外，费里茨·马克卢普也被认为曾经研究过这方面的问题，但其研究并不完整。一方面，该书热情地缅怀了默克尔的老师，企业史学家乔纳森·休斯。"斯坦福系"的学者和保罗·戴维和内森·罗森堡受到了（该书的）赞扬。而和新增长理论一样，理查德·纳尔逊和西蒂尼·温特关于经济进化论的观点却被忽视了。

出一辙。20世纪50年代棒球运动有2个联盟，包括16支球队（其中只有一个主场在密西西比河以东），还有一个在赛季末获胜的两支球队之间进行的世界级比赛。几十年后这项运动在6个区域有30支球队和一个非常复杂的比赛制度，更别提在球员发展和报酬方面的翻天覆地的变化了。运动在本质上是没有发生变化的，但是制度却大为不同，联盟的比赛水平变得更加高了。这项运动的最大市场依然在东部，它的能量中心也在东部。

让我们再回到罗默身上来。这些年来反对者时不时地将他描述为公共犬儒主义者。事实上却正好相反，他对媒体避而远之。他不是任何派别的热心会员；他对那些不管因何而日益被各种圈子所霸占的领域一点也不狂热。他出身于经济学领域的两个最好的地方——芝加哥和MIT，并且可以认为他私下里拒绝了第三个：哈佛。他研究的领域——增长，并不完属于宏观经济学；他的政策建议没有经济平稳和货币政策那么迫切。在15年后，他有意识地专注于研究经济增长，并且开始研究偏好问题。

因此，在新世纪之初的几年里，罗默在经济学界像是一个不为人知的存在。他曾经有过巨大的影响力，但是受到的认同却不多。他拒绝了耶鲁讲座和施瓦兹讲座的邀请。一位编辑把他描述为开创得多却完成得少的经济学家。他的一位经济学家同事抱怨说，像钱伯林（Chamberlin）一样，他只有过一个思想。可能是，也可能不是。但是，即便如此，像钱伯林或者罗纳德·科斯一样，他创造了一个多么伟大的思想啊！

在新一代的经济学家中，对20世纪90年代以知识为基础的模型反对力度最大的是哈佛的曼昆，在其合作者戴维·罗默和戴维·韦尔退出许久之后，他仍然在很多场合坚持他的强化版索洛模型，比如1995年3月在华盛顿发生的争议高峰。

这个场景发生在《布鲁金斯经济活动论文》（Brookings Papers on Economic Activity）创办25周年的纪念会议上。这是一个在政策讨论领域内的最重要的刊物。会上有包括杰弗里·萨克斯（Jeffrey Sachs）和安德鲁·沃纳（Andrew Warner）关于全球化，莫里斯·奥伯斯菲尔德（Maurice Obstfeld）关于浮动汇率，罗伯特·霍尔（Robert Hall）关于失业以及保罗·克鲁格曼关于贸易的报道。曼昆讨论了《国家的增长》。罗默被邀请参加。

曼昆是索洛的坚定支持者。他承认，如果目的是解释为什么今天的生活标准比一个世纪以前更高的话，新古典模型就没有什么吸引力了。但是，要解释经济增长事实上并不是一个难题。"这个任务太简单了，"他说："很

第 26 章 看不见的革命

明显,生活水平随时间上升是因为知识扩散和生产函数的改进。"一个更有挑战性的任务是理解国家之间的财富存在差异的原因。为什么存在富人和穷人?要解释这个问题,在最广泛意义上,考虑资本积累就够了。

总之,曼昆说知识基本上是一个不可测量的变量。使用各种形式的知识产权模型难以进行检验。和资本不一样的是,知识在全世界范围内的传播非常迅速。具有艺术价值的教科书即使在世界上最穷的国家也可以找到。他接着说,即使一个公司在一项创新上具有某种垄断力量,这也只能持续较短的时间,直到这项专利变为世界上的公共产品。因此,初步接近的最好假设是所有国家都享有共同的知识库,国家之间的差别主要在于它们将这项公共产品用于投资工厂和人力资本的程度不同。

罗默反对说,即使在更加晦涩难懂的增长核算下,公共产品模型在增长核算方面的最近的历史仍是一个充满困惑和有关战略撤退的故事。首先,模型不能解释归为资本的那部分产出。将强化的索洛模型放开以使资本自由流动意味着穷国的熟练工人要比非熟练工人多赚 200 倍的工资(在美国的比例是 2 比 1)。那么调整资本和劳动的替代弹性又会怎么样呢?得出的数字仍然不合理。"用公共产品模型去解释这些数据就好像挤气球,你可以让它在一个地方变小,但往往问题又出现在其他地方了。"

并且,关于知识并不是公共产品的证据是非常强有力的。这正是贸易秘密、隐性知识、技术诀窍和知识产权所指的那些东西。罗默引用了毛里求斯的例子,关于这个例子他还在 1993 年写过一个案例。在一个世纪的时间里,这个在印度洋上的孤岛一直遵循着标准的增长教条,保持着高关税来鼓励可替代进口的本地工业。但正因为如此,其发展受到了限制。岛上唯一的出口品是农产品。到了 1970 年,它的政府设立了一块低关税企业区。香港服装加工企业迅速地转移了过去。在 1970 年以前岛上不存在服装业。到了 1990 年服装业创造了三分之一的就业机会。

罗默说,毛里求斯的问题不在于低水平的储蓄,岛上居民可以负担得起缝纫机;也不在于劳动者受教育程度过低而不知道如何使用缝纫机。国家图书馆的书架上有没有服装加工方面的教科书不重要。问题在于,在香港企业家到来之前,岛上没有人对服装加工行业足够了解以进入生产。罗默写道:"这些知识不是从香港泄漏出来的。他们是当企业家有机会用他们的知识赚一笔钱的时候带进来的。"因此如果免费可用的公共产品模型连服装制造这样的低技术含量的产业都不能应用,那么它又有什么意义呢?

罗默在会上说,曼昆的立场是他的强化索洛模型在宏观经济学上是"足够接近的"。"什么构成了'足够接近'呢?"他接着说:"取决于个人想要得到什么——让答案正确,或者迎合特殊听众的需要。"新凯恩斯经济学家们"可能过多地关注于他们的模型被接受和在学界以外被应用的程度,对他们所思考的东西是否是事实关注得太少"——过于担心新的增长经济学是否会落入一些将减税措施与较快的经济增长划上等号的人士手中。他总结说,这个专业不应该接受那样的科学行为。

在布鲁金斯会议之后,出现了像往常一样的激烈讨论——并且越来越感觉到罗默赢得了辩论。证据与曼昆的关于最差政策的穷国有和其他国家一样的知识库的假设不符。包括知识产权、企业家和技术政策的模型再也不能被抵制了,至少在研究前沿上是这样的。关于经济增长机制的文章和书籍由涓涓细流汇聚成河:发明、制度、城市、法律制度、知识产权、殖民制度、人口特征、气候、全球化——所有可以想象得到的国家财富的根源。经济系的研究生教师继续讲授扩展的索洛模型,因为它和教科书所要讲的东西吻合得非常好。但是新的成果不断地削弱它的力量,逐渐地,曼昆也在学术界里停止了对他的模型的辩护。他去了政府,在乔治·W·布什的任期担任了两年的经济顾问委员会主席。然后他回到了哈佛大学,接替马丁·费尔德斯坦(Martin Feldstein)担任初级经济学的主任老师,这是学校里上课人数最多的一门课。

同时,谣言也包围了在斯坦福的罗默。他停止了教学,也不再在技术杂志上发表刊物。他和一个初创的软件公司扯上了关系。许多人说他已经彻底离开了经济学界。

因此,最有用的是2004年秋一本由埃尔赫南·赫尔普曼所著的书的出现。在《经济增长的秘密》(*The Mystery of Economic Growth*)中,他以220页的篇幅简练地描述了增长理论的根基——"我们知道什么,我们不知道什么,并且我们需要知道用什么来提高我们对一个在主要方面影响全球亿万人的主题的理解。"从1980年关于贸易的夏季会议开始,赫尔普曼一直是递增报酬革命的一名战士,他看着这场革命越来越复杂地发展开来。现在他给出了一个总结,说明什么已经被了解,什么还需要被了解以吸引该领域外的经济学家、其他社会科学家、政策制定者和任何其他对这个重要主题感兴趣的人们的注意。

从亚当·斯密以来经济学家就一直在研究国家财富的话题,赫尔普曼

第26章 看不见的革命

在书的开头写道，两股最近的研究浪潮已经"改变了我们的看法"——一股是从20世纪50年代早期开始到70年代初，另一股是从80年代中期开始一直到现在。我们已经学到了很多，他说："但这个主题是难以捉摸的，还有许多谜团存在"。事实上，经济增长的秘密"还没有被解答"。

什么使得一些国家富裕而另一些国家贫穷呢？赫尔普曼提出的这个谜和罗默在1983年的论文中提出的，以及卢卡斯在1985年的马歇尔讲座上着重提出的问题没什么不同。世界平均增长率从1820年以来开始加速，并且在第二次世界大战以后飞速提高。这是为什么呢？同时，国家之间的差距也在增大。为什么世界上的增长这么不均等？赫尔普曼将他的书牢牢地锁定在第二个问题上——关于趋同的争议，而不是查尔斯·琼斯（Charles Jones）在他的书里所说的一个更窄的问题——经济增长的引擎是什么？

《经济增长的秘密》的其他部分被组织成6章，包括对积累、生产力、创新、相互依赖、不平等以及制度和政治的清晰描述。在创新一章中，赫尔普曼将20世纪80年代和90年代的成果分为两次高峰，一个使用溢出的"加总"方法，而另一个使用从"罗默90"得来的"分离"方法。（他仍然使用过时的名词"空洞知识"而不是"非竞争性产品"，他完全将"知识产权"抛在了一边。）他在解释中也几乎省略了人口的决定因素。他解释说，无法将人口的决定因素融入他的故事里的部分原因是——这不是他的领域，并且在它所属的领域里边专家们存在分歧。他写道，如果在此后五年他要再写同样的一本书的话，他将会只改变关于制度和政治的那一章，那正是这本书正在以轻快的步伐迈进的方向。

总而言之，《经济增长的秘密》是一本非常精彩的书。首先，它具有标志着赫尔普曼作为领导者的所有细微和清晰之处。在某种意义上，它标志着争议的结束，因为他已经将解释技术变迁的理论当作技术经济学的根基，而不是一个才刚刚开始的假说。可能没有比赫尔普曼的书更加适合于让外行们了解如何像一位经济学家那样仔细地思考。当然，也没有比其更适于行内人士来了解广阔的目前的研究已经达成的共识的概况。

然而，就这本书包括的所有新信息来说，这本书似乎意味着过去25年里没有发生什么实质性的变化。幕后的精彩被小心地省略掉了。就好像是没有人曾经说过关于递增报酬、非凸性或者照明成本之类的词语。变革不是肉眼可见的。经济学已经回归到了普通事物上，已经取得了很多成就，但仍然有许多事情要做。这个谜仍然等待我们去发掘。

第 *27* 章　经济学的传授

在经济学专业领域内，还有最后一个地方可以控制动荡，可以更加准确地衡量"内生技术变迁"自 1990 年出现以后的重要程度——一个远离日常关注以及专业激励体系，并对于管理和增加经济学知识的容量负责的思想平台。让我们重新回到会议中——这一次回到展示大厅。

细心的读者会记得我们曾中止 1996 年 1 月 5 日，星期五下午晚些时候，在旧金山希尔顿饭店 B 号露天舞场上进行的叙述。当时在座的有罗默、马丁·韦茨曼以及罗伯特·索洛，这使听众们备感压力，罗默说道："理论（本身）会告诉我们契合点会在哪里出现"。在那一天发生的另一件有趣的事情是——斯坦福大学的约翰·泰勒教授在展示大厅里介绍了（他的）一本新的入门级教科书。

在其49岁时，泰勒正逐渐被认为是其领域的缔造者之一。因其将预期引入货币政策，发展出所谓的关于目标通货膨胀率的货币政策框架体系，他似乎成为最终的诺贝尔奖候选人。他曾到过华盛顿（工作），先是作为总统经济顾问委员会的成员，而后又担任了联邦储备委员会的副主席。然而，在这一天，泰勒却在介绍这本在过去三年花费了他许许多多的夜晚和周末而完成的基础教科书。

两年以前，斯蒂格利茨曾做过同样的事情。而在两年之后，则轮到了本·伯南克（Ben Bernanke）和罗伯特·弗兰克（Robert Frank）。

正如我们所说明过的，经济学家们编写教科书可能出于许多的原因：因为他们想要赚很多钱，因为他们喜爱教学，因为他们试图影响人们理解经济学问题的一般方式，进而影响所有人教经济学的一般方式。泰勒多年以来一直热衷于向大学新生讲授初级的经济学原理，但在这一天，他不希望仍旧只是照本宣科。

对于学习经济学史的学生来说，一个共识就是每个时代都必然会有其自己的教科书。在这一学科诞生以来的两个多世纪里，成为主流标准的教科书只有5本，每本持续40年或更久：它们分别出自亚当·斯密、大卫·李嘉图、约翰·斯图尔特·穆勒、阿尔弗雷德·马歇尔，以及1948年以后的保罗·萨缪尔森。但是1948年以后，经济学已改变了许多。

从某一时刻开始，已经沿用了超过50年的萨缪尔森的伟大教科书很显然即将走到其尽头。而在1996年的旧金山，对于正统教科书的继承权的争夺已经开始。

从表面上看，教科书并不属于经济学工具的一部分。当然，它们确实是学生们进入这一学科领域的起点，仅在美国，每年就有大约100万这样的学生初次接触入门的经济学教材，其中大多数学生永远都不会超过入门的水准，而对于那些继续留在这一领域中的人，也还有中级和高级的教材，这些教材不仅仅包括像微观经济学和宏观经济学这样大的领域，它们还涉及专门的领域，比如公共财政、货币、计量经济学、贸易以及环境经济学。而所有的教科书基本上都是大同小异的，无论在经济学，还是有机化学、历史或者是拉丁文方面。它们都是以其各自的词汇和语法将其学科作为一种语言教给学生。

毕竟，托马斯·库恩正是从语言的教与学中借用了"范式"一词，用来描述被他称为"构成（一个学科的）核心原则的、包括一系列标准的示例、方法、信条以及现象的集合"。正如学生们通过反复训练和即兴创作相结合的方式来学习语法一样，在经济学教科书里，每一章的后面也都有术语、练习和习题。这相当于语言学的练习，目的是加强理解和检验理解程度。所有教科书的背后都有一个共同的目的：传授给学生一套当前已被普遍接受的观点的标准课程。从某种意义上说，对于特定的学科而言，教科书的作用在于在人们的意识中形成一套运行体系。

实际上自保罗·萨缪尔森的教科书于1948年问世开始，该教材就成为了对产生于第二次世界大战的凯恩斯新古典主义原理的标准概括。自从20世纪40年代末凯恩斯主义学说的解释权威性被人们认可后，萨缪尔森的《经济学》便迅速取代了马歇尔的《经济学原理》，成为每一位最优秀的学生都想要学习的"基本教材"。结果该书为出版商和作者带来了巨大的财富：在55年里共出版了18版，销量数以百万计，被译成40多种语言——简而言之，这正是一个关于递增规模报酬的模型。而到最后，萨缪尔森说，最大的快乐并非来自于金钱，而是来自于有机会影响学科发展的历程。他写道："我不在意是谁在编撰一个国家的法律——或者谁在起草一个国家的条约——只要我能够编写这个国家的经济学教科书"。

萨缪尔森的著作很快就引来了模仿者，而这正符合垄断竞争原理的预期。在一个成功的框架之下做细微的调整，无论对于大学新生和教师还是对于任何其他人而言，都是具有吸引力的。其中最成功的复制品出现于20世纪60年代，内布拉斯加大学的坎贝尔·麦克康奈尔（Campbell McConnell）教授用与萨缪尔森十分接近的方法构建了他的教材。不过，他写得更为简单，数学更少，并且其习题的要求更低。不久之后，麦克康奈尔的《经济学：原理、问题及政策》（Economics：Principles，Problems，and Policies）的销量就明显地超过了萨缪尔森的教科书。谁是麦克康奈尔（的教科书）的出版社？和萨缪尔森（的教科书）的出版社一样。麦格劳·希尔公司追求传统的产品差异化战略：一本适用于所有人的教科书外加一本口袋书。

在那以后每隔数年，都有一本或数本新的教科书出现，之前常常是一本中级宏观和微观经济学的教材，既是练习又是一种试探。成功进入的诀窍很快就被发现，那就是做一点点改变。但这种改变不能多到让其他教授不愿讲授它，不能有任何太过异质的东西，就好比一座种有朴素香草的山上有一些装饰点缀一样。于是麦克康奈尔（的模式）便成为了成功的经济

第 27 章 经济学的传授

学教科书的捷径。而当埃德蒙德·费尔普斯在 1985 年试图将博弈论引入一本入门教材时，结果却未达到预期的效果：从市场得到的判断是这本书太难。此出版商招募新一代的经济学家来延续其最卖座的产品：萨缪尔森变成了萨缪尔森/诺德豪斯，麦克康奈尔变成了麦克康奈尔/布鲁尔。而每隔几年，根据新的认识，人们都会尝试重新表述经济学，希望能够在标准的模式中加入一些大多数教授都能够接受的新东西。

而根据科学的性质，在一个特定的时期和一个特定的领域，只能有一种基本的理解，教科书或许也只能够有一种基本设计。从定义的角度上讲，其中最好的例子就构成该学科的至高范例。当这样的范例改变时，其他的一切也就必须跟着改变。然而，在那一刻以前，原框架下的所有的改变都只是风格上的。尽管经济学的信条一直在改变，但是至今还没有什么能模仿萨缪尔森的《经济学》，像用火车代替马车那样，替代更早的马歇尔的《经济学原理》。

我们可以做这样独特的描述：当罗默在前面所述的大厅里解释新增长时，泰勒的教科书则在大厅下面的教室里铭记下了这一天。事实上，泰勒的教科书第一次（在经济学教科书中）引入了一些关于新增长的标准内容。非竞争性和非排他性虽然被定义，但在关于公共品的一章里，它们却并没有和知识产权相联系。尽管对于一罐可口可乐而言，什么是竞争性的什么是非竞争性的仍然存在着疑问，但是随着索洛模型的出现，技术却已被当作一种投入品。对于技术政策，该教材已给予了一定的重视，这在大多数的基础教材中都是看不到的。

但是 1996 年泰勒教材的出现并未引起多大轰动，其影响或许稍弱于前一年进入市场的斯蒂格利茨的教科书所引起的轰动，又稍强于 2001 年出现的加入了行为经济学的伯南克和弗兰克的教材。可以肯定的是，泰勒在其教科书中加入了若干新的元素。[早先的一本罗伯特·巴罗写给威利（Wiley）的新古典中级宏观经济学教材并未引起人们的注意。]但这种革新只是常规性的，只是一种特殊风格的萨缪尔森模式。

每本新教材在一定程度上反映了该领域中的领袖们之间的错综复杂的论争，而每一本教科书又都声称提供了一个恰当的框架。但是谁都不足以撼动市场的既有的领军者，市场依旧泾渭分明。没有什么可以写成新故事的东西，也没有什么挑战这样的判断：不可能有下一个萨缪尔森，原因是没有新的凯恩斯——新生代与旧的一代之间没有明显的不连续。

知识与国家财富

事实上,就当年的形势,在旧金山的讨论主要涉及的是哈佛大学的一位叫做格雷戈里·曼昆的年轻教授,他被视作新一代的凯恩斯主义阵营的领袖。1992 年曼昆出版的一本中级教材震动了经济学界,在这本教材中增长问题被放在了开始的位置,而不是和 40 年以来几乎是默认的一样一直放在最后,这也反映了新增长理论在那些日子里所引起的普遍关注。

一般而言,一本中级教科书的作者会依附于其出版商——沃思就是一个例子,它是一家隶属于德国的霍尔茨布林克公司的出版社。然而,由于其书得到了广泛的认可,曼昆做了一个经济的选择。1995 年,他因将写作一本经济学原理的计划付诸拍卖而备受关注。竞价者纷至沓来。一开始,出版业巨头,一直在为其下一代教科书寻找模版的麦格劳·希尔公司处于领先位置。直到哈科特·布雷斯·伊万诺维奇的加入,才宣告了麦格劳·希尔的出局。前者刚刚被解除破产保护,并决心要发出一个强烈的信号,开出了 140 万美元的价格,这是一个当时从未出现过的高价。

曼昆很可能会成为改革一代的领袖之一,这一代(经济学家)正在尝试着一个所有人都认为必要的任务——将新古典主义的思想和凯恩斯主义经济学统一到一起。这恰如石头中的剑,其教科书获得成功的作者很可能就会取代萨缪尔森,成为教育下一代年轻人的人。

不过,在同一年还有另一本教科书的写作合同成为了在旧金山谈论的话题,其作者正是保罗·克鲁格曼。由于在竞争中失去了其一线作者曼昆,霍尔茨布林克公司的沃思出版社开始寻找替代者并签下了克鲁格曼,他的中级国际经济学教材(与莫里斯·奥伯斯菲尔德合著)取得了相当大的成功。

事实早已证明克鲁格曼是一位极善表达的作者。《低预期时代:20 世纪 90 年代的美国经济政策》(*The Age of Diminished Expectations*: *U. S. Economic Policy in the 1990's*),这本最初只为在小范围内免费分发而写的,关于若干政策问题的初级读物,最终却成了 1990 年的畅销书。紧接着他又完成了第二本畅销书《兜售繁荣:低预期时代的箴言和废话》(*Peddling Prosperity*: *Economic Sense and Nonsense in the Age of Diminished Expectations*)。这两位作者都被认为是新凯恩斯主义者,但一位习惯性地支持民主党,而另一位却支持共和党。事实上,《财富》杂志曾经请自由主义派的克鲁格曼在一个半月刊专栏上写过文章,反对相对来说更为保守的曼昆。因此,教科书的竞争只是将他们二人之间原本就存在的对立又提高到了一

第 27 章　经济学的传授

个新的层次。

曼昆取得了一个不错的开始。他的入门教材于 1997 年 8 月份出版了。为了这次出版还举行了一场非常值得纪念的公关活动——包括在《经济学家》杂志上的一个封面故事（一个人在充满教科书的迷宫中俯首思考）。这本书绝对是大众型的，在总供给/总需求的分析中，它抛弃了常见的实际需求和有效需求的"凯恩斯交叉图"，然而这正是萨缪尔森的教科书的基石。在这本书中，也没有多少关于预期作用的内容。增长理论还是被放在了开始，而实际上，曼昆最大胆的创新是删去了大量的主观性的内容。与其他大多数初级教科书相比，曼昆的教材篇幅少了三分之一并且大为简单。曼昆只用了不到 800 页就概括了经济学的入门内容，其中只有极少的数学等式。曼昆写道："为了解释这样的选择，我必须坦承，我是一个缓慢的阅读者……每当教授要求我上一门课要阅读 1 000 页时，我都会痛苦不堪。"

到 2003 年第 3 版面世时，无论是在美国还是在世界其他地方，曼昆的《经济学原理》在初级经济学教材的市场上几乎被推至了顶峰，销量几乎与麦克康奈尔和布鲁尔的教科书相当。此时，由于担心地位受到威胁，麦格劳·希尔公司与普林斯顿大学的宏观经济学家伯南克以及康奈尔大学的微观经济学家弗兰克签订了一份合约，让二位经济学家撰写一本具有行为经济学倾向的新教材。他们撰写的教材的确不错，得到了广泛的赞誉，但看上去恐怕仍然无法取代市场领导者——至少在伯南克被任命为联邦储备委员会主席之前没有。于是在新世纪的第一年，所有人都在等待着克鲁格曼。人们普遍的感觉是，如果有一本教材能够有机会取代曼昆教材的领导地位的话，那么一定是克鲁格曼的教材。

然而，在克鲁格曼那里，情况却出现了许多曲折。他被调往斯坦福大学的计划最终并未实现，在加利福尼亚仅仅呆了两年之后，他回到了 MIT（这一决定的形成源自于克鲁格曼的父母需要照顾，以及他本人一直也希望离东海岸更近）。他离开了《财富》杂志，而 1999 年他作为专栏自由作者加盟《纽约时报》更是让所有人大吃一惊。他来到了普林斯顿大学的伍德罗·威尔逊（Woodrow Wilson）学院并声名鹊起。他成为了乔治·W·布什政府的主要批评者，经常卷入各种论战之中。他让妻子作为合著者，分工合作并反复多次交换手稿（修改）。到了 2005 年的夏天，他们的工作终于完成了。

与此同时，另一个完全不同的故事也正在加利福尼亚上演。故事开始于 1996 年的秋天，保罗·罗默从那时起开始在斯坦福大学商学院给 MBA 学员讲授研究生课程。他已经完成了增长问题（的研究），正准备进入行为经济学领域。当时主要的问题是如何让学生们学习，这些人都属于这个国家中最聪明的学生之列，但他们要想跟上教学材料的进度仍然都感到十分困难。

391　这时的罗默，再也不是 15 年前在罗彻斯特大学开始其教员生涯时的那个蓄着长长的头发，穿着蓝色牛仔裤的研究员了。在第一个学期之后，他甚至去买了一身正式的套装——对于那些在罗彻斯特大学认识他的人来说，这真是一件有趣的事情。然而，罗默还是失望了。虽然 MBA 学员们动力十足，但向他们讲授宏观经济学仍然不能算是一件十分令人愉快的事情。学生们在进入教室之前并未做好充分的准备，尽管奥利维·布兰查德的中级宏观经济学教材机智而生动，但是他们依然目光呆滞。虽然他们确实希望理解这门学科，但他们却没有做学习这门学科所必须做的工作。

一个好的教师实际上应该做什么，对此罗默早有认识——这过去是一个理论问题，而现在成了一个实践问题。为什么斯坦福大学的学生要付给他钱，让他来逼迫他们做他们不愿意做的事情？这不应只是设计一个惩罚游戏，来将他们自己绑定其中，要么学习，要么不及格。然而，当罗默在课堂上尝试突然性的提问，以此来识别谁作了准备时，他发现他们中的许多人还是没有完成其工作。他还发现，提问本身成为了一个令人尴尬的过程。

最终他发现，学生们真正需要的是一个教练，而学习就如同运动的训练。要掌握一门学科，学生们需要自己去努力，日复一日地、独立地和学习小组一起合作练习。同时他们也需要有一个人站在一旁，这个人必须知道捷径和方法，了解比赛的内内外外，这个人必须是希望他们取得成功的人，同时他们也渴望得到这个人的认可——同时他们又能够理解这个人的工作，并不是让一切事情对他们来说变得简单，而是使得努力的训练有所回报。他需要的是一个相当于秒表或者是心率器的东西——一种测试学生的表现以及哪些方面还需要提高的方法。

他知道如何让他们更加努力——布置更多的作业，可问题是他没有足够的时间批改作业。或许他可以将其作业置于机器中——一年之后，他从计算机专业雇了一名善于创造的研究生，让他将自己布置的作业编码，放在了服务器上，可以在线完成并自动判分。

第27章 经济学的传授

现在罗默改在课前而不是课后留下习题。他常常测验,以便跟踪每名学生的表现。他不再进行课堂随机提问,但是让学生参加各种各样的课堂讨论,这种形式更能让学生们感受到参与性。不久,罗默便将其所有的课程作业、讲义笔记以及问题和答案都放在了其课程的网页上。他设计了在线实验、双音拍卖等课程方法和形式,这最早由加州理工学院和亚利桑那大学发明,随后在更好的大学里逐渐成为一种重要的课程形式。他还将现实问题编入他的习题中,让学生们估计伊拉克战争的可能成本,或是权衡联储公开市场委员会在其下一次会议上所面临的各种选择。

结果他发现学生们不仅上课时的准备更加充分了,而且他们也更加享受课程了。他们表现得更加自信,更加博学,教学的性质也因此改变了。在他到斯坦福大学任教的第三年,他得到了由商学院的学生们评出的一年一度的杰出教师奖。

当时还在 Wired.com 写作的詹姆斯·苏罗威克(James Surowiecki)指出,创业投资家约翰·杜尔(John Doerr)对罗默的课程感兴趣,偶尔坐在教室里旁听。罗默不得不为其网页设置了密码保护。好奇的浏览者几乎要使该网页陷于瘫痪,但是直到商学院的其他教授开始在他们各自的课程中使用罗默的工具时,罗默才知道他其实已经有所成就了。

而在加利福尼亚的其他地方,罗默的父亲也正面临着相似的挑战。在罗伊·罗默担任科罗拉多州州长的 12 年里,教育政策一直是其关注的中心,早在 1989 年的布什教育峰会上,他就曾大力提倡采用各种能够促进学生学习的标准和评价。他领导了国家教育目标观察组,该组织认为早期儿童教育是美国所面临的最基础性的挑战。

由于不能够谋求第四次连任州长,作为民主党联邦参议员,罗默准备接受一份新的工作。1997 年,他前往华盛顿特区,担任民主党全国委员会的联合主席之一,帮助民主党在克林顿弹劾案中渡过难关。如果艾尔·戈尔(Al Gore)赢得了 2000 年的总统大选,他很可能就会成为戈尔政府的教育部长,而如果戈尔竞选失败,他甚至有可能自己竞选总统。

不过,这位三任州长却没有选择这样,而是选择正在四处寻找候选人的洛杉矶市教育主管的职位,2000 年 7 月他得到了这份工作。专栏作家乔治·威尔这样描述他:"他有可能成为教育界的'唐纳德·拉姆斯菲尔德',尽管由于年龄偏大不能再参与下一届竞选委员会的工作,但他仍然雄心勃勃,跃跃欲试地想要做一番事业而非仅仅为出名而已"。他和他的教授儿子常常就如何改进少儿教育问题的种种细节展开讨论。

出版商（提供的教材）适应洛杉矶地区少儿的水准，并不比他们适应斯坦福大学 MBA 学员的水准高明。教学资料价格高昂而又令人失望，只有在那些最具教学天赋的教员那里，这些材料才显得有用，但是能够教育教师的"大师"越来越少。当儿子正编写软件来测验其在斯坦福大学的学生们的表现的时候，父亲则使用新泽西州普林斯顿大学的教学测试系统，针对数学教学开发了一套基于成绩的测试，以使学生们（通过学习）能够知道他们应该知道的东西。他每隔十周进行一次这样的测试，以保证教师和导师能够在学生们学习效果不佳时迅速做出反应。作为一名政府官员，罗默设计出一套不错的程序，来解释一般的"标准"考试是不足为据的："你更想知道的是什么——是你培养的飞行员的技能已进入（所有飞行员之中的）前 50% 之列？还是他已经能够让飞机安全降落？"

在斯坦福，罗默的思想形成了教材，同样是麦格劳·希尔公司，在 1990 年找到了罗默。和其他人一样，他也清楚萨缪尔森的教材存在的问题是什么。对于写作提纲做另外一种调整没有多大意思，"我从中学到的最主要的东西，就是要做一点真正的改变是多么的困难。"总体上的平淡无奇再加上几处突出的策略，已经成为整个教科书出版业的策略。诀窍就是每隔三年出一次新版，只需在每一版中加入一些使得旧版看上去已显得过时的材料。与此同时，已了解出版商这一策略的学生们，正越来越多地拒绝购买这种新版教材。由于教科书的价格已涨到每本 120 美元以上，调查显示，在学习经济学课程的学生中有超过一半的人选择购买二手教材，或者根本不买教材。因此，那些经常四处碰壁的 MBA 也纷纷选修罗默的课程。

于是，在其父亲来到洛杉矶工作后不久，保罗·罗默决定成立一家出版公司，来销售他开发的课程管理系统和在线教学材料。这种可能性源于一到两年前的一个周末，罗默前往瑞典的斯堪的纳寿险公司，为其管理人员做该公司每年的例行报告。罗默关于非竞争性对于全球出版物市场的影响的故事，引起了富有冒险精神的瑞典人的兴趣。他们开始考虑以其养老金业务来支持这类创业。（那还是一个对互联网狂热的时期，在当时甚至还有几位经济学家正在策划各种各样的网上"金融工具"。）

由于确信（现有的）教材出版商们难以放弃已给他们带来如此多利润的经营模式，罗默和斯堪的纳的风险投资家们感到了机会的来临。2000 年 11 月，等微软拆分案已经展开之时，罗默再次前往瑞典商谈条件。他回来时，带着价值 1120 万美元的投资一个新企业的承诺。一个名为"Aplia"的公司成立了，新公司的标志是一幅欢呼的面孔，既可以被解释为一位刚刚想到一个新观点的教授，又可以被解释为一枚由导火线点燃的炸弹。

Aplia 分为三个部分——分别针对教材出版商、教师和学生。第一个也是最重要的一个部分很快就出现了，罗默解决了二手教材的问题。（Aplia）通过向有需要的出版商出售他的各种工具，建立在线的教学资源和课程管理工具，这些资源和工具已经在他本人的课堂上被证明是相当成功的，并且它们可以适用于任何主流的入门教材。Aplia 提供了一个对于各个版本的教科书均不带任何偏见的平台。

然而，经济学毕竟是一门充斥着各种需要借助图形才能有效说明概念的学科——只要看看如果不要这些图形那么经济学教学会发生什么就知道了。与用语言来描述相比，将这些图形编成练习的形式有时并不是一件简单的事情，更不用说在需要解释图形的部分配以紧密的文字说明了。但这正是罗默已经学会的东西。他成功地设计出了各种能够吸引教科书编撰者的应用练习，他知道在哪里可以找到能给出各种新的说明的经济学教员。罗默的初期工作为其节约了相当多的固定成本。

在这些网页上，随时间不断调整的窗口涵盖了教科书上大约一半的内容——包括习题，对于当前事件的解释和说明，小测验，以及考试——出版商远远不必像从前那样频繁地更新其教材，他们可以提供一个在线的教材版本，甚至不需要哪怕一页的笔墨，教材本身就能够伸缩。

第二个卖点是这一基于网页的系统对于教师的吸引。当教员选择了任何一本（主流的）教材之后，他将能够在 Aplia 所提供的庞大的资源库中挑选所需的教学资源——而所有这些资源都是最新的，而且或多或少都是为特定的教材量身定做的。习题集会自动升级，并且每天都会以全程报告的形式反馈给教师和学生。学生们可以通过控制相互关联的图表和数据来测验自己。和从前相比，他们将可以更好地理解概念——或者如果他理解错了，教员也会知道并且采取行动补救。由此可见，Aplia 提供的材料实际上是为教师服务的，教学将会变得更加简单也更加有效——同时也不会占用教员更多的时间。

第三方面的建议是给学生们自己的。通过自己的教学经验，罗默知道学生们对于教学软件有着敏锐的判断。对于新的资源的真正考验，是应该看使用了这些资源的学生学得是否强于没有使用这些资源的学生，而学生们自己当然会清楚这点不同。Aplia（的成功）要依赖学生们和教师们的口碑，如果它是有效的，那么他们的喜好将可望转化为销售量。虽然这不会像在19世纪那样，相互竞争的打字机生产商进行打字（速度）测试以试图劝说老板和秘书，自己设计的打字机能够加快他们的打字速度——在这里没有大量的21世纪的随机试验和行为实验。但是，（教师和学生们）对于效率的个人体验仍将是决定（Aplia）成功与否的因素。

Aplia是罗默职业生涯中的第三次大的赌博。离开MIT去芝加哥大学（任职）当然是有风险的，但那时他还很年轻，不一定要选择将经济学作为终身职业；更加令人吃惊的恐怕是其辞去在芝加哥大学的教授职位，在没有工作的情况下前往加利福尼亚，但是罗默在一年之内就脱离了这一困境。而创立自己的企业则是一次更加冒险的行动，即使是在他的专业领域以内，他也还远远算不上很出名，而他已经45岁了，也许他将就此沉沦下去。

他向斯坦福大学请了两年的长假，他将他所有的储蓄都用于向员工开薪水，在与托马斯·萨金特共同合作完成了最后一门课程的教学之后，他就跟（斯坦福大学）研究生院的学生们说再见了，而在一次有关创新问题的学术会议上报告了一篇关于技术培训的论文之后，他的研究工作也彻底停止了。在许多人看来，他似乎已从原来的领域中退休了。一位经济学家略带轻蔑地说，他的头脑已经死了。一位拜访罗默的编辑发现，罗默正为经营而忙得不亦乐乎。他拿罗默开玩笑说，看到他正试图通过出版有关资料来证明他的学术观点，这是一种悲哀。

但事实证明罗默的确有经营天赋。他既负责招募了研究员、编辑以及各个领域的代表，又负责雇佣、解雇和再融资事务。在数年的时间里，他几乎一直是来无影去无踪，参加全国各个地区的经济会议，评估教师的需要并物色有潜质的研究员。他在会议期间的私人套房中向其邀请来的客人介绍他的软件，而不是在展销大厅中摆摊设点。

他的第一个客户是W. W. 诺顿公司，它是哈尔·瓦里安最为畅销的中级微观经济学教科书的出版商。与瓦里安第六版（教材）配套的《中级微观经济学习题》是有史以来最好的习题集之一，由他与加州大学圣巴巴拉分校的西奥多·伯格斯特龙（Theodore Bergstrom）共同编写。现在罗默同意将原来的练习（用他的软件）放到网上，从而给教员一个利用系统自动批改有相同答案的家庭作业的机会——公式、数字以及图像——这样学生也可以不再做笔纸练习。由于可以留更多的作业而又不用花更多的时间去

第 27 章 经济学的传授

批改它们,教员们争先恐后地使用这种工具。

接着,2003 年 11 月,Aplia 同意为克鲁格曼的教科书提供支持。出版商因此得以同时提供两种产品:售价大约 100 美元厚 800 页的传统教科书,或者是售价在 60 美元左右的电子版教科书,同时绑定一套由 Aplia 提供的价值大约 30 美元的习题集以及同步测验——对学生而言,无论是选择购买传统版本还是电子版,或者是根本不买教材,只要他选择了这门课程,因为必须要完成作业,他们都必须购买。这种做法的用意是想让学生们更加偏向在线版本。罗默和克鲁格曼正"威胁着这一在美国年销售额高达 39 亿美元的高校教材出版业",查尔斯·戈德史密斯(Charles Goldsmith)在《华尔街杂志》的一篇报道中写道:"几乎没有人会否认这一行业需要改革"。

2005 年初,曼昆的出版商也不声不响地与 Aplia 签约,为其教材提供支持。该公司的发言人抱怨道,如果不提供相应的服务的话,那么在与克鲁格曼的教材的竞争中,他们就会失去新进入市场的客户。同样,罗默只是提供非排他性的授权,就像 20 年前比尔·盖茨对于其开发的电脑操作系统一样。

到了他准备参加 2006 年波士顿会议的时候,他最初只是为他在斯坦福大学的学生设计的教学和课程管理系统,已经成为支撑初级经济学教科书市场的一个巨大而重要的部分。

作为一种互补品,罗默的系统能够控制大学经济学教材的市场吗?面对 Aplia 不断摄取着市场权利,这显然是一个根本的问题。几乎以相同的方式,标准式键盘的设计统一了打字机键盘;微软公司的视窗操作系统使得计算机本身成为了商品,而使谁生产的显得无关紧要。Aplia 是否会成为在线经济学的代名词——学生们学习经济学的标准工具?在 2006 年的波士顿会议上,这是真正让人感兴趣的问题。

当然,入门教科书的作者之间的竞争也在加剧,克鲁格曼和曼昆吸引了大量的关注。然而在不经意间罗默已经同意将其系统提供给约翰·威利和桑斯的中级宏观经济学教材,可能还会有一本初级教材紧随其后,从而在初级经济学教材市场上形成至少是三足鼎立的局面。与此同时,皮尔逊公司与哥伦比亚大学的 R·格伦·哈伯德(R. Glenn Hubbard)(乔治·W·布什的高级顾问之一)和哈佛大学的戴维·雷布森(David Laibson)(一位著名的行为经济学家)开发了两套更新的系统。诺顿公司有斯蒂格利茨;H. 米弗林公司有泰勒;而尽管其萨缪尔森—诺德豪斯的品牌正在褪色,麦格劳·希尔还拥有伯南克和弗兰克。出版界的巨头们下一步将会做什么呢？

更广泛地讲，什么样的教学体系能够像萨缪尔森的经济学在20世纪取代马歇尔于19世纪确立的传统那样，在21世纪取代萨缪尔森呢？现在要回答这一问题还为时尚早。当30岁的萨缪尔森在二战后花去数年时间编写一本教科书的时候——"对象是那些在经济学上不会花超过一到两个学期，只是对于作为一般性教育的经济学感兴趣的学生"——无论是经济学还是出版业的规模和集中度都不如现在，是作坊式的企业而不是跨国的大公司，当时的人们也还没有发现"总体上的平淡无奇再加上几处突出之处"这一商业模式。出版商愿意为冒险行为买单，而萨缪尔森本人也从未期望这本教材能够被当作主流持续如此之久。

自Aplia开展业务以来，标准教科书的网络补充材料和课程管理工具在2005年固然是风行一时。高等教育出版商们意识到了作业批改和时间限制的重要性，它们争先恐后地将其陈旧的"自我评价"和说明性工具放到了网上。同时，竞争还迫使他们为高等教育提供更为完整的服务。

正是因为出版商的觉醒，并且归根结底技术是非竞争性的，Aplia不一定会成为一家永久的企业乃至成为四大国际出版商之一，更可能的是它被其中一家所吸纳。罗默说道："我们不一定能赚到一大笔钱，但我一直说改变行业要比获得利润容易。我对于经济学产生的影响，已经是我靠写东西永远也不可能产生的。"和经济学理论本身一样，经济学的教学也正在改变。

回想十年前的旧金山，当时在希尔顿饭店的楼上罗默正在陈述其新增长理论，而约翰·泰勒正在楼下的展示厅中介绍其涵盖了新内容的教科书，这仿佛已是很久以前的事情。罗默还会回归经济学的研究吗？他也不知道。他的公司利润飞涨，然后斯堪的纳撤回了他们在美国的投资。所以在2005年罗默的父亲和兄弟为其提供了第二轮融资，实质上是冲淡了瑞典人对于公司的控制。于是，在约翰·迪尔（John Deere）的管理之下，Aplia成为了最新的罗默家族企业。罗默的父亲与洛杉矶的学校之间的合约关系将要持续到2007年，到那时他将79岁。而2005年保罗·罗默本人也已经50岁了，他又开始从事教学工作。他的孩子们长大了，而他和他的妻子也已提出离婚申请。他的目标改变了，之后会怎样谁也不知道。

很正常地，他的赌博也引来了某些怨恨，他绝不是一个合群的人。但他的热情却并未因此而减退。"我想要做的事情是正确的,"他说道,"美国所面临的最为重要的政策性问题——在一个全球竞争的世界中教育应该如何进行,"以及"存在着给印度和中国所有想上大学的孩子提供教育的挑战……"

结　论

401　　到了故事的结尾——一篇技术化的经济学论文加速了对自 1980 年以来生产的基本要素，土地、劳动和资本怎样变成人们的观念和商品等这类问题的重新定义，这都归因于对原子和比特的新的有益的区分。

　　沿着这条路，我们使在大学的经济学中发生的美好图景得以显现。一个更深层次的收获，也许不是弄清楚其构成部分是如何运行的，而是让我们的后代去关注它们。

　　我们的知识在没有加总之前是不完全的，所以有了新的知识经济学。它如何改变结果呢？答案对于我来说，至少在很大程度上还没有改变。最重要的变化是那些已经真实发生的发现和创新接连不断，政府在自上而下的经济管理

结　论

和控制中的收缩以及全球市场的开放。经济学在关键时刻跟上了这些重要的发展。加入新的理解以及对它进行整合仍然是工作的重点。这里，我必须把我作为一个即将进入经济学家圈子的报告者的身份放在一边，而以一位公民与父亲的身份撰写这本书。

至少从航海家亨利起，政府已经知道对知识的创造和传播给予补贴，资助有用的人文科学，普及教育，保护知识产权以及促进自由贸易是符合其利益的。毕竟，培根的名言"知识就是力量"来自于17世纪早期的英格兰。从微积分和精英学院到公立大学，法国革命和拿破仑激发了学习并且使其大众化。到了19世纪，德国大学为优秀的科学成果建立了全球标准，德国也在第一次世界大战前变成了欧洲最有实力的工业化国家。

美国，同样很早就有了技术政策，尽管他们很少这样称呼。英国殖民者在1636年建立了哈佛大学。专利法被写进了美国宪法。内战的开始伴随着莫瑞尔（Morrill）法案的制定，它建立了"赠地学院"（land-grant），把高等教育普及到了边疆。19世纪后期的移民潮导致了20世纪初高中教育的普及。二战结束时的GI条例让所有老兵都可以进入大学。1980年经国会通过的贝-多尔（Bayh-Dole）法案大力激励私人去利用政府资助的药品研究成果，同年，罗默开始写他的论文。大学自身在经济系统中起到的重要作用是显而易见的。不妨看看其他情况，有大学的地方仍然会不断更新自己并保持自己在世界上的竞争力。知识是生产的重要因素不需要除此以外更多的证明。

这就是说，经济学家的观点一旦被广泛接受以后会产生很大的影响。"内生技术变迁"开始有了影响。新增长理论问世之后20年，德国总理施罗德在2004年做了个令人吃惊的宣布：德国中央银行将出售其所有的大量黄金并投资于德国的大学。法国的中央银行很快也紧随其后做出了投资。第二年，英国政府对于成功的疟疾疫苗的发明者提供了大量的合同，尽管曾经是作为对大海捞针似地发明一种可靠的治愈方法的奖赏。这个想法不仅仅促进了世界范围内对于疟疾——这种每年导致200万人死亡和无数人患病的疾病的医治，也刺激了英国生物技术的发展。在新加坡，接受更高的教育是这个国家的信念。印度和中国的大学正在飞速地培养着工程师和博士们，它们在想怎样提高教育水平才能和全球的其他学生竞争。2005年，印度总理任命了一个由8人组成的知识委员会来进行大刀阔斧的改革。

美国应该寻找训练更多的科学家和工程师的机制吗？罗伯特·索洛是

对的。他说我们不应该使研发支出像往常一样翻倍并且期望得到结果，就像不应该减税而期望收入上升一样。实验室并没有将递减报酬这一原则排除，尽管有些时候，人们发现（这一原则）会带来额外的收益。罗默提出的一个补救方案是关于1958年的国家防卫教育法案（National Defense Education Act）。他使联邦对于教育的补助增加了一倍，尤其是高等教育。这个在苏联发射了人类第一颗进入太空轨道的卫星之后实行的冷战措施，对于从1862年莫瑞尔法案开始建立的研究型大学提供了巨大的激励。国家防卫教育法案计划让那一代的有关电脑、通信技术和生物技术的发明都以不同的形式进入校园。这种担保性的机构尤其适合对高等教育的巨大支出进行投资。罗默说所有重要的观点都是"基础观点"——这是产生和改变其他观点的观点。

什么是基础观点呢？例如更开放的科学交流，放松对报纸的管制，杂志的出现和专利系统的建立，公共教育的建立，农业配套服务的创立，最优计划的实行（这使得日本从1870年走上了工业化道路），政府对研究型大学的资助，同行评议学术体系的引入。新的知识经济学对政策提出建议会花上几年的时间。没有理由认为我们把全部政策都提出来了。

一个很好的基础观点是开放和贸易。也许没有比IBM这个案例更有代表性的了，IBM在2004年决定卖出120亿美元的个人电脑业务给中国最大的电脑制造商联想，并且允许联想在5年内使用IBM的各种品牌去打造自己的声誉。一夜间，联想变成了世界第三大PC生产商，而IBM得到了17.5亿美元，从而可以从事更有利润的营运——如它们能开发神秘而又耐用的电池，或者更新更快的计算方式。就目前看来，亚洲制造商可以生产电视机，而美国来制作电视节目——双方都能够得到改善。就像任何事情一样，IBM很快意识到生产个人电脑不再有很高的利润——从发明它到现在已经有四分之一个世纪了。

相比于20世纪七八十年代美国对于日本崛起的缓慢反应，IBM对于21世纪的新情况的反应却如此之快。消费者当然会更喜欢更好的汽车、更便宜的电视。那么对于美国的经理们来说需要多长的时间来应对日本的钢铁、汽车和电子产业的崛起呢？新增长经济学支持IBM向中国出售PC业务这一做法有两个重要的原因。使用中国的廉价劳动力显然好于早期拒绝对中国透露核武器机密这一做法。这种做法最多只能在几年的时间里延缓这一不可遏制的趋势，而贸易一体化却孕育着贸易伙伴之间的互相信任。一个

结　论

好的中国经济对美国产品而言是巨大的市场,并且美国经济很早就被警告其成本已经超过警戒线了。

在人类历史的大部分时期里,直到20世纪的前半段,人类凭借力量和耐力可以很容易地找到工作。随着机器、马达和流水线逐渐替代人力,除了在某些职业运动领域之外,强健的身体不再是谋生的资本。电脑大大地改变了世界,传统的蓝领工作首当其冲被替换掉。一个生动的例子是在弗兰克·莱维(Frank Levy)和理查德·默南(Richard Murnane)的《新劳动分工:电脑如何创造下一个职业市场》(*The New Division of Labor*: *How Computers Are Creating the Next Job Market*)一书中所写到的。

当波音727这一象征着喷气引擎的时代的飞机在1962年问世的时候,它花去了5000名工程师7年的时间来进行研发。他们不能确保所有的设计图纸是一致的,于是第一步是修建一个全尺寸的模型。只有这样,他们才能把设计细节转换成为机械工具(技术化的车床已经能够被数字机器所控制)。甚至,某些部分不能很好地匹配。装配工人因此通过手工的方法用金属薄片来确保飞机部件不会松动。(金属薄片一般是逐渐变细,用来填充和平整不同零件,否则零件之间不能很好地匹配。)制造重达44吨并且有0.5吨金属薄片的727如此繁琐。总共制造了约1 800架727,其中1 300架依然在使用。

30年之后,当波音777模型问世的时候,尽管它更大更复杂,但制造它用了不到5年的时间。777不需要更多的设计图纸,它是第一架完全用电脑设计的飞机,这也确保了内部设计的一致性。用法国公司Dassault生产的计算机辅助设计和制造软件,波音工程师能够用数控机械工具直接控制飞机机器的生产。飞机的零件自然匹配得很好。制造商炫耀说,"相比于其他飞机零件的连接距离0.5英尺来说,777是第一架0.23英尺——一张扑克厚度——连接技术的飞机"。换句话说,金属薄片不再需要,相应地操作薄片的技术工人也不再需要。

更加安全、更加便宜、更加干净和更加舒适的飞机问世了。而飞行费用的确降低了,更多的人选择乘飞机出行。价格随着竞争者进入市场不断降低,而欧洲的空中客车制造商证实了,由于知识的非竞争性,头脑会承载着无可比拟的优势。

但失业的构成确实在急剧地变化。对计算机辅助设计和计算机辅助制造(CAD/CAM)的操作者、软件工程师、图像设备制造者、机场工程师和

_313

飞行员等更多地提供高薪的岗位，尽管去年机长不再获得航空管制前的报酬。另一方面，对于机场导航员、维修人员、控制显示器的员工以及清扫终端的员工提供低薪水的工作。但是在车间里，在生产线上，在旅行社里以及在机舱里却很少有适合蓝领工人的职位。今天，零部件制造厂能够建造在世界的任何地方，因为飞机制造商知道飞机的每个部件无论在哪里制造，都能够无缝匹配在一起。空中客车和波音之间的竞争开始加剧。在什么地方制造的决定部分来自于消费者方面带来的政治压力。波音甚至把总部从西雅图搬到了芝加哥。在 300 年以前，法国航海家们乘着小舟飞跃重洋，这里成为了重要的港口。波音公司裁掉了秘书和行政人员，雇用了语言学家和说客。

21 世纪的全球化刚刚开始。欧洲国家、日本、中国、印度、美国和世界上其他国家之间的关系变得更加紧张。这种状况在目前的情况下更加复杂，加之其他"角色"的国家——斯堪的纳维亚和东欧国家、巴西和俄罗斯、澳大利亚和土耳其。增长给工业化民主国家的挑战几乎没有改变主导这些国家的政治因素——税收减免和折旧补偿。相反，未来几十年里最重要的基础观念是决定成为瞬息变化的国际劳动力分工中的哪一部分。当今的目标是市场的专业化和全球化，而非殖民化，但是关联制度的重要性——经济、法律和政治——远远超过了以往。至少从 19 世纪中叶开始，这种浪潮就在国家之间出现。

国家怎么能在竞争中不断进步呢？抛开高傲之气，殖民抢掠之性，20 世纪的悲惨战争，发展缓慢但是的确改善了人权，我们可以清楚地看到做得最好的国家是那些关注教育的国家。在《规模和范围：动态的工业资本主义》（*Scale and Scope：The Dynamics of Industrial Capitalism*）一书中，伟大的历史学家阿尔弗雷德·钱德勒（Alfred Chandler）清晰地描绘了一幅英国、德国和美国的不同工业化模式的图景。

钱德勒说，三种管理型的资本主义展现出来——个人的、团体的和竞争的。他说明了递增的制造业在每一种情形下都创造着经济的动力：第一个大规模投资于大规模制造业的公司有不可比拟的成本优势。这些制造巨头也是最早的跨国公司。它们进行着国际营销，创造着不同的分销渠道。他们的组织结构也不断地变化着以更好地进行管理，并且在几十年后它们依旧保持着竞争优势。

在英国，个人资本主义在很大程度上难以维持。在德国，政治和商业

结　论

领袖的密切合作能很快地创造财富，并且在一段时间里建立了世界上最好的大学系统，但是同样导致或者无力阻止战争的发生。所以通过了《谢尔曼反垄断法案》和一系列后续的立法的竞争性的美国公司，在20世纪中期取得了巨大的胜利。教科书中的资本主义制度——资本市场、管理结构、规制机构——是其中的主要部分。尽管这些机构的作用今天在很大程度上还不为人知——但是，人力资本政策的作用在美国已经非常显著，前所未有地对大部分国民普及教育和扩展培训，并且使得工业化劳动力能变成后工业时代的主力军。

显然，把大量的孩子送到学校学习远离现实的文化，之后让他们进入一个机会有限但是不适合他们的社会的做法并不好。高等教育应该在某些方面紧跟学生能够理解和接受的市场信号。欧洲的部分经济减速可能就是由于1968年之后扩大教育机会而没有考虑接受教育之后毕业生的就业问题导致的。这是在快速全球化时代对于国家管理的一个挑战。它意味着更加关注于经济如何发展，并且对于那些需要教育和培训的人——如掮客、学徒等制定一系列激励措施，增加各种形式的培训和就业机会等。早期的幼儿培训也许是所有政策中最有效的方式，它可以把那些可能成为国家的不稳定政治因素和力量的下一代培养成为社会建设的力量。

我们已经沿着亚当·斯密的道路走了很久，经济学家提出的第一个基础观点也许是经济增长需要"稳定、低税收和公正的政府"。这个理念至今仍然不差，但是从那个时候到现在的世界却发生了巨大的变化！最近的研究表明，一个并不明显的事实是，在加速融合的全球经济中，资本很大程度上会对市场很好地做出反应（除非中央银行的偶然管制），但是人力和技术资源却要求国家进行一定程度的管理。

技术政策正是出自于"内生技术变迁"的必然结论。政府中的科学部门管理者和教育大臣会被认为不如中央银行行长、财政部长，甚至是贸易谈判者重要，但是技术、培训和教育政策却被全球很多国家认为是政府的必经的和法定的义务，它们和财政货币政策同样重要，并且更难施行。

这就是新增长经济学。全方面地改革专利制度，重新修改国际知识产权制度，使穷人更好地获得知识，因为它已经使得西方国家吃了很多苦头。除了资本市场、私人组织和政府机构（ARPA、NASA和NIH）之外，还有更有效地进行分配的机构使得知识获取更有效率。无论采取什么形式，都应该继续在新的产业中大胆创新。

但是首先得根据国际竞争的现实重建发达工业国家的教育系统并创建发展中国家的教育系统，否则只有承受新兴工业化国家用低成本进入市场所引起的不平等。

钱从哪里来呢？传统观点认为婴儿潮时期出生的人口所带来的老龄化将会在未来的二三十年左右工业化国家的民主政治，贪婪的人们不会给人力资本投资留下任何空间以应对新的全球秩序。在这种情况下，那些多劳少得的移民会成为整个经济的主体，就像在英国一样。罗默自己也很悲观，他担心美国在21世纪不会像在20世纪一样出色——迅速建立其高等教育体系，第一次把成千上万的学生送到大学里去，并且鼓励大学科研机构和研究生院的建立。谁知道政治将如何发展呢？市场的大大扩展迅速创造了大量的财富——一方面使得婴儿潮时期出生的人们享受到更高的生活水平，另一方面给下一代人提供了更多的就业机会。但是压力同样很大。我们面对着空前复杂的危机，按照罗默的话说就是"关于浪费的危机是一件可怕的事"。

同时，技术化的经济学——数理和实证方法，可以针对同一个现象给出截然不同的答案——同样是到达真实世界的不可缺少的向导。你不会得到一个比我们在这里告诉你的经济学的发展更为清晰的轨迹。更进一步，这个有关经济发现的故事仅仅是很多叙述方式的一种。历史学家约格·尼汉斯（Jurg Niehans）曾经写道，历史上关于经济思想的标准的处理意味着过去是巨人的时代，而现实中却充满着矮子们的骚动。假设物理和公共健康也是同样的情况，但是又有谁会非常渴望回到伊萨克·牛顿和路易斯·巴斯德的时代呢？

我们越来越充分地理解了生活的不同侧面，相应的传奇自然减少了。这就是马克斯·韦伯所说的"世界的醒悟"。否则，没有对于世界的如此透彻的看法。经济学也更加使人着迷。而对于它的挑战依旧在前方，发掘国家财富的更深层次的原因，那就是亚当·斯密所说的道德情操——人性。

索引

Abramovitz, Moses, 阿布拉莫维茨,摩西, 148

Acemoglu, Daron, 阿西莫格鲁,德隆, 315

AEA San Francisco meeting (1996), 美国经济学会旧金山会议(1996年), 16—17, 20—27, 375, 382—383, 397

Age of Diminished Expectations, The (Krugman), 低预期时代(克鲁格曼), 387

Aghion, Philippe, 阿吉恩,菲利普, 252, 300

Agriculture, 农业, 48, 49, 51—57, 61, 62, 81, 163, 167, 210—211, 221

Akerlof, George, 阿克洛夫,乔治, 155, 171—172, 173, 174, 175, 184, 212, 271, 301, 302, 303, 373

Alchian, Armen, 阿尔钦,阿尔曼, 254

---

* 李民、张文伟、龚义、郑德平、胡平、鲁小湖、张建民、王小芽、孙晖、罗建平、张和宇、马晓禹、孙涛、李敏、崔静、李军、顾长兵、洪云、杜伟民、王一凡、陶泽、崔剑等校对了书稿。

Alesina,Alberto,阿里森那,艾伯特,315

Alexander,Sidney,亚历山大,西德尼,116

Algebra,代数学,74—75,77,85,96,106,114,128,130,154,164,171,243

Allen,Paul,艾伦,保罗,344

American Economic Association(AEA),美国经济学会,3—27,193,212,228—235,259—260,267,275,322,375,382—383,394,395,397

American Economic Review,《美国经济评论》,16,156,259—260,275,278—279,283,328

Analytical Mechanics(Largrange),分析力学(拉格朗日),74

Andreessen,Marc,安德森,马克,354,355

Aplia,392—397

Apple Computer,苹果电脑,228,345,347—348,364

"Are Government Bonds Net Wealth?"(Barro),"政府债券是净财富么?"(巴罗),268

Aristotle,亚里士多德,24,30,33,36,40

ARPANET,228,351—353

Arrow,Kenneth,阿罗,肯尼斯,62,87,135,137,138,141,150—153,154,161—165,168—169,170,175,185,189,199,209,225,229,230,243,285,291—292,302,325,351,356—357,365,374

Arrow-Debreu Model,阿罗—德布鲁模型,170,185,189,199,209,325,365

Arthur,Brian,阿瑟,布雷恩,233,234,356—357

Ashcroft,John,阿什克罗夫特,约翰,362

Ashton,T.S,阿什顿,T.S.,48

Asimov,Isaac,阿西莫夫,艾萨克,181

Asymmetric information,不对称信息,172—173,175,295,373

AT&T,美国电话电报公司,232,358—359,361,362

Auletta,Ken,奥雷塔,肯,362

Automobile industry,汽车产业,172,180,182—183,225,240,256,263,355

Babbage,Charles,巴比奇,查尔斯,61—62

Bacon,Francis,vii,培根,弗朗西斯,vii,12,400

Bagehot,Walter,巴格霍特,沃尔特,43

Baily,Martin Neil,贝利,马丁·尼尔,266,301,361

索 引

"Balance of the Russian Economy, The"(Leontief),"俄罗斯经济的平衡"(里昂惕夫),115

Baldwin, Jean, 鲍德温, 琼, 260

Ballmer, Steve, 鲍尔默, 史蒂夫, 345—346, 354, 358, 361, 362

Balzac, Honore de, 巴尔扎克, 阿诺德, 65

Bandwagon effects, 花车效应, 232, 234, 314, 345

Banking industry, 银行业, 99, 117—118, 158—159, 171

Barro, Robert, 巴罗, 罗伯特, 268—270, 275, 276—288, 289, 298, 386

Bartley, Robert, 巴特利, 罗伯特, 194

Bayh-Dole Act(1980), 贝恩—多尔法案(1980), 400

"beanpole", 支竿, 129, 162, 170, 218

Beautiful Mind, *A*(Nasar),《美丽心灵》(纳萨),176n

Becker, Gary, 贝克尔, 盖瑞, 205—206, 253, 289, 290, 361

Beckmann, Martin, 贝克曼, 马丁, 137

Bellman, Richard, 贝尔曼, 理查德, 169—170, 199, 208

Bergson, Abram, 伯格森, 艾布拉姆, 116, 122

Bergstrom, Theodore, 伯格斯特龙, 西奥多, 394—395

Bernanke, Ben, 伯南克, 本 271, 383, 386, 388, 396

Berners-Lee, Tim, 伯纳斯—李, 蒂姆, 354, 355

Bern Stein, Peter, 伯恩斯坦, 皮特, 160n

Bhagwati, Jagdish, 巴格沃蒂, 杰格迪什, 18n, 181

Birmingham, England, 伯明翰, 英格兰, 307—308, 320

Blake, William, 布莱克, 威廉, 342

Blanchard, Olivier, 布兰查德, 奥利维, 171, 197, 253, 271, 301, 389

Bohr, Niels, 博尔, 尼尔斯, 102, 103, 262

Boies, David, 博伊斯, 戴维, 357

Bonfire of the Vanities, The(Wolfe),《虚空之火》(沃尔夫),258

Boserup, Ester, 博塞拉普, 埃斯特, 263

Bowley, Arthur, 鲍利, 阿瑟, 77

Boyle, Robert, 博伊尔, 罗伯特, 15

Brahe, Tycho, 布莱赫, 第谷, 103, 324—325

Brand, Stewart, 布兰德, 斯图尔特, 297

Brander, James, 布兰德, 詹姆斯, 189

Bresnahan, Timothy, 布雷斯纳汉, 蒂莫西, 313, 357

Brezis, Elise, 布莱吉斯, 伊里斯, 316

Brock, William "Buz", 布罗克, 威廉, 204, 205

Brookings Institution, 布鲁金斯协会, 4, 104, 133, 377

Buchanan, James, 布坎南, 詹姆斯, 18n, 29, 279—283, 301

Berbank, Harold, 伯班克, 哈罗德, 120

Burke, Edmund, 伯克, 埃德蒙, 50, 338

Burns, Arthur, 伯恩斯, 阿瑟, 133

Bush, George H. W., 布什, 乔治, H. W., 290, 373, 390

Bush, George W., 布什, 乔治, W., 362, 367, 379, 388

Bush, Vannevar, 布什, 万尼瓦尔, 120

Business cycles, 经济周期, 101, 122—123, 140, 148, 157, 170, 172, 176, 247, 252, 253—254, 274, 301, 371

Caballero, Ricardo, 卡波莱罗, 李嘉图, 315

Cake-eating, Chattering and Jumps: Existence Results for Variational Problems (Romer), 《吃蛋糕, 喋喋不休和跳跃: 变分问题的存在结论》(罗默), 226

Calculus, 微积分, 56, 69, 70, 75, 91, 117, 128, 130, 142, 143, 147, 154, 164, 170, 218, 295, 322, 325, 400

Caldwell, Donald, 考德威尔, 唐纳德, 316

Cambridge University, 剑桥大学, 13, 24, 51, 73, 84, 85, 88, 90, 98, 99, 101, 107, 116, 138, 148—149, 156, 159, 235—248, 250

Campbell, Norman, 坎贝尔, 诺曼, 15, 297

Canals, 运河, 48, 61, 121—122, 145, 225

Canning, David, 坎宁, 戴维, 236, 247, 249

"Can There Be a General Glut of Commodities?" (Malthus) 《会存在一个普遍的商品充裕吗?》(马尔萨斯) 57n

Cantillon, Robert, 康替龙, 罗伯特, 35, 41

Capital:

accumulation of, 资本积累, 35, 78, 145, 146—147, 156, 206, 238, 242, 263, 267, 273, 338—339, 371, 377, 406

索 引

credit as basis of,作为资本基础的信用,78—79

as economic variable,作为经济变量的资本,143—144,145,146—147,171,208,238,266,377—378

as factor of production,xviii—xix,xxii,作为生产要素的资本,41,42,52—53,83—84,245,342,399

human,xxii,人力资本,23,25—26,149,241,242,243,244—247,250,257,259,273,291,293,294,315,318—319,324,339,352,399,406,407

investment of,资本投资 23,25—26,44,50—56,57,62,66,68,77—78,84,86,118—119,146,156,160—161,200,210,211,217,223—224,254—256,262—263,264,267,346,351—352,367—368,407—408

labor compared with,与资本相比较的劳动力,75,91,143—144,146,148,239—242,377—378

mobility of,资本的流动性,35,192,239—242

physical,实物资本,23,25—26,264,273,293

venture,风险资本,392

Capital (Marx),《资本论》(马克思),64

Capital Ideas (Bernstein),《资本观念》(伯恩斯坦),160n

Capitalism,资本主义,53,54,62—65,87,88—89,99,123,143—144,179,238,261,300,363,405—406,407

Capitalism, Socialism, and Democracy (Schumpeter),《资本主义、社会主义与民主》(熊彼特),123—124

Capitalism and Freedom (Friedman),《资本主义与自由》(弗里德曼),204

Card,David,卡德,戴维,19—20

Carlyle,Alexander,亚历山大·卡莱尔,29

Carter,Jimm,卡特,吉米,191,328

Case,Steve,凯斯,史蒂夫,356

Cass,Dowid,卡斯,戴维,206—207,225

Cassel,Gustav,卡斯尔,古斯塔夫,199

Cass-Koopmans model,卡斯—科普曼斯模型,206—207,225

Caves,Richard,凯夫斯,理查德,193

Chamberlin,Edward,钱伯林,爱德华,85,109,110,111—115,120—121,122,124,125,134,151,173,175,193,217,219,225,251,298n,376

Chandler, Alfred, 钱德勒, 阿尔弗雷德, 149, 338, 405—406

Chicago, University of, 芝加哥大学, xxi, 13, 22, 24, 83—84, 85, 114, 115, 116, 126, 133—139, 140, 155, 156—157, 159, 160—161, 168, 171, 190—193, 196, 197, 198, 201—206, 212, 214, 215, 225, 235, 249, 252—253, 256, 257, 268, 270, 277, 278, 280, 287—288, 289, 290, 295, 297—298, 299, 301—303, 304, 306, 360—361, 376, 394

Chichilnisky, Graciela, 齐齐尔尼斯基, 格莱谢拉 19

Child, Julia, 蔡尔德, 朱利亚, 119

China, 中国, 141, 224, 229, 293, 319, 363, 397, 401, 402—403, 404

Christiano, Larry, 克里斯蒂亚诺, 莱瑞, 270

Civilization and Its Discontents (Freud), 《文明及其不满》(弗洛伊德) 374

Clapham, John, 克拉彭, 约翰 84

Clark, John Bates, 克拉克, 约翰·贝茨 75

Clinton, Bill, 克林顿, 比尔 373, 390

club theory, 俱乐部理论 278—288, 291

Coase, Ronald, 科斯, 罗纳德 16n, 164, 167, 287, 299, 372, 376

Cobb, Charles, 科布, 查尔斯 143—144

Gold War, 黄金战争, 141, 147, 229, 357, 371, 401

Columbia University, 哥伦比亚大学, 97, 115, 126, 133, 138, 142, 150, 193, 246

communism, 共产主义 86, 130, 254—256, 303—304, 370

Communist Manifesto, The (Marx and Engels), 《共产党宣言》(马克思和恩格斯) 63, 64, 65, 68

competition: 竞争

    asymmetric information in, 竞争中的不对称信息, 172—173, 175, 295, 373

    as basis of economic growth, 作为经济增长基础的竞争, 35—47, 61—62, 71, 75—76, 107, 109, 110—111, 113, 121—122, 134, 156, 180—191, 200, 222

    efficiency of, 竞争效率, 46, 75—76, 78, 173, 211, 267, 311, 365—366

    free trade in, 竞争中的自由贸易, 35—36, 42—45, 54, 62, 88, 212, 249

    global, 全球化竞争, xviii, 140, 157, 180—191, 229, 240—241, 316—318, 348, 371, 377, 397, 399, 402—408

索 引

imperfect,不完全竞争,109,113,134,185,189

market conditions in,竞争下的市场条件,35—47,75—76,110—111,222,365—369

monopolistic,垄断竞争,xx,46—47,109,110—115,125,153,166,172,175,184—185,187—190,215—216,217,232,233,234,235,250—251,257,258,259,274,293,294—295,297—298,303,306,308,325—326,328,343—369,374,384,385

in new growth theory,新增长理论中的竞争,209—210,215—216,294—295,297—298,306,308,358—359,366—367

perfect,完全竞争,22,42—45,47,71,76,107,109,110,114,121,144,174—175,181,190,208,209—210,215,218,222,225,255,257,274,281,290,294

price,价格竞争,xx,47,110,111—112,281,283,365—366

self-interest as basis of,以自利作为基础的竞争 42,43

technological,技术竞争 57,64,121—122,210,211,343—349,354—369,378,400—401

Competitive Advantage of Nations,The (Porter),《国家竞争优势》(波特),306—307,371

"Computer and the Dynamo, The" (David),《计算机和发电机》(戴维),312—313

computers,计算机,90,126,132,136,160,165,209,228,229,232,234,240,251,272,286,291,312—315,343—369,379,388—397,402—404

Gondorcet, Marquis de,孔多塞,马奎斯·德 50—51,61,202,207

consumer price index (CPI),消费者价格指数,335,337

consumption function,消费函数,100,118—119,143,223,268

Contribution to the Theory of Economic Growth, A (Solow),《对经济增长理论的一个贡献》(索洛),xvi,145—147

convergence debate,趋同性讨论 xvii—xviii,238—240,243,250—251,252,262,268,269,275,300,318—321,341,377—379,380,406

Convex Analysis (Rockafellar),《凸分析》(洛克菲勒),219

convexity,凸性,xvii,161,162,164,165,205,217—219,224,225,294,325—326

知识与国家财富

Copernicus,哥白尼,324—325
Cornes, Richard,考恩斯,理查德,283,284
corn models,谷物模型,55—56,70,221
costs:成本
 average,平均成本,78,111,113,285,292
 decreases in,成本递减 xix—xx,46,66,78,79,80,84,195,221
 fixed,固定成本,79,111,113,180,217,219,222,223—224,255,285,292,293,294,314,352,361
 increases in,成本递增,23,66n,73,84,111,112—113,332—339
 labor,劳动力成本,23,66n,111,332—339; see also wages
 lighting,照明成本,328—337,341,342,381
 living,生活成本,57—58,77—78,265,310—312,319—321,329,331—332,335—337,339,342,358,366,407—408
 marginal,边际成本,69—71,111,112—113,295,314,361
 opportunity,机会成本,43,111
 production,生产成本,73,112—113
 as selling expenses,作为销售支出的成本,110—111
 start-up,启动成本,223—224
 switching,转换成本,314,372
 transaction,交易成本,299,372
 transportation,交通成本,39—40,329—330
 unit,单位成本,221
 unpriced,非定价成本,81—82
 variable,可变成本,111,222
 see also prices
counter-Keynesians,反凯恩斯,104—105,139
Cournot, Augustine,古诺,奥古斯丁,62,70,77
Cowen, Tyler,柯文,泰勒,278—279,284,286
Cowles, Alfred,考尔斯,阿尔弗雷德,91—92
Cowles Commission,考尔斯委员会,92—94,104,120,124,126—137,138,150,160,161,204,279,329
Crafts, Nicholas,克拉夫茨,尼古拉斯,21—22

索 引

Crazy Explanations for the Productivity Slow-down（Romer）(Romer'87)，《对生产力下降的疯狂解释》（罗默），262—275,277,278,279,288

"creative destruction"，"创造性毁灭"，121,122,224,299—300,344

Critique of Politics and Political Economy（Marx），《政治经济学批判》（马克思），63

Cronon, William, 克罗农, 威廉, 317

Crossing（McCloskey），《雌雄变》（麦克洛斯基），19

currency exchange rate, 汇率, 182,188,189,192,265,377

Dantzig, George, 丹齐格, 乔治, 129,136,160,162,218

Darby, Michael, 达比, 迈克尔, 192—193

Darwin, Charles, 达尔文, 查尔斯, 36,325,365

David, Paul, 戴维, 保罗, 229,230—235,240,241—242,244,248,249,312—313,314,315,340,375n

Davidson, Russell, 戴维森, 拉塞尔, 198—199,208—209

Davy, Humphry, 戴维, 汉弗莱, 94

Death and Life of Great American Cities（Jacobs），《美国大城市的生与死》（雅各布斯），245

Debreu, Gerard, 德布鲁, 吉拉德, 7,137,162,164—165,170,185,189,199,209,325,365

debt, 债务, 78—79,89,99,100,268

Decline and Fall of the Roman Empire, The（Gibbon），《罗马帝国的兴亡史》（吉本），36

democracy, 民主, 64,141,179,238,261,405—406,407

Deng Xiaoping, 邓小平, 363

Denison, Edward, 丹尼森, 爱德华, 26

Descartes, Rene, 迪斯卡特斯, 瑞恩, 70,96,130

developing countries, 发展中国家, xvii—xvfii,7,146,229,237—248,250—251,252,254—256,262,268,269,273—274,275,300,316,318—321,341,369,377—379,380,406,407

Development, Geography, and Economic Theory,（Krugman），《发展、地理和经济理论》（克鲁格曼）58—60

Dickens, Charles, 狄更斯, 查尔斯, 61

Director, Aaron, 迪雷克托, 阿伦, 299

Disraeli, Benjamin, 迪斯莱利, 本杰明, 307

Dixit, Avinash, 迪克西特, 阿维纳什, 184－185, 189, 223, 251, 260, 301, 314

Dixit-Stiglitz model, 迪克西特－斯蒂格利茨模型, 223, 251, 301, 314

Doerr, John, 杜尔, 约翰, 390

Domar, Evsey, 多马, 伊夫塞, vii, 141－142

Domar model, 多马模型, 141－142, 143, 146

"Do Real Income and Real Wage Measures Capture Reality?" (Nordhaus), 《真实收入和真实工资能反映事实吗?》(诺德豪斯), 333－337

Dorfman, Robert, 多尔夫曼, 罗伯特, 131

Dornbusch, Rudiger, 多恩布什, 鲁迪格, 18n, 185, 193, 194, 197

Douglas, Paul, 道格拉斯, 保罗, 4, 82－84, 134, 143－144

Drucker, Peter, 德鲁克, 彼得, 297, 371

Dupuit Jules, 杜皮特, 朱尔斯, 62, 219, 292, 323－324, 326

Durkheim, Emile, 德克海默, 埃米尔, 338

Dvorak, August, 德沃拉克, 奥古斯特, 232－233

Dynamic Competitive Equilibria with Externalities, Increasing Returns and Unbounded Growth (Romer), 《具有外部性、递增报酬和无界增长的的动态竞争性均衡》(罗默), 210－212

Dynamic Programming (Bellman), 《动态规划》(贝尔曼), 169－170

Earth Is Flat, The (Friedman), 《世界是平的》(弗里德曼), 372

Easterlin, Richard, 伊斯特林, 理查德, 239

Easterly, William, 伊斯特利, 威廉, 316

Eastman Kodak, 伊斯曼·柯达, 214, 215－217, 306

Econometrica, 《计量经济学》, 16, 93, 209, 226

econometrics, 计量经济学, l19n, 122, 126, 128－129, 149, 157, 198, 230, 240, 262, 267, 270, 321

Econometric Society, 计量经济学, 6, 92－93, 106, 119, 122, 175, 252

Economic Backwardness in Historical Perspective (Gerschenkron), 《历史视角中的经济学追溯》(格申克龙), 239

Economic Consequences of the Peace, The (Keynes), 《和平的经济后果》(凯

索 引

恩斯),98

Economic Growth: Theory and Evidence (Grossman),《经济增长:理论和证据》(格罗斯曼),300

"Economic History and the Modern Economist" Session (1984),《经济史和现代经济学家》塞申(1984),228—235

Economic Journal,《经济学杂志》,16,91,371

Economic Origins of Dictatorship and Democracy (Acemoglu and Robinson),《独裁和民主的经济学起源》(阿西莫格鲁和鲁宾逊),315

Economic Possibilities for Our Grandchildren (Keynes),《我们子孙后代的经济可能》(凯恩斯),101—102

economics:经济学

    as academic discipline,作为学术规范的经济学,xi,4—6,10—12,88,92,105,107,108,115—121,126—139,153—154,159,166,174,176,195—196,382—397

    axiomatic approach to,公理化经济学,89,96—97,108—109,135,230,236

    behavioral,行为经济学,386,388

    classical,古典经济学,65—66,106—107,118,134,170—171,174,205,235,279

    conservatism in,经济学保守主义,19—20,27

    development, see developing countries,发展经济学,参见发展中国家

    educational software for,用于经济学教育的软件 388—397

    formalism in,经济学形式主义,xx—xxi,20—23,24,55—56,57,76,124,128,135,152—153,221,230—231,242,255,256,280,301

    Freshwater school of,淡水经济学学派,105,166,174,197—198,205,225,235,249,257,268,271—272,301,359—360,386

    of growth, *see* growth, economic; new growth theory,经济增长,参见增长,经济学,新增长理论

    historical,历史经济学,20—23,24,121,144,228—235,240,383

    "hollowing out" of,经济学的"挖空"效应,58—60,109,124,176,221

    job market for,经济学职场,10—11,12

    journals devoted to,经济学刊物,10,14—16,62,226; *see also specific* journals,参见专业刊物

Keynesian,凯恩斯主义经济学,27,84,85,88—107,108,109,114,117—122,124,127,128,132,134,137—142,147,148,159,161,165,166,167,170,174,182,191,192,197,204,205,235,247,249,268,372,374,384,386,387

labor,劳动经济学,20,205

language of,经济学的语言,16,217,383—384

literary,经济学文献,xx,7,62,70,77,88,89,100,101—102,105—106,123—124,156,163,204,205,206,224,236,256,317,337,338,375

logical analysis in,经济学中的逻辑分析,xx,xxi,24,40—41,51,58,76—77,89,128,142—143,256,303

macro-,宏观经济学,xxi,21,89,90,101,105n,109,117—120,127,128,132,137,139,142,148,156—157,159,166,170—171,173,174,197,209,211,235,240,248,261,268,272,299,306,315—316,374,376,378,383,385,388,396

mathematical basis of,经济学的数理基础,xi,11,22—23,24,43,60,68—69,70,73—77,83,85,91,93,98,100,105—125,127,128,129—132,142—143,145,147,149,153,160—165,182,186,204—207,218—219,222—223,224,225,226,229—230,238,242,248,280,370,408

media coverage of,经济学的媒体趋同,xi—xii,4,19,27,141,159,191,194,204,212,302,370,371—372

micro,微观经济学,62,90,109,127,173,219,235,314—315,316,383,385,394—395

Modern movement in,现代经济学运动,89—94,102,104—107,108,115,118,121,124,126—137,139,166,173—174,176,200,205,217,229,233,288

neoclassical,新古典经济学,140,255,273—274,319—321,377,384

"new,""新"经济学,xxii,18,109,141,190,233,251,295,327—328,371—372

paradigm shifts in,经济学的范式转变,xi,7—8,16,26—27,36,58—60,65—69,102—104,159—160,170—173,179—180,201—202,207—212,

228—248,249,250,256,297—299,305—306,340—341,370—381,408

popular opinion on,经济学的流行观点,57,61,62,141,157—160,272

 prediction in (forecasts),经济预言(预测) 55—56,167

 Saltwater school of,咸水经济学学派,105,166,174,235,257,270,272,386,387

 as scientific discipline,作为科学规范的经济学,3—8,11—13,17—18,22—23,30—36,58—60,89—90,93—97,102—104,115,116,159,207,326,372—373,378—379

 statistical method in,经济学中的统计方法,20,69—71,89,119n,126,128—129,136,164

 supply-side,供给经济学,xxi,191—194,202,238—239,271,290

 teaching of,经济学的教育 195—196,382—397

 technical,技术经济学,xviii,6,9—10,108—109,126—139,141,145,162,197,370,381,399,408

 textbooks for,经济学教科书,xviii,10,28,36,54,102,153,197,272,280,293,372—373,377,379,383—397

 theoretical models in,经济学理论模型,22—23,24,28—36,43,55—56,88,106,137,141—157,159,166—176,183,185,186—187,206—207,235—236,240,327

 U. S. dominance of,美国经济学一枝独秀,5—6,88,107,108

 variables analysis in,经济学中的变量分析,23,55,91,106,113,116—119,128—129,132,137,143,154,170,171,209

Economics(Samuelson),《经济学》(萨缪尔森),109,383,384,385,391,396

Economics: Principles, Problems, and Policies(McConnell),《经济学:原理、问题及政策》(麦克康奈尔),384—385,388

"*Economics: The Current Version*"(Kreps),《经济学:现代观点》(克雷普斯),341n

Economics of Imperfect Competition, The (Robinson),《不完全竞争经济学》(罗宾逊),113

Economic Theory of Clubs, An (Buchanan),《经济学的俱乐部理论》(布坎南),279—283

economies，economy：经济体，经济
  aggregate factors in，经济体中的总要素，55，100，117，146－149，160，210－211，215，248，258，298，299，380，387
  command，计划经济，89，141，179，319－320
  dynamic nature of，经济的动态本质，130－131，146，150
  global，全球经济，xviii，140，157，180－191，229，240－241，316－318，343，348，371，377，397，399，402－408
  government management of，经济的政府治理，35－36，84，105，139，141，148，153，166－167，174，180－191，234，238，272，299，358，367－368，406
  of scale，规模经济，46，78－79，81，114，232
  stationary state of，经济的稳态，53，67，102，140－141，144，145－146，179－180，207，211，300，319，320，321
  uncertainty in，经济中的不确定性，128，161，163－165，169，189
  see also growth，economic，参见经济增长
Economist，经济学家，62，265，278，387
Economy of Cities，The (Jacobs)，《城市经济》(雅各布斯)，245，307－308
Economy of Machinery and Manufactures (Babbage)，《机械与制造工业经济学》(巴比奇)，61－62
Eddy, Mary Baker，埃迪，马里·贝克，63
Edgeworth, Francis Ysidro，埃奇沃思，弗朗西斯·伊西德罗，76
Edgeworth, Maria，埃奇沃思，玛丽亚，57
Edison, Thomas，爱迪生，托马斯，96，102－103，121
Einstein, Albert，爱因斯坦，艾伯特，89，97，101，131，295
Ekeland, Ivar，艾克兰德，伊瓦尔，205，209
electricity，电流，25，94－95，312－313，335
Elements de statique (Poinsot)，《静力学原理》(波恩索特)，70
Elusive Quest for Growth，The (Easterly)，《经济增长的迷雾》(伊斯特利)，316
Emerson, Ralph Waldo，爱默生，拉弗·瓦尔多，61
Endogenous Technological Change (Romer) (Romer '90)，《内生技术变迁》(罗默)，xi，xv－xviii，xxii，16，22，289－304，321－322，365，369，380，

382,400,407

Engels, Friedrich, 恩格斯, 弗里德里希, 63

Engineers and the Price System, The (Veblen),《工程师和价格体系》(凡勃伦), 110

entrepreneurship, 企业, xviii, 76, 110, 121, 123, 220—221, 293, 341, 353, 363, 367, 378, 379

Essay on Methodology of Positive Economic, An (Friedman),《关于实证经济学方法的论文》(弗里德曼), 134

Essay on the Principle of Population, An (Malthus),《人口论》(马尔萨斯), 51—54, 58

Ethier, Wilfred, 埃塞尔, 威尔弗雷德, 223, 259

Euclid, 欧几里得, 97

Euler, Leonhard, 欧拉, 雷奥哈德, 76, 130, 210

Europe, 欧洲, 6, 140, 176, 267, 312, 314, 361, 406

Experiments and Observations in Electricity (Franklin),《电学实验与观测》(富兰克林), 36, 94

externalities, 外部性, 73—84, 101, 152, 164, 208, 222, 227, 241, 244—245, 287, 314, 315, 365, 370

Fabricant, Solomon, 法布里坎特, 所罗门, 133

Fabricius ab Aquapendente, Hieronymus, 30—31

Faraday, Michael, 法拉第, 迈克尔, 94

Federal Reserve Board, U.S., 美联储, 118, 140, 371, 382—383, 390

Feldstein, Martin, 费尔德斯坦, 马丁, 18n, 19, 271—272, 379

Fermi, Enrico, 费米, 恩里克, 128, 147

Fibonacci, Leonardo, 费伯纳奇, 利奥纳多, 163

First Industrial Revolution, The (Crafts),《第一次工业革命》(克拉夫茨), 21

First International Conference of the Institute for the Study of Free Enterprise Systems (1988), 第一次研究自由企业体系的国际会议, 289—304

Fischer, Stanley, 费希尔, 斯坦利, 197, 213, 271, 290, 298, 373

Fisher, Frank, 费希尔, 弗兰克, 357

Fisher, Irving, 费雪, 欧文, 92, 97

Ford, Henry, 福特, 亨利, 86, 256

foreign trade, 对外贸易, xvii—xviii, 54, 56, 140, 180—191, 223, 226, 237—240, 244, 250—251, 252, 262, 265—266, 267, 268, 269, 275, 290, 293, 298n, 300, 317—321, 341, 377—379, 378, 380, 406

Foundations of Analytical Economics（Samuelson），《分析经济学基础》《萨缪尔森》, 118

Foundations of Economic Analysis（Samuelson），《经济分析基础》《萨缪尔森》, 108—109, 118—119, 120, 124—125, 131, 168, 190, 287

Fouquet, Roger, 富凯, 罗杰, 334—335

Fowler, R. E, 福勒, R. E., 167

France, 法国, 49, 50, 68, 72, 135, 219, 400

Frank, Robert, 弗兰克, 罗伯特, 386, 388, 396

Franklin, Benjamin, 富兰克林, 本杰明, 36, 50, 94

Free to Choose（M. and R. Friedman），《自由选择》（弗里德曼夫妇）, 204

free trade doctrine, 自由贸易学说, 35—36, 42—45, 54, 62, 88, 212, 249

French Revolution, 法国大革命, 49, 50, 400

Frenkel, Jacob, 弗伦克尔, 雅各布, 193

Freud, Sigmund, 弗洛伊德, 西格蒙德, 105n, 374

Friedman, Milton, 弗里德曼, 米尔顿, 7, 8, 18n, 23, 104, 119, 133—135, 138—139, 150, 160—161, 165, 168, 176, 192, 204, 254, 268, 272, 298n, 299, 302

Friedman, Thomas L., 弗里德曼, 托马斯·L·, 358, 372

Frisch, Ragnar, 弗里希, 拉格纳, 101, 175

Fuchs, Victor, 富克斯, 维克托, 7, 19

Galbraith, John Kenneth, 加尔布雷思, 约翰·肯尼斯, 7, 110, 156, 302

Galen, 加伦, 31, 32

Gama, Vasco da, 伽玛, 瓦斯科·达, 296

game theory, 博弈论, 89, 127, 131—132, 166, 171, 175, 176, 373, 386

Gates, Bill, 盖茨, 比尔, 79, 344—349, 351, 352, 353, 355—356, 358, 359, 361, 362, 364, 367, 369, 395

General Theory of Employment, Interest and Money, The（Keynes），《就业、利息与货币通论》（凯恩斯）, 99—102, 117, 124, 134

索　引

geometry，几何，56，74—75，96，97，114，130，162
Germany，德国人，68，72，314，341，400，405
Gerschenkron, Alexander，格申克龙，亚历山大，239
Gibbon, Edward，吉本，爱德华，36，45
Gibbs, Willard，吉布斯，威拉德，115，116，118
Gifts of Athena，The (Mokyr)，《雅典娜的礼物》(默克尔)，375
Gilder, George，吉尔德，乔治，202
Gillispie, Charles Coulston，吉利斯皮，查尔斯·库尔斯顿，31，95
Glaeser, Edward，格莱泽，爱德华，306—308
Glasgow, University of，格拉斯哥大学，5，29，34
Glazer, Amihai，格莱泽，阿米海，278—279
Godwin, William，戈德温，威廉，50—51，61，202
Golden Bowl，The (James)，《金碗》(詹姆斯)，212
Goldsmith, Charles，戈德史密斯，查尔斯，395
goods，产品，xvi，69—71，163—165
　　aggregate，总产品，55，106，248
　　changing sets of，改变的商品集 323—324
　　club，俱乐部商品，278—288
　　consumer，消费品，38，53，99，185，223，251，330，335，337，360，402
　　conventional，方便品，xvi，280
　　excludable，排他品，xvi，280，282—283，297，385
　　Fixed sets of，确定的商品集，199，323—326
　　flow of，商品流，35，39—40，99，115，329—330
　　impure vs. pure，非纯粹商品和纯粹商品，282
　　indivisible，不可分商品，151—152，217，283—284，285，291—292，351
　　intermediate，中间投入品，223，281
　　introduction of，商品的引进，216—217，222，227，235，299，323—326，365—366
　　nonrival，非竞争性商品，xvi—xvii，xxii，26，211，282—304，309，312，321—322，365，377—379，380，385—386，392，396，404
　　nonrival, partially excludable，非竞争商品，部分排他性商品，xvi，xxii，283—287，291—304，380

333

private，私人品，xvi，82，281，282，291－292

  public，公共品，xvi，26，82，145，219，257，280，281－282，283，286－287，291－292，377－378

  quantity of，产品质量，xix，71，112－113，218，256

  rival，竞争品，xvi－xvii，25，26，282－283，385－386

  social，社会产品，282－283

  transportation of，产品运输，39－40，329－330

  see also products，参见产品

Gordon, David，戈登，戴维，197

Gore, Al，戈尔，艾尔，352，390－391

Gossen, Hermann Heinrich，高森，赫尔曼·海因里希，69－70

government：政府

  authoritarian，独裁政府，89，130，141，179，303－304，319－320，370

  democratic，民主政府，64，141，179，238，261，405－406，407

  economic intervention by，政府经济干预，35－36，84，105，139，141，148，153，166－167，174，180－191，234，238，272，299，358，367－368，406

  investment subsidies of，政府投资补贴，xvii，84，86，145，180－181，183，187，190，212，254－256，269，273－274，351－352，399－401

  market regulation by，政府市场管制，xix，23，35－36，44－45，80，299，358

  trade policies of，政府的贸易政策，35－36，54，62，88，186－191，212，249，252，378

Great Britain，大不列颠，26，37－38，48，49，51，61，62，68，72，86，102，144，237，250，263，293，296－297，307－308，314，320，337－338，400－401，405，407

Great Chain of Being, The (Lovejoy)，《存在的巨链》(洛夫乔伊)，324－325

Great Depression，大萧条，87，88－89，91，99，101，102，109，114，122－123，134，144，150，161，179，180，191，201

Greene, Harold，格林，哈罗德，362

Greenspan, Alan，格林斯潘，艾伦，4－5，371，372

Griliches, Zvi，格里利谢斯，兹维，7，148，149

索 引

gross domestic product (GDP),国内生产总值,300,319

Grossman, Gene,格罗斯曼,吉恩,260,273,289,300,303,305,316,370,374

gross national product (GNP),国民生产总值,83—84,146,346

growth, economic:经济增长

 arithmetic vs. geometric,算术或几何级数的经济增长 51—52,58

 balanced,均衡的经济增长 66—67,109,146

 competition in,经济增长中的竞争,35—47,61—62,71,75—76,107,109,110—111,113,121—122,134,156,180—191,200,222

 diminishing vs. increasing returns in,经济增长中的递减或递增报酬,xix—xxi,21—27,45—47,62,66,76,80,84,88,101,107,109,112,114,121,122,124,127,144,146,151—153,181,184—189,193,194,195,201,202,206—208,211,216—221,222,234,241—244,251,252—257,266,289,298,305,306,309,314,317—318,343,348—349,372,374,380,381,384,401

 endogenous vs. exogenous factors in,经济增长中的外生或内生因素,58,66—67,73,121,123,144,146—148,154,156,199—200,238,240

 geographic factors in,经济增长中的地理因素,39—40,44,298,316—318

 government subsidies in,经济增长中的政府补贴,xvii,84,86,145,180—181,183,187,190,212,254—256,269,273—274,399—401

 industrialization and,工业化与经济增长,21,48,49,53,62,66,67—68,72—73,86—87,156,180,219—225,237,254—256,306—307,310,337—338,339,371

 knowledge as basis of,作为经济增长的知识基础,xxii,195,201—202,207—208,210,211,215,226—227,257—258,273,283—308,309,327—328,342,371,374—379,399—408

 limits to,经济增长的极限,39—40,44,50—54,56,61,109,146

 Mankiw-Romer-Weil model (augmented Solow model) for,曼昆—罗默—韦尔模型(改进的索洛模型)272—274,298—299,318—319,376

 Marxist analysis of,马克思主义的经济增长分析,62—65,68,99,104—105,122,123,221,238,307,314,337,338

 old growth theory for,旧经济增长理论,25,26,145—148,174—176,199—

200，298—299，301—303，318—319，320，327—328，333，338—339，374—379，385—388

population growth and，人口增长与经济增长，49，51—54，55，144，146—147，224，262—263

private investment in，经济增长中的私人投资，50—56，57，62，66，68，77—78，86，118—119，146，156，160—161，200

rate of，经济增长率，145—146，199—200，262

savings levels and，经济增长中的储蓄水平，102，118—119，141，145，238—239

Solow model for，索洛经济增长模型，199—200，206，207，210，211，238—239，241，243，262，266—267，270，272—273，274，294，311，315，318，320，321，333，335，338—339，341，374—375，376，385

spillovers in，经济增长中的溢出，80—81，122，152，153，168—169，201，209，210，211，215—216，222—223，226，241—247，249—252，256，257，259，266，267，287，288，294，306，321—322

technological change in，经济增长中的技术变迁，121，123，143，144，146—149，154，156，200，238，240

as "underground river" issue，经济增长作为"潜流"问题 62，77，87，115，153

wealth based on，基于经济增长的财富，xv，37—48，51，54，57—58，66n，71，100，141，146，147，180

see also new growth theory，参见新增长理论

Growth and Ideas（Jones），《增长与观点》（琼斯），323

Growth Based on Increasing Return Due to Specialization（Romer），《基于专业化带来的递增报酬的增长》（罗默），259—260，293

Growth of Nations, The（Mankiw），《国家的增长》（曼昆），377—379

Haavelmo, Trygve，哈维尔默，特里格维，127

Hahn, Frank，哈恩，弗兰克，236，301

Hall, Robert，霍尔，罗伯特，290，301，321，322—323，377

Hamilton, Alexander，汉密尔顿，亚历山大，182，373

Hamilton, William Rowan，汉密尔顿，威廉，罗恩，43

Hansen, Alvin，汉森，阿尔文，117—118

索 引

Hansen, Lars, 汉森, 拉斯, 205

Hanson, Ward, 汉森, 沃德, 234

Harberger, Arnold, 哈伯格, 阿诺德, 7, 18n, 204

Harrod, Roy, 哈罗德, 罗伊, 106, 141, 142, 146

Harvard University, 哈佛大学, xxi, 13, 85, 87, 109, 115-118, 120-121, 122, 123, 124, 137, 138, 140, 142, 212, 214, 226, 269, 272, 275, 278, 345-346, 376, 400

Harvey, William, 哈维, 威廉, 30-32, 36, 40-41, 51, 97, 328

Hayek, Friedrich von, 哈耶克, 弗里德里克·冯, 93, 99, 176

Heckman, James, 赫克曼, 詹姆斯, 205, 226, 257, 268, 280

Heisenberg, Werner, 海森伯格, 沃纳, 96

Helpman, Elhanan, 赫尔普曼, 埃尔赫南, xiin, 189-190, 235, 251, 252, 260, 273, 283, 300, 303, 305, 316, 370, 374, 379-381

Henderson, Hubert, 亨德森, 休伯特, 99

Hertz, Heinrich, 赫兹, 海因里希, 95, 96

Heston, Alan, 赫斯顿, 艾伦, 265-266, 269, 274-275, 300

Hicks, John, 希克斯, 约翰, 93, 106-107, 119, 163, 175, 236

Hilbert, David, 希尔伯特, 戴维, 96

Hilbert space, 希尔伯特空间, 130, 132, 164

"History of Astronomy, The" (Smith), "天文学的历史"(斯密), 33-34

Hong Kong, 香港, 179, 237, 319-320, 378

Horndal effect, 员工学习效应, 152

Hotelling, Harold, 霍特林, 哈罗德, 150, 184-185, 326

How High Are the Giant's Shoulders? (Caballero and Jaffe), 《巨人的肩膀有多高?》(卡波莱罗和贾菲), 315

Howitt, Peter, 豪伊特, 彼得, 252

Hurwicz, Leo, 赫维奇, 利奥, 127

hyperplanes, 超平面, 129-130, 161-162, 218

IBM, 美国国际商用机器公司, 191, 228, 346-347, 348, 349, 350, 355, 356, 357, 402-403

ideas: 创意

    as assets, 创意作为资产 26, 295

as "bits,"创意作为"比特",xvii,25,291,296,297,343,375,399

criticism of,创意的批评,21—22,31—32

development of,创意的发展,xi,17,22,26,27—28,81,267,292—293,295—297,306,321—322,326

as factors of production,作为一种生产要素的创意,xxii,342,399

flow of,创意流,295—297,326

as "goods with energy",作为有能量的商品的创意,25

as instructions,作为说明书的创意,25—26,291,292,293,294

meta-,372,376,401—402,405,406

new,新创意,xvii,xxi,80,81,291—292,321—322,326,327—328,342,360—341,369

as nonrival goods,作为非竞争品的创意,xvi—xvii,26,211,283,290—291,296,297,309,312,321—322,365,377—379,385,404

"republic" of,创意的共和国,3,8,14

validation of,确认创意,327—328

Imperial Germany and the Industrial Revolution (Veblen),《德意志帝国与工业革命》(凡勃伦),314

Incidents from My Career (Krugman),《我的职业生涯轶事》(克鲁格曼),186

income levels,收入水平,35,91,117,140,143—144,237—241,335,339

"Increasing Returns and Economic Geography" (Krugman),"递增报酬与区域经济学"(克鲁格曼),317—318

"Increasing Returns and Economic Progress" (Young),"递增报酬与经济发展"(扬),85—87,91,219—221,233,255

Increasing Returns and Long-Run Growth (Romer) (Romer '86),《递增报酬和长期增长》(罗默),22,226—227,256,257,261,264

India,印度,237—238,252,397,401,404

industrialization,工业化,21,48,49,53,61—62,66,67—68,72—73,86—87,156,180,219—225,237,254—256,306—308,310,314,320,337—338,339,371

Industrialization and the Big Push (Shleifer, Murphy and Vishny),《工业化和大推进》(施莱弗,默菲和维什尼),254—256

索 引

Industrial Revolution，工业革命，21，48，49，53，68，72—73，237，310，314，323，337—338，339

infinite-dimensional spreadsheet，无限维电子表格，161—165，166，171，173，174，209，218，294，323，325

inflation rate，通货膨胀率，141—142，148，166—167，176，184，229，371，382

intellectual property，知识产权，110，219，263，284—287，290，293，295，297，318，344—345，377，378，379，380，385，407

Internet，国际互联网，228，343—344，346，349—369，370，371，388—397

Internet Engineering Task Force（IETF），互联网工程工作组织，352—353，354

Introduction to Economic Growth，An（Jones），《经济增长导论》(琼斯)，xiin，341—342

Invention, Growth, and Welfare（Nordhaus），《创新、增长和福利》(诺德豪斯)，328

inventions，创新，xv，26，40，48，57，80，221，263—264，292，294，309n，340，341，366—367，369

Investment and Technical Progress（Solow），《投资和技术进步》(索洛)，264

Investment under Uncertainty（Lucas and Prescott），《不确定条件下的投资》(卢卡斯和普雷斯科特)，170—171，209

Invisible Hand，看不见的手，37，44，46—47，56，62，71，75，80，82，83，99，110，113，121，127，141，150，205，218，234，249，251，262，270，304，343，365，367

Jackson, Thomas Penfield，杰克逊，托马斯·彭菲尔德，357—362，369

Jacobs, Jane，雅各布斯，简，245，246，259，307—308，317

Jaffe, Adam，贾菲，亚当，315

James, Henry，詹姆斯，亨利，212

Japan，日本，140，157，179，180—181，187，190—191，237—238，250，273，320—321，341，361，402，404

Jefferson, Thomas，杰弗逊，托马斯，335

Jevons, William Stanley，杰文斯，威廉·斯坦利，69—70，71

John Bates Clark Medal，约翰·贝茨·克拉克奖 20，268

Johnson, Harry,约翰逊,哈里,192

Johnson, Lyndon B.,约翰逊,林登,B.,347

Jones, Charles I.,琼斯,查尔斯,I.,xiin, 321—323, 341—342, 380

Jorgenson, Dale,乔根森,戴尔,149, 289, 290, 321

Journal of Development Economics,《发展经济学杂志》,251

Journal of Economic Perspectives,《经济学展望杂志》,370

Journal of Political Economy,《政治经济学杂志》,xv, 16, 172, 226—227, 243, 253, 256, 257, 290, 297—298, 303

Judd, Kenneth,贾德,肯尼斯,259

Justice Department, U. S.,美国审判部门,228—229, 356—363, 369

Kaldor, Nicholas,卡尔多,尼古拉斯,87, 114, 236

Kalecki, Michal,卡拉奇,迈克尔,101

Kantorovich, Leonid,康托罗维奇,利奥尼德,129, 154, 176

Kehoe, Tim,基欧,蒂姆,212—213, 236, 247

Kemp, Jack,坎普,杰克,290

Kennedy, John E,肯尼迪,约翰,F,120, 141, 148, 152

Kepler, Johannes,开普勒,约翰尼斯,103

Keynes, John Maynard,凯恩斯,约翰·梅纳德,27, 84, 85, 88—107, 108, 109, 114, 117—122, 124, 127, 128, 132, 134, 137—142, 147, 148—149, 159, 161, 165, 166, 167, 170, 174, 182, 191, 192, 197, 204, 205, 235, 247, 249, 268, 372, 374, 384, 386; 387

Kimpton, Lawrence,金普顿,劳伦斯,203

Kindleberger, Charles P,金德尔伯格,查尔斯·P·,189, 229

King, Robert,金,罗伯特,315

Klein, Burton,克莱因,伯顿 149

Klein, Joel,克莱因,乔尔,357

Klein, Lawrence,克莱因,劳伦斯,127, 128, 137

Klenow, Peter,克兰劳,彼得,321, 323

"knife-edge" problems,"刀锋"问题,142, 143, 209, 226, 243

Knight, Frank,奈特,弗兰克,84, 85, 114, 134

knowledge:知识

    appropriability of,知识的可用性,85—86, 150—151, 285, 295—297

common,共同知识,272—274,298—299

creation of,知识的创造,xvii, xix,149—151,210,215—216,263,264,295—297,339—340,351

diffusion of,知识的传播,152,215—216,220—221,257—258,306—307,399—400

in economic growth,在经济增长中的知识,xxii,195,201—202,207—208,210,211,215,226—227,257—258,273,283—308,309,327—328,342,371,374—379,399—408

education and,教育和知识,378,388—397,400,401,406—407

embodied vs. disembodied,物化或非物化的知识,291,294,380

endogenous nature of,知识的内生本质,xxii,195,201—202,207—208,210,211,215,226—227,257—258,273,283—308,309,327—328,342,371,374—379,399—408

growth of,知识增长,xviii,23—24,28,54,58—60,62,65,66n,144,149—155,243,258,283,297—298,305—306,342,360—361,407—408

as indivisible,不可分的知识,114,151—152,217,285,291—292,351

information vs,信息与知识,295—297

as "instructions;"作为说明书的知识,25—26,291,292,293,294

learning curve in,知识学习曲线,207,250—251

as nonrival, partially excludable,知识的非竞争、部分排他性,xvi,xxii,283—287,291—304,380

as nonrival goods,作为非竞争性商品的知识,211,283—287,290—291,296,297,309,312,321—322,365,377—379,385,404

proprietary,知识产权,26,44,109,110,151,184,186,215—216,217,219,220—221,222,263,284—287,290,293,294—295,297,318,344—345,366—367,377,378,379,380,385,407

replication of,知识的复制,29,82—83,211,257—258,295—297,306—307

technological,技术化的知识 see technology,参见技术

value of,知识的价值 23—24,149—155,257,295—297

see also ideas,参见创意

341

Konigsberg bridges problem,科尼斯堡桥梁问题,130

Koopmans, Tjalling,科普曼斯,加林,127,129,137,155,163,176,206—207,225

Kotar-Kotelly, Colleen,科塔-科特利,科林,362

Kravis, Irving,克雷维斯,欧文,265

Kremer, Michael,克雷默,迈克尔,308—312

Kreps, David,克雷普斯,戴维,341n

Krueger, Anne,克鲁格,安妮,18—19

Krugman, Paul,克鲁格曼,保罗,58—60,180—191,193,198,223,226,234,235,247—248,250—251,252,256,260,271,289,290,298,316—318,320—321,361,374,377,387,388,395—396

Kuhn, Thomas,库恩,托马斯,36,155,305,372—373,384

Kuznets, Simon,库兹涅茨,西蒙,126,127,133,175,210,265,297,375n

labor:劳动力

    agricultural,农业劳动力,49,51—57,61,62,66,81,163,167,210—211,221

    capital compared with,资本与劳动力相比,75,91,143—144,146,148,239—242,377—378

    cost of,劳动力成本,23,66n,111,332—339

    division of,劳动力分配,xix—xx,35,38—39,44,46,56,58,62,64,67,84,85—87,114,219—227,220,221,259—260,266,267,275,288,292—293,297,307—308,311,312,313,338,343,374,405

    as economic variable,作为经济变量的劳动力,143—144,146,171,266

    as factor of production,作为生产要素的劳动力,xviii—xix,xxii,41,42,52—53,83—84,245,342,399

    industrial,工业劳动力 see industrialization,参见工业化

    market for,劳动力市场,38,145,208,238,239—242,255,262—263,278,332—339

    migration of,劳动力移民,239—242

    productive,高产的劳动力,23,38,176,209—210,212,243,261—263,312,313

索　引

　　technological replacement of, 技术替代劳动力, 58, 64, 147, 148, 262—263

　　see also workers, 参见工人

Lafargue, Paul, 拉法格, 保罗, 65

Laffer, Arthur, 拉弗, 阿瑟, 192—193

Lagrange, Joseph-Louis, 拉格朗日, 约瑟夫-路易斯, 70, 74

Laibson, David, 雷布森, 戴维, 396

laissez-faire doctrine, 自由主义, 44, 88, 105, 270, 319—320, 367

Lakonishok, Josef, 拉孔尼修克, 约瑟夫, 254

Lamm, Richard, 莱姆, 理查德, 196

land, 土地, xviii—xix, xxii, 41, 42, 50—54, 62—66, 75, 82, 83—84, 116, 208, 245, 342, 399

Landes, David, 兰德斯, 戴维, xiin

Lange, Oscar, 兰格, 奥斯卡, 128

learning-by-doing approach, 干中学的观点, 151—153, 154, 168—169, 374

Le Chatelier's principle, 勒·夏特里定理, 116—117

Lectures on Macroeconomics (Fischer and Blanchard), 《宏观经济学讲义》(费希尔和布兰查德), 197

Leibniz, Gottfried Wilhelm, 莱布尼茨, 戈特弗里德·威廉, 295, 325

Lenin, V. I., 列宁, V. I., 86, 254—256

Lenovo, 联想, 402

Leontief, Wassily, 里昂惕夫, 瓦西里, 93, 115, 122, 131, 133, 142, 175

Lever of Riches, The (Mokyr), 《财富杠杆》(默克尔), 21

Levi, Arrigo, 莱维, 阿里戈, 157

Levine, David, 莱文, 戴维, 197—198

Levine, Ross, 莱文, 罗斯, 315

Levitt, Theodore, 莱维特, 西奥多, 145

Levy, Frank, 莱维, 弗兰克, 403

Lewis, Michael, 刘易斯, 迈克尔, 372

Lewis, W. Arthur, 刘易斯, W. 阿瑟, 229

Licklider, J. C-R., 利克利德, J. C-R., 349n, 351, 367

lighting, cost of, 照明成本, 328—337, 341, 342, 381

343

Lincoln, Abraham, 林肯, 亚伯拉罕, 375
Lincoln Labs, 林肯实验室, 120, 126
Lind, James, 林德, 詹姆斯, 296—297
Lindbeck, Assar, 林德贝克, 阿萨尔, 18n, 373
Linder, Staffan Burenstam, 林德, 斯塔芬·伯伦斯坦, 182—183, 186
linear programming, 线性规划, 129—131, 136, 142, 154, 160, 162, 170
Linear Programming and Economic Analysis (Samuelson, Solow and Dorfman),《线性规划和经济分析》(萨缪尔森、索洛、多夫曼), 131
Linear Programming and Extensions (Dantzig),《线性规划及其扩展》(丹齐格), 136
Linux operating system, Linux 操作系统, 363—365, 368
Lipsey, Robert, 利普西, 罗伯特, 198
living standards, 生活标准, 57—58, 77—78, 265, 310—312, 319—321, 329, 331—332, 335—337, 339, 342, 358, 366, 407—408
Livingstone, David, 利文斯通, 戴维, 59
Logic of Collective Action, The (Olson),《集体行为的逻辑》(奥尔森), 281n
London School of Economics, 伦敦经济学院, 13, 85, 106, 114, 138
Lopokova, Lydia, 卢普科娃, 莉迪娅, 98
Lost Patrol, 最后的巡逻兵, 155—157, 291, 302, 339—340
Lovejoy, Arthur O., 洛夫乔伊, 阿瑟·O., 324—325
Lucas, Robert, 卢卡斯, 罗伯特, xxii, 21, 22, 119, 136, 168—171, 173, 190, 197, 203—204, 205, 206, 208, 209, 235—248, 249, 250, 252, 256—259, 261, 264, 267, 272—273, 290, 294, 306, 333, 339, 373, 380
McCarthy, John, 麦卡锡, 约翰, 351
McCloskey, Deirdre, 麦克洛斯基, 迪尔德丽, 19, 229
McConnell, Campbell, 麦克康奈尔, 坎贝尔, 384—385, 388
McCulloch, J. R., 麦卡洛克, J. R., 62
McGraw-Hill, 麦格劳-希尔, 384—385, 386, 388, 391, 396
Machlup, Fritz, 马克卢普, 弗里茨, 264, 375n
McKenzie, Lionel, 麦肯齐, 莱昂内尔, 137, 138, 155, 162, 225—226
Malthus, Thomas Robert, 马尔萨斯, 托马斯·罗伯特, 50—54, 55, 57n, 58, 60, 61, 68, 70, 72, 100, 210, 263, 309, 311, 337—338, 341

Man and Economics (Mundell),《人与经济学》(蒙代尔),193

Manchester, England, 曼彻斯特,英国,307—308,320

Mankiw, N. Gregory, 曼昆,N. 格雷戈里,270—274,298—299,318—319,376—379,386—388,395—396

Mankiw-Romer-Weil model (augmented Solow model), 曼昆-罗默-韦尔模型(改进的索洛模型),272—274,298—299,318—319,376—379

Manuel, Frank, 曼纽尔,弗兰克,63

marginalism, 边际主义,69—71,73,75—76,85,143,146,185,209—210,360,361

"Market for 'Lemons' The" (Akerlof), "'柠檬'市场"(阿克洛夫),172,173

markets:市场

    agricultural, 农业市场,49,51—57,81,221

    capital, 资本市场,78—79,120,192,208,238,239—242,371,377—378,406

    "complete," "竞争性"市场,164—165

    decentralized, 分散化的市场,325—326,365—366

    domestic, 国内市场,86,180,182—183,293,405—406

    equilibrium of, 市场均衡,42—44,71,74,97,100,106,107,110,118—119,121,128,137,145,150,160,164,167,171,185,186—187,191,192—193,199,206—207,208,209,211,218,223—224,233,241,255,272,278,281,294,303,305,329

    failure of, 市场失灵,xvii,xx,107,153,186—187,211,231—235,240,244—245,248,249,270,276—277,280,283,287,294—295,302,314,343,351

    feedback in, 市场的反馈,42—43,233,234,248,249—250,255,305

    foreign, 国外市场 see foreign trade, 参见外国贸易

    free, 自由市场,136,139,153,186—187,225,268,299,363,365—366,370

    global, 全球市场,xvii—xviii,140,157,180—191,229,240—241,316—318,343,348,371,377,397,399,402—408

    government regulation of, 政府管制的市场,xix,23,35—36,44—45,299,358 labor, 劳动力市场, 38, 145, 208, 238, 239—242, 255, 262—263, 278, 332—339

potential, 潜在的市场, 86, 220—221, 223, 293

prices set by, 市场定价, 41—42, 110—111, 218, 256, 276—278, 365—366

private, 私人市场, 286—287

share of, 市场份额, 43—47, 78—80, 111—112, 151, 153, 180—191, 216, 249, 281—282, 343—369, 386, 388, 405

supply and demand in, 市场中的供求, 73—74, 89, 100, 106, 186, 329—330, 387

volatility of, 市场波动, 44—45, 87, 99, 172, 269

Market Signaling（Spence），《市场信号》（斯彭斯），172—173

Market Structure and Foreign Trade（Helpman and Krugman），《市场结构和外国贸易》（赫尔普曼和克鲁格曼），190, 251

Markowitz, Harry, 马科维茨, 哈里, 137, 160—161, 176

Marschak, Jacob, 马沙克, 雅各布, 127, 131, 137, 160—161, 199

Marshall, Alfred, 马歇尔, 阿尔弗雷德, 73—84, 88, 98, 105, 106, 107, 109, 110, 113, 117, 118, 119, 122, 129, 132, 134, 147, 152, 162, 205, 208, 209, 210, 219, 222, 225, 233, 234, 241, 244, 245, 251, 294, 307, 308, 317, 318, 325, 344, 348—349, 368, 371, 383, 384, 385, 396

Marx, Karl, 马克思, 卡尔, 62—65, 68, 99, 104—105, 122, 123, 221, 238, 307, 314, 337, 338

Massachusetts Institute of Technology（MIT），麻省理工学院, xxi, 13, 23, 24, 119—120, 126, 137—139, 142, 153—154, 156, 157, 159, 171, 173, 182, 185, 196, 197—198, 199, 202, 203, 212—213, 214, 215, 235—236, 252—253, 256, 270—271, 297—298, 301—303, 304, 349, 376, 388, 394

Mathematical Theory of Optimal Processes（Pontryagin），《最优过程的数学理论》（庞特里亚金），154

Maxwell, James Clerk, 麦克斯韦, 詹姆斯·克拉克, 94—96, 97, 159

Meade, James, 米德, 詹姆斯, 106

"Meetings, the," 会议 3—27, 193, 212, 228—235, 259—260, 267, 322, 375, 382—383, 394, 395, 397

索 引

Memoirs of an Unregulated Economist（Stigler），《一个不受管制的经济学家的论文集》（斯蒂格勒），298n

Menand, Louis，梅南德，路易斯，374

Menger, Carl，门格，卡尔，69—70

Merton, Robert C.，默顿，罗伯特·C·，197，373

Microsoft Corp.，微软公司，228，286，343—349，352，353，354—369，374，392，395

Miles, Marc，迈尔斯，马克，193

Mill, James，米尔，詹姆斯，53，66

Mill, John Stuart，穆勒，约翰·斯图尔特，xix，66—69，73，77，82，144，145，147，186，210，221，335，375，383

Mints, Lloyd，明茨，劳埃德，134

Mirrlees, James，莫利斯，詹姆斯，156

Modigliani, Franco，莫迪利亚尼，弗兰科，161

Mokyr, Joel，默克尔，乔尔，21，375

monetarists，货币主义者，104—105，134，166，170，174，192—193

Monetary History of the United States, A（Friedman），《美国货币历史》（弗里德曼），134

monetary policy，货币政策，35，41，278，335，376

monopolies，垄断，xx，46—47，62，77，79—81，109，110—115，121—122，125，151—152，153，166，172，175，184—190，208，215—216，217，232—235，250—251，257—259，274，293—298，303，306，308，314，325—326，328，343—369，374，377—378，384，385，392

Moore, G. E.，穆尔，G. E.，98

Moore, Geoffrey，穆尔，杰弗里，133

Morgenstern, Oscar，摩根斯顿，奥斯卡，93，131

Morrill Act (1862)，莫瑞尔法案（1862），400，401

"Mr. Keynes and the Classics"（Hicks），《凯恩斯先生和古典经济学》（希克斯），106

Mundell, Robert，蒙代尔，罗伯特，191—194，304

Munger, Charles，芒格，查尔斯，274

Murnane, Richard，默南，理查德，403

Murphy, Kevin M., 默菲, 凯文, M., 253, 254—256, 289, 290, 360

Musgrave, Richard, 马斯格雷夫, 理查德, 280, 282—283

Mustard, J. Fraser, 马斯塔德, 弗雷泽, 323

Myrdal, Gunnar, 缪尔达尔, 冈纳, 175—176

Mystery of Economic Growth, The (Helpman), 《经济增长的秘密》(赫尔普曼), xiin, 379—381

Naipaul, V. S., 奈保尔, V. S., 339

Napoleon, I., Emperor of France, 拿破仑, I., 法国皇帝, 49, 61, 72, 362, 400

Narrow Moving Band, the Dutch Disease and the Competitive Consequences of Mrs. Thatcher. The (Krugman), 《勉强维持生活的移动乐队、荷兰病和撒切尔夫人的竞争后果》(克鲁格曼), 250—251

Nash, John, 纳什, 约翰, 19, 176, 184, 373

Nathan, Robert, 内森, 罗伯特, 126

National Bureau of Economic Research (NBER), 美国经济研究所, 17, 27, 104, 132—133, 187—188, 261—270, 274—275, 288, 304, 323, 333

national income accounts, 国民收入账户, 126, 133, 165, 175, 265, 266, 328

Nature of the Firm, The (Coase), 《企业的性质》(科斯), 372

Nature's Metropolis (Cronon), 自然的都市(克罗农), 317

neighborhood effects, 邻里效应, 80—81, 122

Nelson, Richard, 纳尔逊, 理查德, 149, 152, 340, 375n

Netscape browser, 网景浏览器, 354—357, 368

network effects, 网络效应, xx, 232, 234, 314, 345, 370, 372

New Classical, 新经典, 174, 205, 301, 387

New Economic Policy, 新经济政策, 86, 254—256

New Goods, Old Theory, and the Welfare Costs of Trade Restrictions (Romer)《新产品、旧理论以及贸易限制的福利成本》(罗默), 323—326

new growth theory, 新增长理论, 195—397

 acceptance of, 对新增长理论的认可, 28—29, 198, 212, 247—248, 289—304, 370—381

 "atoms" vs. "bits" in, 新增长理论中的原子和比特, xvii, 25, 291, 296, 297, 343, 375, 399 business cycles in, 新增长理论中的经济周期, 247, 252, 253—254, 274, 301, 371

Chicago-MIT rivalry in, 芝加哥和麻省理工（学院）关于新增长理论的竞争, 196, 198, 203, 212—213, 215, 252—253, 256, 297—298, 301—303, 304, 376, 394

competition as factor in, 竞争作为新增长理论中的要素, 209—210, 215—216, 294—295, 297—298, 306, 308, 358—359, 366—367

criticism of, 对新增长理论的批评, 16, 21—24, 27, 28—29, 198, 212, 247—248, 270—274, 298—304, 318—326, 370—381, 385—386

data for, 关于新增长理论的论据, 264—270, 274—275, 300, 308, 328—337, 341, 346

discovery process in, 新增长理论的发现过程, xi, 207—212, 256, 408

endogenous factors in, 新增长理论的内生要素, 210, 211, 273, 289—304, 309, 321—322, 328, 365, 369, 374—375, 380, 382, 400, 407

exogenous factors in, 新增长理论的外生要素, xix, 210—211, 226—227, 241—242, 243, 244—247, 257, 263, 264, 303, 321, 328, 340, 374—375

foreign trade in, 新增长理论中的国外贸易, 223, 226, 244, 251, 252, 290, 293, 298n, 300, 317—318, 378

government subsidies in, 新增长理论中的政府补贴, 212, 254—256, 269, 273—274, 399—401

growth rate in, 新增长理论中的增长率, 210—212, 266, 268, 273—274, 293, 311—312, 319, 358—359

historical evidence for, 关于新增长理论的历史证据, 210, 215—216, 222—223, 225, 291, 328—337, 341, 342, 381

increasing returns in, 新增长理论中的递增报酬, xxi, 21—27, 151—155, 195, 202, 206, 207—209, 211, 216, 217—218, 220—221, 234, 241—244, 252, 253—256, 257, 266, 289, 298, 305, 306, 309, 314, 317—318, 321—323, 348—349, 372, 374, 380, 381

knowledge as factor in, 作为新增长理论要素的知识, xxii, 195, 201—202, 207—208, 210, 211, 215, 226—227, 257—258, 273, 283—308, 309, 327—328, 342, 371, 374—379, 399—408 literature on, 新增长理论文献, xin, xv—xviii, xxii, 16, 18, 22—23, 28—29, 289—304, 321—322, 365, 369, 371—372, 379—381, 382, 385—386, 400, 407

mathematical basis of, 新增长理论的数理基础, xi, 22—23, 24, 27, 195—196, 200—201, 205—212, 216—219, 222—225, 238—239, 241—242, 249—250, 253—254, 259, 261, 264, 301, 303, 340

media coverage of, 新增长理论的媒体趋同性, xi—xiii, 27, 370, 371—372

models for, 新增长理论模型, xxi, 28—29, 195, 205—212, 216, 217, 218—219, 222—223, 225, 241—242, 303

monopolies in, 新增长理论中的垄断, 208, 215—216, 295, 314, 343—349, 352, 354—369, 374, 377—378, 392

old growth theory vs., 旧增长理论与新增长理论, 25, 26, 174—176, 199—200, 298—299, 301—303, 318—319, 320, 327—328, 333, 338—339, 374—379, 385—388

as paradigm shift, 作为范式转变的新增长理论, xi, 26—27, 201—202, 207—212, 228—248, 249, 250, 256, 297—299, 305—306, 370—381, 408

policy implications of, 新增长理论的政策建议, 212, 254—256, 269, 273—274, 290, 299, 328, 377—379, 380, 399—408

population growth in, 新增长理论中的人口增长, 290, 308—312, 322, 380—381

private investment in, 新增长理论中的私人投资, 200, 210, 211, 217, 223—224, 254—256, 262—263, 264, 267, 346, 407—408

Romer's work as basis of, 作为新增长理论基础的罗默的论文, xi, xv—xviii, xxii, 16—17, 20—29, 46, 195—227, 261—270, 276—304, 321—328, 340—341, 344, 365, 366—369, 371, 374, 375, 376—380, 388—397, 399, 407, 408

specialization in, 新增长理论中的专业化, 219—227, 259—260, 266, 267, 275, 288, 292—293, 297, 307—308, 311, 312

spillovers in, 新增长理论中的溢出, 209, 210, 211, 215—216, 222—223, 226, 241—247, 249—252, 256, 257, 259, 266, 267, 287, 288, 294, 306, 321—322

technological change in, 新增长理论中的技术变迁, 25, 195, 208, 210, 219—

索 引

227,243,257,260,262—264,266—267,273—274,289—304,309,321—322,328—337,341—342,365,369,372,374—375,380,381,382,389,400,407

terminology of,新增长理论的术语,291,303

wealth as factor in,作为新增长理论中的要素的财富,237—248,250—251,252,254—256,262,268,269,273—274,275,299,300,316,318—321,341,369,377—379,380,406,407

New Growth Theory and Economic History: Match or Mismatch? (session) (1996),《新增长理论和经济史:匹配还是不匹配?》(塞申),16—17,20—27,375,382—383,397

New Industrial State, The (Galbraith),《新工业化国家》,(加尔布雷思),156

New Keynesians,新凯恩斯主义,174,235,270—274,378—379,386,387

Newman, Peter,纽曼,彼得,90,218

New New Thing; The (Lewis),《新新事物》(刘易斯),372

Newton, Isaac,牛顿,伊萨克,28,30,33,36,43,45,56,70,74,89,101,295,408

Niehans, Jurg,尼汉斯,约格,199,408

1984 (Orwell),《1984》(奥韦尔),142

Nixon, Richard M.,尼克松,理查德,M.,271

Nobel Prize,诺贝尔奖,4,7,8,120,137,157,158,159,161,175—176,194,198,204,206,248,252,265,266—267,279,280,301,365,373,382

nonconvexities,非凸性,xvii,217—219,224,281,285,366,381

Nordhaus, William,诺德豪斯,威廉,155,156,171,181,182,301,302,328—337,385,396

Novum Organum (Bacon),《新工具》(培根),vii

Nutter, G. Warren,纳特,G. 沃伦,280

O'Brien, Denis P.,奥布赖恩,丹尼斯,54

Oi, Walter,爱,沃尔特,19

oil industry,石油工业,71,181—182,229,328—330,333,341,342

oligopoly,寡头,113—114,124

351

Olson, Mancur, 奥尔森, 曼可, 18n, 281n

On Mathematical Methods in Theoretical Economics（Schumpeter）,《理论经济学的数学方法》（熊彼特）, 121

On the Mechanics of Economic Development（Lucas）,《论经济发展的机制》（卢卡斯）, 237—248, 249, 264

On the Motion of the Heart and the Blood（Harvey）,《心血管运动》（哈维）, 31—32, 36

On the Origin of Species（Darwin）,《物种的起源》（达尔文）, 36, 325

Opel, John, 奥佩尔, 约翰, 347

"Open Letter to Hobbyists"（Gates）, "致业余爱好者的公开信"（盖茨）, 344—345

"open" standard, "开放"的标准, 232, 353, 363—365, 368

optimization, 优化, 70, 117, 129, 170（optimal control）, 171, 184, 204, 206—207, 209, 233, 240, 303

Orwell, George, 奥韦尔, 乔治, 142

Osler, William, 奥斯勒, 威廉, 32

Oxford University, 牛津大学, 13, 30, 32, 33, 34, 45, 57, 88, 106, 107, 236

Papandreou, Andreas, 帕彭杜, 安德烈亚斯, 287n

Parker, William, 帕克, 威廉, 229—230

Pasteur, Louis, 巴斯德, 路易斯, 103, 408

Pasteur's Quadrant（Stokes）,《巴斯德象限》（斯托克斯）, 102—104

patents, 专利, 26, 151, 215—216, 259, 286, 293, 294, 295, 313—314, 322, 340, 367—368, 369, 375, 400, 401

Patinkin, Don, 帕廷金, 唐, 127

Pauli, Wolfgang, 宝利, 沃尔夫冈, 262

Pearson, Peter J. G., 皮尔逊, 彼得·J. G., 334—335, 396

Peddling Prosperity（Krugman）,《兜售繁荣》（克鲁格曼）, 387

Penn World Table, 宾夕法尼亚大学的世界表, 265—266, 268, 269, 274, 308

Persson, Torsten, 帕森, 陶斯滕, 315, 373

Petty, William, 配第, 威廉, 34, 37—38, 309n

索　引

Phelps, Edmund, 费尔普斯,埃德蒙德,152,156—157,302,385,386

Phillips, A. W., 菲利普斯,A. W.,148

Phillips curve, 菲利普斯曲线,148,166,174

physics, 物理学,28,30,33,43,56,89,90,93,94—97,101,102,104,115,116,128,130,147,159,163,169,182,198—199,262,327,408

Pigou, Arthur Cecil, 庇古,阿瑟·塞西尔,84,99,101,234,244

Pindyck, Robert, 平狄克,罗伯特,189

Pin Factory, 别针工厂,xix,37,38—40,42,46,47,48,49,54,61,62,77,80,83,85—86,107,110—111,112,113,141,144,184,206,208,216,220,223—224,243,251,262,294—295,338,343,348

Planck, Max, 普朗克,马克斯,32

Plato,柏拉图,324

Poinsot, Louis,波恩索特,路易斯,70

political economy, 政治经济学,xxi,18,35,49—50,54,56,57,61,62,66,74,100,145,280,309n

Pontryagin, Lev, 庞特里亚金,列夫,154,208—209

population growth, 人口增长,xviii—xix,49,50,51—58,144,146—147,224,262—263,290,308—312,322,380—381

"Population Growth and Technological Change"(Kremer),"人口增长和技术变迁"(克雷默),308—312

Porter, Michael, 波特,迈克尔,306—307,308,371

Posner, Richard, 波斯纳,理查德,361

poverty,贫困,xvii,38,49,51—52,53,72,77—78,146,237—238,244,335,341,369,377—379

Prescott, Edward G.,普雷斯科特,爱德华·G.,170—171,209,259,290

President's Council of Economic Advisers, 总统经济顾问,4,5,148,152,154,328,379,382

prices, 价格 41,46,84,256,404
　　adjustment of, 价格调整 90,170
　　agricultural, 农产品价格,49,163,167
　　comparative, 相对价格,265—266
　　competitive, 竞争性价格,xx,47,110,111—112,275,276—288,283,

365—366

　　determination of，价格的决定，xx，45，46—47，217

　　discriminatory，价格歧视，112，360

　　energy，能源价格，71，181—182，229，328—337，333，341，342，381

　　flexible，浮动的价格，278，287

　　futures，期货价格，163，170，329

　　housing，房地产价格，67，133，161，245—247，248，272

　　indices of，价格指数，335—337

　　international，国际价格，265—266

　　labor，劳动力价格，332—339

　　land，土地价格，75，81，116

　　manipulation of，价格操纵，43—45，46

　　market，市场价格，41—42，110—111，218，256，276—278，365—366

　　money，货币价格，41，278，335

　　natural，自然价格，44，54n，218

　　oil，油价，71，181—182，229，328—330，333，341，342

　　options，期权价格，373

　　quantity and，质量和价格 71，112—113，218，256

　　real，真实价格，41，278，334—337，342

　　reduction of，价格下降，46，47，151，256

　　relative，相对价格，41，162，265

　　selling，销售价格，113，295

　　stock，股票价格，87，99，252，371

　　theory of，价格理论，69—71，73，167—168，197，204，205，254，288，293，360

　　volatility of，价格波动，87，99，172

　　yield from，价格收益，76，329—330

　　see also costs，参见成本

Prigogine, Ilya，普里高津，伊利亚，198—199

Princeton University，普林斯顿大学，13，126，214，260，349

Principia Mathematica（Newton），《数学原理》（牛顿），30，36，74

Principles of Economics（Mankiw），《经济学原理》（曼昆），386—388

索 引

Principles of Economies（Marshall），《经济学原理》（马歇尔），73—84，109，233，384，385

Principles of Political Economy（Mill），《政治经济学原理》（穆勒），66—69

Principles of Political Economy and Taxation（Ricardo），《政治经济学及赋税原理》（李嘉图），54—58

production：产出，生产

 aggregate，总产出，210—211，215

 cost of，生产成本，73，112—113

 efficiency of，生产效率，46，75—76，78，220—221，331—332

 factors of，生产要素，xviii—xix，xxii，35，38—39，41，42，52—53，63—64，82—83，290，342，349；see also capital; labor; land,参见资本，劳动力，土地

 mass，大众产品，38—39，79，86，186

 over-，生产过剩，57n

 specialization in，专业化生产，181，186，187，190，217，220—221

 volume of，产出量，39—40，76，78，99，101

production function，生产函数，23，76，143，146，216，223，259，266，311，321—322，329，377

productivity，生产率，23，38，176，209—210，212，243，261—263，312，313

products：产品

 array of，产品系列，173，184—185，216—217，223—224，227，385

 development of，产品的开发，109，216—217，222

 exhaustion of，产品枯竭，209—210

 introduction of，产品的介绍，53，184，216—217，223，252

 marginal utility of，产品的边际效用，43，69—71，75—76，185，209—210

 substitute，替代品，81，143，186，223

profits，利润，41，57，64，66，112，217，223—224，278，360，366—367，378

Ptolemy，托勒密，33，36

public finance，公共财政，xvii，117，151，272，279，282—283，284

Public Finance in Theory and Practice（Musgrave），《在理论和实际中的公共财政》（马斯格雷夫），282—283

355

publishing industry,出版业,220,224,383—397

Pure Theory of Public Expenditure,*The*(Samuelson),《公共开支的纯理论》(萨缪尔森),280

quantum mechanics,量子力学,90,95,96,104,115,130,163

Quarterly Journal of Economics,《经济学季刊》,16,113,145,172,226,266,272—274,312,371

Queen's University,女王大学,195—196,198—201

Quesnay,Francois,魁奈,弗兰柯斯,35,71,74—75,165

QWERTY keyboard,标准打字键盘,231—235,240,248,249,314,343,348,353,395

Radner,Roy,拉德纳,罗伊,137

railroads,铁路,61,75,79—80,111—112,113,121—122,145,225,314,355

Ramsey,Francis Plumpton,拉姆齐,弗朗西斯·普卢普腾,90—91,97,98,106,142,170,206

RAND Corp.,兰德公司,104,149—150,165,169,184

rational expectations,理性预期,152,165—169,171,173,182,187,197,268,305,382,387

Raymond,Eric,雷蒙德,埃里克,364—365

Razin,Asaf,拉辛,阿沙夫,250

Reagan,Ronald,里根,罗纳德,191,204,212,229,261,271,362

Real Business Cycles:A New Keynesian Perspective(Solow and Mankiw),《真实经济周期:一个新凯恩斯观点》(索洛和曼昆),274

regression analysis,回归分析,128—129,265—266,268,269,274—275,298,300,308,327

Reno,Janet,雷诺,珍妮特,357

rents,租,41,67,81,116,133,161,245—247,248

research and development (R&D),研发,46,79,120,149—150,151,201,215—216,217,286,293,294,321—322,328,339,401

Residual concept,剩余概念,141—149,157,238,338—339

Return to Increasing Returns,*The*(Buchanan),《收益递增的收益》(布坎南),29

Review of Economic Studies,《经济研究评论》,93n

Ricardo, David,李嘉图,大卫,50,52,54—58,60,61,63,64—65,66,67,68,71,72—73,75,77,101,147,181,183,221,251,260,268,309,337—338,341,383

Robertson, Dennis,罗伯逊,丹尼斯,99

Robinson, James,罗宾逊,詹姆斯,315

Robinson, Joan,罗宾逊,琼,109,113,114,121,124,149,225,236

Rochester, University of,罗彻斯特大学,213,214—216,225—226,257,268—269,275,389

Rockafellar, R. T.,洛克菲勒,R. T.,219

Rockefeller, John D.,洛克菲勒,约翰·D,79,121,214,219

Rodrik, Dani,罗德里克,达尼,315

Rohlfs, Jeff,罗尔夫斯,杰夫,232

Romer, Beatrice,罗默,彼特利斯,196

Rome; David,罗默,戴维,271,272—274,298—299,318—319,376—379

Romer, Paul,罗默,保罗,195—227,261—270,276—304,323—326,376—379,388—397

    academic career of,罗默的学术生涯,212—216,225—226,257,268—269,275,288,289,304,374,376,379,388—394,395,397

    at AEA San Francisco meeting (1996),罗默在旧金山的 AEA 年会上,16—17,20—27,375,382—383,397

    background of,罗默的背景 xxii,196—198

    at Brookings Papers conference (1995),罗默在布鲁金斯论文会议上,376—379

    Chicago-MIT rivalry and,芝加哥—麻省理工学院竞争与罗默,196,198,203,212—213,215,297—298,304,376,394

    doctoral thesis of,罗默的博士论文,196,210—212,214,215,216,226,243,289,300,303,304,380,400

    as economist,作为经济学家的罗默,46,195—196,201,207—212,248,267—268,287—288,407—408

    graduate studies of,罗默的研究生学习,195—213

    marriage of,罗默的婚姻,195,198,201,213,214—215,288,304,397

as mathematician,作为数学家的罗默,195—196,205—212,216,217,218—219,222—223,225,303

in Microsoft antitrust case,在微软反垄断案中的罗默,358—359,392

new growth theory analysis by,罗默的新增长理论分析,xv—xviii,xxii,16,20—29,46,195—227,261—270,276—304,321—328,340—341,344,365,366—369,371,374,375,376—380,388—397,399,407,408

publications of,罗默发表的论文,xi,xv—xviii,xxii,16—17,22—23,28—29,212,214,226—227,259—260,261,275—304,323—326,379,380,400; see also specific publications 参见专业发表论文

reputation of,罗默的声誉,22,241—242,247,259—260,261,270—275,287—288,297—304,371,374,375,376,394

as software company president,作为软件公司总裁的罗默,304,369,379,388—397

Romer, Roy,罗默,罗伊,196,259,261,275,390—391,392,397

Romer, Virginia Langmuir,罗默,弗吉尼娅·兰米尔,195,196,198,201,213,214—215,288,304,397

Roos, Charles,鲁斯,查尔斯,93

Roosevelt, Franklin D.,罗斯福,富兰克林·D.,271

Rosen, Sherwin,罗森,舍温,205,206,219,304

Rosenberg, Nathan,罗森堡,内森,313,340,375n

Rosenstein-Rodin, Paul,罗森斯坦-罗丁,保罗,254—255,256n

Rosenthal, Ida,罗森萨尔,爱达,245—246

Ross, Stephen,罗斯,斯蒂芬,19

Rubinfeld, Daniel,鲁宾费尔德,丹尼尔,357

Sachs, Jeffrey,萨克斯,杰弗里,271,377

Sala-i-Martin, Xavier,萨拉-伊-马丁,泽维尔,269

Samuelson, Paul,萨缪尔森,保罗,8,104,107,108—109,115—120,124—125,126,131,133,137,138—139,140,141,147,148,154—155,159,162,165,166,168,173,175,181,190,197,204,205,266,280,282,287,301,316,328,383,384,385,386,387,391,396

Samuelson, Robert,萨缪尔森,罗伯特,159

索 引

Sandier, Todd, 桑德勒, 托德, 283, 284
Sargent, Thomas, 萨金特, 托马斯, 205, 394
savings rate, 储蓄率, 89, 102, 118—119, 141, 145, 238—239
Scale and Scope (Chandler), 《规模和范围》(钱德勒), 405—406
Scarf. Herbert, 斯卡夫, 赫伯特, 165
Scheinkman, Jose, 沙因克曼, 约瑟, 204, 205, 214, 225, 226, 288, 306
Schelling, Thomas, 谢林, 托马斯, 7
Schmalensee, Richard, 斯马兰西, 理查德, 18n, 359—360
Schmookler, Jacob, 施穆克勒, 雅各布, 263, 264
Schoeffler, Sidney, 舍费尔, 西德尼, 145
Scholes, Myron, 斯科尔斯, 迈伦, 373
Schrodinger, Erwin, 施罗丁格, 欧文, 96
Schroeder, Gerhard, 施罗德, 格哈德, 400
Schultz, Theodore W., 舒尔茨, 西奥多·W., 134, 149, 204
Schumpeter, Joseph, 熊彼特, 约瑟夫, 85, 99, 106, 116, 121—124, 147, 153, 165, 224—225, 294, 299, 300, 306, 315, 325, 336, 340, 344, 361, 369
Schumpeter Might Be Right (King and Levine), 《或许熊彼特是对的》(金和莱文), 315
Science, the Endless Frontier (Bush), 《科学无国界》(布什), 120
Sen, Amartya, 森, 阿马蒂亚, 7, 199
September 11th attacks (2001), 911恐怖袭击, 362—363
set theory, 集理论, xx, 135, 161, 162, 163, 164, 165, 175, 217—219
Shackle, George, 沙克尔, 乔治, 142—143, 375n
Shakespeare, William, 莎士比亚, 威廉, 30, 51
Shaw, George Bernard, 肖, 乔治·伯纳德, 101
Shell, Karl, 谢尔, 卡尔, 154, 155, 156, 157, 209, 302
Sherman Antitrust Act (1890), 谢尔曼反垄断法(1890年), 358, 405—406
Sheshinski, Eytan, 谢辛斯基, 伊坦, 155, 156, 171, 301, 302
Shleifer, Andrei, 施莱弗, 安德雷, 252—256, 289, 306, 373—374
signaling behavior, 信号传递行为, 172—173, 184, 295
Silk, Leonard, 西尔克, 伦纳德, 145

Simon, Herbert, 西蒙, 赫伯特, 127, 137
Simon, Julian, 西蒙, 朱利安, 18n, 202
Simons, Henry, 西蒙, 亨利, 134
Singapore, 新加坡, 179, 237, 319—320, 401
Sketch for a Historical Picture of the Progress of the Human Race (Gondorcet), 《略论人类进步的历史》(孔多塞), 50
Skidelsky, Robert, 斯肯德尔斯基, 罗伯特, 374
"Ski Lift Pricing, with Applications to Labor and Other Markets" (Barro and Romer), 滑雪场定价在劳动力市场和其他市场的应用(巴罗和罗默), 275, 276—288
Smith, Adam, 斯密, 亚当, 35—47
 authority of, 斯密, 亚当的权威, 26, 27, 36, 40, 43
 background of, 斯密, 亚当的背景, 29—30, 94
 "bifocal" approach of, 斯密, 亚当的"双焦点"方法, 36, 37, 46—47, 73, 343
 as economist, 作为经济学家的斯密, 亚当 23, 27, 28, 32—36, 37, 40—41, 42, 43, 46—47, 49, 73, 335, 338, 343, 365, 380, 406
 increasing returns analyzed by, 斯密, 亚当提出的递增报酬分析, xix—xx, 26—27, 45—47, 66n, 220—221, 251
 influence of, 斯密, 亚当的影响, 26, 27, 36, 40, 49—50, 52, 55, 56, 62, 66, 67, 73, 83, 84, 147, 202, 236, 380
 Invisible Hand concept of, see Invisible Hand, 斯密, 亚当提出的看不见的手这个概念, 参见看不见的手, 32—34
 labor specialization formulated by, 斯密, 亚当阐述的劳动分工, xix—xx, 35, 38—39, 44, 46, 56, 58, 62, 64, 67, 84, 85—87, 114, 251, 292, 309n
 market analysis by, 斯密, 亚当的市场分析, xix—xx, 35—47, 111, 251, 292, 309n, 383, 408
 methodology of, 斯密, 亚当的方法论, 32—36, 37, 40—41, 42, 43, 46—47, 73, 343
 "moral sentiments" examined by, 斯密, 亚当考虑的道德情操问题, 34, 45, 408

Pin Factory example of, see Pin Factory,斯密,亚当提出的别针工厂的例子,参见别针工厂,

teaching career of,斯密,亚当的教师生涯,5,29,34

writings of, see Wealth of Nations, The (Smith) 斯密,亚当的著作,参见《国富论》(斯密)

Smith, Bruce,史密斯,布鲁斯,197—198

Sokoloff, Kenneth,索科洛夫,肯尼斯,313—314

Solow, Robert,索洛,罗伯特,xvi,xxi,27,91,131,141—149,152,154,157,166,171,174,176,185,193,194,197,198,199—200,206—207,210,211,229,230,235—236,238—239,241,243,247,248,252,262,264,266—267,270,272—273,274,294,298—299,300,301—303,304,311,315,316,318,320,321,327—328,333,335,338—339,341,370,374—375,376,382,385,401

Solow model,索洛模型,193,199—200,206—207,210,211,238—239,241,243,262,266—267,270,272—273,274,294,311,315,318,320,321,327—328,333,335,338—339,341,374—375,376,385

Soviet Union,苏联,18,86,97,102,115,129,141,145,146,148,149,154,229,254—256,303—304,351,386,401

Spence, Michael,斯彭斯,迈克尔,172—173,184,345—346,373

Sporkin, Stanley,斯波金,斯坦利,357—358

Sputnik launching (1957),人造卫星发射(1957),141,145,149,351

Sraffa, Piero,斯拉法,皮埃尔,84,93

Stalin, Joseph,斯大林,约瑟夫,128

Standard Industrial Classification (SIC) system,标准产业分类系统,308,346

Stanford Business School,斯坦福商学院,374,379,388—394,395

Stanley, Henry,斯坦利,亨利,59

Steuart, James,斯图亚特,詹姆斯,43

Stigler, George,斯蒂格勒,乔治,18n,46,133—134,136,204,206,298n,299,367

Stiglitz, Joseph,斯蒂格利茨,约瑟夫,171,173,184—185,209,223,251,271,301,302,314,373,383,386,396

stock market crash (1929),股市崩盘(1929),87, 99
Stokes, Donald, 斯托克斯,唐纳德,102—104
Stone, Richard, 斯通,理查德,265
Strahan, William, 斯特拉恩,威廉,36
Strong, Ben, 斯特朗,本,85
Structure of Scientific Revolutions, The (Kuhn),《科学革命的结构》(库恩),36, 155, 305, 372—373
Summers, Lawrence, 萨默斯,劳伦斯,212—213, 253, 266, 271, 289, 298, 301, 361, 373
Summers, Robert, 萨默斯,罗伯特,265—266, 269, 274—275, 300
Surgeon's Mate, The (Woodall),《外科医生之友》(伍德尔),296
Surowiecki, James, 苏罗威克,詹姆斯,390
Swisher, Kara, 斯威舍,卡拉,356
Tabellini, Guido, 塔贝里尼,吉多,315
tableau economique, 经济表,35, 71, 74—75, 165
"Tale of Two Cities" (Young),《两个城市的故事》(扬),319—320
Tarshis, Lorie, 塔希斯,洛里,102
Taussig, Frank, 陶西格,弗兰克,113—114
taxation,税收, 45, 84, 140, 146, 148, 194, 238—239, 267, 268, 272, 315, 334, 335, 378, 379, 401, 405, 406
Taylor, John, 泰勒,约翰,382—383, 385—386, 396, 397
"Technical Change and the Aggregate Production Function" (Solow),"技术变迁和总生产函数"(索洛),146—147
technology:技术
    advances in,技术前沿,26, 40, 48, 57, 80—81, 121—122, 294—295, 300, 308—315, 342, 343—372, 377—379, 399—400
    bio-,生物技术,xv, 400—401
    change as result of,作为技术结果的变迁,26, 65, 121, 123, 143—148, 154, 156, 195, 200, 208, 210, 219—227, 238, 240, 243, 257, 260—267, 273—274, 289—304, 321—322, 328—337, 341—342, 365, 369, 371—375, 374—375, 380, 381, 382, 385, 400, 407
    competition and,竞争与技术,57, 64, 121—122, 210, 211, 343—349, 354

—369，378，400—401
　　control of,技术控制，26，259，286，293，294，295，313—314，322，343—369，375，400，401
　　decentralized,分散化的技术，349—359
　　endogenous nature of,技术的内生本质，25，195，208，210，219—227，243，257，260，262—264，266—267，273—274，289—304，309，321—322，328—337，341—342，365，369，372，374—375，380，381，382，385，400，407
　　general purpose (GPT),通用目的技术，313
　　growth generated by,由技术产生的增长，121，123，143，144，146—148，154，156，195，200，208，210，219—227，238，240，243，257，260，262—264，266—267，273—274，289—304，321—322，328—337，341—342，365，369，374—375，380，381，382，400，407
　　information,信息技术，66—67，154，370，388—397
　　investment in,在技术方面的投资，210，211，351—352，367—368
　　labor-saving,节省劳动力的技术，58，64，147，148，262—263
　　as nonrival, partially excludable good,技术作为一种非竞争、部分排他性的商品，xvi，xxii，283—287，291—304，380
　　profits from,技术带来的利润，57，64，378
　　shared,技术共享，306—307，320
　　see also computers,参见计算机
Theory of Externalities, Public Goods, and Club Goods, The (Cornes and Sandler),《外部性理论、公共品和俱乐部商品》(考恩斯和桑德勒)，283，284
Theory of Cycles in National Technology Leadership, A (Krugman, Brezis and Tsiddon),《国家技术领先的周期理论》(克鲁格曼、布莱吉斯和塞顿)，316
Theory of Economic Development (Schumpeter),《经济增长理论》(熊彼特)，121
Theory of Games and Economic Behavior, The (yon Neumann),《博弈论和经济行为》(冯·诺伊曼)，131—132，134，161
Theory of Industrial Organization, The (Tirole),《产业组织理论》(梯若尔)，235，298n

Theory of Moral Sentiments, The (Smith),《道德情操论》(斯密),34,45

Theory of the Leisure Class, The (Veblen),《有闲阶层的理论》(凡勃伦),110

Theory of Value (Debreu),《价值理论》(德布鲁),165

Thomas Aquinas, Saint, 托马斯·阿基纳,圣,324

Thurow, Lester, 瑟罗,莱斯特,157,361

Tiebout, Charles, 蒂布特,查尔斯,281n

Tinbergen Jan, 丁伯根,简,101,175,189

Tirole, Jean, 梯若尔,让,235,298n

Tobin, James, 托宾,詹姆斯,141

Tocqueville, Alexis de, 托奎威利,亚历克西斯·德,338

topology, 拓扑学,xx,130,154,162,163,164,171,172,199

Torvalds, Linus, 托瓦斯,莱纳斯,364—365

Toynbee, Arnold, 汤因比,阿诺德,337

Trade Policy and Market Structure (Helpman and Krugman),《贸易政策和市场结构》(赫尔普曼和克鲁格曼),260

Trajtenberg, Manuel, 特劳滕伯格,曼纽尔,313

Treatise on Money (Keynes),《货币论》(凯恩斯),99

Tsiddon, Daniel, 塞顿,丹尼尔,316

Tullock, Gordon, 塔洛克,戈登,18n,280

typewriters, 打字机,231—235,240,248,249,314,315,343,348,353,393—394,395

Tyranny of Numbers, The (Young),《数字的专治》(扬),320

unemployment rate, 失业率,88,99,100,101,102,114,141—142,148,166—167,174,267

United States:美国,
 antitrust legislation in, 美国的反垄断法,228—229,347,358—359,361,362,405—406
 capitalism in, 美国的资本主义,405—406
 economic studies in, 美国的经济学研究,5—6,88,107,108
 economy of, 美国的经济,72,86,126,137,140—144,180,261—263,371—372,403,404—408

education in，美国的教育，400，401，406，407
　　foreign trade of，美国的国外贸易，140，267
　　gross national product (GNP) of，美国的国民生产总值，146
　　immigration to，去往美国的移民，400，407
　　space program of，美国的太空计划，141，145，149，350—351
urban Centers，城市中心，245—247，248，249，259，306—308，317—320，404
Usher, A. P.，厄舍，A. P.，144
Uzawa, Hirofumi，宇泽弘文，155，157，243，302
Value and Capital (Hicks)，《价值和资本》(希克斯)，106，107
Varian, Hal，瓦里安，哈尔，286，372，394—395
Veblen, Thorstein，凡勃伦，索尔斯坦，85，110，314
Vickrey, William，维克里，威廉，7
Vishny, Robert，维什尼，罗伯特，253，254—256，289
Volcker, Paul，沃尔克，保罗，4
Voluntary Exchange Theory of Public Economy, The (Musgrave)，《公共经济的自愿交换理论》(马斯格雷夫)，280
Volvo，182—183
yon Neumann, John，冯·诺伊曼，约翰，90，92，96，97，106，127，130，131—132，134，142，161，165，199—201，290，349
wages，工资，20，41，52—53，54n，68，75，100，116，143—144，173，267，335—337
Walras, Leon，瓦尔拉斯，利昂，69—70，71，74—75，106，118，121，131，150
Wanniski, Jude，万尼斯基，祖德，191—193，194，290
Warwick, University of，沃里克大学，157，188—189，194
Was tile Industrial Revolution Inevitable? (Jones)，《产业革命是不可避免的吗?》(琼斯)，323
Way the World Works, The (Wanniski)，《世界运转的方式》(万尼斯基)，192
wealth, national：国家财富
　　accumulation of，国家财富的积累，xviii，37—48，50—54，66n，71，100，

141,146,147,180,237—248,250,262,310,318—321,334,335,367,377—379,407—408

disparities of,(不同)国家(之间)财富的差异,xvii—xviii,54,138—140,141,146,180,237—241,243,250—251,252,262,265—266,268,269,275,300,318—321,341,377—381,406

in new growth theory,新增长理论中的国家财富,237—248,250—251,252,254—256,262,268,269,273—274,275,299,300,316,318—321,341,369,377—379,380,406,407

population growth and,人口增长与国家财富,49,51—52,53,54n,57—58

value compared with,与国家财富相比较的价值,43,66n,68,69—71,99,110,335—337

Wealth and Poverty of Nations, The (Landes),《国富和国穷》(兰德斯),xi-in

Wealth of Nations, The (Smith),《国富论》(斯密),28,35—47,48,50,52,56,66,83,94

Weber, Max,马克斯·韦伯,338,408

Wedgwood, Josiah,韦奇伍德,乔塞亚,48

Weil, David,韦尔,戴维,272—274,298—299,318—319,323,376—379

Weitzman, Martin,韦茨曼,马丁,27,382

Whitehead, Alfred North,怀特黑德,阿尔弗雷德·诺思,28

Why Indeed in America? Theory, History and the Origins of Modern Economic Growth (Romer),《为什么是在美国？现代经济增长的理论、历史和起源》(罗默),23

Wicksell, Knut,维克塞尔,克努特,75—76,279

Will, George,威尔,乔治,391

Williams, John,威廉姆斯,约翰,189

Wilson, Edmund,威尔逊,埃德蒙,99

Wilson, Edwin Bidwell,威尔逊,埃德温·彼德威尔,115,116

Windows operating system,视窗操作系统,228,286,343—369,395

Wittgenstein, Ludwig,维特根斯坦,路德维希,90

Wolfe, Tom,沃尔夫,汤姆,258

Woodall, John, 伍德尔, 约翰, 296

workers, 工人, 52—53, 54, 64, 67, 293, 377—378, 403—404

Workouts in Intermediate Microeconomics (Varian and Bergstrom),《中级微观经济学习题》(瓦里安和伯格斯特龙), 394—395

World Bank, 世界银行, 265—266, 298, 373

World War II, 第二次世界大战, 118, 120, 126, 128, 133, 134, 140, 149, 182, 271, 349—350

World Wide Web, 万维网, 354—357, 363, 365

W. W. Norton & Company, W. W. 诺顿公司, 394—395, 396

Yale University, 耶鲁大学 xxi, 13, 92, 137, 182, 187, 214, 328, 329

Young, Allyn, 扬, 阿林, 84—87, 90, 91, 110, 114, 134, 206, 219—221, 224, 233, 254, 255, 259, 292, 319, 325, 344, 347

Young, Alwyn, 扬, 阿尔文, 319—321

Young, Brigham, 扬, 布里格姆, 63

Ziman, John, 齐曼, 约翰, 14

Knowledge and the Wealth of Nations: A Story of Economic Discovery by David Warsh Copyright © 2006 by David Warsh
All Rights Reserved.
Simplified Chinese version © 2008 by China Renmin University Press.

图书在版编目（CIP）数据

知识与国家财富：经济学说探索的历程/（美）沃尔什著；曹蓓等译．
北京：中国人民大学出版社，2010
（当代世界学术名著）
ISBN 978-7-300-09766-4

Ⅰ．知…
Ⅱ．①沃…②曹…
Ⅲ．经济学—研究
Ⅳ．F0

中国版本图书馆CIP数据核字（2008）第146742号

当代世界学术名著
知识与国家财富——经济学说探索的历程
戴维·沃尔什 著
曹蓓 段颀 李飞 童英 雍家胜 译
李飞 冯丽君 校
Zhishi Yu Guojia Caifu——Jingji Xueshuo Tansuo de Licheng

出版发行	中国人民大学出版社	
社　址	北京中关村大街31号	邮政编码　100080
电　话	010—62511242（总编室）	010—62511239（出版部）
	010—82501766（邮购部）	010—62514148（门市部）
	010—62515195（发行公司）	010—62515275（盗版举报）
网　址	http://www.crup.com.cn	
	http://www.ttrnet.com（人大教研网）	
经　销	新华书店	
印　刷	北京联兴盛业印刷股份有限公司	
规　格	155mm×235mm　16开本	版　次　2010年1月第1版
印　张	24.25　插页2	印　次　2010年1月第1次印刷
字　数	382 000	定　价　45.00元

版权所有　侵权必究　印装差错　负责调换